図説 建築施工

江口 清 編著

稲垣秀雄・宗 永芳・下村修一・早川光敬・石山央樹 著
本橋健司・輿石直幸・芳村惠司・宇野朋子・平岩 陸 著

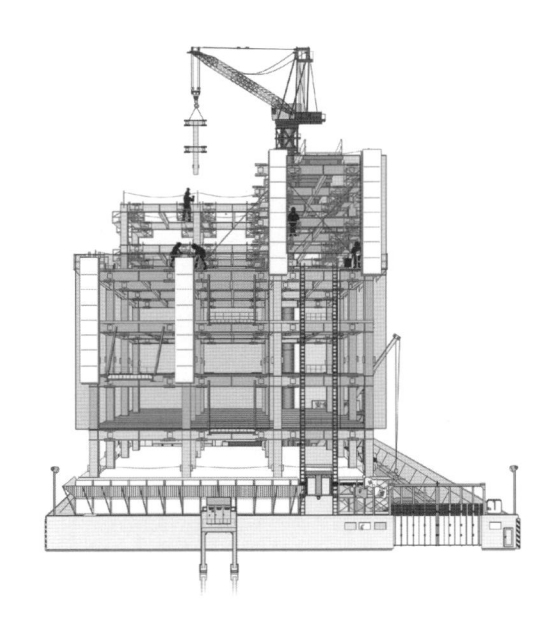

学芸出版社

まえがき

　現在は大変革の時代と言われ、自動車や飛行機の自動操縦に代表されるように高度な無人化・省力化が急激に進み、1千万km彼方の小惑星の砂を持ち帰ることですらも実現している。一方、建築を造っているところ、すなわち建築施工の現場では、新材料や新工法を開発して現場で採用したり、材料の加工・下準備を工事現場ではなく工場で行うなど徐々に改革は進んでいる。しかし相変わらず大勢の人が寄ってたかって工事をしている印象は拭い切れない。

　しかも現在、建物の新築に対する要求は極めて多く、ブームと言っても良いような工事の量があり、現場では日々その工事をこなし、多くの建物を造っている。これは建築業界の使命であり、それを支えていることは建築に関わっている我々の誇りでもある。

　昭和の半ば頃までは、空き地や住宅工事の現場は何処でも自由に入ることができ、子供の遊び場だった。そこには、木材や砂・利砂などがあり、大工道具その他の職人の道具があり、大工さんは木材を加工し、左官屋さんは漆喰やモルタルを練り壁や床に塗っていた。子供は時々怒られながらも、職人さんたちの作業をじっとながめ、帰りには木切れやタイルの欠片を貰い、家に持ち帰って宝物にしていた。しかし時代とともに、空き地は立入禁止となり、現場は仮囲いで囲まれるようになり、子供達が職人さんの作業を見ることはできなくなった。

　このように、子供の頃に現場をまったく見ることのなかった学生諸君に、建物はどう造られていくのか？　工事現場の仮囲いの中でどんなことが行われているのか？　を教えるのに最も良い方法は何かを考え、本書において行き着いた結論が、図やイラストを多数使用することである。建築を学ぶ上で、最初に疑問に思うことをわかりやすく、かつ正確に解説するために、また現場で仕事をする上で最小限の知識を備えるために、ベテランあるいは気鋭の技術者により解説を加え記述している。そして現場を知り尽くしたイラストレーターの手になるイラストを多用してその理解を容易にしている。

　本書をマスターし、建築施工の基礎を理解した諸君は、さらに一つ上の段階に進んでより詳しく深く学んでいって、現場管理に必要な知識を増やしていただきたい。

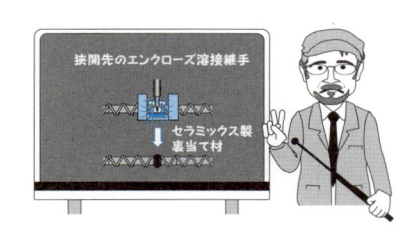

2019年11月　著者を代表して

江口　清

もくじ

序　章

1　建築施工のイメージ

本書を手にとった諸君、建築施工についてどんなイメージをお持ちだろうか？

建物を建てる行為とはおよそ図1のようなものである。まず、建物を造ろうと考える人（A）がいる。Aは個人ばかりではなく法人、団体などの場合もあり、建築に関してまったく知識がない場合、建物造りのアドバイスをしてくれる人（コンサルタント）に相談し、まず設計者を紹介され、契約し、設計を依頼する。

設計者BはAの考えをよく聴いて理解し、法規を守り、空間機能・デザイン性を高め、Aの意図を満足する建物の具体的なイメージを造り、そのイメージを正確に表現する設計図書を作成する。その設計図書に示された内容についてAが確認し合意すれば、顧客要求が設計図書に間違いなく展開されたことになる。

Aはその建物が設計図書の「ねらいの品質」のとおりに造られるように、自分の代理人として監理者C（Bと同じこともある）を選び、建物の施工についての監理を委託する。また、Aは出来上がった設計図書に従い建物を造るD（施工者）を選び契約する。場合によっては、Dの選定もB（あるいはC）に依頼する。

CはDが建物を造り始めると、Dに対してAの代理人として、すべての事項に設計図書通りに施工させる責任を持ち、決定・指示する権限をもつ。また、工事の段階では常にDが設計図書に忠実に施工を行っているか否かを判断し、不具合は修正させながら工事を"監理"し、逐次A・Bに報告する。これにより設計図書の「ねらいの品質」が、施工品質すなわち「出来栄えの品質」として確実に展開され、Aの満足する建物として具現化されることになる。

建物が完成するとAに引き渡され、ここでBとDの行為は一旦終了する。Aは建物を使い始める。Aが建物を使用していると、時間の経過とともにあち

こちに少しずつ具合の良くないところ、機能を果たさないところが出てくる。これを防ぐため日常の維持保全が必要となる。これらの日常の点検や修理を行うのもDである。ただし、このDは建物を造ったDと同一とは限らない。

さらに建物を取り巻く環境、家族構成、社会情勢などにより建物を大きく変える必要が出てくる。場合によっては、空間を拡げ（増築）たり、空間を変え（改築）たり、あるいは空間を狭め（減築）たりすることも必要となる。また、耐震性や防災性を高めたり、外観デザインを最新化することも必要になる場合がある。これらの手段を使っても建物の寿命を延ばすことができなくなった場合、建物を解体撤去することになる。この解体撤去を行うのも広義のDである。

以上が建物の一生である。本書は、図1に示すように、設計図書に従って建物を造る行為から、建物の使用中に建物を維持管理する行為、さらには最終的な解体までの現場施工（現場管理）、つまりD（施工者）の行う範囲を扱っている。

2　現場管理とは

現場管理と一言で言うが、建物に要求される機能・性能は多様で、建設地・工期・工事価格などの条件が個別に異なるため、その内容は極めて複雑でかつ多岐にわたる。

まず、掘削工事では土を扱う。また杭工事においては鉄筋コンクリート・鋼管を、次に躯体材料として鉄筋、鉄骨、コンクリート、木材などを扱う。仕上工事になると、材料の範囲は一気に広くなり、鋼材のほかアルミニウム合金、銅合金などの無機質材料から、木材を始めとして天然繊維、石油起源の有機質材料まで、極めて多種多様な材料を扱わなければならない。従って、現場管理の技術者には、幅広い材料の多様な技術・知識が要求される。

さらに、現場管理を行うには、発注者、設計者、

建物の使用者、現場で働く職人、製作納入業者など多種多様な人々と、コミュニケーションできなければ、現場を円滑に運営することはむずかしい。工事敷地が、繁華街や住宅地などでは、近隣に住む人や働く人とも仲よくしないと工事を進めることはできなくなる。

3 建築を取り巻く環境変化

建築を取り巻く環境とその変化を概観する。

（1）高度化する品質要求（Q：品質確保）

発注者は、高度化する品質を実現するために、性能規定化を進めている。性能を満足する材料を選定するのは設計者に必要な能力であるが、現場管理技術者にはそれに応じた施工方法を採用展開し、要求性能を十二分に満足させる能力が必須である。

このため、時として、建築学的な知識のみならず、物理学的知識、化学的知識、生物・医学的な技術など、広範な科学素養・学識も求められるようになっている。

（2）限りない価格低減要請（C：原価低減）

よい建物を廉価に提供するために、価格競争はますます激化している。現場では、利益を確保するため、施工の生産性を高め、物流効率を向上させ、調達を工夫するなど、常に原価低減に血のにじむ努力をしている。

（3）深刻な人手・技能工不足（D：工期厳守）

工事量は極めて多く、現状の施工側の組織、設備などからは過大とも言える状況である。その要因の一つが人手不足であるが、このため未熟ないし低練度の技能工も使っていかなければならないが、その帰着するところが欠陥建物や災害多発であってはならない。このために新開発ないし革新技術を取り入れ省力化を図ることは重要で、BIM に代表される IT化、あるいは自動施工化も進められている。

しかし現場において最終的に出来上り状態を評価するのは現場管理者である。途中に人の関与する部分が少なくなるだけ、管理の重要性はより高まると言える。つまり建物の最終的な品質は施工管理者の技術、心構えによって決まることを忘ず、人手不足・技能工不足に対処しなければならない。

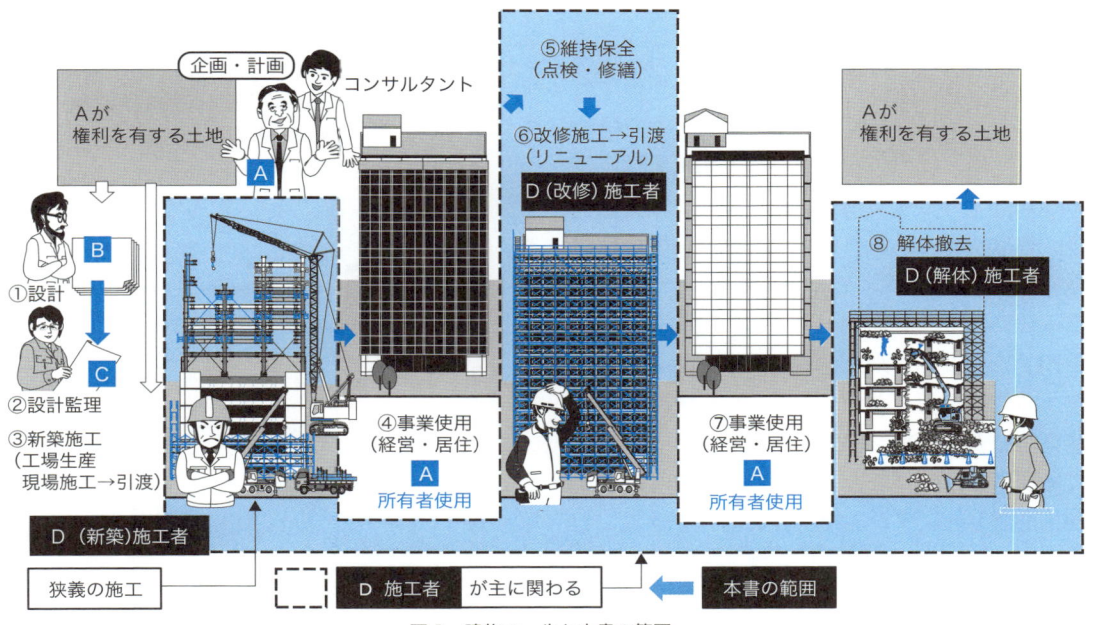

図1　建物の一生と本書の範囲

（4）無事故無災害必達（S：安全施工）

　従来より施工は安全優先をモットーに行われてきたが、昨今の人手不足、作業の高度化により現場内や第三者に対する事故発生危険性は増している。これに対処するため、現場では、安全施設を整備し、安全教育・安全組織を充実し安全意識を徹底させ、事故防止に常に努力している。近年の異常気象から熱中症予防などの衛生管理も重要になっている。

（5）環境に優しい施工（E：環境配慮）

　環境に配慮し地球に優しく、周辺に配慮しつつ建設工事を行うことは、社会的使命である。今後、この要請はさらに高まるであろう。公害の防止を念頭に工事を進めると同時に、建設廃棄物最終処分量ゼロ（ゼロエミッション）に挑戦し、さらに温暖化ガス発生抑制（低炭素施工）にも挑戦しなければならない。

4　施工の重要性

　現場を取り巻く様々な環境変化、幅広く複雑な現場管理の特性には、今後、間違いなく、技術的にも、人間的にも、極めて広範囲な対応が要求されることになる（図2）。

　これらに適切に対応し、個有技術をフル活用して真摯な正しい施工を行い、「ねらいの品質（設計品質）」を「出来栄えの品質（施工品質）」として正確に実現するのが施工管理者の役割である。

　これが、施工管理が一番重要と言われる理由であり、出来上がる建物の品質を大きく左右するのである。それだけに、建物が完成した時の満足感は他の仕事とは比べようもなく高い、やり甲斐のある仕事である。彼女や妻、子供や孫にも自分の仕事を見せて自慢できることは大変誇らしいと思う。

　本書は建築現場の施工について初学者、即ち大学、高等専門学校などで建築を専攻する学生が、建築施工に関する知識を得る上で、その入口の段階で学ぶべき最低限必要な事項を解説している。理解の介けとしてイラストおよび表を多数掲載し、図解による説明を中心とした。また、初学者が基本を学ぶことを前提に、一般規模の建物施工における在来の構（工）法を中心に記述した。従って、最先端の技術や特殊な工法については基本的に記述していない。

　本書をマスターし、これをスタートラインとして、高いレベルの建築施工技術者となることを切望する。

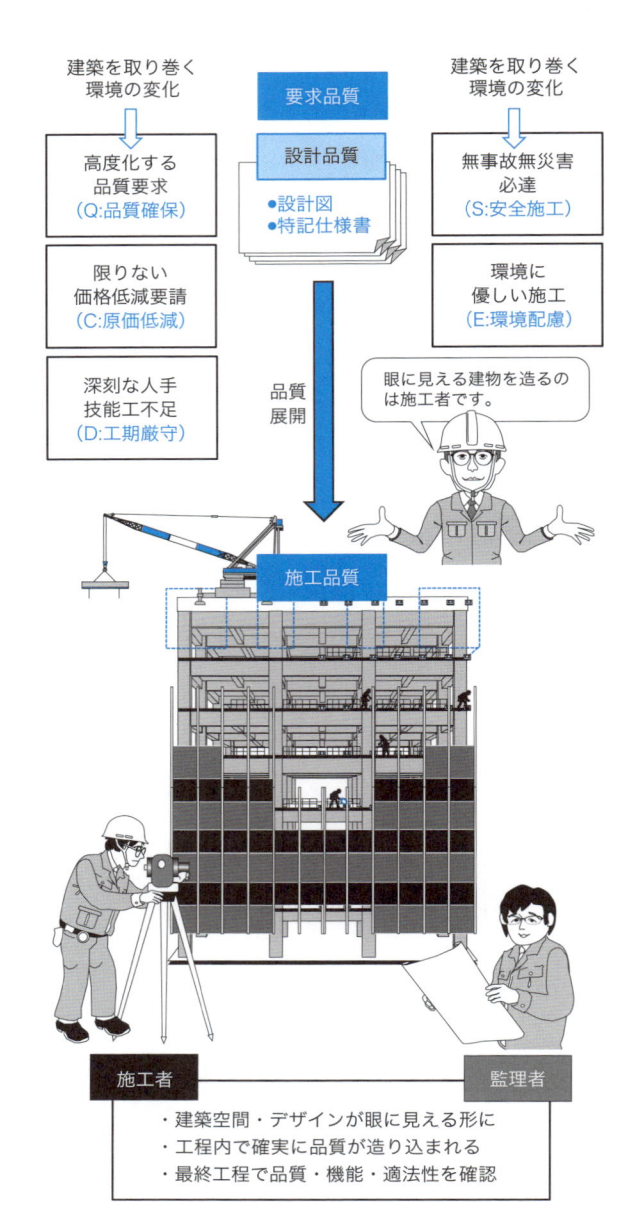

図2　施工の重要性

1章　施工管理

　本章では、これまで建設業に接することがほとんどない方に向けて、建設業に携わることの意義、やり甲斐、苦労と楽しさなどをわかりやすく伝えたい。特に施工管理という業務は、建物を造る計画から、資機材および作業員の手配、日々の工程、品質、安全、原価の管理など多岐にわたり、多くの知識、情報、経験が必要となることから、一人前になるまでに、少なくとも十年近くかかると言われている。しかし、その歩みの途中であっても、例えば一担当の時にでも、常にやり甲斐や満足感が得られる職業であることを知って欲しい。また、この業種は人と接することが多く、その中でも特に人間関係が重要になることから、その関係性についても触れている。

　建物は最大のものづくりであり、完成時の感動はひときわである。長い年月使われ続けることからも、多くの満足感が得られる職種であることを伝えたい。

1・1　建設業の特徴

1　建設業と現場技術者

(1)「技術を売る」仕事

　建設会社が売っているものは一体何か。一般の製造業と同様に、造った建築物を売っている、そういう見方もできるが、鉄骨や鉄筋、エレベータやサッシ、内装建材のみならず、空調機器や照明設備など、使用する材料はすべてメーカーが造ったものであり、加工や取付けもすべて専門工事業者が行っている。

作業に必要な仮設足場材やクレーンなど、建設機械もリース会社のものである。これらを使って、工事の手順を考え、1つの建物として完成させるのが建設会社である。建設会社は生産設備を持たず、労務も持たない。持っているのは技術者だけ、つまり良否を判断する知識と、工期や予算を守る管理技術、すなわち施工ノウハウである。ということは建設業の売っている商品は「技術」そのものだと言える。

(2)「指揮・監督する」立場

　建設業の現場での仕事を他業種と比べた場合、根本的に異なっている点が1つある。それは、現場に

図1・1　現場監督は指揮者

配属された技術者は新入社員でも指揮・監督する立場にあるということだ。建設業は時期と場所、規模によって、仕事の質や量が変動するという特徴がある。そこで、外注という形をとるなどして、仕事の変動に応じられるように弾力性ある組織になっている。いわゆる工事を管理する会社（建設会社）と工事を実際に行う会社（専門工事業者）に役割が分かれており、より細分化、専門化されているのである。

建設会社の現場監督の仕事は、よくオーケストラの指揮者（図1・1）に例えられるが、たとえ新入社員であっても、外注先や作業員の先頭に立って指揮をする立場に立ち、人に指示をしたり、人と折衝するという仕事、つまり「監督」をしなければならない。もちろん楽譜も読めない新入社員が、いきなり指揮者になれるわけではない。会社で教育を受け、先輩に教えてもらい、自分で勉強し実力を付けながら一人前になるといった、他業種より知恵と汗が要求される仕事なのである。また、建設業ではどんなに大きい会社に入社しても、1つの職場（建設現場）には、社員は数人、多くても数十人である。これは、建設現場が各所に点在しており、1つ1つが独立して、建設現場を担当し、指揮監督しているからである。

(3)「バラエティに富む」職場

建設現場の仕事は、何十年を経たとしても、また、同じような作業を繰り返しているように見えていても、同じ仕事、同じ状態に行き当たることはない。工事は日々着実に進み、取り組む建物の規模、用途、工期、立地、人間関係などの組合せも、必ず異なるからである。工事現場では多くの人と関わりを持たなければならない。それだけに現場技術者は得るものも多く、経験を重ねるごとに人間性も豊かになっていくのである。

2　現場技術者のやり甲斐と役割

(1) 現場技術者の「やり甲斐」

建物は、金額や造形、スケールの面から、手づくりの大型商品といえる。大型商品ならではの達成感がある。設計図には完成させる建物が示されているが、プラモデルのようにつくり方は書いていない。したがって、まずは「どうつくる」という計画が必要となる。ここで現場技術者に「施工計画」という知的作業が求められる。例えば、地下の掘削をどのような手順で行うのか、クレーンをどこに設置するのか、型枠工法をどうするのかなど、現場の敷地や工期などの個別条件に応じて、経験と知識、工夫により、様々なアイディアを駆使して計画し、施工する所に現場技術者の醍醐味がある。

多くの困難が伴う施工管理を行った後、完成が近づき、建物を覆っていた足場やシートが取り外され、ピカピカのビルが現れる。完成が迫ってくると、プラモデルとはまったくスケールの違う大きな達成感が味わえる。何年も通ってゼロ（さら地）からつくり上げた建物、解決法がわからず、本を調べたり先輩に聞いたりして、ようやくできた仕事は、苦労が多いほど、思い入れが強くなり、達成感も大きくなる。まさに、これが建設業に携わる技術者のやり甲斐である。

オフィスビル、劇場、図書館、学校、ショッピングセンター、マンションなど、出来上がった建物は、社会や人びとの生活の中で長い間使われ続ける。その建物を目にする度に「この建物は自分がつくったんだ」という満足感が一生涯続き、家族や友人にも自慢したくなる、そんな仕事である。

1・2　建設事業とは

1　建設事業のフロー

建物を造るにあたり、工事に着手する前段階から様々な手順（フロー）がある。建設事業は、図1・2に示すような流れになっており、一般的な工事請負

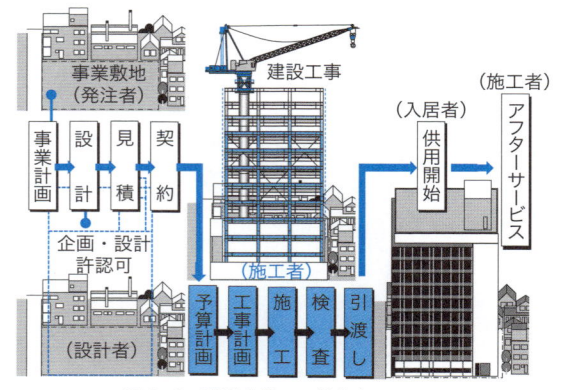

図1・2　建設事業の一般的なフロー

契約において、建設会社は**見積りからアフターサービスまで**受け持つこととなる。この場合、建設会社の現場は予算作成から引渡しまでの部分を担う。設計施工一貫契約の場合、設計も建設会社が行うが、さらに事業計画から行う場合もある。ここでは、設計行為を含まない工事請負契約を前提に説明する。

2 建設事業のはじまり

建設事業は、建築主（発注者）が予算や事業スケジュールなどの事業計画を立てるところから始まる。設計事務所と建築設計監理業務を委託する契約を結んだのち、設計作業が始まり、設計図が完成すると行政（建築主事、民間検査機関を含む）に構造強度や耐火性能、避難経路などについて、建築基準法に則った建築物であるかどうかを審査する「建築確認」を申請する。

設計図や仕様書（両方を合わせて「設計図書」という）が、ほぼ決まった段階で建築主はこれまでの取引関係や施工能力、技術力、信頼関係などから、いくつかの建設会社を候補として選定し、見積りを取る。建設会社は設計図書に基づき積算し、見積金額を提示する。ここで、**積算**とは、一定の基準に従って工事種類ごとに細かく金額を足し算していく（積もり上がり）ことであるが、基本的に会社によって大きな差は出ない。一方、**見積り**は積算結果に基づき、半ば経験的な判断から金額を算出することを意味しており、例えば積算結果で坪単価 140 万円になったとしても、これまでの経験や実績で坪単価 120 万円で工事可能と判断すれば、値引きして見積金額を提示することがある。建築主は金額を含めた総合的判断によって、建設会社を決定して工事請負契約を結ぶ。前述した行政などによる建築確認の許可がおりたあと、設計事務所の監理のもと、一般的には図 1・3 に示す契約関係で工事が着工される。

建物は基本的に「**単品受注生産**」であり、建設会社は一般的に工事一式を請け負い、定められた敷地に定められた品質、コスト、工期で建築物を完成させる責任を負いながら工事を進める。ここで**工事監理**とは、建築主と監理業務委託契約を結んだ設計事務所が、建築の素人である建築主に代って、設計図書では十分に表現することができない事項などについて決定し、建設会社に指示することである。工事の開始前から、最後の引渡しの検査まで、建築主の代理者としての行為である。わが国では通常、設計を行った設計事務所と同一の設計事務所が監理を行うことが多いが、まったく別の事務所などが監理を行うこともある。

1・3 建設工事と現場運営

1 作業所の編成

建設会社が行う施工は、建物が単品受注生産であることから、現場（現地）での仕事が主になる。建設現場は、本社や支店から遠く離れて各所に点在するため、本社や支店では、直接細部まで立ち入った指揮や管理はできない。そこで、建設現場には、「作業所」と呼ばれる工事事務所が組織される。作業所では、図 1・4 で示すように、作業所長のもと、技術

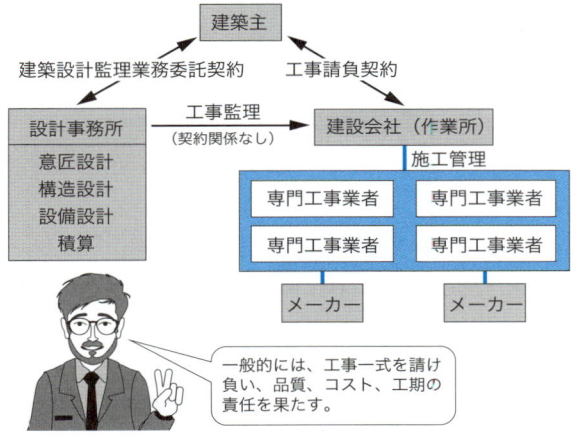

図 1・3　建設事業の契約関係

図 1・4　作業所の編成

者や事務スタッフが配置・編成され、施工体制が整えられる。作業所は製造業における工場と同様に、施工設備を整え、材料を準備し、作業員を動員して正しい品質、決められた納期、目標とする利益および安全性の確保を目指した生産活動の場となる。

作業所長は現場代理人とも呼ばれ、工事における全責任を負う一方で、大きな権限が与えられている。作業所長は、担当者ごとの業務分担を行い、工種ごとに専門工事業者の選定、契約を行い、各担当者が立案した施工計画に基づいて、全体調整しながら工事を進めていく。

2　本社や支店の機能

現場の施工は、基本的に作業所が中心となるが、作業所と本社や支店との連携も重要である。施工計画のアドバイスや品質パトロール、安全パトロールなどを実施し、トラブル発生時の支援など多岐にわたる場面で、本社や支店は現場に関わることとなる。

一般的な建設会社の組織として、本社には技術部や設計部、技術研究所などがあり、支店にも専門の技術スタッフが配置されていることが多い。困ったことや現場で解決できないことなどは、その都度相談したり、支援を仰ぎながら工事を進めていくことができる体制（図1・5）が整えられている。

3　建築物のコスト

建築物のコストは用途、規模、構造とともに杭や地下の有無、仕上げのグレードなどにより大きく異なる。また、建設する時期や地域でも変動するので一概に言えないが、工事利益を除いたおおよその工

事原価の構成比として、鉄骨造事務所ビルと鉄筋コンクリート造集合住宅の一例を図1・6、1・7に示す。

作業所では設計図書に示された仕様の材料を、廉価で購買することが求められるため、各現場で共通の材料は本社や支店の購買部門でまとめて購入したり、価格の変動が大きい材料は市況をにらみながら、タイミングを計って購買部門が購入する、などといった工夫も行われる。

一方、現場技術者は材料だけでなく施工方法などによって作業を合理化したり、日常作業での無駄を排除するなどの工夫が必要になる。さらに、新しい技術による工期の短縮もコストの低減に大きく寄与するため、検討されることが多い。

1・4　現場技術者の役割

1　現場運営と施工管理

「現場運営」とは、建築主（発注者）、設計者、監理者、専門工事業者、近隣住民などの人間関係を良好に保ちながら、現場を管理し、工事を進めていくことである（図1・8）。「施工管理」とは所定の品質を確保しながら、費用、時間、安全、環境などの面で満足するように現場を進捗させることといえる。刻々と変化する現場では、輻輳する作業をタイムリーに整理して専門工事業者に作業指示を行い、施工品質

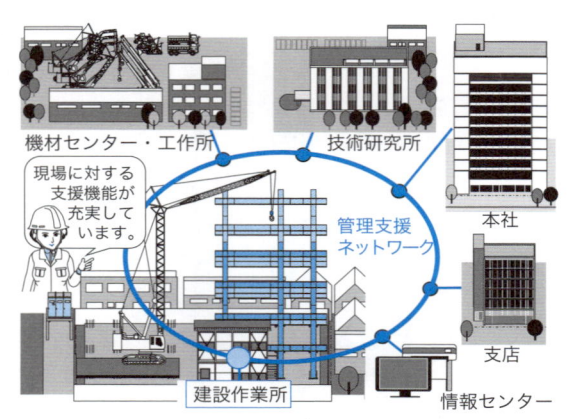

図1・5　作業所をとりまく管理支援組織

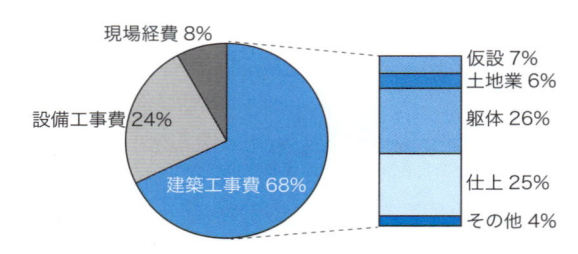

図1・6　工事原価の構成比（S造 事務所ビル 10,000m² 程度）

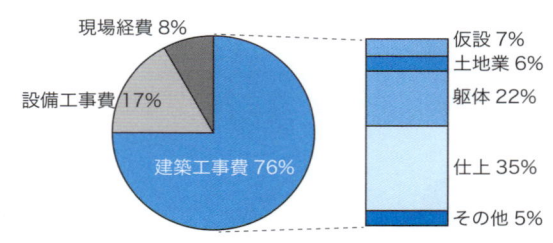

図1・7　工事原価の構成比（RC造 集合住宅 10,000m² 程度）

が確保されているか、工程の遅れがないかなどを確認していく。天候の影響や納期の遅れなどで工程に遅れが生じた場合は、すぐに増員や手順の変更などの対策を検討し、後工程への影響を最小限にとどめるような処置を講じる。

では、実際の建設現場において現場技術者はどのような業務をするのか。基本的な業務に言い換えれば、図1·9に示すような「施工計画」「施工管理」「対外折衝」を行っている。請負契約の範囲内で、どのような材料を、どのような工法や機械を使って、どのような順番で施工するのか、綿密な計画を立てるのが「施工計画」である。施工計画に基づいて工事全体のプロセスを管理し、専門工事業者に対する品質管理、予算管理、工程管理、安全管理までを一貫して行うのが「施工管理」である。

「対外折衝」とは、設計図書だけではわからない事項について質疑をしたり、設計変更や使用材料の承認、各種検査への対応などを含め、発注者や監理者との折衝、近隣住民への対応、官公庁への各種申請、検査など、様々な社外との折衝業務を行うことを指す。

また、施工管理の一環として、工事に携わる作業員の災害防止以外にも、近隣への騒音、粉塵、水質汚濁などの公害防止、通行人などが巻き込まれる第三者災害の防止を図るため、安全計画や安全設備の設置を行う業務がある。

2 施工計画

建築工事は、毎日の作業を積み重ねて完成するものであるが、結果の良し悪しのほとんどは、**最初に立てた計画で決まる**と言っても過言ではない。粗雑な準備で実行すれば、よい結果が生まれるはずはなく、途中で欠陥や問題に気づいても修正がほとんどできないため、工期遅延、重大災害、品質不良、予算割れといった致命傷になりかねない。建築工事は、素朴でラフな仕事のようにも見えるが、実際は多様な手法の中から、与えられた条件や制約を踏まえ、知識と経験を生かして、常に最善の手法を選定していかなければならない。

計画は着工時に限らず、日常の諸作業すべてに必要なものでもある。計画を行う際には、あらゆる状況を想定し、綿密な計算をした上で、練り上げることが最も大切である。

施工計画の概念を図1·10に示す。まず、どんな建物をつくるのか設計図をしっかりと読み込み、敷地条件を確認して工事をイメージしながら施工計画を立案する。施工計画は、着工前に工事の手順や工法など、工事全体の基本方針を定める「**全体施工計画**」と各工種着手前に個別に日程や労務人数、品質管理値などを定める「**工種別施工計画**」の2つに大別できる。施工計画は、工事の成果を決定づける知的作業の繰返しであり、現場技術者として非常に重要な仕事である。

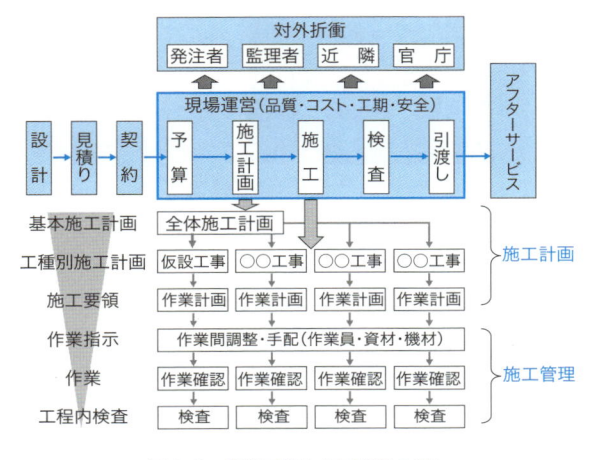

図1·8　建設工事と施工管理の流れ

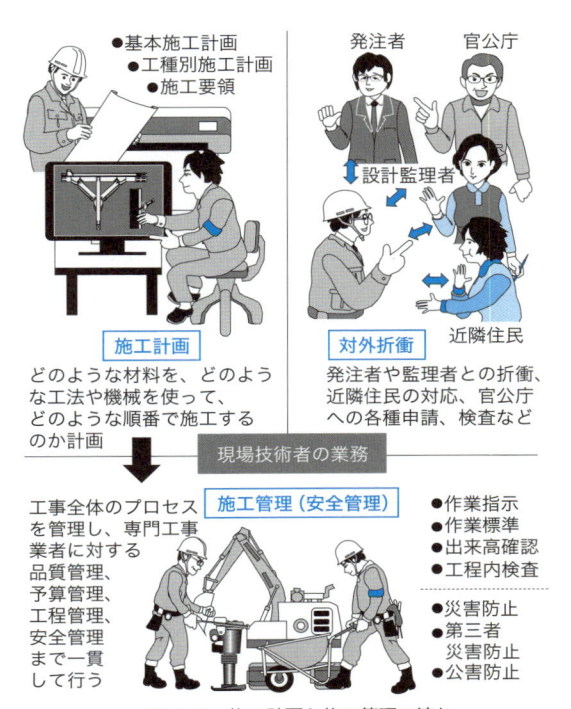

図1·9　施工計画と施工管理の流れ

一般に全体施工計画のアウトプットとして、「総合仮設計画図」（図1·11）と「全体工程表」（図1·12）が、工種別施工計画のアウトプットとしては「○○工事施工計画書」が作成される。

3　仮設計画

仮設計画は、施工計画を立案する上で重要な項目である。仮設とは、仮囲いやゲート、外部足場などで、最終的に建物としては残らないが、工事を進める際に「よいものを、安く、早く、安全に建設する」ために仮に設置するものを指す。

仮設物は目的や範囲が非常に広いために、通常は全工事を通じて共通して必要となる仮設事務所や足場、揚重機械類と、地下工事における山留めや、コンクリート工事における型枠、支保工のような単独の工事に必要とされるものとに分類され、施工計画とともに検討される。

仮設をどのように設置するかは、品質や安全に大きく関わる。また、コスト的にも全体工事費の約1割弱を占めることから、転用などを考慮し、なるべくコストを低く（労務や資材の投入を少なく）、合理的に考えて、採用する工法を選定する必要がある。

4　工程計画

契約工期内に工事を終わらせることは厳守すべき事項である。労務を確保し、工事期間内に工事を終わらせるためには十分な経験とノウハウに基づく工程計画が必須である。一般的に掘削工事、基礎工事、躯体工事、仕上工事、外構工事と進む建築工事で、

無駄なく効率的に工事を進めていくには、それぞれ単独ではなく、作業を並行、輻輳させながら工程を作り上げていく。

図1·13のように、工期は長くても短くても工事費は高くなる。例えば短い工期の場合、労務や機械をたくさん入れざるを得ずにコストがかさみ、長い場合は現場経費や共通仮設費などがかさむ。したがって、作業所ではバランスを考えて最も経済的な工期を目指すこととなる。

工程計画は施工数量の把握、施工計画の立案、要素作業の抽出、手順の検討、投入人員の設定、作業日数の算出、輻輳並行作業による調整、天候リスクなどを踏まえたうえ、工期を決定する（図1·14）。ここで最も重要となるのが作業歩掛りである。例えば型枠工事では1日1人あたり何m²を施工できるのか、何人投入するのかで1日の施工数量が決まる。少なくとも各工種の一般的な歩掛りを把握することが重要だが、すべての施工条件は同一でないため、様々な条件下における歩掛りを自分なりに取得しておくことが大事である。

建設現場では多くの作業が複雑に関連して進行するため、どの作業が最も重要（遅れてはいけない作業）なのか、各作業の関連性（作業の開始予定・終了予定）

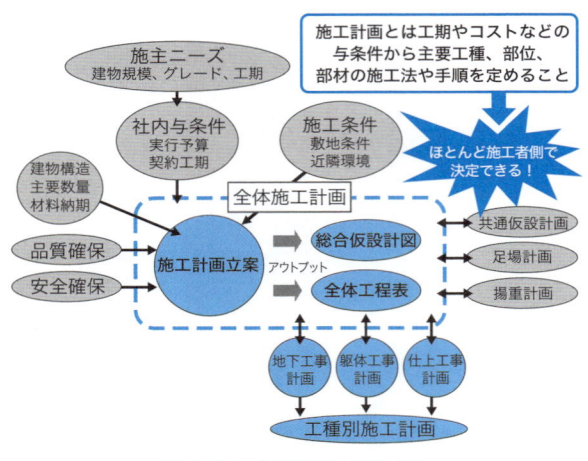

図1·10　施工計画の位置づけ

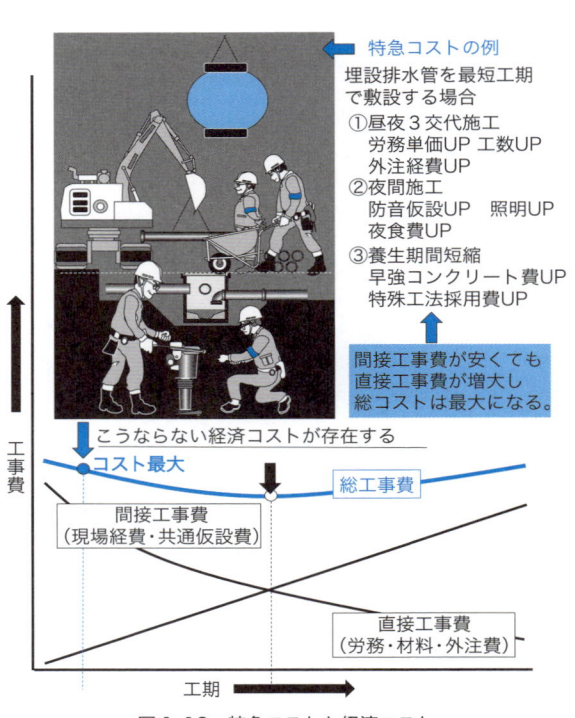

図1·13　特急コストと経済コスト

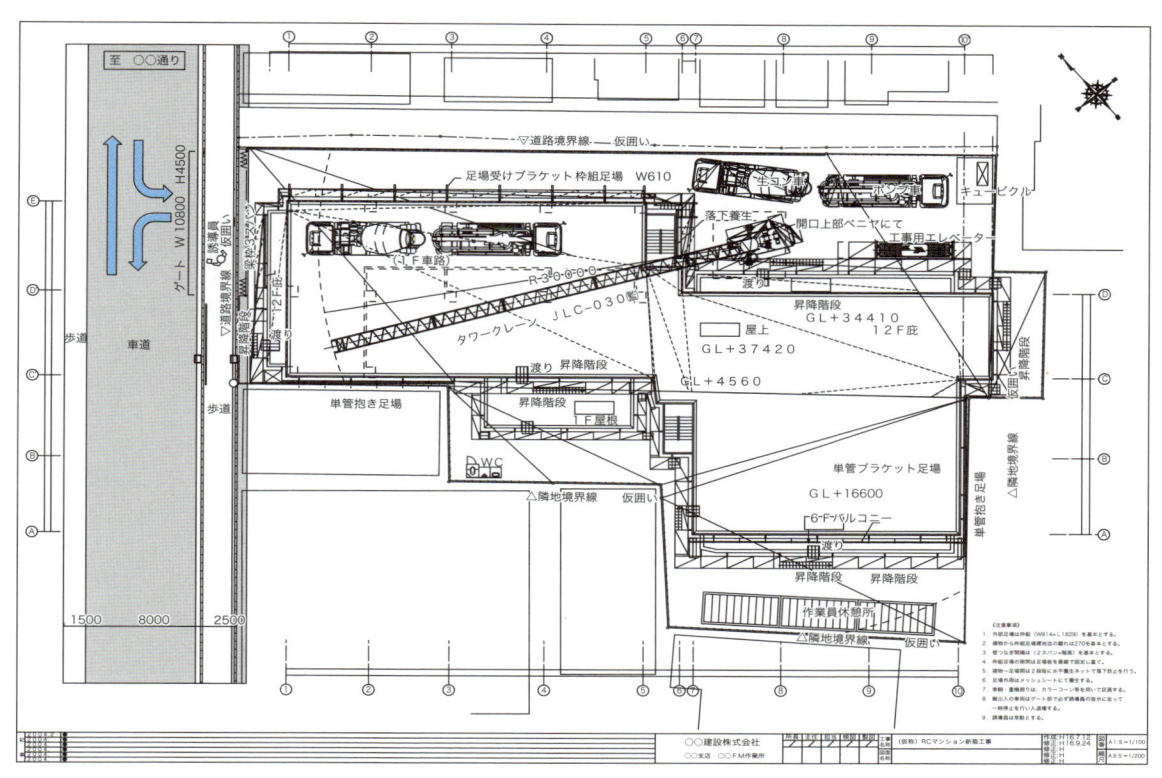

図1・11　総合仮設計画図

管理点を明確に示し、クリティカルパスがはっきり示され、解りやすい表現に努めること。

仮設計画は、品質や安全に大きく関わる。転用を考慮し、コストを抑え合理的に考えたい。

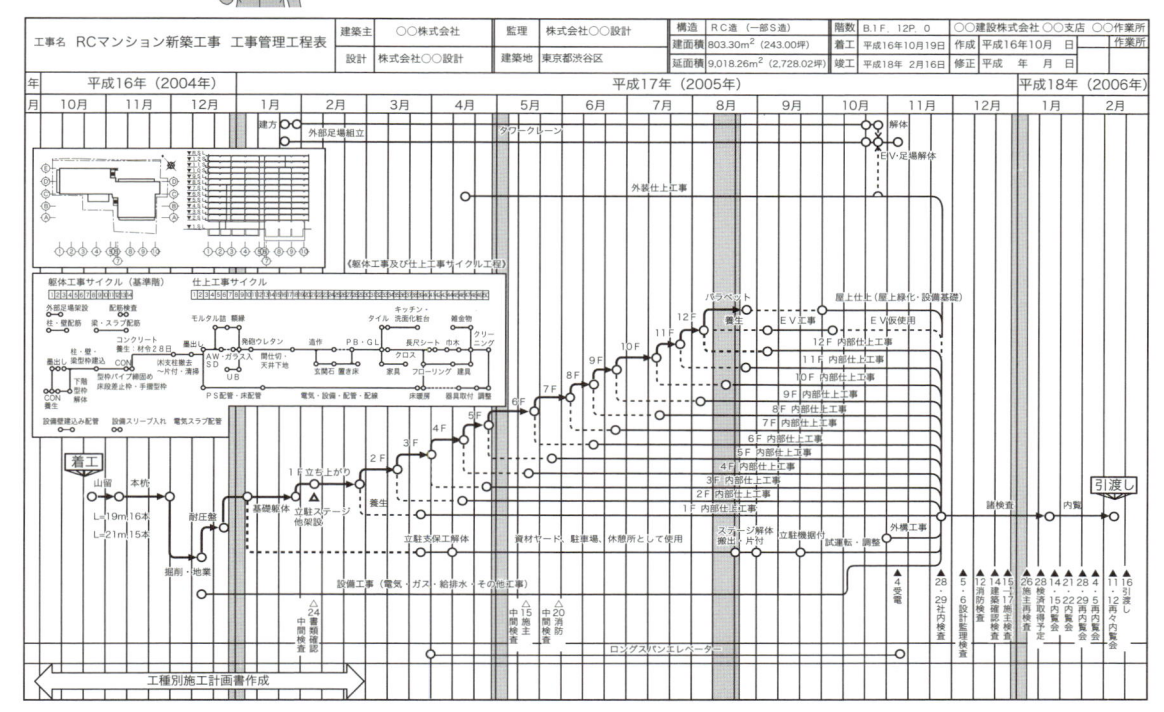

図1・12　全体工程表

を明確にすることが工程管理の重要なポイントとなる。ネットワーク工程表は作業の順序が明確で前後の関連性もわかりやすい。また、必要日数の算出に当たってもクリティカルパス（全体工程を左右する最も長い日数を要する経路）が導きやすいことから、作業手順や作業の余裕日数（フロート）の把握が容易となり、全体工程表などによく使用される。図1・15にネットワーク工程表で用いられる主な用語・記号、計算例を示す。なお、建設工事の場合は時刻でなく日数を表す。

5　安全衛生管理体制

　作業所の安全管理の難しい点は、異なる下請会社の作業員が同一の現場内で混在して作業を行うため、指示が末端まで徹底しにくいことにある。**特定元方**

事業者である作業所では図1・16に示すように、規模（混在作業を行う人数）に応じて「統括安全衛生責任者」や「元方安全衛生管理者」などを選任し、安全に関する統括管理を実施する必要がある。下請事業者は、これにあわせて安全衛生責任者を選任し、統括安全衛生責任者などとの連絡・調整業務などを行う。

　作業所は毎月の災害防止協議会や日々の作業打合せ会議を通じて作業間の連絡調整を図り、混在作業から生じる労働災害の防止を図る体制を構築しておく。

6　日常の施工サイクル

　施工現場となる作業所の1日ごと、1週間ごと、1か月ごとのおのおのの会議や確認事項など、日常的な工事を管理する上で必要な項目の流れの一例を図1・17に示す。工事を進めていくためには、技術など

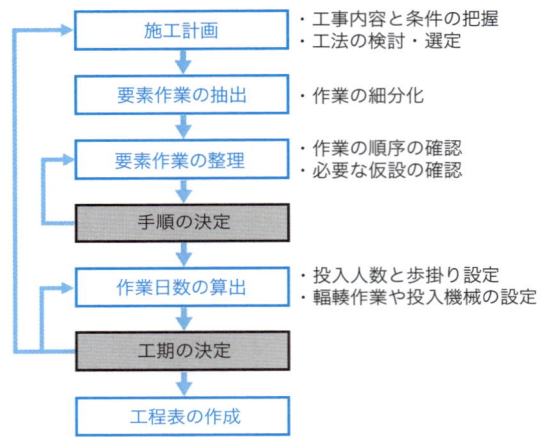

図1・14　工程計画の手順

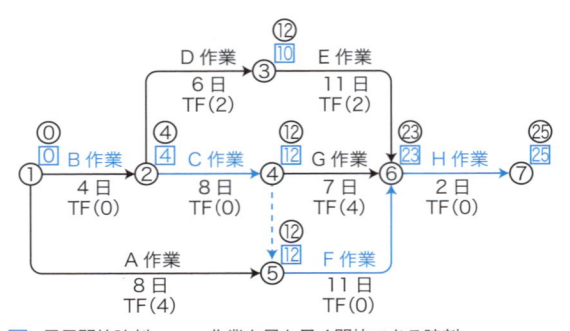

□：最早開始時刻……… 作業を最も早く開始できる時刻
○：最遅終了時刻……… 工期に遅れが発生しない範囲で作業を最も遅く終了してもよい時刻
→：クリティカルパス… 遅れてはいけない最重要管理経路（作業）のこと。必ずしも1本とは限らない。
TF：トータルフロート… 遅れても工期に影響を与えない余裕日数。

図1・15　ネットワーク工程表

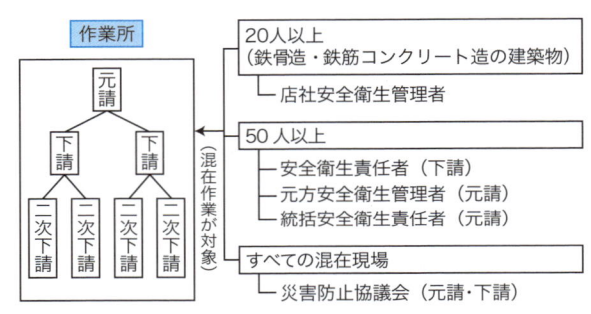

図1・16　作業所の安全衛生管理体制

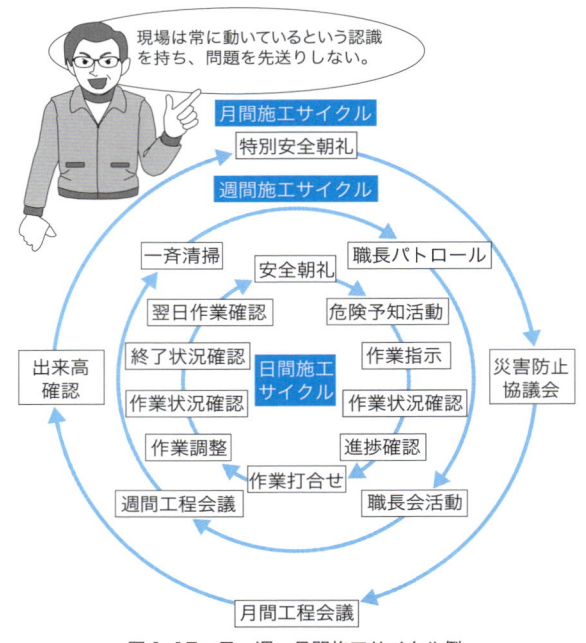

図1・17　日、週、月間施工サイクル例

の専門知識や現場経験のほかに、その場の状況に合わせた**タイムリーな対応や処置**が必要になる。現場は常に動いている、状況が変わっているという認識を持ち、問題を先送りせず、「明日予定している作業が予定どおり始められるか」「来週予定しているコンクリートが打設できるか」「資機材は揃っているか」といった見方で、現場を巡視することも重要となる。また、天気予報などの情報には常に注意し、大雨、台風、強風など急激な変化が予想される場合には、その備えができているかなどの点検も必要である。

1・5　設計図と施工図の違い

1　設計図と施工図の違い

「**設計図**」は建物の適法性と、必要な寸法とレイアウトが表示された図面であり、「**施工図**」は設計図の不足情報を補いながら、おさまりを考慮した正確な寸法とクリアランスを示し、かつ、施工手順を考慮した図面である（図1・18）。このように設計図と施工図はそれぞれの役割が異なることから、**設計図だ**けでは施工ができない。

設計図には空間（スケール）を表した「**意匠図**」、強度や耐久性を表した「**構造図**」、機能や快適性を表した「**設備図**」の3つに大きく大別され、それぞれの専門分野の設計者により仕様書とともに作成される。さらに設備図は「電気設備図」「給排水衛生設備図」「空調換気設備図」の3つに細分類されている。これらの設計図は建物の姿・形を示すものであり、完成形が描かれている。

一方で施工図には鉄筋の配置やコンクリートの寸法を示す「躯体図」、鉄骨やサッシなどの寸法や加工方法を示す「製作図」、外壁タイルの配置や割付けを示す「タイル割付図」、外部足場の構成と配置を示す「仮設計画図」などがあり、仮設物を含め、建物を構成する各パーツをどういう寸法で作り、どういう順番で施工するとうまくおさまるかが描かれている。したがって、施工図は設計図を基に施工者が建築主や設計者と協議を重ねながら、取付方法やおさまりを考え、建物のつくり方を描いている図面であるといえる（図1・19）。

1・6　準拠図書（各種仕様書）

1　JASS

JASS（ジャス）とは、（社）日本建築学会が発行している「建築工事標準仕様書」のことであり、「Japanese Architectural Standard Specification」の頭文字を取って、JASSと略されている。

JASSは建築工事の工種ごとに番号を併記している。例えばJASS5は「鉄筋コンクリート工事」、JASS10は「プレキャスト鉄筋コンクリート工事」というように解説付きで刊行されており、種類は全部で27工種がある。一般共通事項から、仮設工事、躯体工事、仕上工事、電気設備工事の各工種を網羅している。

JASSは建築の質的向上と合理化を図るという目的で、合理的で経済的な施工の一定標準を定めたもので、技術の進展や材料の進歩、法改正などに対応して適宜改訂されており、地域性などにかかわらず、構造種別による建築物に適応する標準仕様書として

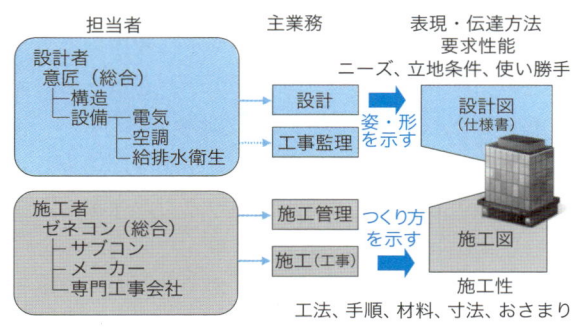

図1・18　設計図と施工図の役割

① 設計図と施工図は役割が異なる（設計図で施工できない）
法令を遵守する、必要寸法とレイアウトを示す、使い勝手や耐久性を示す図面

② 施工図で不足情報を補い、作業できる図面にする
正確な寸法とクリアランスを示す、おさまりや割付けを示す、施工手順を考慮した図面

③ 設計図のくい違いを解消する（情報を統合して補正する）
専門分野の担当者ごとに設計された図面を相互に調整し、トラブルのないようにする

施工図は単なる設計図の拡大図、詳細図ではない

図1・19　施工図の必要性

国内で広く採用されている。

　具体的な内容を紹介すると、JASS5「鉄筋コンクリート工事」では、水セメント比の最大値や単位水量の最大値など、コンクリートの調合に関する各種規準値や型枠設計用コンクリート側圧の算定方法、コンクリート仕上りの平坦さの標準値などが示されている。いずれも施工精度や施工品質を規定する標準的な仕様として、運用されている。

2　公共建築工事標準仕様書

　このような標準仕様書は、他にも（一社）公共建築協会が刊行している「公共建築工事標準仕様書」（国土交通省大臣官房庁営繕部監修）があり、主に公共工事で利用されている。また、この仕様書に基づいて監理を行う場合の目安として「公共建築工事監理指針（上下巻）」も発刊されている。このシリーズは建築工事編、電気設備工事編、機械設備工事編の3篇で構成されており、各工種を網羅している。

3　その他の仕様書

　都市再生機構（UR）や大手の設計事務所や建設会社、不動産開発会社などはそれぞれ独自に仕様を定めて発刊しているが、これらの内容はJASSや標準仕様書と大きな違いはないようである。

　JASSと間違われやすい略号に、JAS（ジャス：日

本農林規格）がある。こちらは、JIS（ジス：日本産業規格）と同様の国家規格である。「Japanese Agricultural　Standard」の略であり、建築関係では、木材などの製品基準が定められている。

　JISやJASなどの国家規格とJASSのような標準仕様書の違いを簡単にいうと、国家規格は違反すると法的な責任が問われる、つまり強制力があるがJASSのような標準仕様書に強制力はない。しかし、発行元が持つ権威あるいは信用によって、その内容が保証されており、JASSに従って工事をすれば、一定の品質を持つ建築物をつくることができるという共通認識が得られている。

1・7　主な検査と手続き

1　施工中の検査

　建物は安全性と品質確保のため、建築基準法に基づき、行政機関などにより着工前に行われる確認申請をはじめ、施工中には中間検査、工事完了時には完了検査が実施される（図1・20）。建築基準法では建築主事などは建築主、工事監理者、施工者などに施工状況の報告を求めることができると定められている。また、都道府県知事などの特定行政庁が定めた特定の工程がある場合、その工事が終わった段階で建築主事などの中間検査を受ける必要がある。

　中間検査は工事段階で構造などが法令に適合しているかをチェックするもので、特定行政庁が指定した特定工程に達した段階で行われ、中間検査に合格しなければ後続工程を行うことができない。特定工程の例としては、共同住宅の「2階床と梁の鉄筋を配置する工事の工程」などがあり、中間検査として配筋、寸法などの検査が行われている。

　また、これらの法令で定められた検査以外に、設計監理者が品質面で重点的に管理する項目や設計図書通りに施工されているかについて、施工中の各工程ごとに検査が行われている場合が多い。

2　竣工後の検査

　工事が完了した際に、建築主は建築主事などに完

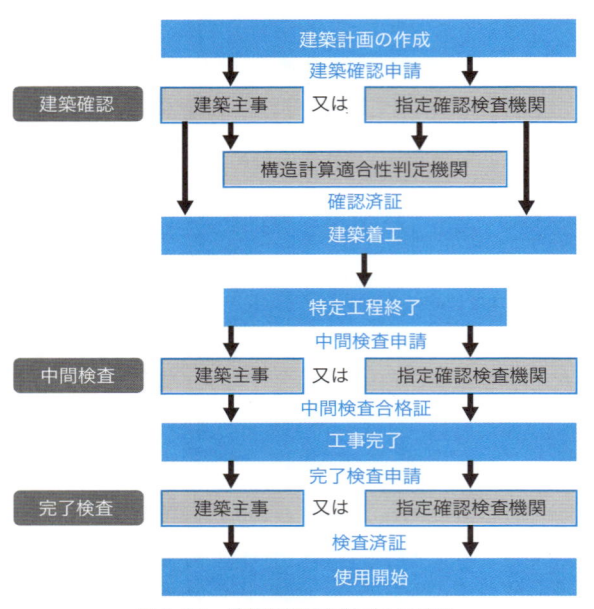

図1・20　建築基準法に基づく手続き

了検査を申請し、検査済書の交付を受けなければ建築物は使用できない。また、消防設備を設置した防火対象物では消防検査も必要となる（図1·21）。これ以外にも建築主や設計者が行う竣工検査や、分譲マンションでは内覧会と呼ばれる購入者の検査が実施されることが多い。

3 各種手続き

　建築工事にあたり、着工前、施工中および竣工後の定められた時期に、建築基準法をはじめ、各種関係法規に基づく手続きを遅滞なく行う必要がある。施工管理に関する諸官庁への主な届出書類を表1·1に示す。また、この他にも建物の使用に際し、電力会社、ガス会社、電話会社、上下水道局、消防関係への手続きや申込みが必要となる。

1·8　現場技術者に求められる能力

1 建設現場での役割

　建設現場では厳しさ、泥臭さ、人を動かす難しさや人を説得する難しさなどを体験しなければ、理解できない面がたくさんある。現場技術者はそんな現場の全体工程を管理しながら、会社（作業所）が定めた工事運営方針に基づいて、必要な資機材の手配と複数の専門工事業者間の調整、作業指示を行うこととなる。これらについて、品質と安全を確保しながら工事をコントロールするには、基本となる知識と技術をベースにした「エンジニアリング能力」と、対外折衝含めた現場を運営管理する「マネジメント能力」が求められる。特に建設現場では、携わる現場技術者自身が修得し、身につけている知識や技術だけでなく、建設会社が組織として蓄積しているノウハウ、データ、実績、開発技術などが総合され、間接的に支えている。現場技術者はこれらを含めて、マネジメントすることが求められている。

　また、建設現場は覆い隠すことができない。整然とした施工、目を見張る進捗ぶり、規律ある現場管理、現場周りの美化などは高い評価が得られる一方、遅々として進まない工程、雑然とした現場、下手な施工段取り、ルーズな作業員が周辺をうろつく姿などは信用失墜の宣伝をするようなものである。世間は、現場の状況を建設会社の能力や姿勢として受け取り、「現場＝会社の容姿」と考えてしまう。このような観点での現場運営はとても重要である。

表1·1　諸官庁への主な届出書類

〈一般届出書類〉

種　類	所轄官庁	関係法令
建築工事届	都道府県、市、建築指導課	建築基準法
中間検査報告		
建築工事完了届		
建築物除去届		
建築リサイクル法届出	都道府県、市町村	建設リサイクル法
道路境界明示願	国土交通省国土工事事務所、府県所轄土木出張所、市建設局管理課、市所轄工営所	道路法
道路占用許可申請書		
建築工事施行承認申請書		
道路使用許可申請書	所轄警察署交通課	道路交通法
沿道土地掘削に関する誓約書	市土木局工務課	道路法
下水道敷占用許可申請書	市下水道局管理課、都道府県、市、建築指導課	下水道法
公共下水道使用開始（中止）届	市下水道局業務課業務係	
特定建設作業実施届出書	市、環境保健局	騒音規制法
仮設事務所設置届	所轄消防署建築係	消防法
工事中の消防計画		
危険物取扱諸届		
変電設備設置届出書		

〈労働安全衛生関連届出書類〉

種　類	所轄官庁	関係法令
共同企業体代表者届	労働基準監督署	労働安全衛生法、労働安全衛生規則
適用事業報告		
時間外休日労働に関する協定届		
就業規則届		
特定元方事業者、統括安全衛生責任者、元方安全衛生管理者		
建設工事計画届（88条申請）		
建設物、機械等設置届		
クレーン設置届等		
本設EVを仮設使用する際の届出（EV設置届、廃止届）		

（出典：（公社）日本建築士会連合会『管理技術者講習テキスト2018年度版』一部修正）

図1·21　消防検査の実施状況

2　建設技術者に求められる能力

　基本的な技術や一般的な管理のポイントなどは、各建設会社でマニュアルや要領書などとして標準化されている。しかし、屋外での単品受注生産である建設現場では、実際に工事を行う作業環境がそれぞれ異なり、日常業務では、急な設計変更やトラブル、材料の入手難など、次々と問題が発生する。また、悪天候、交通渋滞などの外的要因に伴う突発的な状況も発生し、処置判断に苦しむ場面にも迫られる。

　これらの状況に臨機応変に対応する技術力や創意工夫するマネジメント力こそが、現場技術者の力量といえる。さらにベテランになれば、経験を生かして、困難に向かっていく実行力や応用力、精神力が自ずと備わってくる。若手技術者はまずは、各作業の確認時に最も気を配り、品質のつくり込みの仕方や出来映えを入念にチェックすること、同じ失敗や手戻りを繰り返さないこと、現場では自分の目と耳、手足を研ぎ澄まして、自分の担当以外でも「これでいいのか」「この後どう納まるのか」というように常に問題意識を持って現場を見ること、わからないことは上司や先輩に聞くことなどが重要である。

3　人的ネットワークの構築

　建設工事は単品受注生産であるため、現場が変わるごとに新しい発注者や設計事務所、新しい上司や部下、専門工事業者など、千差万別の人間関係が構成される。自分の力量や技術レベルを知った上で、その都度、相手の性格や技術力を自分なりに把握し、相手に合った対応をすることで自分自身が仕事のしやすい環境をつくっていくことが重要である。

　また、工事を進める上で発生する様々な問題点や課題は決して一人で抱えたり先送りせず、上司や先輩に相談したり、本社や支店の技術スタッフ、同期入社の仲間などの社内ネットワークを使って、積極的により早い解決をするよう日頃から人間関係を築くことが重要である。以下に、主だった人間関係についてのポイントを示す。

(1) 職長や作業員との人間関係

　建設現場の品質は、直接作業に従事する専門工事業者作業員の気持ち次第で大きく変わる。特に、若手技術者は年長で経験のある職長（作業員のまとめ役）や作業員との人間関係について、様々な問題や悩みに直面するであろう。積極的に会話をして、交流を深め、早めに信頼関係を築くことが、品質のよい建築物をつくる第一歩だと心得ておくと良い。特に、作業指示は目的をはっきりさせること、自分も納得できる指示内容であることが必須である。無理を押し付けずに筋を通し、その結果を確認することが大事である。

(2) 近隣との人間関係

　現場の近隣住民にとっては、建設工事は周辺環境を一変させる行為で決して好まれるものではない。一方で、どんなものがどのように出来上がっていくのか興味があるのも事実である。まずは近隣住民の立場に立って考え、頻繁にコミュニケーションをとり、誠意を持って対応し信頼関係を築くことが重要である。特に、問題となりやすい作業時間や車両の搬入時間、動線などはルールを決めて作業員や運送会社に徹底するとともに、近隣住民には事前に説明して、了解を得ておくことが第一である。

　また、相手は建築のことをまったく知らないと考えなければならない場合がほとんどであろう。専門用語を避け、わかりやすく説明することに心がけ、無理難題については、一度どのような方針で回答すべきかを社内で協議しておき、できる・できないをハッキリさせてトコトン付き合っていくしかない。

(3) 設計者や監理者との人間関係

　若手技術者にとって、同じ専門分野で自分よりも年上かつ経験豊富な設計者や監理者と対応すること

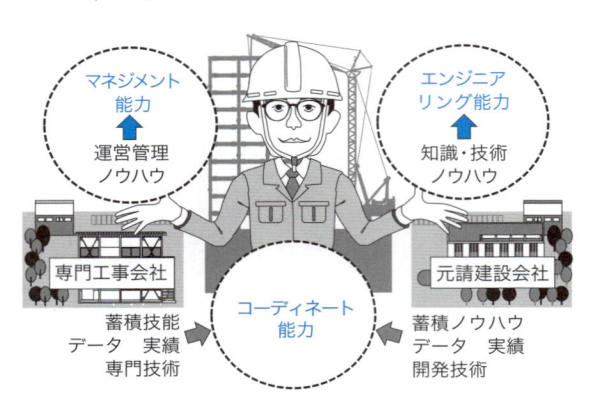

は、なかなか大変である。技術面でも知識不足を感じる面が多いと思う場合は、虚勢を張ってはいけない。自分がわからないことを聞かれたり、指示されたときは「わかりませんので、よく調べてから返事をさせてください」とハッキリ答え、**無理に背伸びをしない**対応を心がけることが重要である。

若くて経験不足であっても、相手もそれなりの立場の人であれば、人を見る目がある程度は備わっており、人間性を見られていると考えた方が良い。まずは、誠意ある対応を心がけ、一歩一歩焦らずに技術知識の習得や資格取得といった技術力向上に励むことである。

(4) 上司や先輩との人間関係

同じ作業所のスタッフは、目的を同じくした運命共同体である。報告・連絡・相談に努め、わからないことは積極的に聞くと同時に、余裕があれば自分の担当業務、担当工種以外にも常に関心を持ち、**ノウハウを盗み取る**気持ちで現場を見ておくべきである。

また、悪い情報は伝えにくいものである。施工ミスやトラブルは隠そうとしても、そのままうまくおさまることはほとんどない。報告や相談を先延ばしにした結果、傷口が広がり重大な問題となって、作業所では処理しきれなくなるばかりでなく、会社全体の信頼喪失につながる例も多く見受けられる。**悪い情報は隠さずに報告**し、その都度早い決断と機敏な処置ができるように、普段から作業所内での活発なコミュニケーションに努めよう。

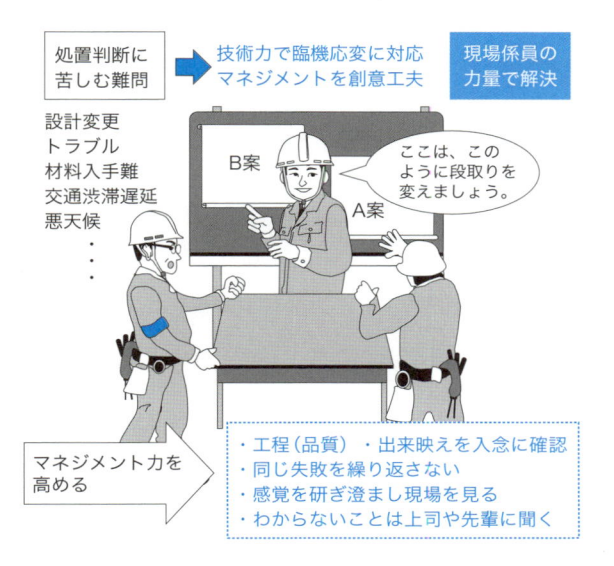

4　建設技術者のこころざし

これまでの施工関連の本には、あまり触れられていなかった、現場技術者に必要な心構え、やり甲斐などについて述べてきた。現場技術者には、広い知識と高度な技術力が求められるうえに、豊かな人間性も必要であることが理解できたであろう。昨今話題となった、一連の基礎杭データの偽装によるマンション傾斜問題にも表れていたように、現場技術者には技術力、知識の他に高いモラルが求められ、場合によっては会社を代表し自分の意見を説明し設計者監理者などと議論し合うことも必要である。

まずは、近くの建設現場を覗いてみよう。生き生きと働く現場技術者や作業員を、必ず見つけることができるであろう。将来の自分の姿を想像しながら以降に読み進み、建設技術者の奥深さと魅力に触れてみよう。

問1　工事現場の管理などに関する次の記述のうち、最も不適当なものはどれか答えよ。

1. 高さが5mの鉄筋コンクリート造の建築物の解体作業にあたっては、「コンクリート造の工作物の解体など作業主任者」を選任しなければならない。

2. 安全衛生責任者は、統括安全衛生責任者との連絡を行うとともに、統括安全衛生責任者から連絡を受けた事項の関係者への連絡などを行わなければならない。

3. 高さが2m以上の作業床の端、開口部などで墜落により労働者に危険を及ぼすおそれのある箇所には、原則として、囲い、手摺（すり）、覆いなどを設けなければならない。

4. 山留め支保工の切ばりおよび腹起しの取付けについては、「地山の掘削作業主任者」を選任し、その者に作業の方法を決定させるとともに作業を直接指揮させなければならない。

問2　施工計画に関する次の記述のうち、最も不適当なものはどれか答えよ。

1. 一工程の施工の着手前に、総合施工計画書に基づいて作成する工種別施工計画書は、各工種ごとに作成するものであるが、工種によっては省略することもある。

2. 設計図書に選ぶべき専門工事業者の候補が記載されている場合であっても、設計図書に示された工事の内容・品質を達成し得ると考えられるならば、候補者として記載されていない専門工事業者を、工事施工者の責任で選定することができる。

3. 山留め支保工において、火打材を用いない切梁に作用する軸力の計測管理にあたっては、盤圧計を腹起しと切梁の接合部に設置する。

4. H形鋼を用いた鉄骨鉄筋コンクリートの梁へのコンクリートの打込みについては、フランジの下端が空洞とならないように、フランジの片側からコンクリートを流し込み、反対側にコンクリートが上昇するのを確認した後、両側から打ち込むこととする。

問3　施工計画に関する次の記述のうち、最も不適当なものはどれか答えよ。

1. 工期全体にわたる工事の実施について作成された実施工程表（全体工程表）は、施工の順序および工期全体を監視できるものであり、大きな設計変更などがあった場合には、速やかに訂正されなければならない。

2. 標準仕様書は、建築物の質的水準の統一や設計図書作成の合理化を図ることを目的として、工事に使用される材料、工法、試験方法などの標準的な仕様について、あらかじめ作成されたものである。

3. 品質管理計画は、工程別施工計画書の一部をなすもので、「品質管理組織」「管理項目および管理値」「品質管理実施方法」「品質評価方法」および「管理値を外れた場合の措置」について、設計者が具体的に記載するものである。

4. コンクリートの乾燥収縮ひび割れの補修は、型枠取り外し後、仕上材の施工前までにできる限り長期間経過した後に行う計画とする。

問4　建築工事に関する届などに関する次の記述のうち、最も不適当なものはどれか答えよ。

1. 道路法による通行の制限を受ける車両を通行させるために、「特殊車両通行許可申請書」を、警察署長あてに提出した。

2. 中間検査を受ける必要のある建築物について、指定した特定工程に係る工事を終えたので「中間検査申請書」を建築主事あてに提出した。

3. 建築主事を置かない市町村において、エネルギーの使用の合理化に関する法律による特定建築物の新築に先立ち、外壁、窓などを通しての熱の損失の防止および空気調和設備などに係るエネルギーの効率的利用のための措置に関する「届出書」を、都道府県知事あてに提出した。

4. 支柱の高さが4mの型枠支保工を設置するための「建設物設置届」を、労働基準監督署長あてに提出した。

2章 仮設工事

　ここでは共通仮設と直接仮設を整理し、工事ステップごとに変化する仮設物について、主な留意点とともにイラストを交えて解説している。

　どの工事段階でどのような仮設物が必要になるかを直感的に認識できることから、例えば建設現場を覗いた時に、今どの段階なのか、次はどうなるのかといった予想をしながら、知識として習得して欲しい。

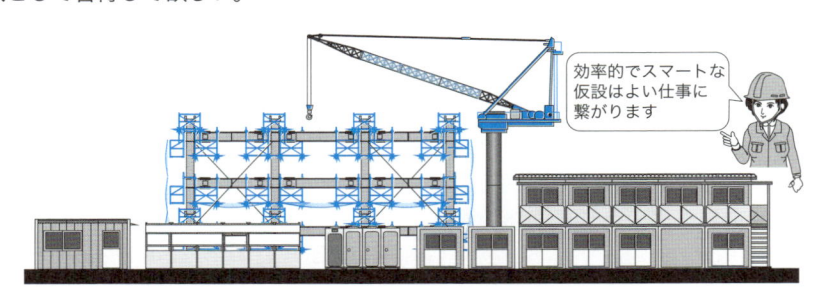

効率的でスマートな仮設はよい仕事に繋がります

2・1　仮設とは

　仮設とは、建物本体を工事するために必要な仮囲いやゲート、外部足場などの施設、設備、機械、資材など、工事に先立って設置され、工事完了後に撤去されるものを指す。**仮設は施工者の責任**において計画、立案され、最終的には建築物として残らないものの、工事を進める上で「良いものを、安く、早く安全に建設する」ことを意識しながら計画、設置されるため、その良否が建物の品質に大きく影響する。

　仮設物は目的や範囲が非常に広いために、通常は全工事を通じて共通して必要となる仮設事務所や電力、給排水、揚重機械類を「共通仮設」、地下工事における山留め、外部足場、コンクリート工事における型枠、支保工のような単独の工事に必要とされるものを「直接仮設」として分類し、施工計画とともに検討される。

　仮設をどのように設置するかは作業性や品質、安全に大きく関わり、コスト的にも全体工事費の約1割前後を占めることから、転用や平準化などを考慮し、なるべく労務や資材の投入を少なく、合理的に考えることが重要である。「共通仮設」と「直接仮設」の分類を表2・1に示した。以降に主な仮設の種類と概要を述べる。

表2・1　仮設工事の種類

共通仮設	直接仮設
・仮設建物	・足場、桟橋、構台
・仮囲い	・養生
・材料置場	・根切り山止め、支補工関係
・材料運搬・揚重設備	・コンクリート工事関係
・雑設備	・型枠、鉄筋工事関係
・敷地周辺埋設物の移設・養生	・鉄骨工事関係
・各種占用および借地	
・公共施設物の移設・復旧	
・仮設給排水	
・仮設動力、電力、通信	
・水替え	
・荒天準備	
・不測事故対策	
・安全管理	

2・2　仮設の種類と概要

1　仮設建物と朝礼広場

仮設建物には現場事務所、作業員用の休憩所や詰所、倉庫、トイレ、宿舎などがあり、組立解体が簡単な専用のユニットやプレハブ式の建物が用いられることがほとんどである（図2・1、2・2）。

現場事務所は、職員の主な業務である工事計画や品質記録の作成、発注者や設計者の打合せなどが行われるため、できるだけ現場全体、作業の状況が見渡せ、資機材が管理しやすい場所が選定される。工事完了までできるだけ移設しない場所が望ましいが、敷地に余裕がない都市部などでは、現場近くの事務所ビルやマンションなどの空室を借りて現場事務所とする例もある。また、近年は女性が建設現場に入ることにも配慮し、**女性専用のトイレや休憩室**が設けられるケースも多くなっている。

現場事務所とともに朝礼広場も整備される。朝礼広場は、毎朝行う全員参加の朝礼体操の場所である。安全標語・スローガン・作業所方針・現在の工程と本日の予定・無災害継続時間などを掲示し、現場の一体感を高めている。

また、建設現場で発生するごみは減量化・分別が徹底され、再利用・資源化を図る。最終的には、最終処分場に廃棄するごみをゼロとする「ゼロエミッション」が目標とされる。

2　仮囲い・ゲート

仮囲いは、工事現場と外部との隔離、盗難防止、通行人や第三者の安全確保などのため、鋼板などで現場周囲に設置される（図2・3）。

また、前面道路には工事車両や資機材の搬出入のための**ゲート**が設けられる（図2・4）。設置するゲートには工事の規模や敷地条件に応じて、アコーディングゲート、スライディングゲート、シャッターゲートなどいくつかの種類がある。

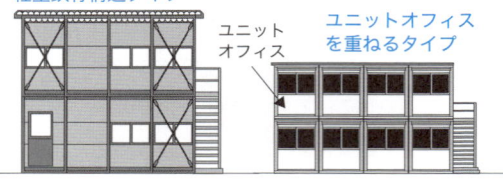

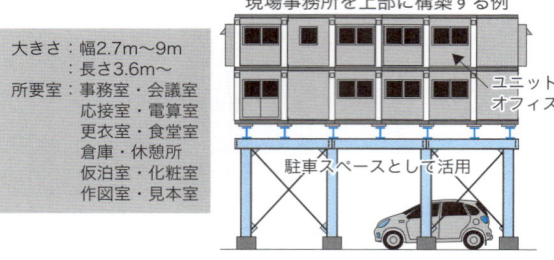

※敷地に余裕がない場合は、近隣空地に設置するか、貸しビルに入居することがある。

図2・1　現場事務所の例

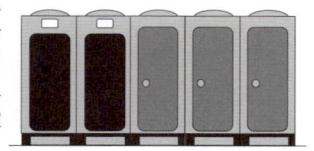

水洗・汲み取り式で明るい衛生的な据付型のトイレが準備されている。
女性の現場参加を考慮し、洋式・化粧室などを整備する。

図2・2　仮設便所の例

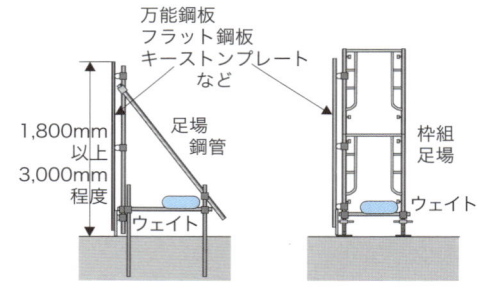

図2・3　仮囲い

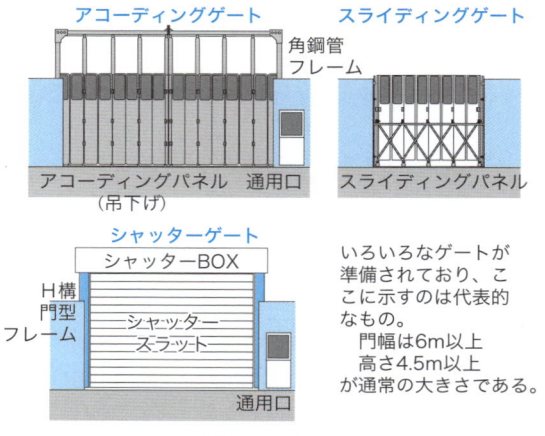

いろいろなゲートが準備されており、ここに示すのは代表的なもの。
門幅は6m以上
高さ4.5m以上
が通常の大きさである。

図2・4　ゲート

3　材料運搬・揚重設備

　工事現場内では様々な資機材の運搬・移動が頻繁に生じる。現場に設置されるこれらの設備は、水平運搬、垂直揚重に大きく分類され、資材の大きさや重量に見合ったものが計画される。代表的な設備に、主に躯体工事で利用する**クレーン**があるが、現場に常設される定置式クレーン（図 2·5）と、タイヤやキャタピラで移動できる移動式クレーンに大別され、利用頻度や作業半径、揚重効率などを勘案して設置される。

　また、躯体が構築されたのち、内装仕上材を各階に運搬するため、仮設の**リフトやエレベーター**が設置されることがある（図 2·6）。これらは揚重する資材の長さや、作業員を同時に運搬するかどうかなど、現場の計画に応じて機種が選定される。一般に仮設リフトやエレベーターの設置期間は、本設エレベーターが設置され、仮設利用できるようになるまでであり、本設エレベーターで運べない大きさや重量の資材はそれまでに揚重しておくこととなる。

4　仮設給排水

　工事現場では、左官工事や各種洗浄などに必要な水や、工事関係者が利用する水道、トイレなどのための**仮設給排水設備**が必要となる。公共の水道に直結する場合もあるが、現場内に貯水槽や浄化槽を設け、これを介して接続する場合もある。また、工事現場の上階や広い範囲に水を行き渡らせるために、圧力ポンプやタンクが設置されることもある（図 2·7）。

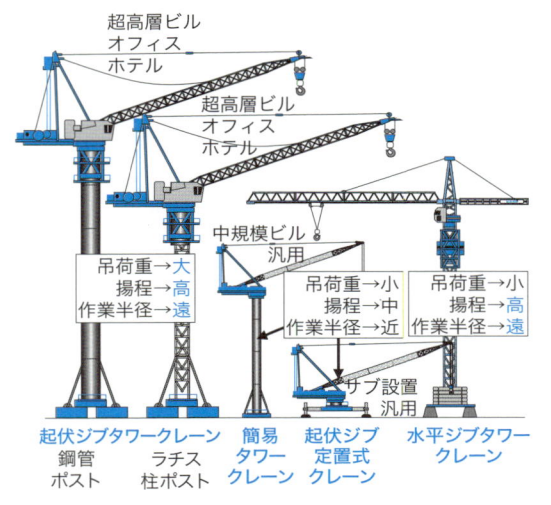

図 2·5　定置式クレーンの種類

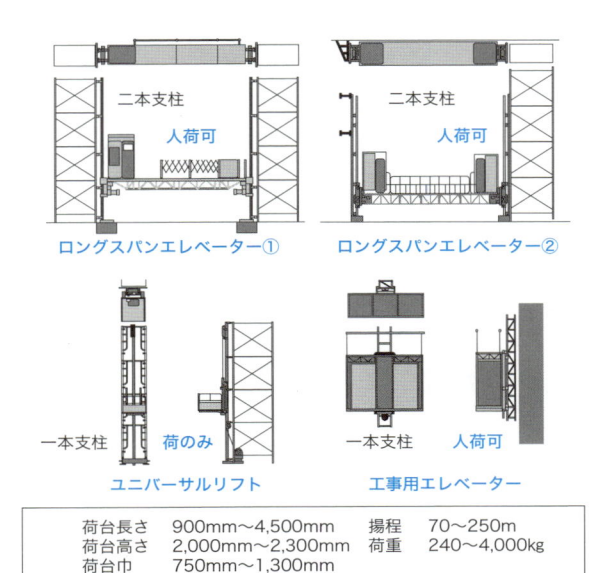

荷台長さ	900mm～4,500mm	揚程	70～250m
荷台高さ	2,000mm～2,300mm	荷重	240～4,000kg
荷台巾	750mm～1,300mm		

図 2·6　工事用リフト・エレベーターの一例

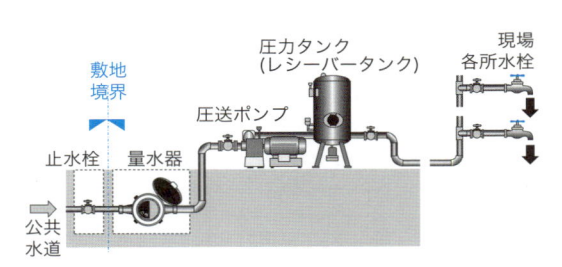

図 2·7　仮設給水の例

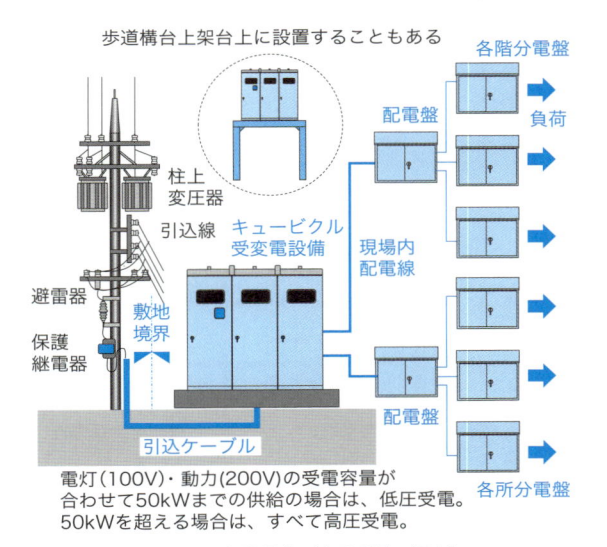

電灯（100V）・動力（200V）の受電容量が合わせて50kWまでの供給の場合は、低圧受電。50kWを超える場合は、すべて高圧受電。

図 2·8　仮設電力（高圧受電の場合）

5　仮設電力

工事現場には照明やクレーン、機器工具を動かすための仮設電力が必要となる。仮設電力には 200V と 100V が必要で、工事規模に応じて受電設備が計画される。契約電力が 50kW 以上の場合は高圧受電となり、計画に見合う容量のキュービクルを設置する。また、大規模工事になると送電ロスを防ぐため、高圧で送電するための変電設備を設けることもある（図 2·8）。なお、仮設電気の使用期間は、**建物がほぼ完成し、本受電が受けられるまで**の長期間に渡る。

6　足場設備

工事現場では手の届く範囲での作業は限られるため、ほとんどが**足場上での作業**となる。足場には作業内容や設置場所の制約から、様々な構造の足場が計画される。外部足場の主な種類としては、枠組足場、単管本足場、ブラケット一側足場などがある（図 2·9）、いずれの場合も墜落の危険があるため、安全衛生法令で詳細に規定されている。

また、外部足場以外にも現場では各所に作業に応じた足場が設置される。また、足場の種類にも移動式足場、ゴンドラ足場、吊り足場、脚立足場などがあり、高所ではブーム式の高所作業車が利用されることもある。

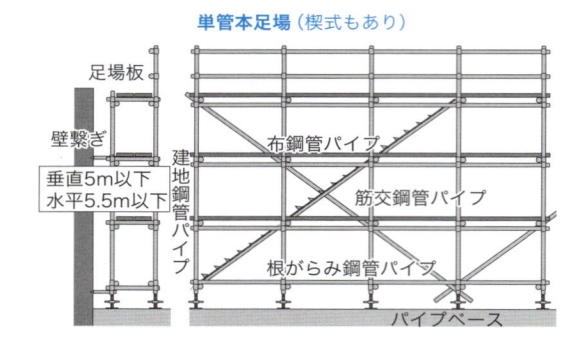

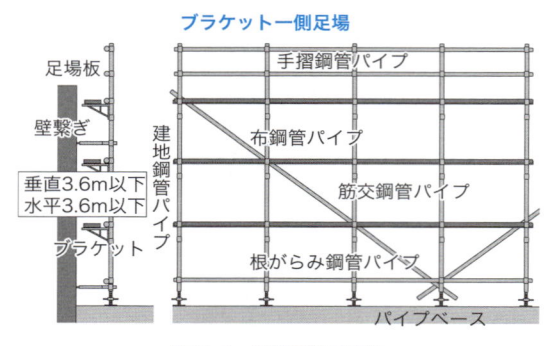

図 2·9　外部足場の種類

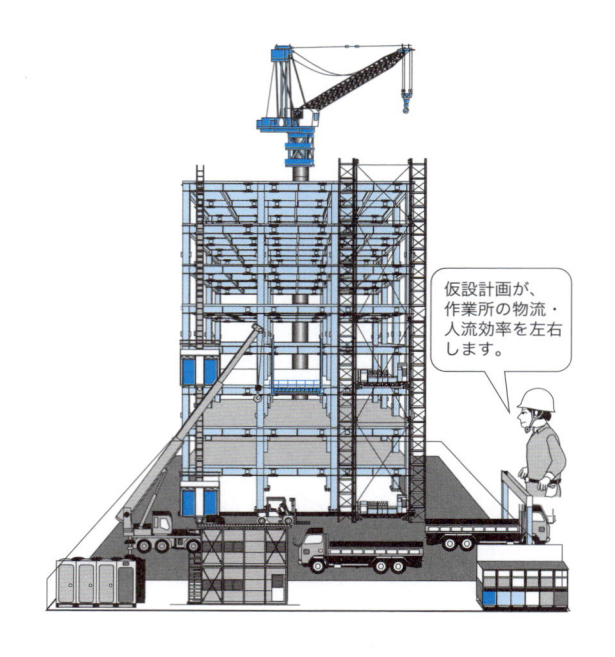

仮設計画が、作業所の物流・人流効率を左右します。

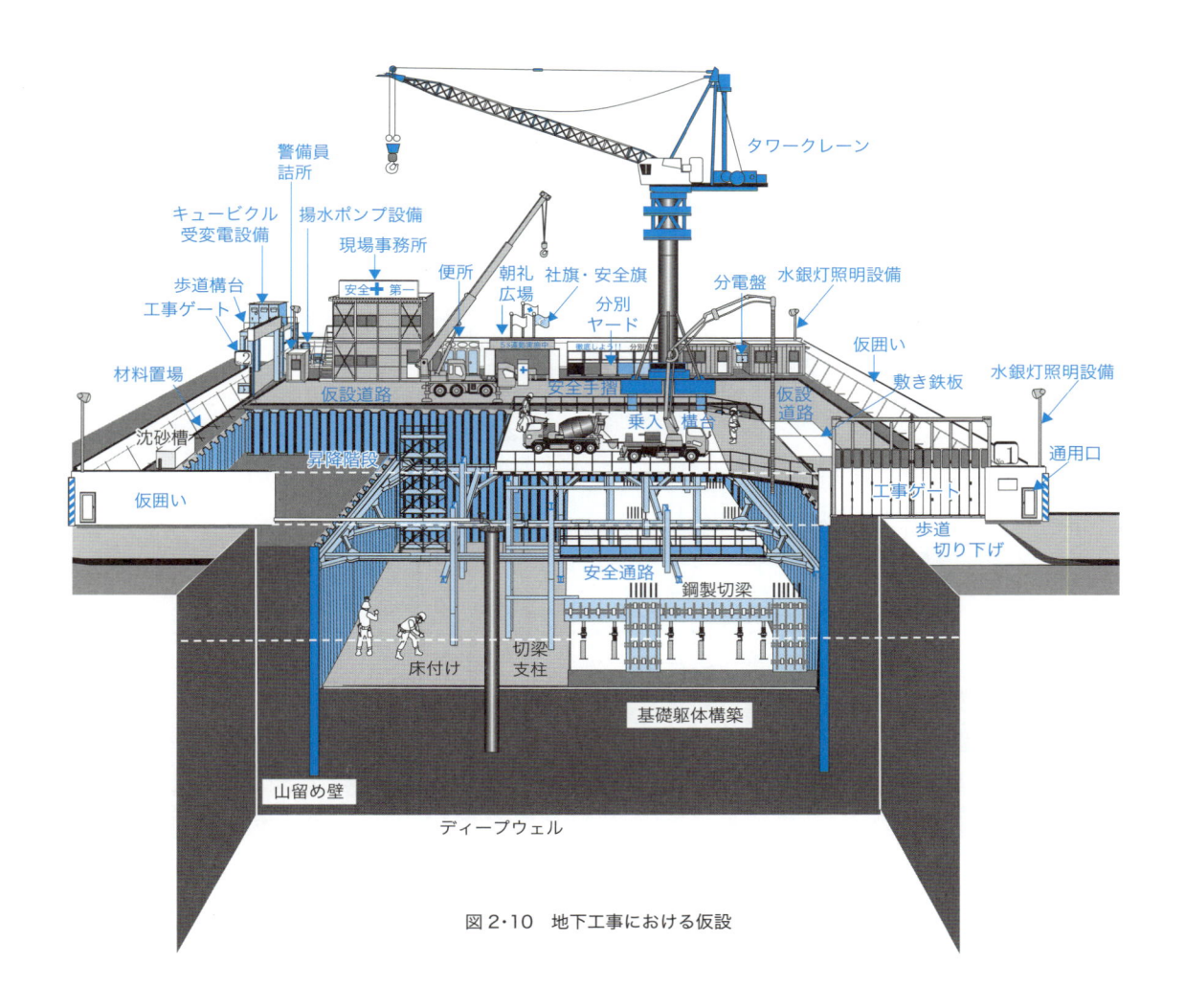

図2·10　地下工事における仮設

2·3　工程ごとの仮設

1　地下工事における仮設

現場運営を支える基本的なインフラは地下工事が始まるまでに、ほぼ整備されなくてはならない。

図2·10の青文字で記載された施設が、この時点での仮設物である。工事が終われば撤去されるが、最後まで長く使われるものがほとんどである。

2　地上躯体工事における仮設

躯体工事の進捗に対応して、図2·11のような仮設物が継続して整備される。青文字で記載された施設

である。

クレーン・リフトや各種足場など、重要かつ高い安全性が特に要求される。前段階で整備された共通的な施設は継続して使用する。

3　内外装仕上工事における仮設

躯体工事が終わり、床·外壁構造ができると、設備·内外装が各所で展開される。

大型の仮設は必要なくなり、内部足場を中心に、図2·12の青文字で示すような仮設物が整備される。

高層部は無足場工法のイラストとなっている。電力や用水など、エネルギー供給インフラも重要である。

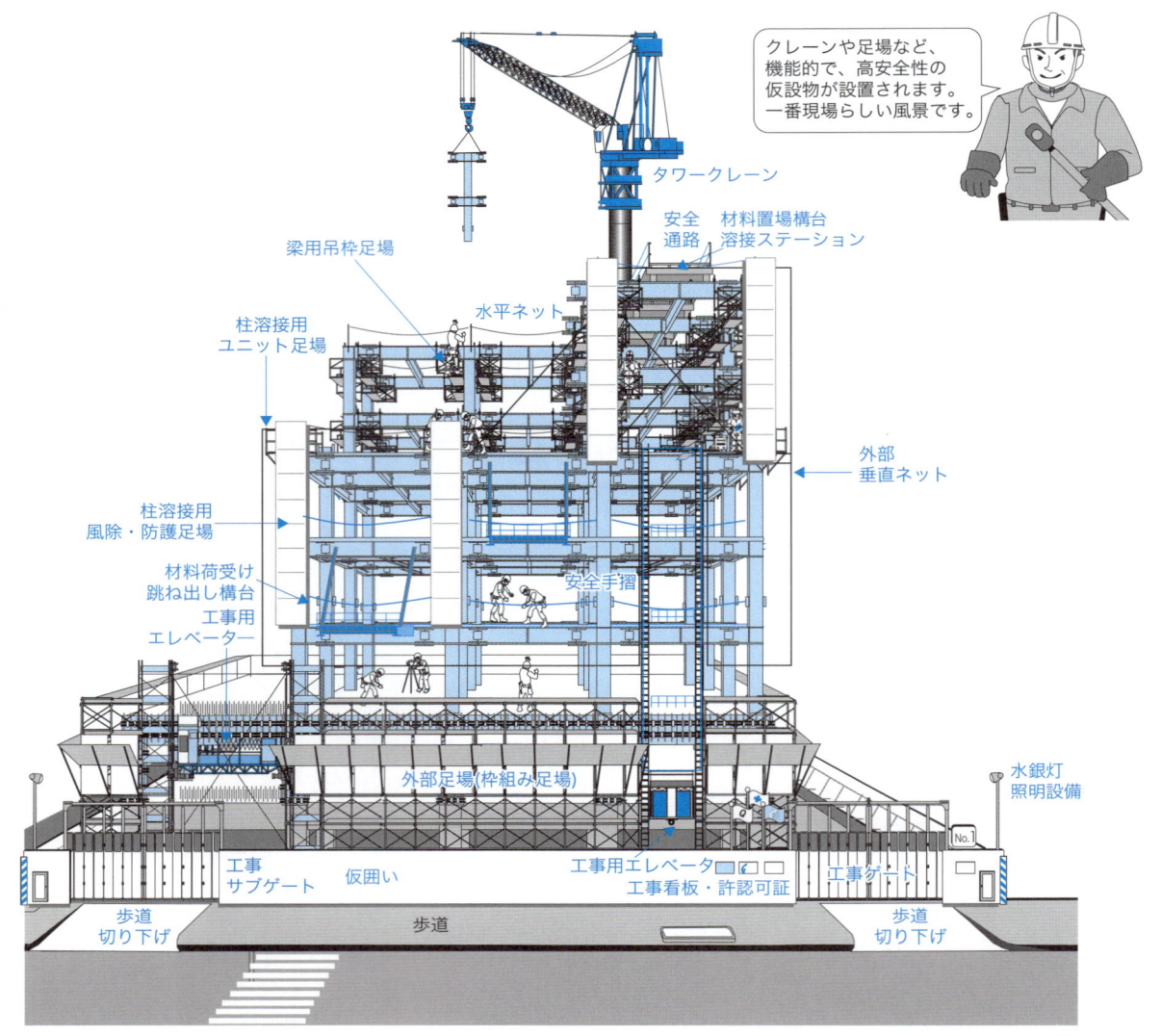

クレーンや足場など、機能的で、高安全性の仮設物が設置されます。一番現場らしい風景です。

タワークレーン

安全通路　材料置場構台溶接ステーション

梁用吊枠足場

水平ネット

柱溶接用ユニット足場

外部垂直ネット

柱溶接用風除・防護足場

材料荷受け跳ね出し構台

工事用エレベーター

安全手摺

外部足場(枠組み足場)

水銀灯照明設備

工事サブゲート　仮囲い

工事用エレベータ
工事看板・許認可証

工事ゲート

歩道切り下げ

歩道

歩道切り下げ

図2・11　地上躯体工事における仮設

2・4　仮設計画と主な留意点

仮設工事では仮設用設備と使用する材料の安全性、施工上の安全性、作業者の安全性などの基本事項を満足させる必要がある。また、**仮設計画の良否は工事そのものに大きな影響を及ぼす**ので、その留意点を以下に示す。

1　使用材料

一般的に入手しやすく、長期間の使用が可能で、転用性が高く、耐久性、メンテナンス性に優れた材料を選定することが重要で、具体的には以下に示す通りである。

・**仮設工業会**の認定品であること
・足場、支保工、型枠資材などは軽量で耐久性があり、十分な強度を有し、適正にメンテナンスされていること
・山止め材、切梁材、構台資材等は不良品がなく、研修時に耐久性が確保されていること

2　工法、設備

仮設計画は工事の各ステップにおける**作業動線**、**搬出入動線**および作業性を十分考慮し、他工事との関係によって障害となったり、**盛替え、段取り替え**

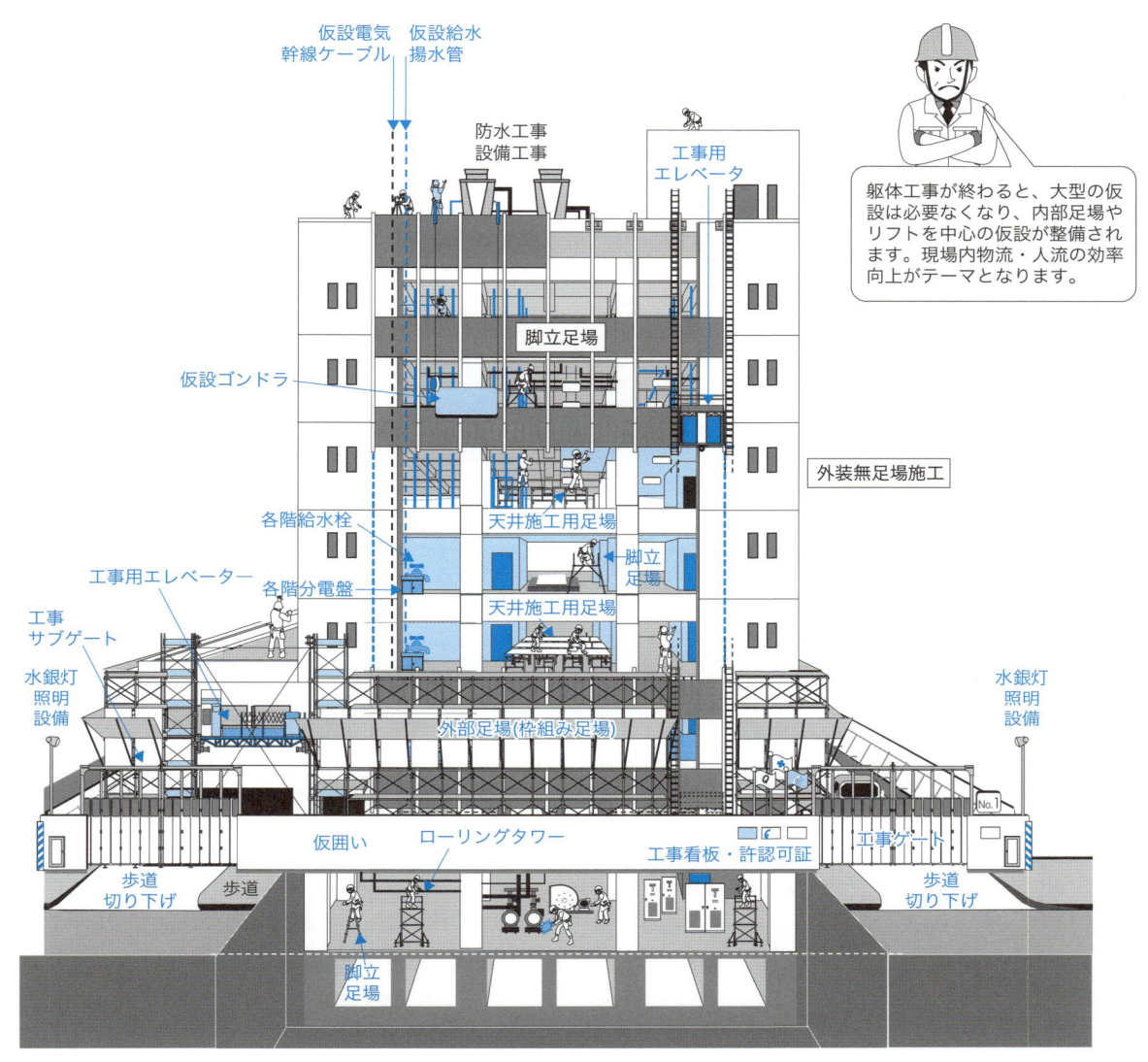

仮設電気　仮設給水
幹線ケーブル　揚水管

防水工事
設備工事

工事用
エレベータ

躯体工事が終わると、大型の仮設は必要なくなり、内部足場やリフトを中心の仮設が整備されます。現場内物流・人流の効率向上がテーマとなります。

脚立足場

仮設ゴンドラ

外装無足場施工

各階給水栓

天井施工用足場

脚立足場

工事用エレベーター

各階分電盤

天井施工用足場

工事サブゲート

水銀灯照明設備

外部足場(枠組み足場)

水銀灯照明設備

仮囲い　ローリングタワー　工事看板・許認可証　工事ゲート

歩道切り下げ　歩道

脚立足場

歩道切り下げ

図2・12　内外装仕上工事における仮設

が生じないような計画を行うことが重要である。

・**仮設道路**は走行する重機の重量を確認し、必要に応じて鉄板敷や路盤の整備などを行うこと

・道路使用、道路占用は遅延のないように関係者と折衝すること

・工事用事務所、作業員休憩所は工事期間中できるだけ移動がないよう、あらかじめスペースを確保しておくこと

・仮囲い、搬出入ゲートは、移動なく**長期間設置可能**なこと

3　工事費

　仮設工事費は建物の規模、構造、地下の有無などの条件によって大きく異なるため、以下の点に留意して計画する必要がある。

・仮囲い、外部足場、工事用事務所などの仮設建物は、その種類と設置期間について詳細に検討すること

・工事用の機械類は、機種の選定、転用、使用期間を確認すること

・台風時期の鉄骨建方や足場の養生、夏期や冬期におけるコンクリート工事、梅雨時期の防水工事など、季節や気候における**不安定要素と対応策をあらかじめ検討**しておくこと

問1　地盤調査および仮設工事に関する次の記述のうち、最も不適当なものはどれか答えよ。

1. 根切り底以深の地盤が粘性土層と砂質土層との互層となっていたので、砂質土層において揚水試験を行い、被圧地下水位、透水係数などを求めて、根切り工事の地下水処理工法を検討した。
2. 地盤の変形や強さなどの支持力特性を直接把握するため、根切り工事後に平板載荷試験を実施した。
3. 枠組足場において、高さ2m以上に設ける作業床の設置にあたり、墜落防止措置のため、床材と建地（支柱）との隙間を12cm未満とした。
4. 吊り足場（ゴンドラの吊り足場を除く。）における作業床の最大積載荷重を定めるにあたり、吊りワイヤロープの安全係数を5とした。

問2　仮設工事に関する次の記述のうち、最も不適当なものはどれか答えよ。

1. 落下物に対する防護のためのメッシュシートを鉄骨外周部に取り付ける場合、垂直支持材を水平方向5.5mごとに設けた。
2. 地下躯体の工事において、切梁上部に設けた作業用通路については、手すりの高さを100cmとし、中桟の高さを45cmとした。
3. 高さが20mの枠組足場の壁つなぎについては、風荷重を考慮する必要がなかったので、垂直方向8m、水平方向7mの間隔で設けた。
4. 支柱の高さが3.5mの型枠支保工において、2本のパイプサポートを4本のボルトで継いだものを支柱とした。

問3　仮設工事に関する次の記述のうち、最も不適当なものはどれか答えよ。

1. 工事用の資機材を搬出入するために設ける床の仮設用の開口について、構造的な補強方法や工事完了後の復旧方法などを確認するために仮設工事計画書を作成させた。
2. 建築物の高さと位置の基準となるベンチマークについては、工事中に移動のおそれのない新設したコンクリート杭および前面道路の2か所に設け、相互に確認できる位置にあることを確認した。
3. 工事現場の周囲へ高さ3.0mの仮囲いの設置にあたり、現場ゲートや通用口は通行人の交通の妨げにならない位置とし、交通誘導員の配置をさせる等、安全に配慮するよう助言した。
4. 遣方の検査において使用する鋼製巻尺については、テープ合わせを省略できるよう、検査用に購入した新品の日本産業規格（JIS）1級のものを使用させた。

問4　仮設工事などに関する次の記述のうち、最も不適当なものはどれか答えよ。

1. 高さ40mの枠組足場の強度計算において、鉛直方向の荷重である足場の自重と積載荷重は建枠で支持し、水平方向の風荷重は壁つなぎで支持しているものとみなして、部材の強度を検討させた。
2. 移動式クレーンによる荷の吊り上げ作業において、10分間の平均風速が10m/s以上となることが予想されたので、作業を中止し、当該クレーンの転倒防止を図った。
3. 単管パイプを用いて床面開口部の周囲に設ける手すりについては、高さ1.2mとし、物体落下防止として高さ10cmの幅木を設け、墜落防止として床から65cmの位置に中桟1本を取り付けた。
4. 墨出しに用いる鋼製巻尺のテープ合わせについては、鋼製巻尺（JIS1級）を3本用意して、それぞれに50Nの張力を与えて、相互の差を確認した。

問5　仮設工事に関する次の記述のうち、最も不適当なものはどれか答えよ。

1. 枠組足場（妻面に係る部分を除く）からの墜落防止措置として、風荷重を受けるシート類は設けず、交差筋交いおよび高さ10cmの幅木を設けた。
2. 吊り足場（ゴンドラの吊り足場を除く）において、作業床の最大積載荷重を定めるにあたり、吊り鎖および吊りフックの安全係数を5以上とした。
3. 防護柵（朝顔）は地上から5mの位置に1段目を設け、1段目から9m上部の位置に2段目を設けた。
4. 組立てから解体までの期間が75日、高さ15mの足場の計画の作成において、工事における安全衛生の実務に3年以上従事した経験を有する一級建築士を参画させた。

3章　土工事・地業工事・基礎工事

　地表面の下は、我々が普段目にする地上の地形のように様々な特性を持つ地層が複雑に折り重なっている。本章で扱う根切り山留め工事や杭工事などの各種工事は、この地盤の特性を十分に把握することで、安全かつ合理的な施工が実現する。これらの工事は地上の工事と異なり、見えない地中で杭や壁を造る工程が多く、その施工品質をどのように担保するのかが極めて重要である。地盤の特性を設計段階で完璧に把握することは不可能であり、施工の段階で常に設計で想定した地盤特性と比較する管理が必要となる。どんなに使いやすく、美しい建物を計画し建てたとしても、建設中もしくは建設後に基礎の品質がこれらを台無しにする可能性がある。また、本章で扱う工事は、建設する建物の品質だけではなく、土を掘る、地下水を汲み上げるなど周辺環境に少なからず影響を及ぼすことも特徴の一つである。ここでは地盤の調査を皮切りに各種工事の要点を解説する。

3・1　基礎の種類と工事の流れ

1　基礎の種類と名称

　基礎の種類は図3・1に示すように、大きく直接基礎と杭基礎に分けられ、一般に最下階柱脚部から上を上部構造、下を基礎として取り扱っている。地盤および建物条件に対して上部構造を安全に支持できる基礎形式を選択する。基礎底面の地盤で地耐力を確保できる場合は直接基礎、確保できない場合は杭基礎または基礎底面地盤を地盤改良して直接基礎が採用される。これらの基礎形式以外にも、直接基礎と杭基礎を平面的に併用した異種基礎や直接基礎に建物の沈下抑制を目的とした杭を設けるパイルドラフト基礎を採用する場合もある。なお、基礎は建物重量などの鉛直荷重だけではなく、地震や風による水平荷重など様々な荷重に抵抗できる必要がある。

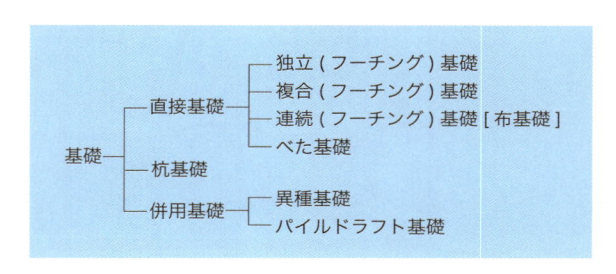

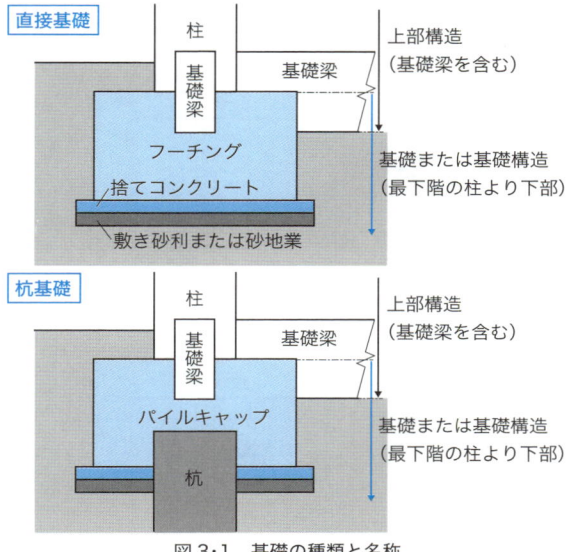

図3・1　基礎の種類と名称

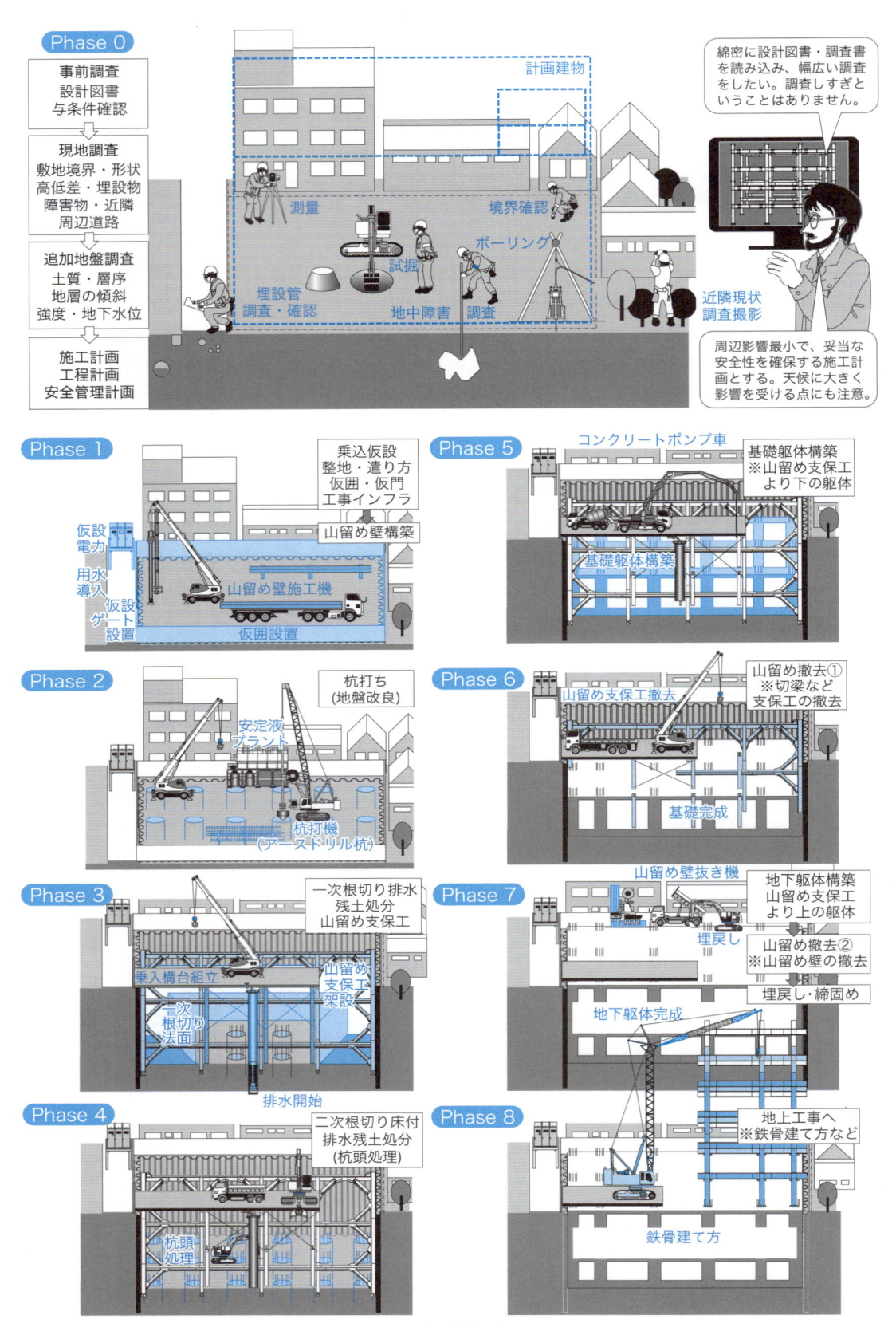

図3・2　土工事・基礎工事のフロー

2 土工事・杭工事・基礎工事の流れ

図3·2に地下1階の杭支持建物を例に事前調査から地下躯体構築までの流れを示す。土工事などは敷地内の地盤条件と密接に関わっているだけではなく、地盤の根切りなどにより周辺環境に影響を及ぼす可能性があるため、周辺環境調査も極めて重要となる。

設計図書、現地調査結果などを踏まえて立てられた施工計画書に基づき、山留め壁の構築、杭打設、根切り・支保工架設、杭頭処理、基礎構築、支保工撤去、地下躯体構築、必要に応じて山留め壁の撤去と施工が進む。建物の規模、敷地条件や選択する根切り山留め工法などによってこの流れは変わる。

3·2 調査

1 地盤の生い立ち・地形と地質

普段、坂を上り、川沿いを歩き、色々な地形を目にするが、地表面下も同様である（図3·3）。海水面の変動や川の流れによる土の浸食・運搬・堆積、火山の噴火物の堆積などによって複雑な地層が形成されている。一般に、谷部に堆積した地層は堆積時間が短く軟らかい。基礎や地下工事は地盤条件に大きな影響を受けるので、これらの計画・設計・施工にあたっては、地盤および地下水の特性を詳細に調べなければならない。

2 地盤調査

(1) ボーリング

集合住宅などの比較的大きな建物の敷地では、一般的に掘削機械を用いて地盤を削孔するボーリング調査が行われる。削孔時に採取した土試料による地盤構成の把握、ボーリング孔を利用した標準貫入試験や孔内水平載荷試験などが実施される。

(2) サウンディング
1) 標準貫入試験

標準貫入試験（図3·4）では63.5±0.5kgのハンマーを76±1cmの高さから落下させ、地盤にサンプラーを30cm貫入させるのに必要な打撃回数（N値）を地盤の硬軟を表す指標として求める。サンプラーで採取した土試料の観察や物理試験から土質が判別できる。ボーリング調査とこの試験により、深度方向の地盤の構成と硬軟が土質柱状図で表される（図3·5）。
2) スウェーデン式サウンディング試験

戸建て住宅などの小規模建物の敷地ではスウェーデン式サウンディング試験（通称SWS試験、図3·6）で地盤の硬軟を調査することが多い。この試験はスクリューポイントを錘の重量とハンドルの回転で地盤にねじ込む。錘の重量、ハンドルの回転数と沈下量の関係から地盤の硬軟を貫入抵抗（Wsw、Nsw）として表す。標準貫入試験よりも簡易な反面、調査深度は10m程度までの比較的軟らかい地盤が対象となる。また、試験時に土試料が採取できないため、試験時の音や振動を土質判別の参考としている。

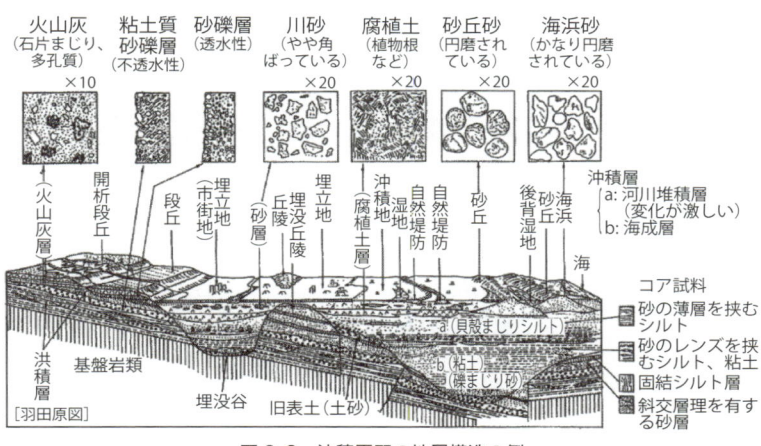

図3·3 沖積平野の地層構造の例
（出典：土質工学会『土質断面図の読み方と作り方』1985）

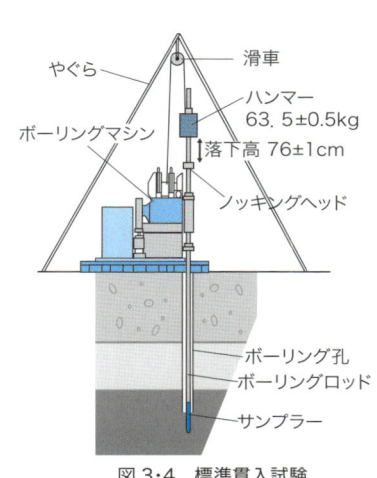

図3·4 標準貫入試験

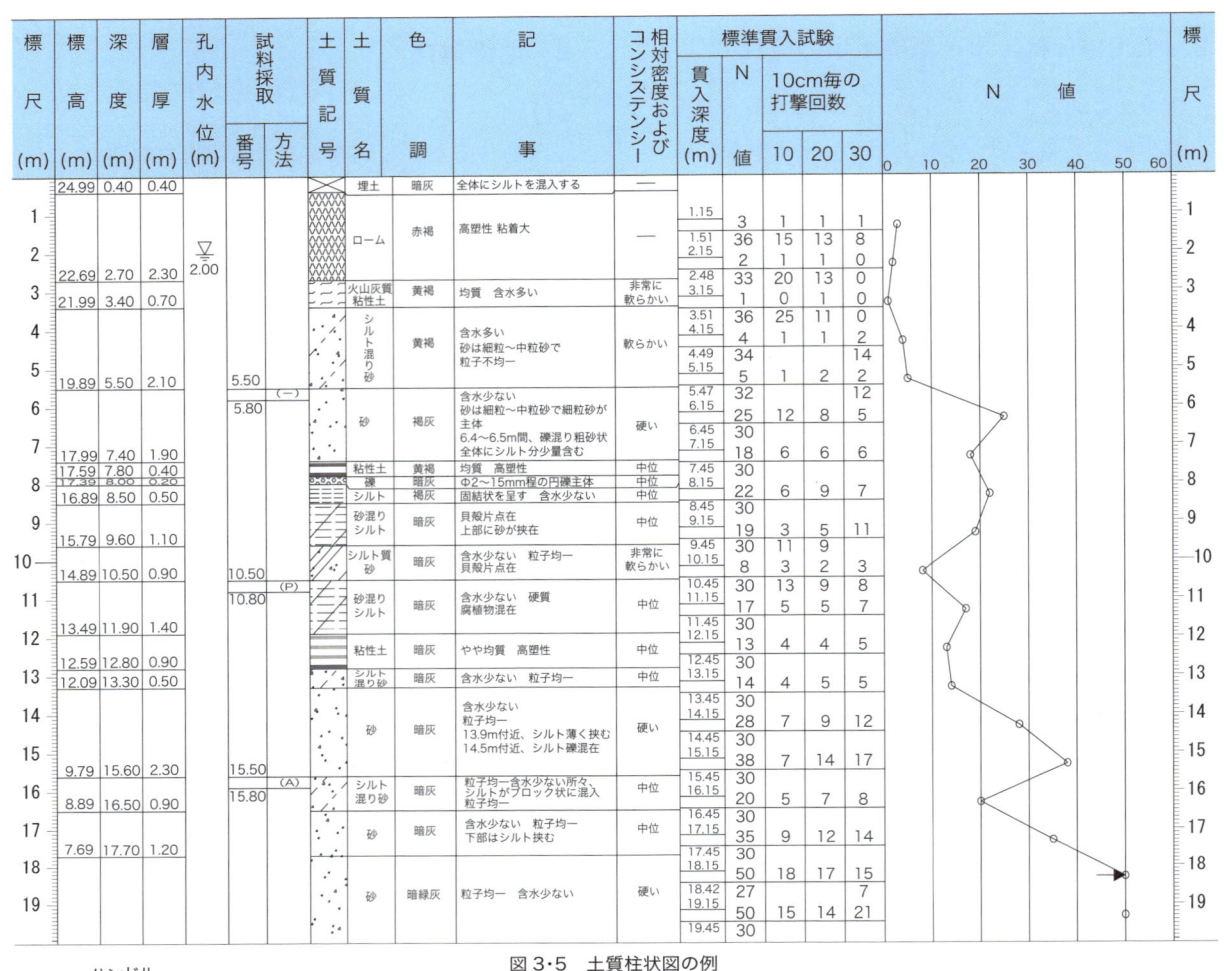

図3・5 土質柱状図の例

土質柱状図（標高・深度・層厚ほか）

標高 (m)	深度 (m)	層厚 (m)	孔内水位 (m)	試料採取 番号 (m)	方法	土質名	色調	記事	相対密度および コンシステンシー
24.99	0.40	0.40				埋土	暗灰	全体にシルトを混入する	—
			▽2.00			ローム	赤褐	高塑性 粘着大	—
22.69	2.70	2.30				火山灰質粘性土	黄褐	均質 含水多い	非常に軟らかい
21.99	3.40	0.70				シルト混り砂	黄褐	含水多い 砂は細粒～中粒砂で 粒子不均一	軟らかい
19.89	5.50	2.10	5.50 / 5.80	(一)	砂	褐灰	含水少ない 砂は細粒～中粒砂で細粒砂が主体 6.4～6.5m間、礫混り粗砂状 全体にシルト分少量含む	硬い
17.99	7.40	1.90			粘性土	黄褐	均質 高塑性	中位
17.59	7.80	0.40			礫	暗灰	Φ2～15mm程の円礫主体	中位
17.39	8.00	0.20			シルト	褐灰	固結状を呈す 含水少ない	中位
16.89	8.50	0.50			砂混りシルト	暗灰	貝殻片点在 上部に砂が挟在	中位
15.79	9.60	1.10			シルト質砂	暗灰	含水少ない 粒子均一 貝殻点在	非常に軟らかい
14.89	10.50	0.90	10.50 / 10.80	(P)	砂混りシルト	暗灰	含水少ない 硬質 腐植物混在	中位
13.49	11.90	1.40			粘性土	暗灰	やや均質 高塑性	中位
12.59	12.80	0.90			シルト混り砂	暗灰	含水少ない 粒子均一	中位
12.09	13.30	0.50			砂	暗灰	含水少ない 粒子均一 13.9m付近、シルト薄く挟む 14.5m付近、シルト礫混在	硬い
9.79	15.60	2.30	15.50 / 15.80	(A)	シルト混り砂	暗灰	粒子均一含水少ない所々、シルトがブロック状に混入 粒子均一	中位
8.89	16.50	0.90			砂	暗灰	含水少ない 粒子均一 下部はシルト挟む	中位
7.69	17.70	1.20			砂	暗緑灰	粒子均一 含水少ない	硬い

標準貫入試験

貫入深度 (m)	N値	10	20	30
1.15	3	1	1	1
1.51	36	15	13	8
2.15		1	1	0
2.48	33	20	13	0
3.15	1	0	1	0
3.51	36	25	11	0
4.15	4	1	1	2
4.49	34			14
5.15	5	1	2	2
5.47	32			12
6.15	25	12	8	5
6.45	30			
7.15	18	6	6	6
7.45	30			
8.15	22	6	9	7
8.45	30			
9.15	19	3	5	11
9.45	30	11	9	
10.15	30	3	2	3
10.45	30	13	9	8
11.15	17	5	5	7
11.45	30			
12.15	13	4	4	5
12.45	30			
13.15	13	4	5	5
13.45	30			
14.15	28	7	9	12
14.45	30			
15.15	38	7	14	17
15.45	30			
16.15	20	5	7	8
16.45	30			
17.15	35	9	12	14
17.45	30			
18.15	50	18	17	15
18.42	27			7
19.15	50	15	14	21
19.45	30			

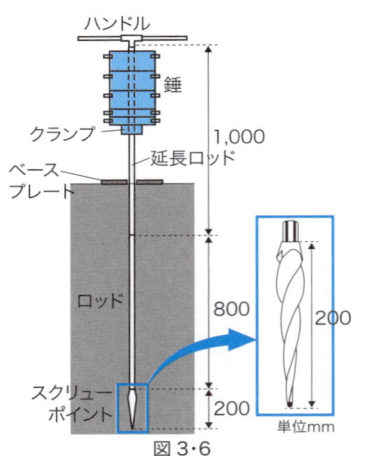

図3・6
スウェーデン式サウンディング試験装置

（ハンドル、錘、クランプ、ベースプレート、延長ロッド、ロッド、スクリューポイント、1,000／800／200 単位mm）

図3・7 平板載荷試験

（実荷重、載荷梁、受け台、支柱、ジャッキ、荷重計、基準梁、変位計、載荷板）

図3・8 孔内水平載荷試験

（圧力発生装置、孔壁圧力・変位量の制御・測定器、ホース・ケーブル、ボーリング孔、プローブ）

3）静的コーン貫入試験

　静的コーン貫入試験は先端がコーン状のツールを押し込む際に必要となる静的な力で地盤の硬軟を把握する。標準貫入試験に比べて硬質な地盤には向かないが、深度方向に連続的な地盤特性が把握できる。

4）載荷試験

　平板載荷試験は、直径30cmの円盤を静的に押し込むことで、荷重と沈下の関係が得られ、地盤の支持力と変形特性を直接確認できる（図3・7）。

　孔内水平載荷試験は、ボーリング孔内に入れたプ

ローブを膨らませて孔壁を加圧し、その時の圧力と孔壁の変位量の関係から地盤の水平方向の変形特性を求めることができる（図3・8）。

3　土質試験

図3・9に土のサンプリング手順例、表3・1に主な土質試験を示す。土質試験の多くは乱れの少ないサンプリング試料を用いることが基本であるが、物理試験では標準貫入試験などで得られた試料を用いることもある。

粒度試験では対象土層の土質が判別できる。砂質土層では液状化、粘性土層では沈下が懸念事項となる。また、地下水処理計画の資料にもなるため、土質の把握は必須である。液性限界・塑性限界試験では粘性土の含水状態による性質の変化を把握する。一軸圧縮試験では粘性土の強度と変形特性、三軸圧縮試験は地盤内の拘束条件を反映した土の強度と変形特性を評価できる。圧密試験は粘性土層の長期の沈下特性を評価するために用いられる。砂質土は乱れの少ない試料の採取が難しいため、N値で強度定数（せん断抵抗角）や密度を推定することが多い。

4　地下水調査

建物の浮力や支持力、地下工事時の地下水処理の

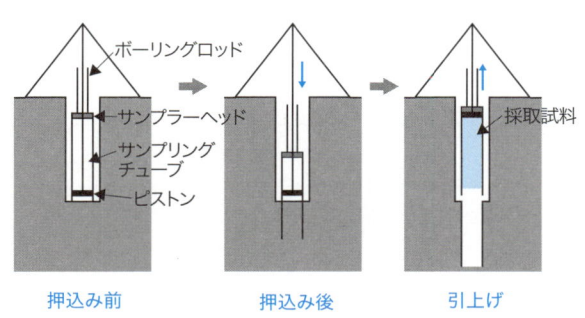

押込み前　　　押込み後　　　引上げ

図3・9　サンプリングの手順

表3・1　土質試験例

物理試験	土粒子の密度試験	JIS A 1202
	含水比試験	JIS A 1203
	粒度試験	JIS A 1204
	液性限界試験 塑性限界試験	JIS A 1205
	湿潤密度試験	JIS A 1225
力学試験	一軸圧縮試験	JIS A 1216
	三軸圧縮試験	JGS 0521 ～ 0542
	圧密試験	JIS A 1217

検討にあたり、地下水位や地下水流速、帯水層の透水性などの情報が必要となる。

地下水は大きく分けて不圧地下水、被圧地下水がある（図3・10）。不圧地下水は圧力を受けていない地下水で自由水面を持つ。一方、被圧地下水は帯水層上部にある粘土層などの透水性の極めて低い難透水層に加圧されている。

地下水の調査方法には単孔式透水試験（透水試験）、多孔式透水試験（揚水試験）がある。単孔式透水試験では1つのボーリング孔を利用して、孔内地下水の注水または汲み上げにより孔内水位を変化させ、水位の回復状況から帯水層の透水係数を評価する。この時の平衡水位は、対象とした帯水層の地下水位となる。

揚水試験（図3・11）では、揚水井から地下水を汲み上げて、観測井の水位変化で帯水層全体の地下水処

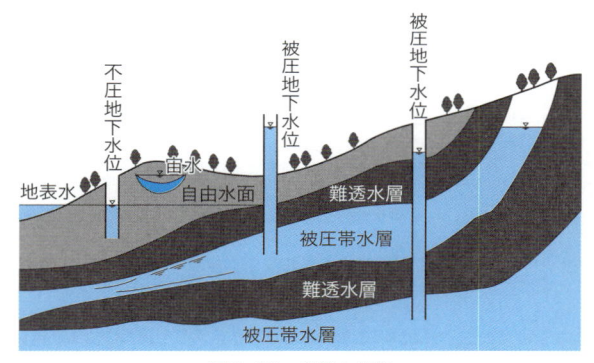

図3・10　地下水分布

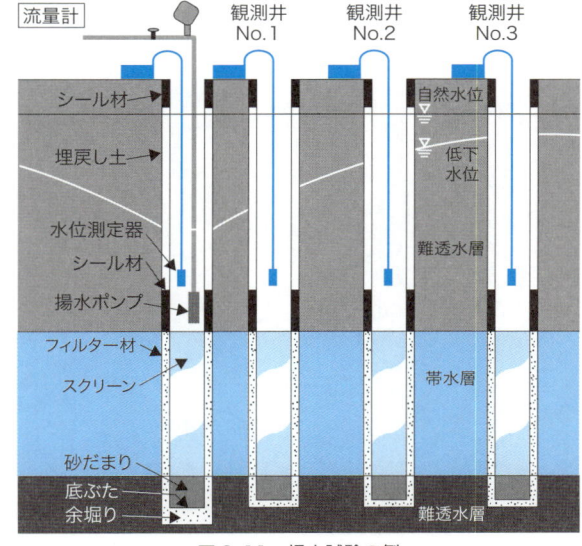

図3・11　揚水試験の例

理計画に関わるパラメータを求める。

　一般的にボーリング時の孔内水位が土質柱状図に示されていることがある。対象の帯水層が1つで不圧地下水の場合に参考となるが、孔内水位は複数の帯水層の地下水や孔内泥水の影響を受けるので、測定条件に注意する。

5　敷地条件の調査

　表3・2に敷地条件の調査項目例を示す。程度の差はあるものの、掘削による敷地周辺への影響は不可

表3・2　敷地条件の調査

調査項目		調査内容	記録・表示方法ほか
敷地内	地歴	土地の所有者や事業者に確認 古文書、古地図、地籍図、建設地の変遷記録などを確認	
	敷地形状	工法選定、配置、動線計画に反映するために、平面形状、広さを確認 施工地盤、施工方法、搬出入制限、山留めの設計に反映するために、敷地の高低差を測量	敷地測量図 (平面配置、標高からの高低測量図)
	敷地境界	敷地境界およびフェンス、塀、擁壁などの位置を確認 地下工事中に使用できる敷地範囲を確定 敷地境界の変更の有無を確認	境界杭・ベンチマークの設定 敷地実測図
	既存構造物 埋設物	新築工事への支障の有無、残置の可否、仮設有効利用の可否を検討 既存地下躯体、既存杭、埋設配管などの有無を確認 埋設物の盛替え、既存構造物などの初期計測を実施	地中障害物状況図、地中障害者撤去計画図 地上物件現状図、撤去・移設・復旧図 目視・写真・測量など
敷地周辺	周辺構造物	構造種別・階数・地下階の有無・杭の有無などを確認 構造物の位置・沈下・傾斜・クラックの状況、地下水の利用状況・水質などの工事開始前の初期状態を確認し記録 道路・鉄道関連の締役など、近接協議の要否を検討	周辺構造物位置図、周辺構造物調査図 目視・写真・測量など
	道路河川	所轄の管理者を確認し、工事に必要な申請の実施 工事中の計測管理・点検が必要な場合は、工事着工前の初期状態を確認し記録 工事車両の搬出入の制約条件や、出発地から現地までの経路、交通渋滞の有無やその時間帯を確認 河川との距離、季節変動を含めた水位・水量などを調査	運送経路図 搬出入道路調査図 道路借用・使用計画図 河川の監督官庁資料
	埋設物	工事を進めるために必要な電力・水の供給施設を確認 排水計画に必要な排水経路や下水管径などの下水処理能力を確認 周辺道路の公益事業者(ガス、上水道など)の埋設物を確認し、根切り山留め工事による影響について事前に協議	地中埋設物調査図 地中埋設物移設・養生計画図 緊急時処置対応図 工事用水・電力引込図 排水経路図
	地下工事 実績	近隣の工事で採用された根切り山留めの工法を調査 施工時の地盤・地下水状況(巨礫・玉石の存在、地下水位など)を確認 周辺環境への影響(地盤沈下、井戸枯れなど)を確認	当該工事関係者へのヒアリング 関係者による立会い記録
その他	気象条件	建設地の雨・雪の日数、雨量・積雪量、気温を調査 洪水や地すべりなどの災害の履歴を調査	各地方気象台発表資料

(出典：日本建築学会『山留め設計指針』2017 より抜粋・修正)

改変前(昭和9年の地形図)
(出典：国土地理院：2万5千分の1地形図)

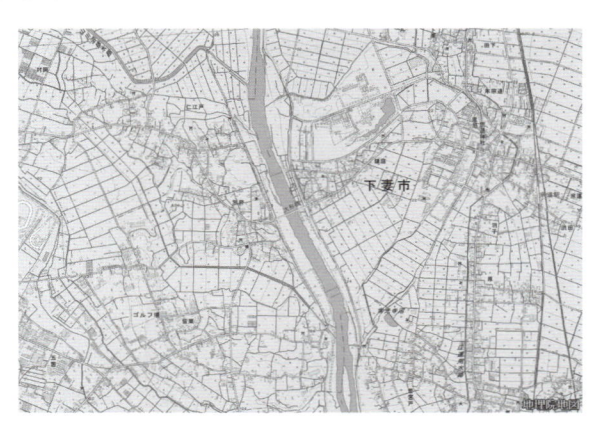

改変後(出典：国土地理院ウェブサイト)

図3・12　土地の改変の例

避である。敷地内に限らず、敷地周辺の既存構造物や埋設物を事前に把握することがトラブル回避上重要である。なお、近隣の地下工事実績は実大試験結果とも言えるので非常に参考になる。

土地の改変により局所的に地盤の性質が敷地内で変わっている場合がある。例えば、鬼怒川での河道短縮工事の改修前後の様子を図3·12に示す。標準貫入試験のような点の調査では、地盤特性を十分に把握できない場合がある。事前に地歴を確認し、敷地周辺も含めた調査結果を地盤調査計画に盛り込むことが重要である。

3·3　根切り山留め工事

1　根切り山留め計画

根切り山留めは工事規模、敷地や地盤の条件などに応じて、所要の地下空間が得られるように計画する。

図3·13は山留め壁オープンカット工法の計画例である。まず、各種条件に適合するように根切り山留め工法を選定し、必要に応じて地下水処理工法や地盤改良などの補助工事も計画する。工法を選定したら、根切り底面の安定、山留め架構の安全性の検討だけではなく、周辺環境への影響を検討する。これらの結果に計測管理を加えて基本計画書を作成する。最後に与条件に適応をしているかを総合評価する。根切り工事は山留め壁の変形計測などの計測管理により安全を確認しながら進める。

根切り山留め工事は施工者の裁量範囲が広く、設計施工の自由度は高い。過去の近隣工事実績などを反映した合理的な工事が可能である。しかし、山留めの目的は地盤変状を抑え、周辺への影響を最小限

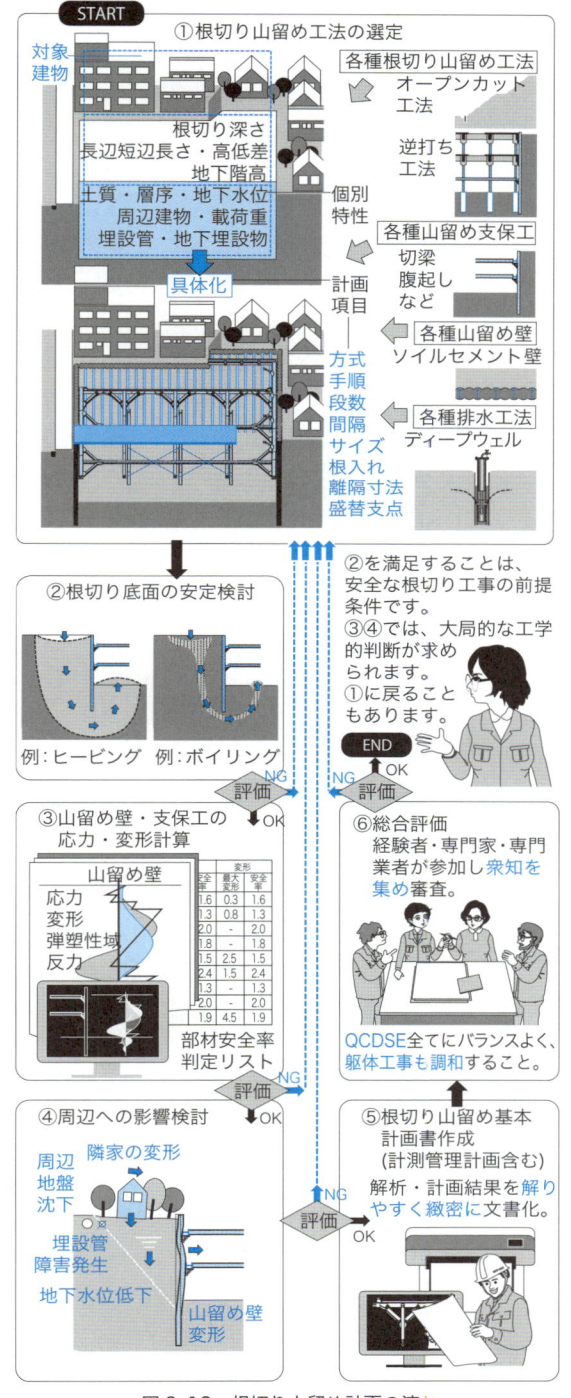

図3·13　根切り山留め計画の流れ

図3·14　山留めの崩壊による大事故の例
(出典：地盤工学会『入門シリーズ29 知っておきたい根切り山留めの基本』 2004)

にとどめることにある。地盤変状が極端に大きくなると山留めの崩壊による大事故（図3・14）につながりかねないので慎重な対応が必須である。

2　根切り山留め工法

　根切り山留め工法は大きく分けて**オープンカット工法**と**逆打ち工法**がある（図3・15）。この他に特殊工法として、ケーソン工法、補強土工法がある。

　オープンカット工法は、平面全体を根切る総掘り工法と、一部の躯体を構築後、残りの部分を根切る部分掘削工法に分けられる。総掘り工法のうち、地山自立掘削工法と法付けオープンカット工法は山留め壁が不要であるが、地山が自立する良質地盤で浅い根切りや敷地に余裕がある場合などに限られる。山留め壁オープンカット工法は、山留め壁を設置し、必要に応じて切梁・アンカーなどの支保工を併用する。自立掘削工法は比較的良好な地盤で浅い根切りに限られる。地盤アンカー工法は、切梁工法のように根切り平面内に障害物はないが、山留め壁外周にアンカーの全長が収まるスペースが必要である。部分掘削工法は平面規模が大きい場合に有効である。

　逆打ち工法は根切りと躯体構築を同時に進めるため、山留め架構の安定性が高く、軟弱地盤や根切り平面が広い現場に有効である。大深度大規模工事では上部構造を同時に構築できるため、全体の工期短縮が図れる。

　根切り工事は機械掘削または手掘りで行う。手掘りの場合は掘削面の勾配基準を順守する（表3・3）。

　市街地では既存躯体の解体を伴うことが多く、既

表3・3　手掘りによる掘削面の勾配基準（労働安全衛生規則）

地山の種類 ＼ 掘削面の高さ	5m以上	5m未満 2m以上	2m未満
岩盤または硬い粘土 356条	75度以下		90度以下
上記以外　砂※ 357条	35度以下 又は 高さ5m未満		
上記以外　発破等で崩壊しやすい状態の地山 357条	45度以下 又は 高さ2m未満		
上記以外　その他の地盤（上記※を除く）356条	60度以下	75度以下	90度以下

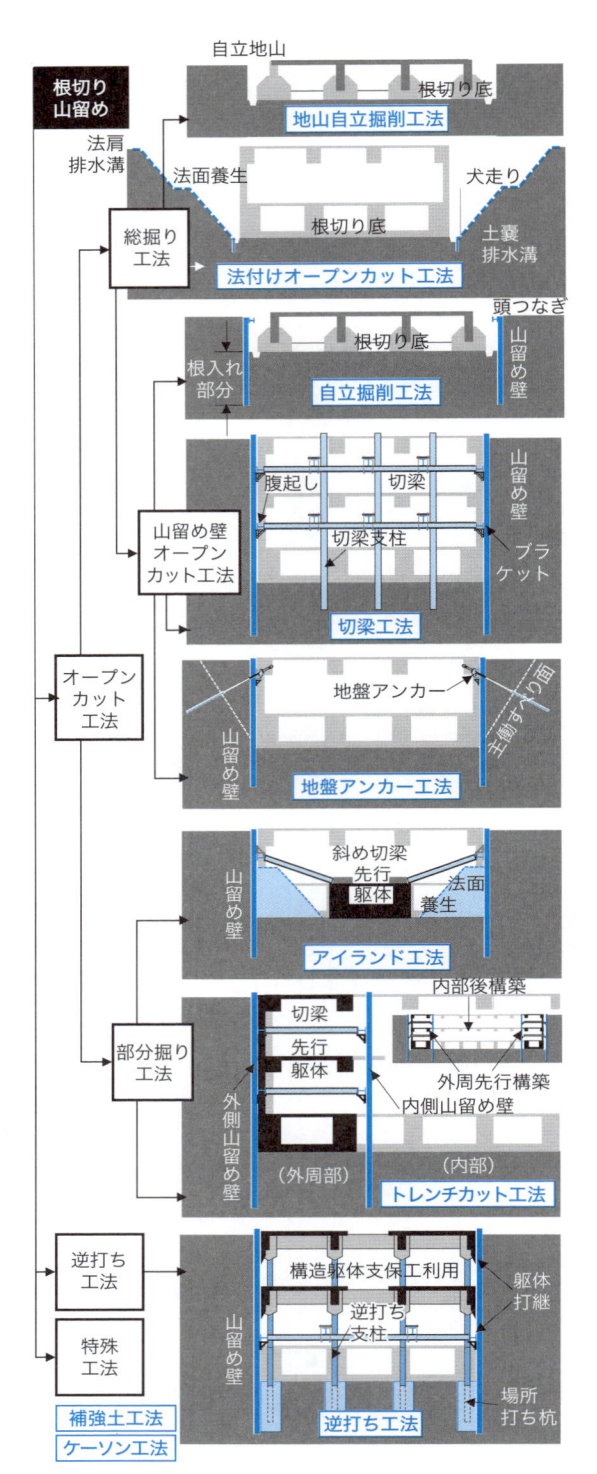

図3・15　根切り山留め工法の種類と特徴

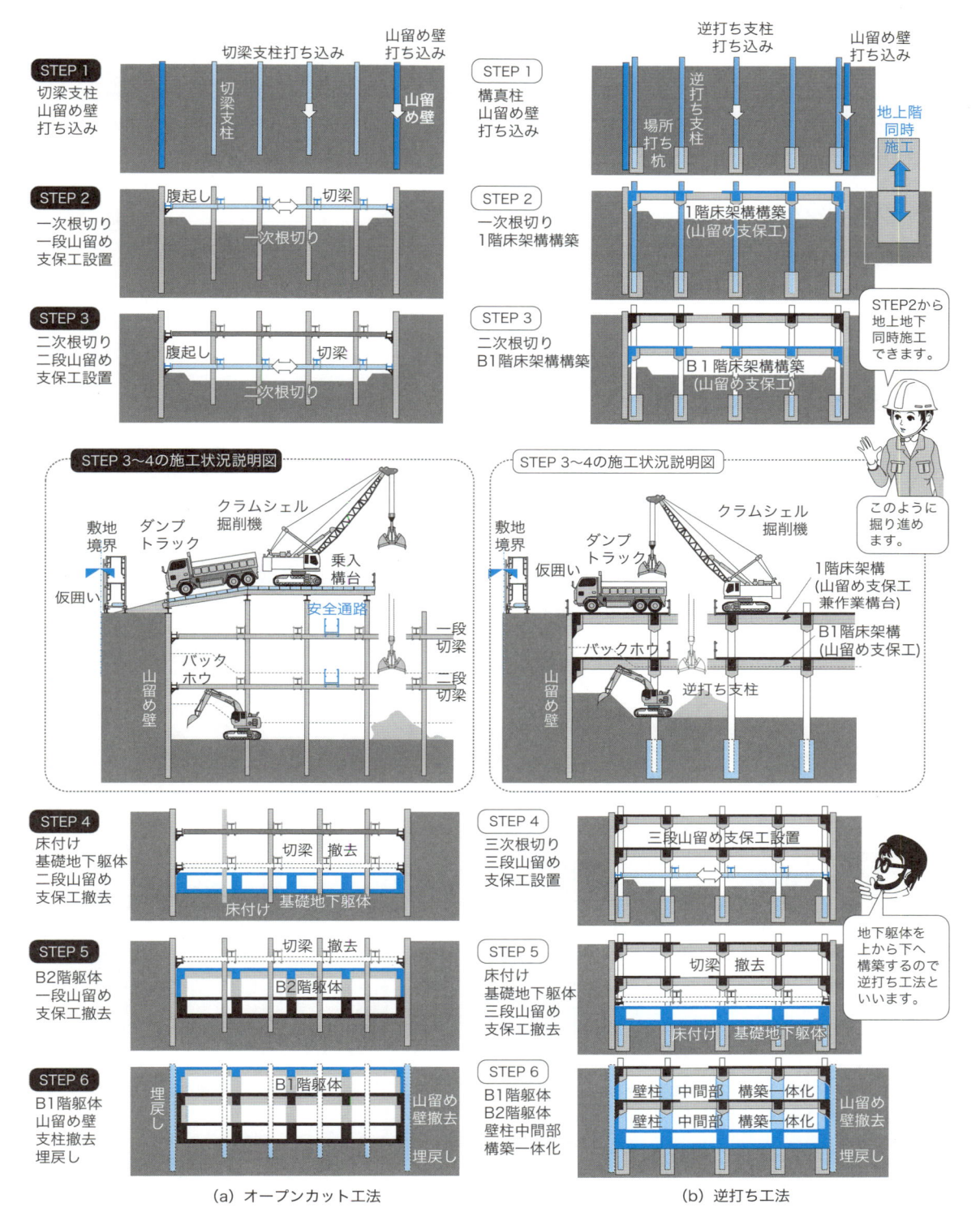

図 3・16　オープンカット工法と逆打ち工法の比較

（a）オープンカット工法　　　　（b）逆打ち工法

存躯体を山留めに利用する工夫が図られている。既存躯体を利用する場合は、構造体の仕様、健全性などを確認する必要がある。

図3·16にオープンカット工法と逆打ち工法の施工手順を比較する。

3　根切り底面の安定

根切りの進行に伴い根切り底面では力のバランスが崩れて不安定になり、**ヒービング**、**ボイリング**、**盤ぶくれ**が生じる危険性がある。図3·17、表3·4に特徴と対策を示す。

4　地下水処理

根切り時のドライワーク、根切り底面の安定の確保のためには地下水処理が重要である。地下水の排水および復水工法を図3·18に示す。排水工法は大きく分けて、重力によって地下水を集めて排水処理する**釜場工法**と**ディープウェル工法**、真空圧を利用して強制的に排水処理する**ウェルポイント工法**に分けられる。釜場工法は浅い根切り、水位低下量や排水量が少ない場合に用いられる。ディープウェル工

法は砂層や砂礫層からの多量の排水や幅広い水位低下量に対応できる。ウェルポイント工法は透水性の低い帯水層や根切り深度の浅い帯水層からの排水に採用される。配管の接続部などで真空の程度が低下するため、ヘッダーパイプからの水位低下量は4〜6m程度である。復水工法はディープウェル工法と同構造のウェル（井戸）を用いて、排水処理した地下水を帯水層に戻す工法である。周辺の地下水位低下に伴う井戸枯れや圧密沈下防止などが目的である。

地下水処理工法を図3·19に示す。一般に地下水位が高い場合は、ソイルセメント壁などのように遮水

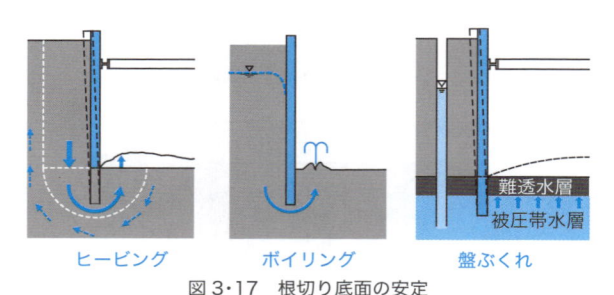

図3·17　根切り底面の安定

表3·4　盤ぶくれなどの特徴と対策

	特徴	対策例
ヒービング	軟弱粘性土地盤において、根切り底面に周囲の地盤が回り込んで盛り上がる現象。	高剛性の山留め壁を良質地盤まで根入れする。軟弱地盤を地盤改良。
ボイリング	砂質土層で根切りの進行に伴って山留め壁背面地盤との水位差が大きくなり、根切り底面地盤に上向きの浸透流が生じ、地盤が沸騰したような状態になり破壊する現象。	遮水性の山留め壁の根入れを深くする。山留め壁を難透水層に根入れする。
盤ぶくれ	根切り面下の難透水層底部にある被圧帯水層の被圧地下水の揚圧力が土被り圧よりも大きい場合に、根切り底面が持ち上がる現象。	被圧地下水の水頭を下げる。被圧帯水層の下の難透水層まで遮水性の山留め壁を根入れする。

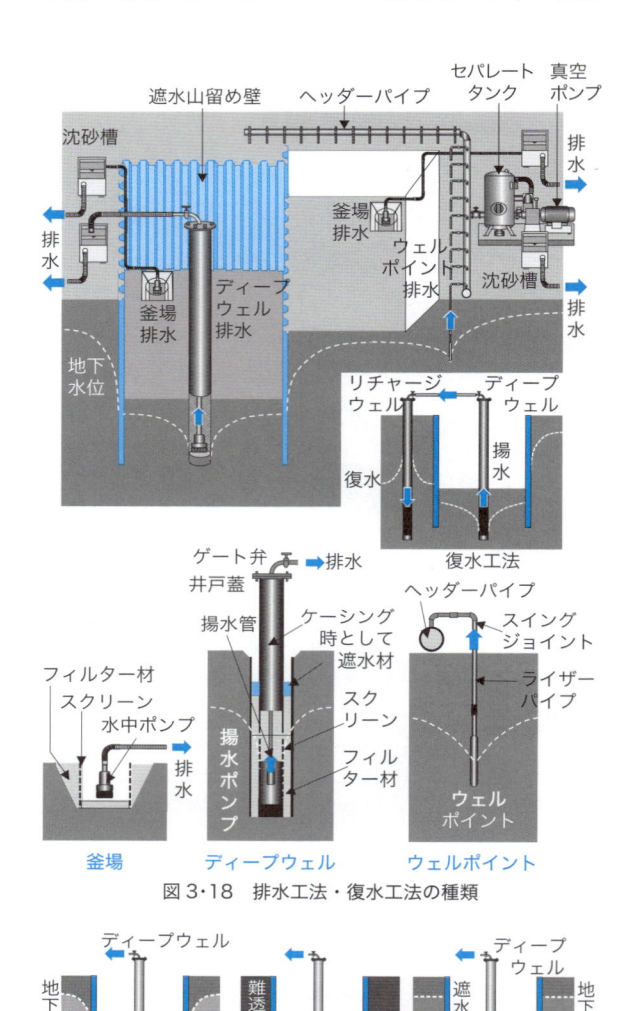

図3·18　排水工法・復水工法の種類

図3·19　地下水処理工法

性のある山留め壁と排水設備を採用する。難透水層に山留め壁を根入れさせると、周辺地盤からの地下水の流入が極めて少なくできるので、周辺地盤の地下水位低下防止や、排水量が少ない地下水処理が可能となる。難透水層に山留め壁を根入れできない場合は、排水量が多くなり、周辺地盤の地下水位低下を引き起こし、近接構造物などに大きな影響を及ぼす危険性がある。

5 山留め壁と支保工の種類

山留めは山留め壁とそれを支える支保工で主に構成される。図3·20に山留め壁および支保工の種類を示す。根切り深さや地下水位などの条件に応じて、適切な剛性および遮水性のある山留め壁と支保工を採用する。

山留め壁は遮水性の有無により透水壁と遮水壁に分けられる。透水壁として**親杭横矢板壁**がある（山留め壁④）。H形鋼などの親杭を一定間隔で地中に打設し、根切りに伴って親杭間に木材などの横矢板を挿入して築造する。地下水位が低く、比較的良質な地盤に適用が限定される。

遮水壁は壁の材料の違いで**鋼製矢板壁**（シートパイル、山留め壁①）、**ソイルセメント壁**（山留め壁②）、**場所打ち鉄筋コンクリート地中壁**（山留め壁③）の3種類がある。鋼製矢板壁は、U型などの鋼製矢板を継手をかませて連続して地中に打ち込み築造する。

ソイルセメント壁は、地盤を掘削しながら土とセメント懸濁液とを攪拌混合した後に、H形鋼を応力材として挿入し連続した壁体を築造する。鋼製矢板壁に比べて適用地盤や適用深さの範囲が広い。

場所打ち鉄筋コンクリート地中壁は、安定液を用いて掘削溝壁の安定を保ちながら壁状の溝を掘削し、その溝に鉄筋かごを挿入した後、コンクリートを打設して築造する。壁の剛性が非常に高く、仮設利用だけではなく、本設の地下外壁としても利用することが多い。

遮水壁は地下水位が高い地盤に用いられるので、根切り底面の安定やドライワークの確保を目的として地下水の排水処理を併用することが多い。地盤や施工の条件に応じて前項に示した地下水処理工法を計画する。

支保工は山留め壁に作用する土水圧を安全に支えるとともに山留め壁の変形を抑え、根切りに伴う周辺環境への影響を最小限にとどめる。山留め壁を支

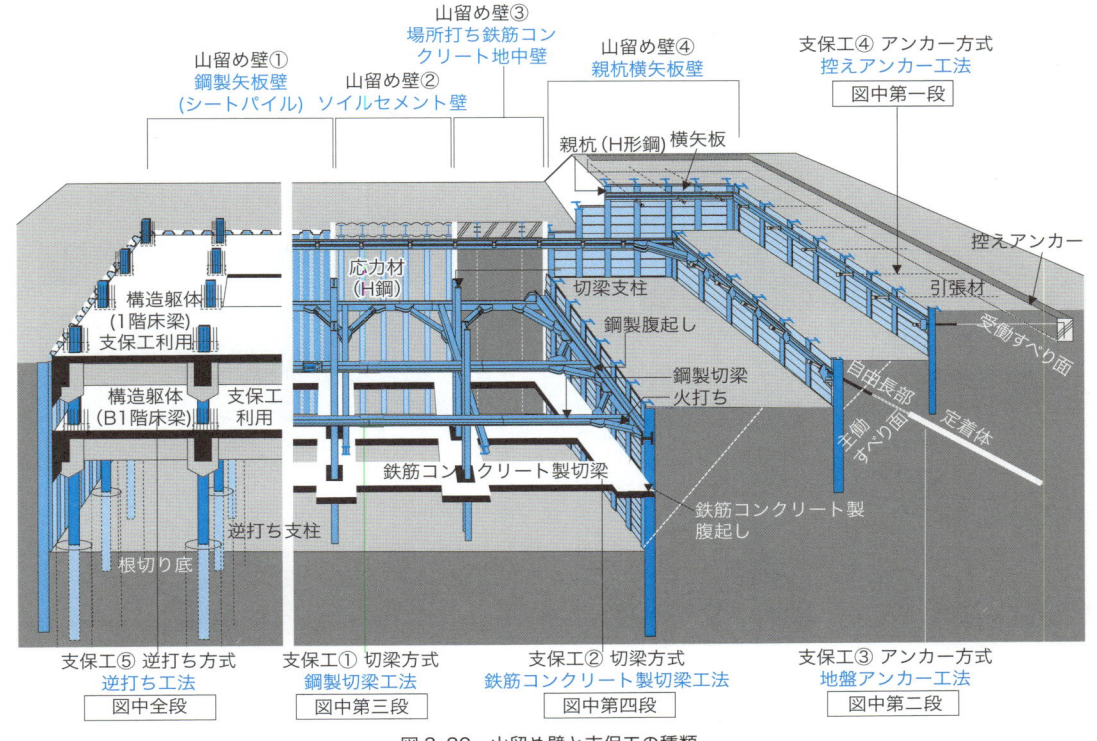

図3·20 山留め壁と支保工の種類

支保工① 鋼製切梁工法	山留め壁が受ける土水圧を水平に配置した鋼製の圧縮材（切梁）で受ける工法。適用範囲が広く実績が最も多い。 温度変化による増加応力を考慮する必要がある。基本的にリース材を使用するため材料の転用が可能。
支保工② 鉄筋コンクリート 製切梁工法	鋼製切梁に比べて切梁・腹起しの断面を自由に設定可能。平面的な剛性が高く、安全性が高い。 強度発現までの日数が必要、材料の転用が利かない、工費が高いなどの短所がある。 近年は採用実績が少ないが、切梁軸力が非常に大きい場合などに用いられる。
支保工③ 地盤アンカー工法	山留め壁背面地盤に定着させたアンカーと山留め壁を一体化させ、山留め壁を背面側に斜め下方へ引っ張る工法。 切梁がないため根切り平面を広くとれる。敷地が不整形な場合や高低差がある場合などに有効。 根切り平面の外に向かってアンカーを打設するため、敷地に余裕があるか隣地の許可が必要。 山留め壁に鉛直下向きの力が発生するので山留め壁の鉛直支持性能を確認する必要がある。
支保工④ 控えアンカー工法	山留め壁背面地盤に控えアンカーを打設し、アンカー頭部から延ばした引張材で山留め壁頭部を引っ張る工法。 控えアンカーには杭またはコンクリート製のブロックなどが用いられる。敷地内に控えアンカーを打設するスペースが必要。
支保工⑤ 逆打ち工法	地下躯体を支保工として利用する。山留め架構全体の安定性は高い。 基礎スラブの構築前に躯体が構築されるため、躯体荷重は別途設けた構真柱や山留め壁に負担させる必要がある。

える部材として、切梁、アンカー、腹起し、火打ちなどがある。表 3・5 に山留め支保工の特徴、図 3・21 に鋼製切梁工法と地盤アンカー工法の一例を示す。

　図 3・22、3・23 に鋼製切梁および地盤アンカー周辺の詳細を示す。腹起しは根切り面周囲に連続して配置し、山留め壁との隙間に裏込め材などを充填して山留め壁に作用する土水圧が十分にアンカーや切梁に伝達されるようにする。腹起しの自重および切梁などの負担荷重はブラケットで支持する。鋼製切梁には油圧ジャッキを仕込み、あらかじめ山留め壁を

鋼製切梁工法

地盤アンカー工法
図 3・21 鋼製切梁工法と地盤アンカー工法

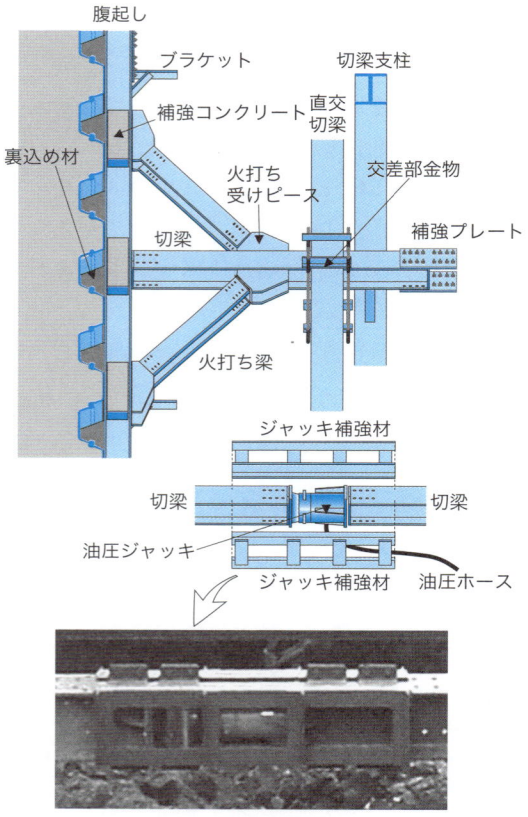

図 3・22　鋼製切梁詳細図例

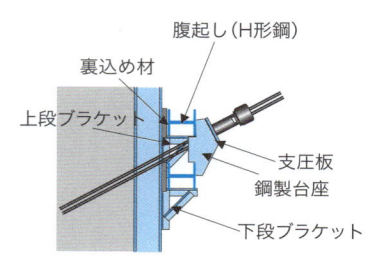

図 3・23　地盤アンカー詳細図例

背面地盤に押し込み、山留め壁の変形を抑えるプレロードをかけることがある。油圧ジャッキは切梁の曲げモーメントに対する抵抗力が小さいため、設置位置は曲げモーメントの小さい切梁支柱付近とする。

地盤アンカーにはあらかじめ緊張力を導入させており、腹起しは水平方向と鉛直方向の荷重を同時に受ける部材として設計する。

3・4 地盤改良

1 地盤改良の種類と分類

地盤改良は地盤の支持力増大、沈下抑制、液状化対策、工事の安全性確保などを対象に、主に地盤の性質を変える目的で行う。主な地盤改良工法を改良メカニズム別に分類して図3・24に示す。改良メカニズムは大きく分けて置換、固化、脱水・排水、締固め、荷重低減、補強に分類できる。荷重低減、補強は建築工事ではほとんど採用されないため、それ以外の工法について説明する。

2 各工法の概要

(1) 置換工法

置換工法は軟弱層を撤去し、良質土、流動化処理土やコンクリートなどで置き換える。流動化処理土とは、建設発生土に水や泥水を加えて泥状化したものに固化材を加えて混錬することにより流動化させた安定処理土である。

(2) 締固め工法

主に緩い砂地盤を密に締固める工法である。

バイブロフローテーション工法はバイブロフロットで地盤に孔をあけ、この孔に別途投入した骨材を振動により締固めて周辺地盤の密度を増大させる。

静的締固め砂杭工法は、地盤内にケーシングを圧入し、ケーシングを引き抜きながら砂材を投入した後に、再びケーシングを圧入する工程を繰り返すことで周辺地盤を締固める。この工法はバイブロフローテーション工法や同種の振動締固めで砂杭を造成するサンドコンパクションパイル工法と比較して低振動・低騒音である。液状化対策として採用されることが多い。

このほか、地表面をタンパーなどの振動や重錘落下による衝撃力で締固める工法がある。これらの工法の改良範囲は地表面付近に限定されることに注意する。

(3) 固化工法

固化工法は、固化材(セメントやセメント系固化材など)と土を撹拌混合する方法と、地盤の間隙中に薬液を注入する方法がある。

前者は固化材を粉体のまま用いる場合と、スラリー状にして用いる場合がある。浅層混合処理工法は比較的浅い深度を改良する。バックホウなどで固化材を地盤に撒き出して土と撹拌混合した後で締固める。また土を一旦掘り出し、固化材と撹拌混合した後で埋め戻す方法もある。建物の支持地盤としてだけではなく、重機の走行性の確保などを目的として行うことも多い。

深層混合処理工法は、地盤を掘削しながらロッド先端からスラリー状の固化材などを吐出して撹拌翼で土と固化材を撹拌混合して地盤を固化させる。目的に応じて柱状や壁状に地盤を改良する。

高圧噴射撹拌工法は、二重管ロッドで地盤を削孔し、所定の深度に達した後にロッド先端からスラリー状の固化材を高圧で周辺地盤に噴射して改良体を造成する。施工機械が比較的小型なため、狭隘地や既存建物内などで採用されることが多い。

薬液注入工法ではボーリングで地盤を削孔した後、水ガラス系などの薬液を間隙に注入する。強度増加や止水を目的とし、液状化対策や地下水の流れが速いため杭造成などが困難な場合などに採用される。

(4) 脱水・排水工法

圧密沈下のおそれがある軟弱な粘性土地盤で、地中に排水ドレーンを設けた後に盛土などにより地盤を載荷し、事前に圧密沈下を促進させる工法がある。また、石灰系の材料などを地盤内に圧入し、化学的に間隙水を脱水して地盤強度を増大させる手法もある。

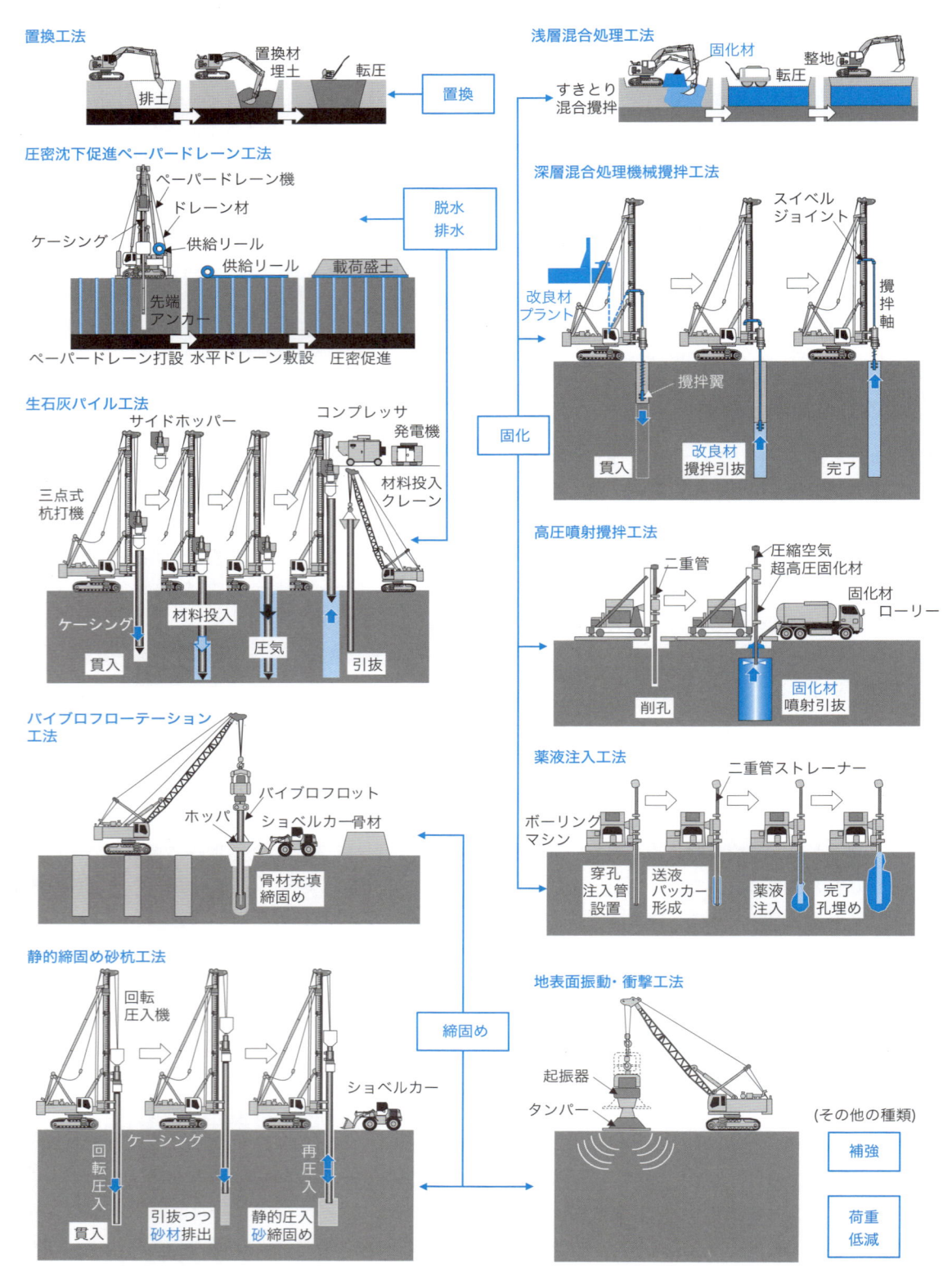

図3·24 地盤改良工法

3・5 杭工事

1 杭の種類と分類

　杭は建物の支持方法、杭体の製造方法、杭の打設方法により分類される。

　建物の支持方法は、硬質な地盤まで杭を打設し杭の先端抵抗に期待する支持杭、杭周面と地盤間の摩擦抵抗に期待する摩擦杭に分けられる。

　表3・6に杭体の分類を示す。杭を現場で造成する場所打ちコンクリート杭と工場で製作する既製杭に大別される。既製杭はコンクリート杭と鋼杭が主である。一例としてPHC杭の製造状況を図3・25に示す。

　既製コンクリート杭は折れやすく割れやすい。杭の積み込みや荷卸し時は曲げモーメントが最小となる位置で2点支持する。また、2段以上積んで輸送する際に荷崩れ防止のためワイヤーロープで荷台に結束する場合、各段の枕木は2点支持の時の支持点にあて、鉛直方向に同一位置として積み込みワイヤーロープ位置も同じとする。杭の建込み時は杭の曲げ

強度を考慮してひび割れを生じさせない位置で支持する。

　杭の打設方法は打込み杭工法、埋込み杭工法、場所打ちコンクリート杭工法に大別される。表3・7に示すように工法別に杭の中心間隔と施工精度が決められている。

　既製杭の杭長が長い場合の継手工法には無溶接継手（図3・26）と溶接継手がある。

　地盤沈下をする現場では杭に鉛直下向きの摩擦力（ネガティブフリクション）が荷重として作用する。杭に摩擦低減処理を施すなどの対策がある。

2 各施工法の概要

（1）打込み杭工法

　打込み杭工法では既製杭の頭部を油圧ハンマーなどで打撃して地盤に打ち込む打撃工法と、地盤を掘削して既製杭を建て込んだのちに杭頭を打撃して杭を支持層に貫入させるプレボーリング併用打撃工法（図3・27）がある。杭と地盤の密着性が良く高い支持力を期待できるが、打撃による振動や騒音が大きく、採用現場は限られる。また、打撃により杭体を損傷

（a）PC鋼線組み立て

（b）コンクリート打設

（c）遠心成形

（d）完成品

図3・25　PHC杭の製造状況

させるおそれがあることや杭の大径化に伴い打撃力のみでは所定の深度に杭を打設できない場合もあることなどにも注意が必要である。

支持層への到達確認には、打撃エネルギーと杭貫入量から推定する方法がある。

(2) 埋込み杭工法

プレボーリング工法 (図 3·28) は、あらかじめオーガーで地盤を掘削して杭周固定液と先端根固め液を注入し、オーガーの引抜き後に既製杭を埋設する。軟弱地盤が厚く堆積している場合は、オーガーによる掘削後に孔壁が崩壊する可能性がある。このよう

表 3·6 コンクリート杭および鋼杭の一覧

杭種		概要
コンクリート杭	PHC 杭	高強度プレストレストコンクリート杭。設計基準強度が 80N/mm² 以上の高強度コンクリートを遠心締固めによって製造した杭。有効プレストレス量により A 種 (4N/mm²)、B 種 (8N/mm²)、C 種 (10N/mm²) に分かれている。直径 φ 300 〜 1,200mm、杭長 4 〜 15m。
	ST 杭	拡径断面を有する PHC 杭。本体部径 φ 300 〜 1,100mm、拡径部径 φ 350 〜 1,200mm、杭長 4 〜 15m。
	節杭	地盤の摩擦力を大きく取ることを目的として、杭体全長または一部に突起部をつけた PHC 杭。本体部径 φ 300 〜 1,000mm、杭長 4 〜 15m。
	SC 杭	鋼管複合杭・外殻鋼管付きコンクリート杭。水平力が大きい場合に採用する靭性を高めた杭。鋼管の内側に遠心力で膨張性コンクリート (設計基準強度が 80N/mm² 以上) を吹き付けて一体化させた複合構造で、一般的に PHC 杭の上杭として採用される。直径 φ 318.5 〜 1,200mm、杭長 4 〜 15m。
	PRC 杭	高強度プレストレスト鉄筋コンクリート杭。水平力に抵抗するために PHC 杭と RC 杭を合成しており、PC 鋼材の他に鉄筋コンクリート用異形鋼棒などを配置した、高い曲げ耐力、変形能力、せん断耐力を期待した杭。一般的に PHC 杭の上杭として採用される。有効プレストレス量は 4 〜 8N/mm²。直径 φ 300 〜 1,200mm、杭長 4 〜 15m。
	RC 杭	鉄筋コンクリート杭。コンクリートの設計基準強度を 40N/mm² とした杭。直径 φ 200 〜 600mm。
鋼杭	鋼管杭	一般的には JIS A 5525 に示される鋼管杭が用いられる。比較的小径な範囲では JIS G 3444 に示される一般構造用炭素鋼管が使われることもある。外径 318.5 〜 2,000mm。
	H 形鋼杭	一般的には JIS A 5526 に示される H 形鋼杭が用いられる。一般構造用圧延鋼材の H 形鋼と材質的に同等であるが、形状・寸法許容差などが杭専用となっている。近年は建屋基礎として用いることは少なく、仮設構台の基礎などに用いることが多い。

表 3·7 杭中心間隔および施工精度

工法	杭種		中心間隔	施工精度
打込み杭	コンクリート杭		2.5d 以上かつ 0.75m 以上	水平方向 d/4 かつ 100mm 以内 鉛直方向 傾斜 1/100 以内
	鋼管杭	開端杭	2.0d 以上かつ 0.75m 以上	
		閉端杭	2.5d 以上かつ 0.75m 以上	
埋込み杭			2.0d 以上	
拡大根固め杭			(d+d1) 以上かつ (d1+1m) 以上	
回転貫入杭			先端羽径の 1.5 倍以上	
場所打ちコンクリート杭		拡底なし	2.0d 以上かつ （d+1m） 以上	水平方向 100mm 以内 鉛直方向 傾斜 1/100 以内
		拡底あり	(d+D) 以上かつ (D+1m) 以上	

d：杭頭部または軸部の径、幅　D：拡底部の最大径、d1：根固め径

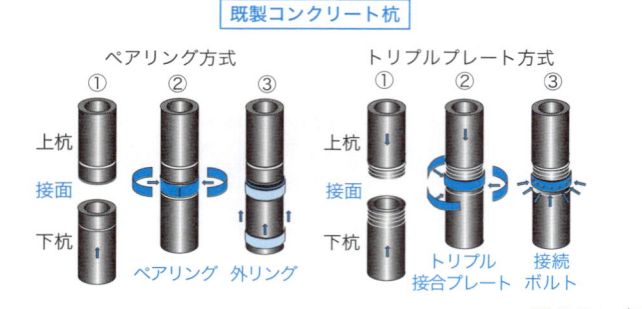

図 3·26　無溶接継手例

既製コンクリート杭

ベアリング方式
① ② ③
上杭
接面
下杭
ベアリング　外リング

トリプルプレート方式
① ② ③
上杭
接面
下杭
トリプル接合プレート　接続ボルト

鋼管杭

ねじ接合方式
① ② ③
上杭
嵌合開始　嵌合
下杭
接続ボルト

無溶接継手とは、現場溶接による既製杭継手を、機械的な嵌合方式によって行う継手で、右の 3 種類が代表的である。以下のメリットがある。

①作業時間の短縮
②気象条件影響回避
③火気使用回避
④溶接継手同等性能を確保
⑤工場生産による品質安定

な地盤での施工に対しては、既製杭の中空部にオーガーを挿入して、地盤の掘削とともに杭を沈設していく中掘工法（図3·29）がある。

これらの工法では根固め液の管理が支持層確認に加えて、設計支持力を確保する上で極めて重要となる。根固め液は注入深度、注入量、撹拌回数並びに強度の管理が必要である。支持層確認は、オーガーによる掘削時の発電機の負荷電流や、負荷電流を任意の深度間隔で積分した積分電流値の変化を地盤調査結果と比較して行う（図3·30）。また、オーガー付着土で杭先端地盤の土質を直接確認する。

回転貫入杭工法では、杭体の先端を羽形状やねじ形状などにし、杭体に回転力を与えながら貫入して打設する（図3·31）。この工法では回転トルクの変化量が支持層確認の指標となる。

（3）場所打ちコンクリート杭工法

場所打ちコンクリート杭工法には、アースドリル工法、オールケーシング工法、リバースサーキュレーション工法の主要3工法に加えて深礎工法、BH工法などがある。

アースドリル工法は崩れやすい表層地盤にケーシ

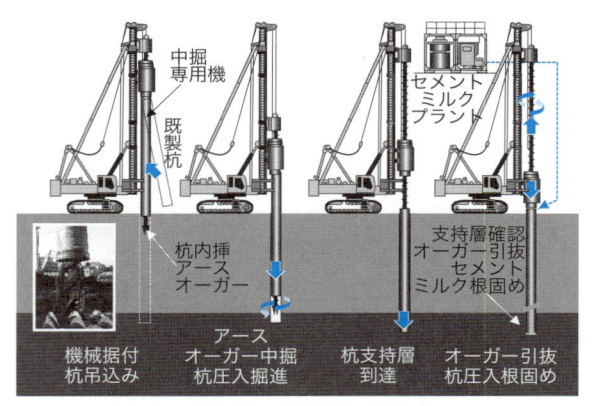

図3·29　中掘工法の手順

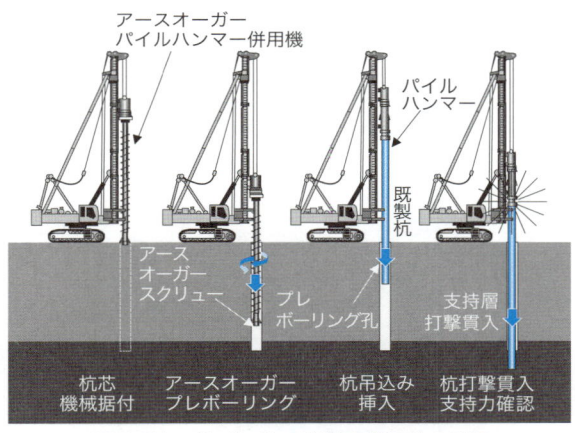

図3·27　プレボーリング併用打撃工法の手順

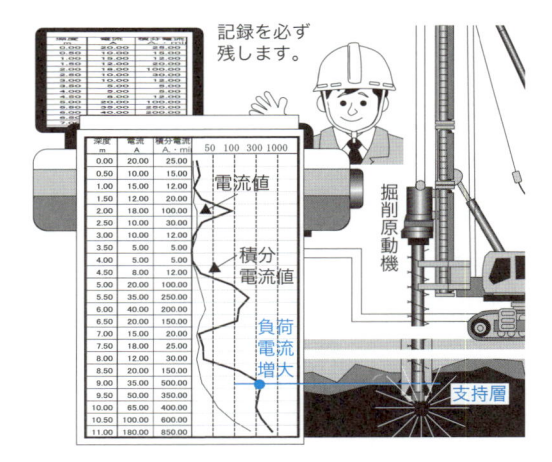

図3·30　電流値と積分電流値

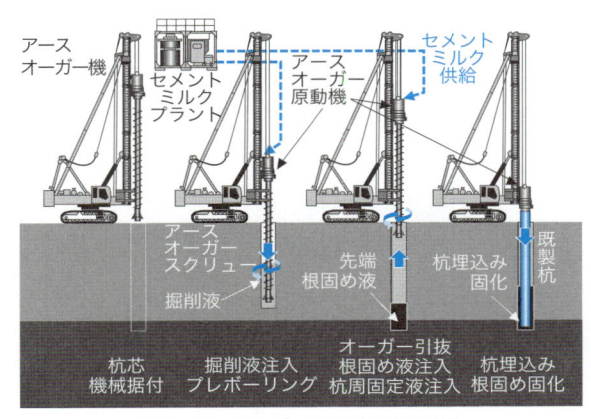

図3·28　プレボーリング工法の手順

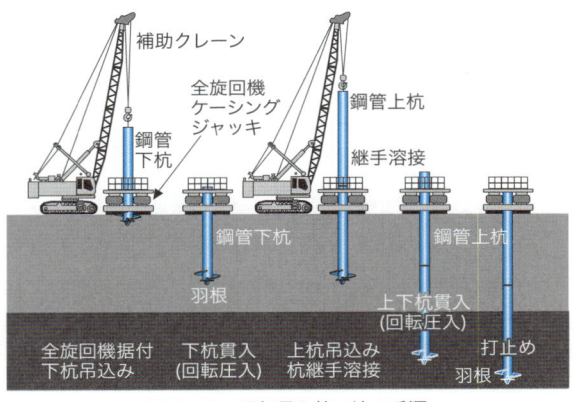

図3·31　回転貫入杭工法の手順

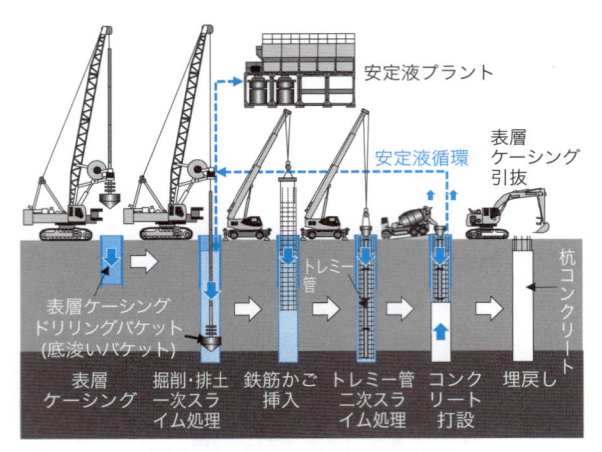

図 3・32　アースドリル工法の手順

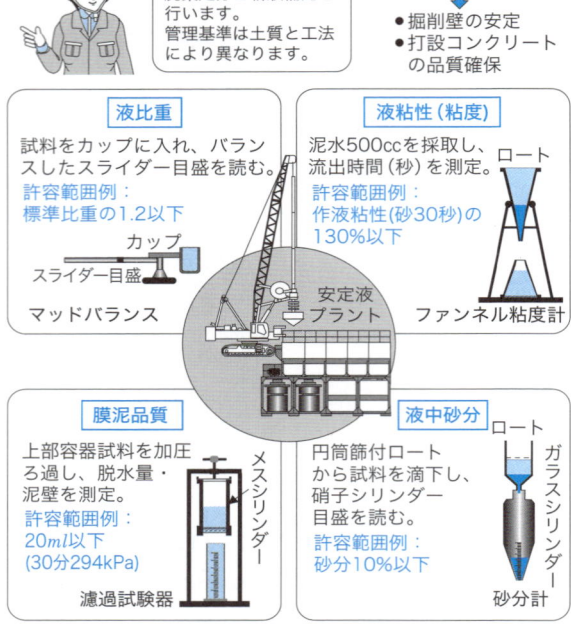

図 3・33　安定液の管理例

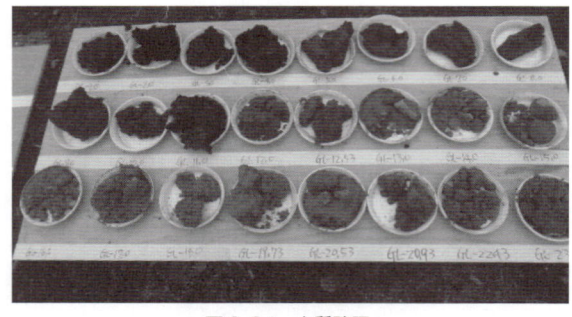

図 3・34　土質確認

ングを建て込んだ後、孔内安定液を張って孔壁を保護しながら、ドリリングバケットで地盤を掘削する（図 3・32、3・33）。支持層への到達は、掘削土を地盤調査報告書と比べて直接確認する（図 3・34）。

　支持層への到達が確認されたのち、所定の杭径が得られていることを孔壁測定（超音波）によって確認する（図 3・35）。また、掘削土砂（スライム）が孔底に沈殿し、コンクリートの品質と支持力の確保に影

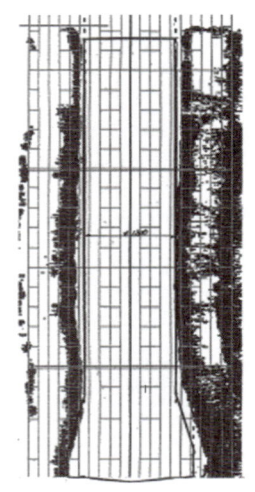

図 3・35　孔壁測定結果

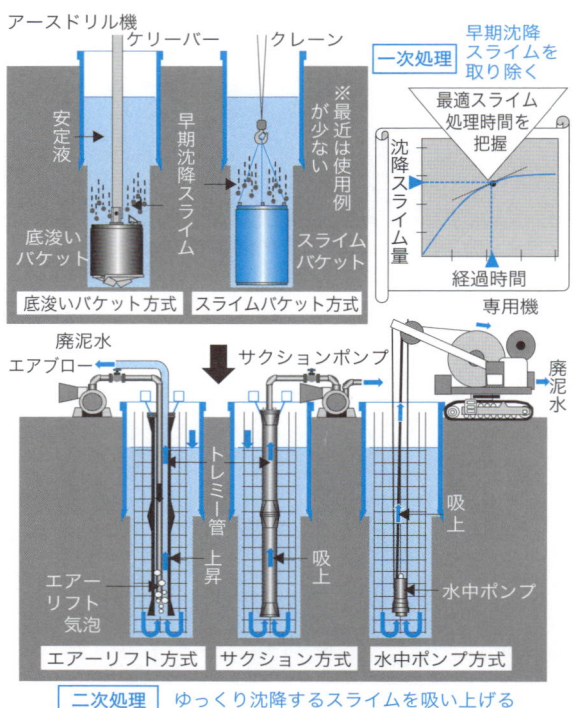

図 3・36　スライム処理

響を及ぼすためスライム処理を行う（図3·36）。鉄筋かごの挿入後（図3·37）、コンクリートを打設する。コンクリートの打設はトレミー管を用いて孔底から安定液と置換するように行うが、安定液に触れたコンクリートとなるため0.5〜1.0m程度余盛りをし、最後に空掘部分を埋め戻す（図3·38）。埋め戻しが不十分な場合は、根切り工事時に山留め壁に過大な変形が生じるなどの不具合が生じる可能性があるので確実に埋め戻す。

オールケーシング工法（図3·39）は、掘削孔全長のケーシングで孔壁を保護しながら、ハンマーグラブをケーシング内に落下させて土砂を掘削し排出する。支持層確認、スライム処理、鉄筋かごの挿入はアースドリル工法と同様であるが、トレミー管によるコ

ンクリート打設中はケーシング下端をコンクリート内に2m以上入れた状態を保ちながらケーシングを引き抜く。

リバースサーキュレーション工法（図3·40）はビットで地盤を切削し、孔壁保護のために張った孔内水と土砂をポンプやエアリフト方式により排出する逆循環方式である。表層付近はスタンドパイプを建て込み、スタンドパイプ以深は孔内水の水頭圧と孔壁面に付着したマッドケーキで孔壁を保護する。その際、水頭差は2m以上保つ。支持層確認、スライム処理、鉄筋かごの挿入、コンクリート打設などはアースドリル工法と同様である。

深礎工法（図3·41）は、孔壁保護のために鋼製波板とリング枠で山留めし、人または機械を併用して掘

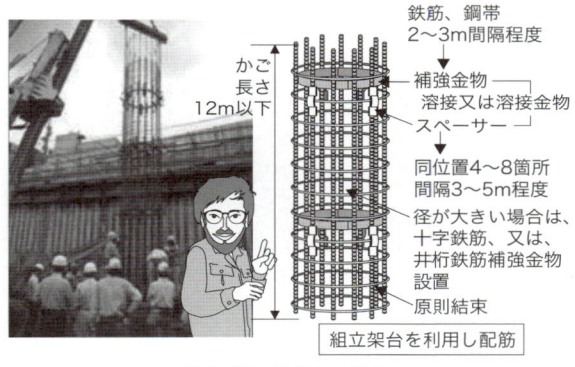

図3·37　鉄筋かご挿入

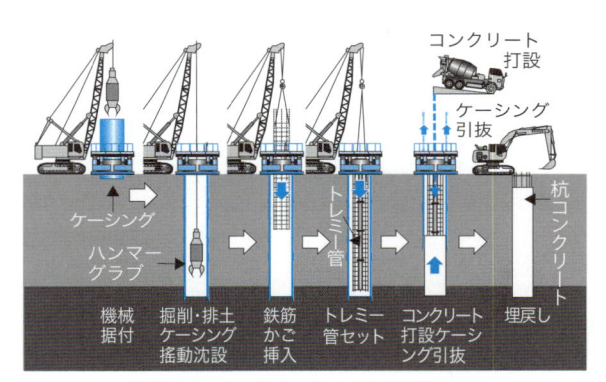

図3·39　オールケーシング工法の手順例

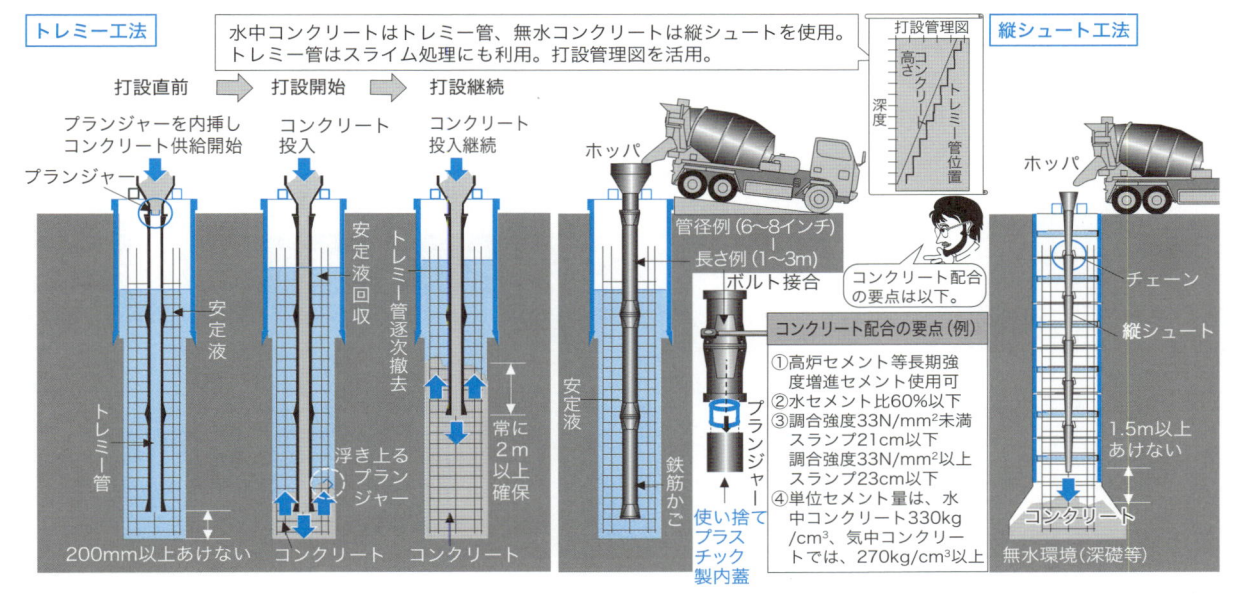

図3·38　コンクリート打設

削した後、鉄筋かごを組み立て、コンクリートを打設する。

その他、敷地が狭い場合や傾斜地などで大型機械では施工が困難な敷地では、ボーリングマシンを使用して掘削するBH工法などが採用される。

(4) 各工法の拡底方法

1本の杭に大きな支持力を負担させる目的で杭先端径を拡大する工法がある。これらの工法はオーガーやバケットを油圧などによって拡縮可能としている（図3・42）。埋込み杭工法では、一般に杭体は通常の工法と同じものを用い、根固め部を拡大している。一方、場所打ちコンクリート杭工法では杭体そのものを拡大している。

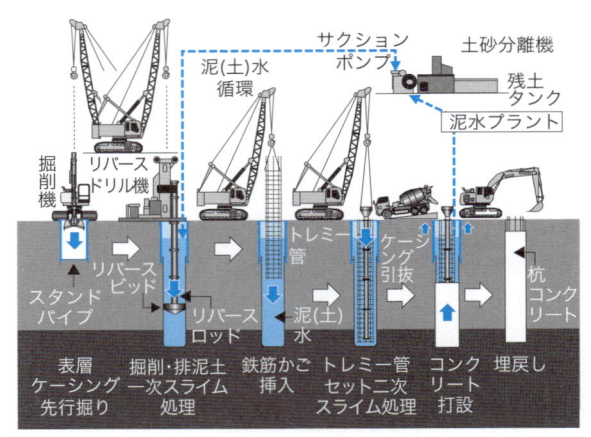

図3・40　リバースサーキュレーション工法の手順

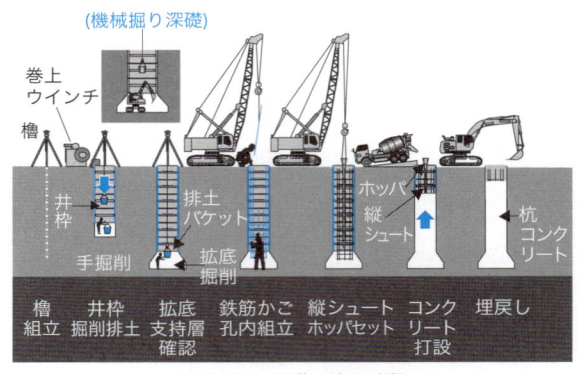

図3・41　深礎工法の手順

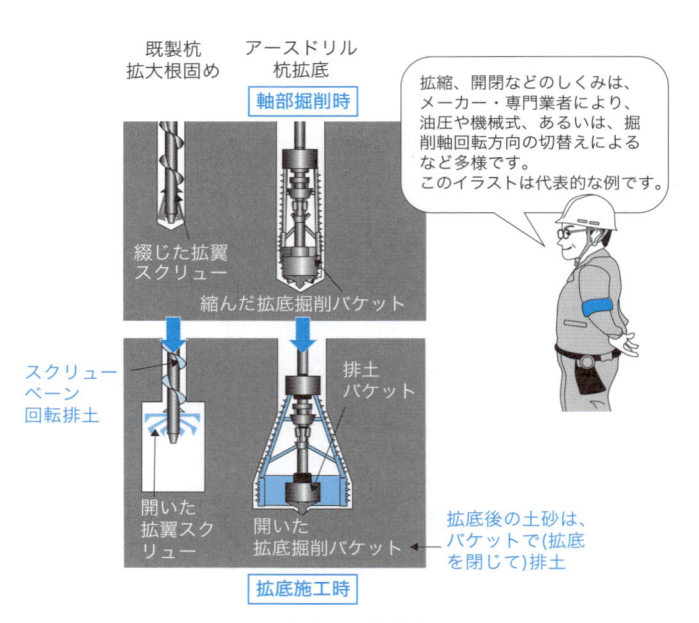

図3・42　拡底方法

3・6 地業工事・埋戻し盛土工事

1 地業工事

基礎スラブ、基礎梁、パイルキャップおよび土間コンクリートの施工に先立ち、砂・砂利・地肌地業を施工する（地業工事）。直接基礎では土工事で発生した地盤の緩みを軽減し、支持層となる地盤を安定化させ、建物荷重を確実に地盤に伝達させる。杭基礎では地盤の緩みの軽減に加え、打設コンクリートの硬化までの自重を支持する。また、捨てコンクリートの下地を造る目的もある。

根切り完了後は根切り底面（床付け面）を乱さないように、爪のない特殊なバケットを用いた機械掘削や手掘りにより、床付けする。図3・43に砂・砂利・地肌地業の例を示す。砂・砂利地業は砂、砂利などを床付け面に撒きだし、タンパーや振動ローラーなどを用いて転圧・締固めを行う。1回の締固め層厚が30cmを超えると、1層での締固め効果が小さいので、2層以上に分けて締固める。地肌地業は岩盤・硬質粘土地盤・地盤改良が実施された地盤など強固な地盤を均して支持面とする工法である。

2 埋戻し盛土工事

躯体周囲の埋戻しや盛土工事は適切な材料と施工法を用いる。これらの工事を軽視すると躯体周辺地盤の沈下や躯体のひび割れを発生させるおそれがある。特に土間床は直接地盤で支持されるため、直下の地盤の品質に敏感であり、建物の使用性に大きな影響を及ぼす。図3・43に埋戻し盛土工事の例を示す。材料には砂・砂利などの良質土、流動化処理土を用い、粘性土などの転圧・締固めが困難な材料を用いる場合は、セメントや石灰などにより改良して用いる。締固めは1層の撒き出し厚さを30cm以下とする。透水性の高い砂質土を用いる場合は水締めしながら行う。

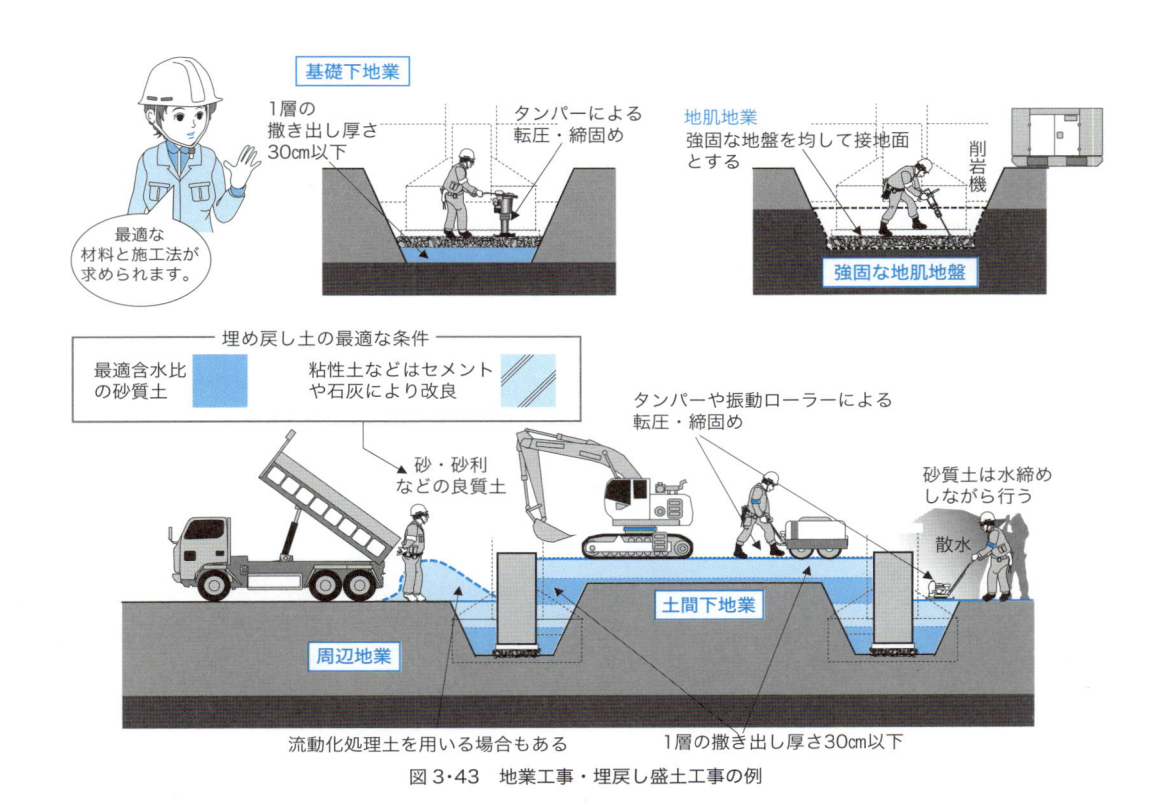

図3・43 地業工事・埋戻し盛土工事の例

問1　地業工事に関する次の記述のうち、最も不適当なものはどれか答えよ。

1. セメントミルク工法による既製コンクリート杭工事において、特記がなかったので、アースオーガーの支持地盤への掘削深さについては1.5m程度とし、杭の支持地盤への根入れ深さは0.5m程度とした。

2. 打込み杭工法による既製コンクリート杭工事において、打込み完了後の杭頭の水平方向の施工精度の目安については、杭径の1/4以下、かつ100mm以下とした。

3. 場所打ちコンクリート杭工事において、鉄筋かごの主筋間隔が10cm以下になると、コンクリートの充填性が悪くなるので、主筋を2本重ねて配置し、適切な主筋間隔を確保した。

4. アースドリル工法による場所打ちコンクリート杭工事において、孔壁の崩落防止に安定液を使用したので、杭に使用するコンクリートの単位セメント量を $340kg/cm^3$ とした。

問2　地業工事に関する次の記述のうち、最も不適当なものはどれか答えよ。

1. セメントミルク工法による既製コンクリート杭工事において、アースオーガーの支持地盤への到達については、アースオーガーの駆動用電動機の電流値の変化およびオーガー先端に付着した排出土と土質標本との照合により確認した。

2. アースドリル工法による場所打ちコンクリート杭工事において、掘削形状の確認は超音波を用いた孔壁測定により行った。

3. 液状化のおそれのある地盤の改良方法として、土中に締め固められた砂杭を造成するサンドコンパクション工法を採用した。

4. オールケーシング工法による場所打ちコンクリート杭工事において、トレミー管およびケーシングチューブの先端は、コンクリート中に1m以上入っていることを確認した。

問3　土工事・山留め工事に関する次の記述のうち、最も不適当なものはどれか答えよ。

1. 粘性土地盤の床付け面を乱してしまったので、礫・砂質土に置換して締め固めた。

2. 構台杭を引き抜くことが困難であったので、地下水の止水対策を十分に施し、その杭を耐圧版内で切断し、以深を土中に残した。

3. 排水工法を用いる掘削において、地下水位が計画の通りに低下していることをディープウェルのケーシング内の水位により管理した。

4. 切梁支柱が平面的に切梁の位置と一部重なってしまったので、切梁支柱の一部を切り欠いて補強を行った上で、切梁を真っすぐに設置した。

問4　土工事・山留め工事に関する次の記述のうち、最も不適当なものはどれか答えよ。

1. 地盤アンカー工法は、土圧や水圧を山留め壁背面の地盤中に設けた地盤アンカーで支える工法であり、敷地の高低差が大きくて偏土圧が作用する場合や掘削面積が大きい場合などに有効である。

2. 水平切梁工法における切梁の継手は、応力を十分に伝達できる構造とし、できる限り切梁の交差部の近くに設ける。

3. 釜場工法は、床付け面から発生する湧水を集め、ポンプで排水する工法であり、湧水に対して安定性の低い地盤において、ボイリングを防止する効果がある。

4. 根切り平面に対して敷地に余裕があったので、根切り部周辺に安定した斜面を残し、山留め壁や支保工を設けない法付けオープンカット工法を採用した。

問5　地盤調査に関する次の記述のうち、最も不適当なものはどれか答えよ。

1. 平板載荷試験については、地盤の支持力特性を直接把握するために、根切り工事後に実施した。

2. 根切り底以深の地盤が粘性土層と砂質土層との互層となっていたので、砂質土層において揚水試験を行い、被圧地下水位、透水係数を求めて、地下水処理工法を検討した。

3. 地震時における杭の水平抵抗の検討において、地盤の変形係数を推定するため、孔内水平載荷試験を行った。

4. 標準貫入試験のN値を用いて、粘性土層の内部摩擦角（せん断抵抗角）や相対密度を推定した。

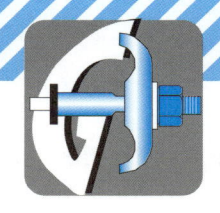

4章　鉄筋コンクリート工事

　鉄筋コンクリート構造は、主にコンクリートが圧縮力を負担し、コンクリートの弱点である引張力を補強鉄筋が負担する構造形式である。一方、コンクリートが鉄筋を錆や火災時の高温から保護している。

　鉄筋コンクリート工事は型枠工事、鉄筋工事、およびコンクリート工事から成り立っている。一般に工事の順序は、型枠と鉄筋を設置したのちにコンクリートを型枠の中に打ち込むコンクリート工事が行われ、コンクリートの硬化後に型枠が外される。型枠工事と鉄筋工事の順序は部位によって異なり、一般に柱では鉄筋工事が、梁では型枠工事が先行し、壁では型枠、鉄筋、型枠という工事の順序になる。

　コンクリート工事ではレディーミクストコンクリートを発注し、打込み箇所まで運搬する。これを型枠内に打ち込み、締め固める。打込み終了後には養生を行い、コンクリートが目指した性能を発揮できるようにする。

4・1　型枠工事

1　材料・種類

　組み立てられた型枠の一例を図 4・1 に示す。型枠の直接コンクリートに接する部分を「せき板」、それを支える部分を「支保工」とよぶ。

　せき板の材料には一般に厚さ 12mm の合板が用いられる。表面に樹脂の層を設けた塗装合板もよく用いられる。せき板として合板以外には鋼製、アルミ製、プラスチック製のものなどがある。

　せき板が変形しないように、補強のために床では根太、大引きで、柱や壁では内端太、外端太で補強される。これらは支保工の一部となる。内端太、外端太には直径 50mm ほどの鋼管が使われることが多い。

　床や梁の型枠を所定の位置に保持するためには、下から支柱を用いて支える必要がある。支柱には鋼管、パイプサポート（図 4・1）、鋼管枠などが使用される。床の型枠では、梁間に架け渡すことで支柱を

セパレーター　せき板間隔を保持する棒状金物

大引き　根太を支え支柱に伝える横架材

根太　水平のせき板を支持する横架材

せき板　コンクリート部材形を形造る面材

建入直しチェーン　型枠架構全体の精度と剛性を確保する調整可能な緊張材

水平繋ぎ　支柱を連結し、座屈を防ぎ安定を保つ繋ぎ材

梁下受木　梁底せき板根太を支え、支柱に伝える横架材

パイプサポート　大引きや受木を任意の高さで支える強力な支持材

フォームタイ　セパレータを介し外端太とせき板を固定する

外端太　フォームタイにより内端太を押える

内端太　せき板を押え外端太に力を伝える

図 4・1　型枠組立ての例

必要としない鋼製のフラットデッキや、ハーフプレキャストコンクリート製のものがある。フラットデッキの例を図 4・2 に示す。

　向かい合うせき板の間隔を一定に保つためにセパレータが使われる。図 4・3 に示すように、セパレータにフォームタイを取り付け、内端太、外端太を固

定して型枠が組み立てられていく。型枠脱型後にセパレータの端部のねじ部はコンクリート表面に残される。仕上げをする場合はこれを除去し、打放し仕上げの場合は端部を木コンという、取り外せるようにした座金を用い、脱型後に取り外す。

せき板には、脱型を容易にするために剥離剤を塗布する場合がある。木製のせき板が日光に当たると、コンクリートの硬化に悪影響を及ぼす場合があるので、日光が当たらないように保管する。

2 組立て

型枠の組立てに先立ち、せき板と支保工の計画を立て、組立図を作成する。次いで必要な寸法のせき板を作成し、補助桟を取り付け、必要な切欠きを設けておくなどの下拵えを行う。脱型した型枠も、大きな損傷がなければ転用（再利用）することができる。組立て順序は部材ごとに鉄筋工事に合わせて進めていく。部材ごとの進め方は 4·2-4 項に示す。

組み立てた型枠がコンクリート打込み時などに、変形や移動をしないように、図 4·1 に示すようにチェーンや繋ぎ材を用いて補強を行う。

図 4·2　フラットデッキの例

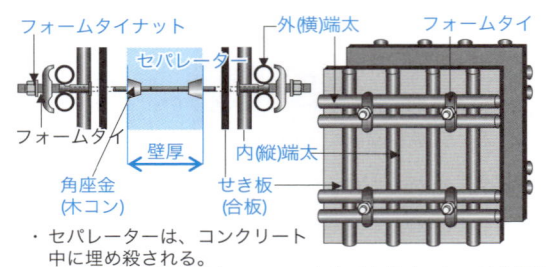

・セパレーターは、コンクリート中に埋め殺される。
・コンクリート硬化後に、フォームタイを外すことでせき板からすべてを撤去することができる。角座金(木コン)も取り外す。

図 4·3　セパレータとフォームタイ

3 設計

型枠は、打ち込むコンクリートの自重と側圧、打込み時の振動および衝撃、作業による荷重、水平荷重などの外力に耐え、かつ構造体の所要の品質が得られるように設計する。労働安全規則では作業荷重は型枠 $1m^2$ につき 150kg 以上、水平荷重は支柱の剛性に応じて、鉛直荷重の 2.5 〜 5% みることとしている（表 4·1 参照）。

型枠に作用するコンクリートの側圧は、打込み高さと打込み速さに応じて表 4·2 により算定する。打込み速さが大きい場合は、コンクリートの密度に高さを乗じた値、すなわち液圧として型枠に作用するものとして設計する。なお、型枠は、有害な水漏れがなく、容易に取外しができ、取外しの際にコンクリートに損傷を与えないものとする。

4 存置期間・脱型

まだ強度の出ていないコンクリートを保護するため、型枠には最少存置期間が定められている。最少存置期間は、表 4·3 および表 4·4 により、コンクリートの材齢またはコンクリートの圧縮強度により定めることができる。コンクリートの圧縮強度により定める場合、構造体の強度を確認する必要があるので、

表 4·1　型枠・支保工に関する規則

労働安全規則 240 条の要点
・組立図を作成し、それにより組み立てなければならない。 ・組立図には支柱、はり、つなぎ、筋かい等の部材の配置、接合の方法、および寸法を示す。 ・設計荷重は型枠支保工が支える物の重量に相当する荷重に、型枠 $1m^2$ につき 150kg 以上の荷重を加えたものとする。 ・鋼管枠を支柱として用いる場合、水平荷重は設計荷重の 2.5/100 に相当するものが型枠支保工の上端に作用するものとし、鋼管枠以外のものを支柱として用いる場合は設計荷重の 5/100 に相当するものとする。

労働安全規則 242 条の要点
・敷角の使用、コンクリートの打設、杭の打込み等支柱の沈下を防止するための措置を講ずる。 ・支柱の脚部の固定、根がらみの取付け等、支柱の脚部の滑動を防止するための措置を講じる。 ・支柱の継手は、突合せ継手または差込み継手とする。 ・鋼管を支柱として用いる場合は高さ 2m 以内ごとに水平つなぎを 2 方向に設ける。 ・パイプサポートを支柱として用いる場合、パイプサポートを 3 以上継いで用いない。継いで用いるときは、4 以上のボルトまたは専用の金具を用いて継ぐ。

現場水中養生供試体の強度で確認する。最少存置期間が経過した後に脱型を行う。

　梁のせき板については、側面は表4・3のように数日で外せるが、底面は表4・4のように支保工が材齢28日まで存置されるので、この間は外すことができない。このため一般に側面のせき板は直上階に転用できるが、底面のせき板は2階上層に転用することになる。したがって側面は1層分、底板は2層分を用意する必要がある。

4・2　鉄筋工事

1　材料

　鉄筋には丸鋼と、表面に凹凸を設けてコンクリートとの付着を高めるようにした異型棒鋼がある。種類は SD345 のように異型の場合 SD、丸鋼の場合 SR の記号に続いて降伏点の下限値の数値で示される。

表4・2　型枠設計用コンクリートの側圧（kN/m²）（JASS5）

打込み速さ（m/h）	10 以下の場合		10 を超え 20 以下の場合		20 を超える場合
部位　　　　　H(m)	1.5 以下	1.5 を超え 4.0 以下	2.0 以下	2.0 を超え、4.0 以下	4.0 以下
柱	W_0H	$1.5W_0+0.6W_0\times(H-1.5)$	W_0H	$2.0W_0+0.8W_0\times(H-2.0)$	W_0H
壁		$1.5W_0+0.2W_0\times(H-1.5)$		$2.0W_0+0.4W_0\times(H-2.0)$	

（注）　H：フレッシュコンクリートのヘッド（m）（側圧を求める位置からのコンクリートの打込み高さ）
　　　　W_0：フレッシュコンクリートの単位容積質量（t/m³）に重力加速度を乗じたもの（kN/m³）
　　　　2022 年版 JASS 5 では、原則として打込み速さ 20 を超える場合の式を使うこととされた。

表4・3　せき板の最少存置期間（標仕[*1]）

施工箇所		基礎、梁側、柱、壁			
セメントの種類		早強	普通、混合A種	混合B種	中庸熱、低熱
	存置期間中の平均気温				
材齢による場合（日）	15℃以上	2	3	5	6
	5℃以上	3	5	7	8
	0℃以上	5	8	10	12
圧縮強度による場合		−	圧縮強度が 5N/mm² 以上となるまで		

（注）＊1：公共建築協会『公共建築工事標準仕様書』

表4・4　支柱の最少存置期間（標仕）

施工箇所		スラブ下			梁　下
セメントの種類		早強	普通、混合A種	混合B種	左記のすべてのセメント
	平均気温				
材齢による場合（日）	15℃以上	8	17	28	28
	5℃以上	12	25		
	0℃以上	15	28		
圧縮強度による場合		−	圧縮強度が設計基準強度の 85%以上又は 12N/mm² 以上であり、かつ、施工中の荷重および外力について、構造計算により安全であることが確認されるまで。		圧縮強度が設計基準強度以上であり、かつ、施工中の荷重および外力について、構造計算により安全であることが確認されるまで。

表4・5　鉄筋コンクリート用棒鋼

区　分	種類の記号	径または呼び名
丸鋼	SR235、SR295	9φ、13φ、16φ、19φ、22φ、25φ、28φ、32φ
異型棒鋼	SD295A、SD295B、SD345、SD390、SD490	D6、D10、D13、D16、D19、D22、D25、D29、D32、D35、D38、D41、D51

表4・6　鉄筋の種類を区別する表示方法

種類の記号	種類を区別するための表示方法	
	圧延マーク	色別塗色
SR235	適用しない	赤（片断面）
SR295		白（片断面）
SD295A	圧延マークなし	適用しない
SD295B	1 又は丨	白（片断面）
SD345	突起の数 1	黄（片断面）
SD390	突起の数 2	緑（片断面）
SD490	特記の数 3	青（片断面）

異型棒鋼の太さは、直径の数値（mm）を呼び名とし、例えば公称直径 12.7mm のものは D13 のように表されている（表 4・5）。鉄筋の種類を区別するために表 4・6 に示すように圧延マークや塗色が施されている。

2　配筋の基本

柱と梁では、図 4・4 に示すように、軸方向の鉄筋を**主筋**と呼び、主にせん断耐力を高めるために主筋を取り囲むように、柱では**帯筋**（フープ）、梁では**あばら筋**（スターラップ）が配される。さらに幅止め筋、腹筋などが用いられる。

梁や床では、曲げを受ける方向が決まっているため、主筋の本数が中央部と端部で変わってくる。一般に中央部は下端の鉄筋が多く、端部は上端の鉄筋が多くなる。図 4・5 に示すような中央部で 5 本必要であった下端の主筋が端部では 3 本で済む場合、3 本は全体を通して配筋し、中央部だけに必要な 2 本については、梁端から梁長の 1/4 の位置を鉄筋径の 20

倍（20d）延ばしておく必要がある。この延長部分を余長と呼んでいる。

鉄筋表面からコンクリート表面までの最短距離を**かぶり厚さ**という。一般に柱では帯筋表面からコンクリート表面までの最短距離、梁ではあばら筋表面からコンクリート表面までの最短距離となる。かぶり厚さが小さいと鉄筋の腐食が早まり鉄筋コンクリートとしての耐久性が低下すること、また火災のときに耐力低下が生じることがあるので、必要なかぶり厚さを確保する必要がある。一般に表 4・7 に示す最小かぶり厚さに 10mm を加えた位置に配筋するように計画する。かぶり厚さを確保するために、鉄筋位置を固定するバーサポートや、型枠との距離を保持するためのスペーサーなどが用いられる。

鉄筋とコンクリートが一体でないと、鉄筋の補強効果は発揮できない。鉄筋がコンクリートから抜け出さないように端部をコンクリートに固定しなければならない。このことを鉄筋の**定着**という。表 4・8 に示すように必要長さを埋め込む場合と、端部にフックを付けて埋込み部分と合わせて定着をとる場合がある。また表 4・9 に示すように異型鉄筋でも必ずフックを設けなければならない場合がある。帯筋やあばら筋では端部に 135° のフックを設けるようにしている。

鉄筋の長さが足りない場合は、軸方向に継いで延長する。このつなぎ目を**継手**という。継手には重ね継手、ガス圧接継手、溶接継手、機械式継手などがある。重ね継手は部分的に鉄筋を並べて埋め込むこ

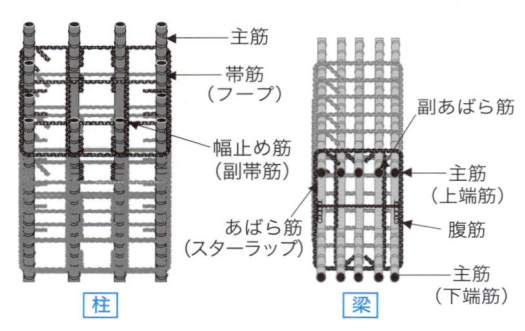

図 4・4　柱の鉄筋と梁の鉄筋

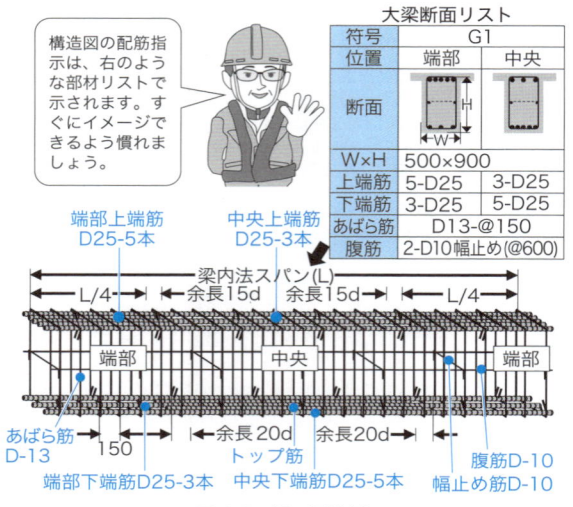

図 4・5　梁の配筋例

表 4・7　鉄筋の最小かぶり厚さ（標仕）

構造部分の種類			最小かぶり厚さ（mm）
土に接しない部分	スラブ、耐力壁以外の壁	仕上げあり	20
		仕上げなし	30
	柱、梁、耐力壁	屋内 仕上げあり	30
		屋内 仕上げなし	30
		屋外 仕上げあり	30
		屋外 仕上げなし	40
	擁壁、耐圧スラブ		40
土に接する部分	柱、梁、スラブ、壁		40[*1]
	基礎、擁壁、耐圧スラブ		60[*1]
煙突など高熱を受ける部分			60

（注）＊1：かぶり厚さは、普通コンクリートに適用し、軽量コンクリートの場合は、特記による。

表4·8 鉄筋の定着長さ（標仕）

鉄筋の種類	コンクリートの設計基準強度 F_c(N/mm²)	直線定着の長さ				フックあり定着の長さ			
		L_1	L_2	L_3		L_{1h}	L_{2h}	L_{3h}	
				小梁	スラブ			小梁	スラブ
SD295A SD295B	18	45d	40d	20d	10d かつ 150mm 以上	35d	30d	10d	—
	21	40d	35d			30d	25d		
	24、27	35d	30d			25d	20d		
	30、33、36	35d	30d			25d	20d		
SD345	18	50d	40d	（片持小梁の場合25d）	（片持スラブの場合25d）	35d	30d		
	21	45d	35d			30d	25d		
	24、27	40d	35d			30d	25d		
	30、33、36	35d	30d			25d	20d		
SD390	21	50d	40d			35d	30d		
	24、27	45d	40d			35d	30d		
	30、33、36	40d	35d			30d	25d		

（注）1. L_1、L_{1h}：2. から 4. まで以外の直線定着の長さおよびフックあり定着の長さ
2. L_2、L_{2h}：割裂破壊のおそれのない箇所への直線定着の長さおよびフックあり定着の長さ
3. L_3：小梁およびスラブの下端筋の定着の長さ。ただし、基礎耐圧スラブおよびこれを受ける小梁は除く
4. L_{2h}：小梁の下端筋のフックあり定着の長さ

表4·9 必ず端部にフックをつける場合

・柱の四隅にある主筋で、重ね継手の場合および最上階の柱頭にある場合
・梁主筋の重ね継手が、梁の出隅および下端の両端にある場合（基礎梁を除く）
・煙突の鉄筋（壁の一部となる場合を含む）
・杭基礎のベース筋
・帯筋、あばら筋および幅止め筋

表4·10 鉄筋の重ね継手の長さ（標仕）

鉄筋の種類	コンクリートの設計基準強度 F_c(N/mm²)	L_1（フックなし）	L_{1h}（フックあり）
SD295A SD295B	18	45d	35d
	21	40d	30d
	24、27	35d	25d
	30、33、36	35d	25d
SD345	18	50d	35d
	21	45d	30d
	24、27	40d	30d
	30、33、36	35d	25d
SD390	21	50d	35d
	24、27	45d	35d
	30、33、36	40d	30d

（注）1. L_1、L_{1h}：重ね継手の長さおよびフックあり重ね継手の長さ
2. 軽量コンクリートの場合は、表の値に 5d を加えたものとする。

とで力を伝える方法であり、鉄筋の強さとコンクリートの強度に応じて表4·10に示すように、必要な重ね長さが規定されている。鉄筋径 d の○倍という形で必要な継手長さが示されるが、径の異なる鉄筋を重ね継手とする場合、細いほうの径を用いて計算すればよい。継手位置は鉄筋が増えたり、径が大きくなったりするので、隣り合う鉄筋の継手位置はずらす必要がある（表4·11）。

継手として広く用いられている方法に、ガスバーナーで加熱した鉄筋をジャッキにより強く押し付けて継ぐ**ガス圧接**がある。作業は所定の技能資格者が行う。鉄筋の種類が異なる場合、および径の差が5mmを超える場合は圧接しない。ただし種類が異なる場合でも D390 と SD345 の圧接は行うことができる。圧接部の品質と、検査の要点を表4·12に示す。圧接後の品質は主に圧接によって生じた継手部の膨らみで判定される。検査は外観検査を全圧接部について行い、抜き取りで超音波探傷試験などを行うこ

表4·11 隣り合う継手の位置（標仕）

重ね継手	フックありの場合	L_{1h} ... a=0.5L_{1h} / L_{1h} + a + L_{1h} a=0.5L_{1h}
	フックなしの場合	L_1 ... a=0.5L_1 / L_1 + a + L_1 a≧0.5L_1
圧接継手 溶接継手	—	圧接継手・溶接継手 a≧400mm
機械式継手	—	カップラー a≧400mm かつ、a≧(b+40)mm

ととされている。

隣り合う鉄筋の表面間の最少距離をあきといい、①打込むコンクリートの粗骨材の最大寸法の1.25倍、②25mm、③隣り合う鉄筋の平均径の1.5倍、のい

ずれよりも大きくしなければならない。これは、鉄筋の間をコンクリートが支障なく通過し、型枠内に確実に充填されるための規定である。

3 鉄筋の加工

鉄筋工事においては、はじめに組立図・加工図を作成する。加工図に従い、所要の長さに切断し、折曲げなどを行ってから現場に搬入し、組み立てる。切断にはガスを用いず、シヤーカッターなどにより

表4・12 ガス圧接の品質と完了後の検査

圧接部の品質	・圧接部のふくらみの直径は、鉄筋径（径の異なる場合は細い方の鉄筋径）の1.4倍以上であること。 ・圧接部のふくらみの長さは鉄筋径の1.1倍以上とし、その形状がなだらかであること。 ・圧接面のずれは、鉄筋径の1/4以下であること。 ・圧接部における鉄筋中心軸の偏心量は、鉄筋径（径の異なる場合は細い方の鉄筋径）の1/5以下であること。 ・圧接部は、強度に影響を及ぼす折れ曲り、片ふくらみ、焼割れ、へこみ、垂下がりおよび内部欠陥がないこと。
完了後の検査	**(1) 外観試験** ・圧接部のふくらみの形状および寸法、圧接面のずれ、圧接部における鉄筋中心軸の偏心量、圧接部の折れ曲り、片ふくらみ、焼割れ、へこみ、垂下がりその他有害と認められる欠陥の有無について、外観試験を行う。 ・試験方法は、目視により、必要に応じてノギス、スケールその他適切な器具を使用する。 ・試験対象は、全圧接部とする。 **(2) 抜取試験** 超音波探傷試験または引張試験とし、その適用は特記による。特記がなければ、超音波探傷試験とする。 **(3) 外観試験で不合格となった圧接部の修正** ・圧接部のふくらみの直径やふくらみの長さが規定値に満たない場合は、再加熱し、圧力を加えて所定のふくらみとする。 ・圧接部のずれが規定値を超えた場合は、圧接部を切り取り再圧接する。 ・圧接部における相互の鉄筋の偏心量が規定値を超えた場合は、圧接部を切り取り再圧接する。 ・圧接部に明らかな折れ曲りを生じた場合は、再加熱して修正する。 ・圧接部のふくらみが著しいつば形の場合、または著しい焼割れを生じた場合は、圧接部を切り取り再圧接する。

表4・14 鉄筋の折曲げ形状・寸法（標仕）

折曲げ角度	折曲げ図	折曲げ内法直径（D）		
	鉄筋の種類	SD295A、SD295B、SD345		SD390
	呼び名	D16以下	D19～D38	D19～D38
180°		3d以上	4d以上	5d以上
135°				
90°				
135°および90°（幅止め筋）				

(注) 片持ちスラブ先端、壁筋の自由端側の先端で90°フックまたは135°フックを用いる場合には、余長は4d以上とする。

表4・13 加工寸法の許容差（単位mm）（JASS5）

項　目		符　号	許容差
各加工寸法	主筋 D25以下	a、b	±15
	主筋 D29以上D41以下	a、b	±20
	あばら筋・帯筋・スパイラル筋	a、b	±5
加工後の全長		l	±20

(注) 各加工寸法および加工後の全長の測り方の例を下図に示す。

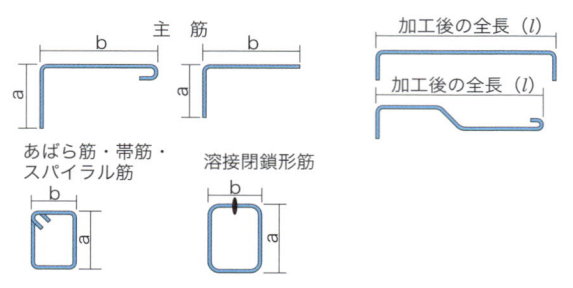

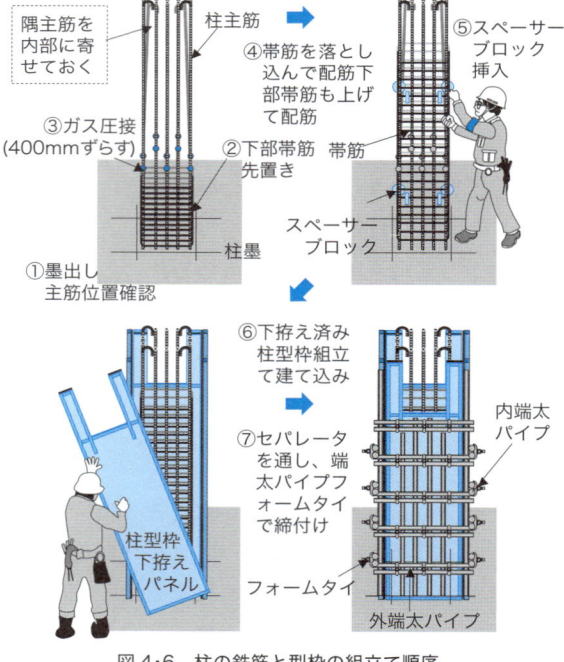

図4・6　柱の鉄筋と型枠の組立て順序

行い、折曲げは常温で行う。加工寸法の許容差を表 4·13 に、折曲げ形状と寸法を表 4·14 に示す。

4　組立て

鉄筋の組立ては、鉄筋継手部分および交差部の要所を 0.8mm 以上の鉄線で結束し、適切な位置にスペーサー、吊金物などを使用して行う。スラブのスペーサーは、原則として鋼製とし、型枠に接する部分に防錆処理を行ったものとする。

柱における鉄筋と型枠の組立ては、一般に図 4·6 のようになる。一般階においては下の階からの主筋が高さ 1 m 程度の位置まで延ばされている。帯筋のうち柱の下部に配される分をあらかじめ入れておき、主筋をガス圧接により延ばす（図 4·7 左）。上部から柱上部に配される帯筋を追加し、所定の位置にスペーサーを配する。最後に型枠を建て込んで型枠と鉄筋工事が完成する（図 4·7 右）。

梁は図 4·8 に示すように、通常、型枠を先に組み

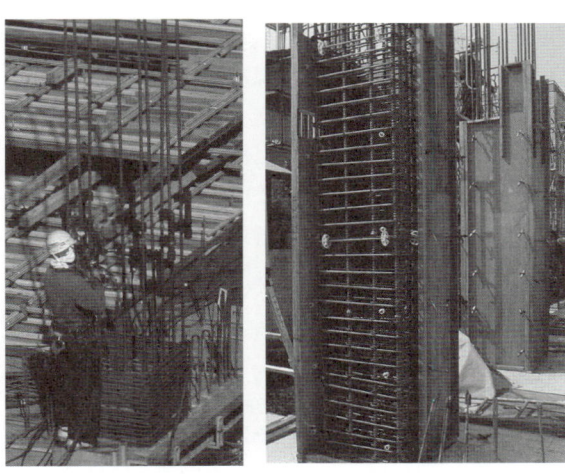

図 4·7　柱主筋圧接（左）と型枠建込（右）

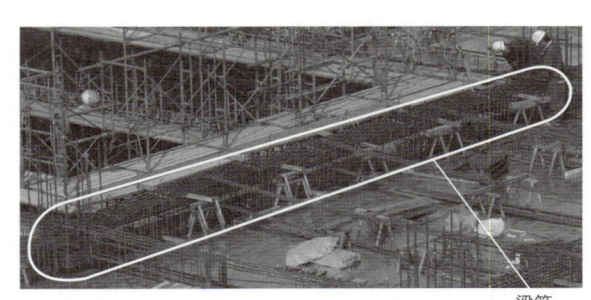

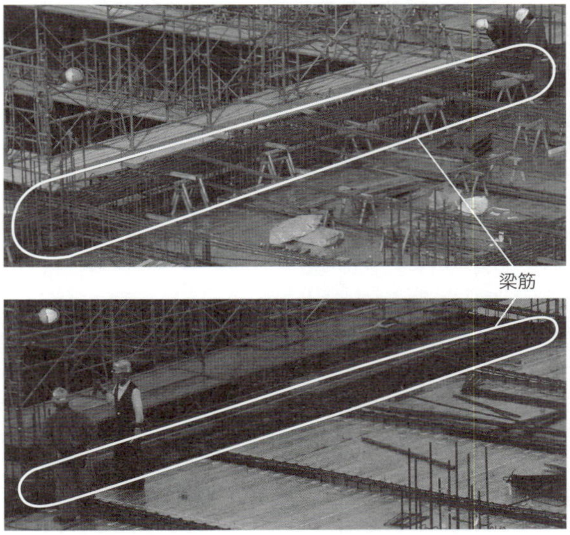

梁筋

図 4·9　梁筋の組立て（上）と落とし込み（下）

手順① 下端主筋を受けパイプ上に並べる。
手順② 上筋受けパイプに上主筋を配し、あばら筋を下げ、上主筋を配筋する。
主筋(下端筋)
梁型枠
下筋受パイプ
主筋（上端筋）
上筋受パイプ
うま（架台）
あばら筋（スタラップ）
スペーサーブロック
腹筋
主筋(下端筋)
手順③ 受けパイプを外し下主筋を落として腹筋とともに配筋する。
手順④ 上筋受けを外し、梁を落とし乱れを整える。スペーサーブロックで被り寸法を確保する。

図 4·8　梁の鉄筋の組立て

START
シングル壁筋の組立手順
ダブル壁筋の組立手順
①片型枠セパレーター
④横配筋スペーサー
⑤返し型枠締付
②横段取り筋縦筋マーキング
③縦配筋
④横配筋（反対筋仮置き）
⑦返し型枠締付
⑥幅止配筋スペーサー
⑤反対縦横配筋

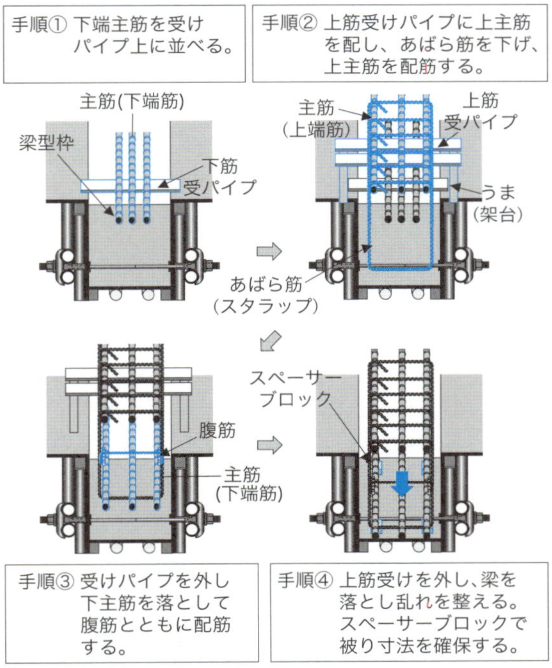

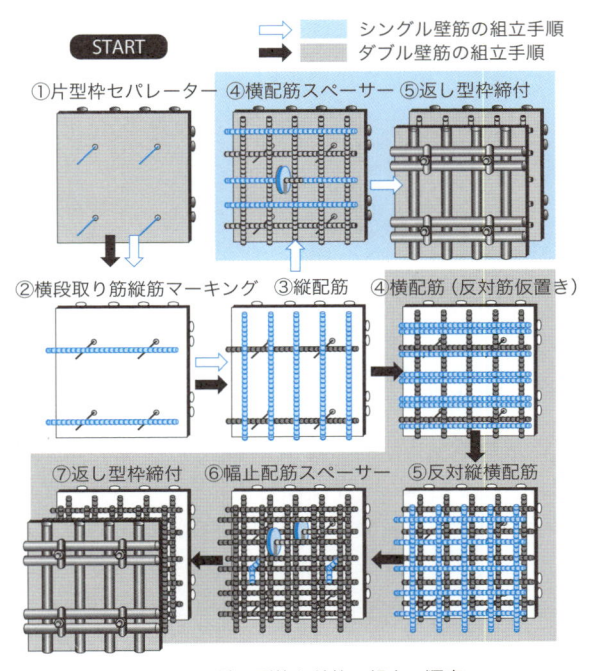

図 4·10　壁の型枠と鉄筋の組立て順序

横配筋

返し型枠取付け

完成

図4·11　壁の型枠と鉄筋の組立て

立てておく。梁の上部で梁筋を組み立てたのち（図4·9上）、型枠の中に落とし込んで（図4·9下）、所定の位置に設置する。

　壁においては、図4·10に示すように、型枠を片側だけ建て込んでおき、型枠に取りつけたセパレータを利用して鉄筋を配していく。最後にもう片側の型枠を組み立てる（図4·11）。

5　先組工法

　作業効率を高めることを目的に、柱や梁の鉄筋を別の場所で組み立て、これをクレーンで吊り上げて所定の位置に設置する先組工法と呼ばれるやり方もある。この場合、吊り上げ時に変形しないような補強や、組まれた鉄筋間の継手などの処置を計画しておくことが必要になる。

4·3　コンクリート工事

1　材料

　コンクリートはセメント、骨材、水および混和材料を練り混ぜて作られる。

（1）セメント

　セメントは JIS R 5210（ポルトランドセメント）、JIS R 5211（高炉セメント）、または JIS R 5213（フライアッシュセメント）に規定されるセメントが使われる。高炉セメントとフライアッシュセメントは混合セメントとも呼ばれ、混合材の混合比率の少ないほうから、A種、B種、C種が用意されている。ポルトランドセメントには普通、早強、中庸熱、低熱などの各種セメントがあり、普通ポルトランドセメントを使用することが多い。

（2）骨材

　骨材は**粗骨材**と**細骨材**に分けられる。粗骨材には砕石が多く用いられ、川砂利、山砂利、陸砂利も使われている。細骨材は山砂、陸砂、海砂などが使われ、最近は砕砂の使用が増えてきている。骨材はコンクリートの体積の半分以上を占め、コンクリートの性質に大きな影響を与えるので、所定の品質を有するものを使わなくてはならない。砕石・砕砂については JIS A 5005（コンクリート用砕石および砕砂）、砂利や砂については JIS A 5308（レディーミクストコンクリート）附属書Aの規定に適合するものを用いる。

（3）混和材料

　混和材料は多量に使用する紛体である**混和材**と、主に液体で薬剤として少量添加される**混和剤**に分けられる。混和材には高炉スラグ微粉末、フライアッシュ、シリカフュームなどがあり、それぞれ JIS A 6202（コンクリート用高炉スラグ微粉末）、JIS A 6201（コンクリート用フライアッシュ）、JIS A 6207（コンクリート用シリカフューム）に適合するものが使用できる。混和剤は通常のコンクリートには AE 減水剤が、強度の高いコンクリートには高性能 AE

減水剤が使われることが多い。これらは JIS A 6204（コンクリート用化学混和剤）に規定されている。

表 4·15　気乾単位容積質量による種類

- **普通コンクリート：**
  主として普通骨材を使用し、気乾単位容積質量がおおむね 2.1 ～ 2.5t/m^3 の範囲
- **軽量コンクリート 1 種：**
  粗骨材に人工軽量粗骨材を使用し、細骨材に普通細骨材を使用したもの
- **軽量コンクリート 2 種：**
  粗骨材および細骨材に主として人工軽量骨材を使用したもの
- **重量コンクリート：**
  骨材の一部または全部に重量骨材を使用し、単位容積質量を大きくしたもの

表 4·16　施工条件、要求性能などによる種類

- **寒中コンクリート工事：**
  コンクリート打込み後の養生期間に、気温が低く、コンクリートの凍結や強度発現の遅れが生じるおそれのある時期に行われるコンクリート工事
- **暑中コンクリート工事：**
  気温が高く、コンクリートのスランプの低下や水分の急激な蒸発などのおそれがある時期に行われるコンクリート工事
- **流動化コンクリート：**
  あらかじめ練り混ぜられたコンクリートに流動性を増大させることを主目的とする化学混和剤を添加し、これを攪拌して流動性を増大させたコンクリート
- **高流動コンクリート：**
  フレッシュ時の材料分離性を損なうことなく流動性を著しく高めたコンクリート
- **高強度コンクリート：**
  設計基準強度が 48N/mm^2 を超えるコンクリート
- **プレキャストコンクリート：**
  工場や現場構内で製造した鉄筋コンクリート部材
- **プレストレストコンクリート：**
  緊張材によって部材の引張側にあらかじめ圧縮応力を生じさせ、曲げひび割れ耐力を向上させた構造に用いるコンクリートおよびそのコンクリート構造
- **マスコンクリート：**
  部材断面の最小寸法が大きく、かつセメントの水和熱による温度上昇で有害なひび割れが入るおそれがある部分のコンクリート
- **水中コンクリート：**
  場所打ち杭、連続地中壁など、トレミー管などを用いて安定液または静水中に打ち込むコンクリート
- **海水の作用を受けるコンクリート：**
  海水、海水滴または飛来塩分の影響を受けるおそれがある部分のコンクリート
- **住宅基礎用コンクリート：**
  木造建築物の基礎などに使用する簡易なコンクリート
- **無筋コンクリート：**
  鉄筋で補強されていないコンクリート。ただし、ひび割れ防止用として鉄筋格子などで補強されたコンクリートを含む

2　種類・調合・性質

（1）種類

　コンクリートには様々な種類があるが、その単位容積質量に応じて軽量、普通、重量コンクリートに区分される（表 4·15）。軽量コンクリートは高層建物の床や、カーテンウォールパネルなどに使用され、重量コンクリートは放射線の遮蔽を目的に使用される。

　使用材料、施工条件、要求条件などに応じたコンクリートの種類を表 4·16 に示す。

（2）調合

　コンクリートの調合は一般にコンクリート 1m^3 あたりの各材料の質量で示される。これを単位量という。単位水量の単位セメント量に対する比率を水セメント比という。水セメント比は強度や耐久性を決定する重要な要因であり、一般の仕様の普通コンクリートでは 65% 以下、軽量コンクリートは 55% 以下、水密コンクリートでは 50% 以下にすることとされている。

（3）フレッシュコンクリートの性質

　まだ固まらない状態のコンクリートをフレッシュコンクリートというが、その性質を示す指標としてよく用いられるものにスランプがある。図 4·12 にも示すように、高さ 30cm の円錐台状のコーンにコンクリートを詰め、コーンを引き抜いたときのコンクリート上面の下がりを測定し、スランプとしている。建築工事ではスランプ 18cm のコンクリートを用い

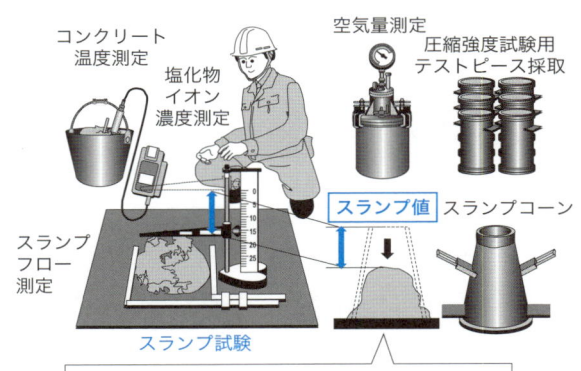

台形型のスランプコーンに生コンクリート入れ、突棒で指定回数突いたあと、鉛直上にスランプコーンを抜き取り、コンクリートが下がった距離をスランプ値とする。

図 4·12　コンクリートの受入れ試験

ることが多い。コンクリートのスランプはコンクリート中の水量が多いと大きくなり、減水剤の使用量を増やすと大きくなる。スランプを大きくすると打込み作業に要する労力が小さくなるが、コンクリートが材料分離を起こして構造体が不均一になることがあるので、むやみに大きくしてはならない。材料分離を抑えてスランプを大きくしたコンクリートに高流動コンクリートがあり、スランプ後のコンクリートの広がりの大きさ（スランプフロー）で流動性を評価するようにしている。

　フレッシュコンクリートの施工性のしやすさをワーカビリティとよぶ。ワーカビリティはスランプのほか、材料分離の程度によって判定される。

　スランプと並んで重要な項目に空気量がある。コンクリートに微細な独立空気泡を連行することで、凍結融解の繰り返しによる劣化を防ぎ、耐久性の高いコンクリートとすることができる。一般にコンクリートには容積で 4.5％の空気が連行されている。

(4) 硬化コンクリートの性質

　固まったのちのコンクリートで最も重要な性質は圧縮強度である。鉄筋コンクリート建物の構造設計では、コンクリートの圧縮強度を定め、構造計算を行い、地震などの外力に対する安全性を確保している。この計算に用いるコンクリートの強度を設計基準強度という。柱や梁に打ち込まれたコンクリートが、硬化後に設計基準強度以上の強度を発現することで、構造体の安全性が担保できる。柱や梁の内部のコンクリートの強度を構造体コンクリート強度とよぶが、これを直接測定することは難しいので、打込む際に供試体を作成し、その強度試験から構造体強度を推定するようにしている。コンクリートの強度を決める最大の要因は水セメント比であり、水セメント比を小さくすると、圧縮強度は大きくなる。

　構造物の耐久性を確保することも重要である。鉄筋コンクリート構造物における主な劣化要因には凍害、中性化、塩害、アルカリシリカ反応、乾燥収縮によるひび割れがある。凍害に対しては空気量を確保することが大切で、一般には空気量 4.5％のコンクリートが使用されている。

　中性化はコンクリートが空気中の二酸化炭素と反

表 4・17　コンクリートに関する主な用語

- **計画供用期間：**
  建築物の計画時または設計時に、建築主または設計者が設定する建築物の予定供用期間。JASS5 では短期、標準、長期および超長期の 4 つの級を設定している。
- **単位水量：**
  フレッシュコンクリート 1m³ 中に含まれる水量。ただし、骨材中の水量は含まない。
- **細骨材率：**
  コンクリート中の全骨材量に対する細骨材量の絶対容積比を百分率で表した値。
- **空気量：**
  フレッシュコンクリートに含まれる空気の容積のコンクリート容積に対する百分率。ただし、骨材内部の空気は含まない。
- **単位容積質量：**
  フレッシュコンクリートの単位容積あたりの質量。
- **設計基準強度：**
  部材の耐力などを算定する場合に基準となる材料の強度。
- **耐久設計基準強度：**
  構造物および部材の計画供用期間の級に応ずる耐久性を確保するために必要とするコンクリートの圧縮強度の基準値。
- **調合強度：**
  コンクリートの調合を決める場合に目標とする強度。
- **使用するコンクリートの強度：**
  コンクリートが保有するポテンシャルの強度で、標準養生した供試体の材齢 28 日における圧縮強度で表す。
- **構造体コンクリート強度：**
  構造体コンクリートが発現している圧縮強度。構造体または構造体と同時に打ち込まれ、同じ養生が施された部材から採取したコア供試体、もしくはこれと類似の強度特性を有する供試体の圧縮強度で表す。
- **品質基準強度：**
  構造材の要求性能を得るために必要とされるコンクリートの圧縮強度で、通常、設計基準強度と耐久設計基準強度を確保するために、コンクリートの品質の基準として定める強度。特記がなければ、設計基準強度または耐久設計基準強度の大きい方の値とする。
- **調合管理強度：**
  調合強度を定め、調合強度を管理する場合の基準となる強度で、設計基準強度および耐久設計基準強度に、それぞれ構造体強度補正値を加えた値のうち大きい方の値。
- **呼び強度：**
  レディーミクストコンクリートでコンクリートの強度区分を示す呼称。
- **標準養生：**
  供試体成形後、脱型時まで乾燥しないように 20±3℃の環境で保存し、脱型後は 20±3℃の水中または飽和水蒸気中で行うコンクリート供試体の養生。
- **現場水中養生：**
  工事現場において、水温が気温の変化に追従する水中で行うコンクリート供試体の養生。
- **現場封かん養生：**
  工事現場において、コンクリート温度が気温の変化に追従し、かつコンクリートからの水分の逸散がなく、外部からの水分の供給もない状態で行うコンクリート供試体の養生。

応してアルカリ性を失っていく現象で、コンクリートの表面から内部に進行していく。中性化が鉄筋位置まで進行すると、鉄筋が錆やすくなるため、所定の期間、中性化がかぶり厚さ以上にならないようにする。中性化の進行を遅らすためにはコンクリートの水セメント比を小さくすることが有効である。これは同時にコンクリートの強度を高めることでもあるので、中性化に対する耐久性を確保するためにコンクリートの強度を定める方法が行われている。

この耐久性を考慮したコンクリート強度を耐久設計基準強度と呼んでいる。耐久設計基準強度は計画供用期間が65年程度の標準の場合24N/mm^2、100年程度の長期の場合30N/mm^2、100年を超える超長期の場合36N/mm^{2}となっている。

塩害を防止するため、骨材に含まれる塩化物量と、コンクリートに含まれる塩化物量を制限している。レディーミクストコンクリートの受入れ検査で塩化物量を測定し、コンクリート1m^{3}あたり0.3kg以下であることを確認している。

アルカリシリカ反応を抑制するためには、①アルカリ骨材反応に対して無害と判定される骨材を使用、②コンクリート中のアルカリ総量をNa$_2$O換算で3.0kg/m^{3}以下に、③高炉セメントB種あるいはC種、フライアッシュセメントB種あるいはC種を使用、のいずれかを採用することとなっている。

乾燥収縮を抑えるために、コンクリートの単位水量の上限が一般に185kg/m^{3}と定められている。この他、骨材の選定、収縮低減剤や膨張材の使用などの対策があり、必要に応じて適用される。

関連する主な用語を表4·17に示す。

3　レディーミクストコンクリート

(1) 概要

コンクリートは一般にJIS A 5308（レディーミクストコンクリート）に適合するレディーミクストコンクリートを使用する。建築基準法第37条に建築物の基礎、主要構造部などに使用するコンクリートは国土交通大臣の指定する日本産業規格に適合するか、国土交通大臣の認定を受けたものでなければならないとの規定がある。大臣が指定した規格がJIS A 5308であり、この規格に適合しないものは認定を受けて使う必要がある。

JIS A 5308には表4·18に示すスランプと呼び強度の組合せが用意されている。呼び強度はレディーミクストコンクリートにおけるコンクリート強度の指標であり、標準養生した供試体の材齢28日における強度が、1回の試験結果（3本の平均）が呼び強度の強度値の85%以上、3回の試験結果の平均が呼び強度の強度値以上とならなければならないと規定されている。

表4·18　レディーミクストコンクリートの種類（JIS A 5308-2024）

コンクリートの種類	粗骨材の最大寸法	スランプまたはスランプフロー*1	呼び強度												
			18	21	24	27	30	33	36	40	42	45	50	55	60	曲げ4.5
普通コンクリート	20、25	8、12、15、18	○	○	○	○	○	○	○	○	○	○	—	—	—	—
		21	—	○	○	○	○	○	○	○	○	○	—	—	—	—
		45	—	—	○	○	○	○	○	○	○	○	—	—	—	—
		50	—	—	—	—	○	○	○	○	○	○	—	—	—	—
		55	—	—	—	—	○	○	○	○	○	○	—	—	—	—
		60	—	—	—	—	○	○	○	○	○	○	—	—	—	—
	40	5、8、12、15	○	○	○	○	○	—	—	—	—	—	—	—	—	—
軽量コンクリート	15	8、12、15、18、21	○	○	○	○	○	○	○	○	○	○	—	—	—	—
舗装コンクリート	20、25、40	2.5、6.5	—	—	—	—	—	—	—	—	—	—	—	—	—	○
高強度コンクリート	20、25	12、15、18、21	—	—	—	—	—	—	—	—	—	—	○	—	—	—
		45、50、55、60	—	—	—	—	—	—	—	—	—	—	○	○	○	—

(注) ＊1：荷卸し地点での値であり、45cm、50cm、55cm および 60cm はスランプフローの値である。

（2）呼び強度の決め方

　レディーミクストコンクリートの発注における呼び強度は次のように定めればよい。まず設計図書に記載されている設計基準強度を確認する。耐久設計基準強度が指定されていればこれも確認する。設計基準強度と耐久設計基準強度の大きいほうを品質基準強度とし、これに表4·19に示す構造体強度補正値（S）を加えたものを調合管理強度とする。呼び強度はこの調合管理強度以上のものを選べばよい。

　このような少し複雑なシステムになっているのは、柱や梁に打ち込まれたコンクリートの強度（構造体コンクリート強度）が所定の材齢までに設計基準強度もしくは耐久設計基準強度以上になるようにするためである。一般に構造体コンクリート強度は試験に用いる供試体の強度より低くなる傾向があるので、その分の補正が構造体強度補正値（S）となっているのである。構造体強度補正値は、春と秋は $3N/mm^2$、夏と冬は $6N/mm^2$ となっている。

（3）工場選定と発注

　工事開始前に現場周辺のレディーミクストコンクリート工場を調査し、発注する工場を選定する。JIS A 5308への適合を認証された製品を製造している工場を選ぶことが原則である。また都道府県ごとの生コンクリート品質管理監査会議が行う監査に合格した工場を選定することが推奨される。

　レディーミクストコンクリート工場を選定し、発注するコンクリートの仕様を決めたら、工場から配合計画書を提出してもらう。配合計画書の書式を図4·13に示す。これにより、使用材料や呼び強度など、条件を満たしたものであることを確認しておく。

4　運搬・打込み・締固め

（1）運搬

　レディーミクストコンクリート工場から工事現場へは、トラックアジテータ（以下、運搬車）により運ばれてくる。コンクリートを練り混ぜてから打込みを終了するまでの時間は、通常120分、外気温が25℃を超える夏期は90分以内としなければならない。このため、運搬時間が短くて済む工場を選ぶことが重要である。

　現場に到着したコンクリートを打込み箇所まで運ぶのに、コンクリートポンプを使うことが多い。コンクリートポンプの機種は圧送する高さと距離、コンクリートの性質を考慮して十分圧送できる能力を有し、所要のブームを装備したものを選定する。ブームを使用せず、配管により圧送することもできる。また圧送する者はコンクリート圧送施工技能士の資格を有する者とする。

　打込み計画では図4·14のように、打ち込む範囲、ポンプの設置位置、運搬車の誘導路などについて決めておく。ポンプに2台の運搬車を同時に付けられ

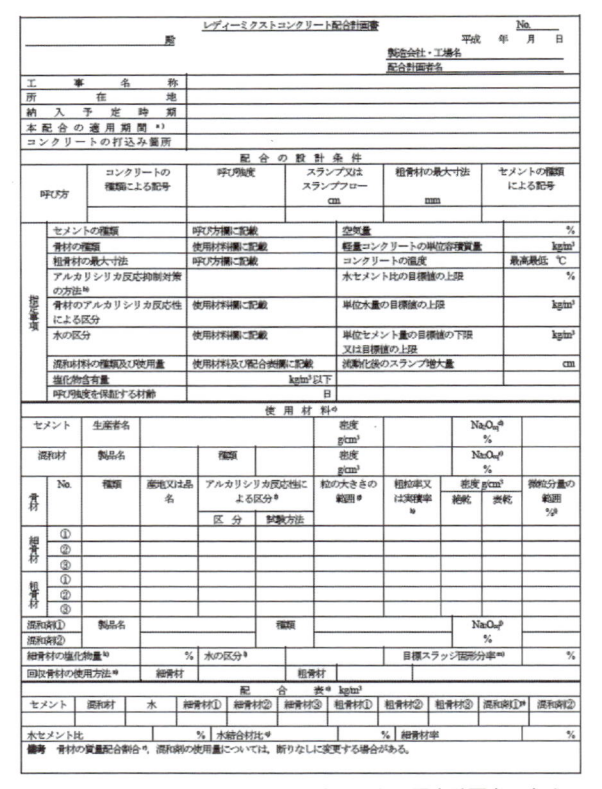

図4·13　レディーミクストコンクリートの配合計画書の書式

表4·19　構造体強度補正値

セメントの種類	コンクリートの打込みから材齢28日までの予想平均気温の範囲（℃）	
早強ポルトランドセメント	5以上	0以上5未満
普通ポルトランドセメント 混合セメントA種	8以上	0以上8未満
高炉セメントB種	13以上	0以上13未満
構造体強度補正値 (S)（N/mm²）	3	6

（注）1. 中庸熱は11℃、低熱は14℃を境に（S）が変わる。
　　　2. 暑中コンクリートの期間（日平均気温の平年値が25℃を超える期間）は、特記がなければ $6N/mm^2$ とする。

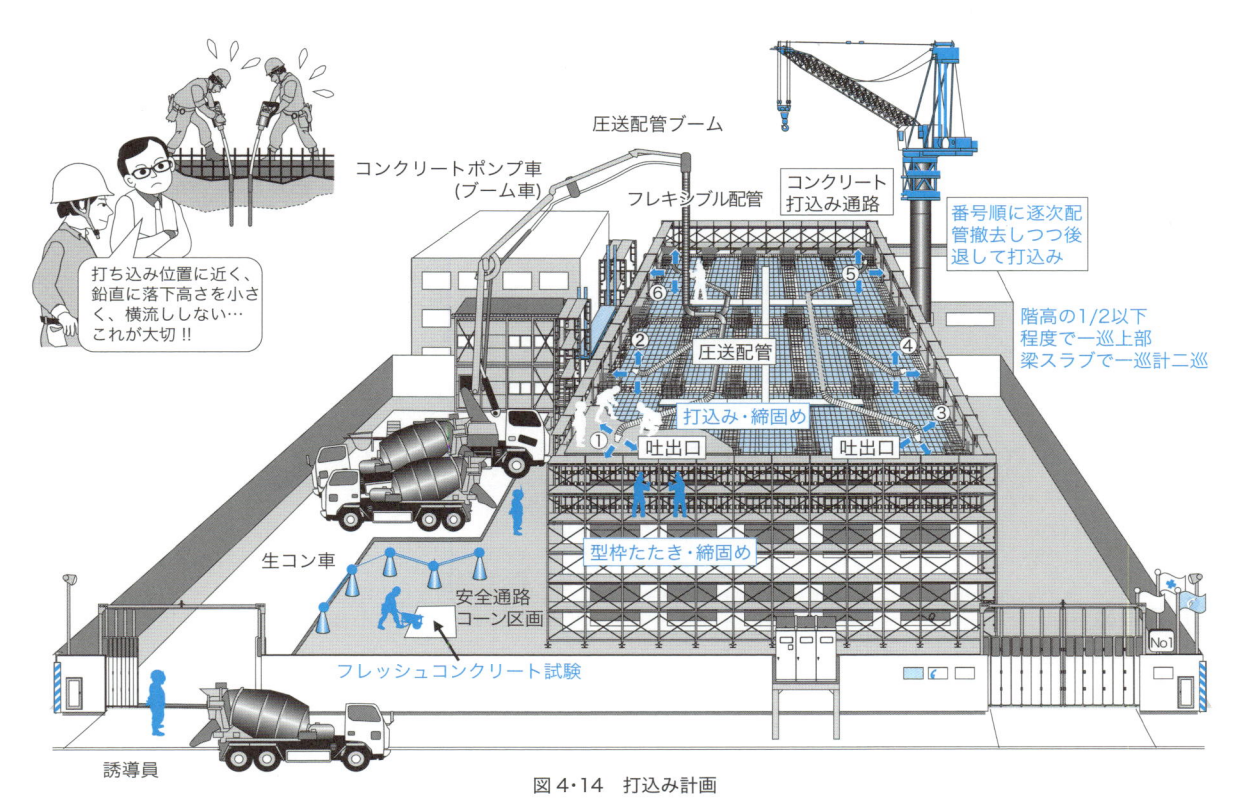

打ち込み位置に近く、鉛直に落下高さを小さく、横流ししない…これが大切 !!

コンクリートポンプ車（ブーム車）

圧送配管ブーム

フレキシブル配管

コンクリート打込み通路

番号順に逐次配管撤去しつつ後退して打込み

階高の1/2以下程度で一巡上部梁スラブで一巡計二巡

圧送配管

打込み・締固め

吐出口

吐出口

型枠たたき・締固め

生コン車

安全通路コーン区画

フレッシュコンクリート試験

誘導員

図4・14　打込み計画

図4・15　コンクリート打込み時の状況

るように配置できると、運搬車の入れ替え時にも、とぎれなく圧送作業を続けることができる。打込み状況の例を図4・15に示す。

　圧送に先立ち、富調合モルタルを圧送して、コンクリートの品質の変化を防止する。モルタルはレディーミクストコンクリート工場から調達できる。圧送後のモルタルは型枠内に打ち込まないように、廃棄場所や方法を決めておく。なお、コンクリートには運搬および圧送の際に決して水を加えてはならない。

（2）打込み

　打込みに先立ち、打込み場所を清掃して雑物を取り除き、散水してせき板および打継ぎ面を湿潤にする。コンクリートはその占める位置にできるだけ近づけて打ち込む。高いところからコンクリートを落下させると材料分離を起こすことがあるので、シュートやホースを用いて自由に落下する距離を小さくするようにする。コンクリートを横方向に流すと、材料分離を起こしやすいので、柱で区切られた壁においては柱を通過してコンクリートを横流ししてはならない。

　壁や柱を一気に打ち上げると、コンクリートが横に広く流れやすく、また側圧も大きくなることから、筒先を移動させながら、適当な高さまで万遍なく打ち込んでから、またその上に順次打ち込むことになる。この場合、先に打ち込まれたコンクリートと新たに打ち込まれたコンクリートの境目にコールドジョイントと呼ばれる弱点が生じる危険がある。これを防ぐためには、先に打ち込んだコンクリートに振動機を差し込んだ場合に、コンクリートがまだ流動するような状態である間に次のコンクリートを打

ち込むようにする。一般的には外気温が25℃未満の場合は150分、25℃以上の場合は120分以内が目安となる。

梁およびスラブのコンクリートの打込みの進め方は、壁および柱のコンクリートを梁の下端まで打ち込み、その沈みが落ち着いたのち梁のコンクリートを打ち込む。さらに梁のコンクリートが落ち着いたのちに、スラブのコンクリートを打ち込む。このようにすることでコンクリートの沈み量の違いによって柱際などに生じるひび割れを防ぐことができる。一般にポンプの設置位置から遠いところより打込みを始め、ポンプの近くで打込みが終了するように計画する。

(3) 締固め

型枠内に打ち込んだコンクリートは振動機を用いて締め固める。棒形の振動機を使うことが多い。コンクリート棒形振動機は、新たに打ち込んだコンクリートにほぼ垂直に挿入し、その先端が先に締め固めたコンクリートの層に入るようにする。挿入間隔は60cm以下とし、加振はコンクリートの上面にセメントペーストが浮くまでとする。コンクリート棒形振動機を引き抜くときは、コンクリートに穴を残さないように加振しながら徐々に引き抜く。

通常の施工の締固め用機器および要員は、コンクリートポンプ1台につき棒形振動機2台以上を配置し、振動機要員、たたき締め要員、型枠工、鉄筋工を適切に配置する。

コンクリートを打ち込んだのちコンクリート表面を所定のレベルまたは所定の勾配に荒均しを行う。その後、コンクリートが凝結硬化を始める前に、タンパーなどで表面をたたき締め、平らに敷き均し、コンクリートの沈み、ひび割れを防止する。必要に応じてこてで仕上げていく。

表4·20 湿潤養生期間 (JASS5)

セメントの種類＼計画供用期間の級	短期および標準	長期および超長期
早強ポルトランド	3日以上	5日以上
普通ポルトランド	5日以上	7日以上
中庸熱および低熱 高炉B種 フライアッシュB種	7日以上	10日以上

5 養生

コンクリートが所要の性能を発現するために必要な環境を用意し、発現を阻害するような要因からコンクリートを保護することを養生とよぶ。

(1) 湿潤養生

打込み後のコンクリートは、せき板を外さずにおくか、散水などを行うことによりコンクリートが乾燥しないようにする。この湿潤養生が必要な期間は表4·20に示すようにセメントの種類によって異なっている。

(2) 養生温度

寒冷期においてはコンクリートを寒気から保護し、打込み後5日間以上は、コンクリート温度を2℃以上に保つ。ただし早強セメントを用いた場合はこの期間を3日間以上としてよい。また初期にコンクリートが凍結すると、その後も強度不足になるため、いずれの部分についてもコンクリートを凍結させてはならない。

(3) 振動・外力からの保護

コンクリート打込み後、少なくとも1日間はその上の歩行または作業をしてはならない。

6 品質管理

レディーミクストコンクリートについては、荷卸し時に以下の品質管理と検査を行う。

(1) 納入書による確認

コンクリートの種類、呼び強度、指定スランプ、粗骨材の最大寸法、セメントの種類、納入容積などを、指定したものと相違がないことを確認する。納入書にはコンクリートの練混ぜを開始した時刻が示されているので、規定の時間内に到着していることも確認する。

(2) コンクリートの目視観察

運搬車から排出されるコンクリートを目視し、ワーカビリティがよいこと、品質が安定していることを

随時確認する。

（3）スランプ試験

運搬車から試料を採取し、スランプ試験を行う。試料はアジテータを 30 秒間高速撹拌したのち、最初に排出される 50 から 100 リットルを除いて、コンクリート流の全横断面から必要な量より 5 リットル以上多く採取する。スランプの許容差を表 4·21 に示す。試験は強度の試験用供試体を採取する時、および打込み中品質変化が認められた時に行う。

（4）空気量

スランプ試験を行う時に空気量も測定する。空気量の許容差は ±1.5% である。

（5）使用するコンクリートの圧縮強度の試験

指定した呼び強度の規定を満たしていることを確認するための試験である。荷卸し地点で供試体を作成し、標準養生したものを材齢 28 日で試験する。判定基準は下記の通り。
・1 回の試験（3 個の供試体の平均）が呼び強度の 85% 以上であること
・3 回の試験の平均が呼び強度以上であること

（6）塩化物量

コンクリート中の塩化物量が $0.3kg/m^3$ 以下であることを確認する。海砂を使用する場合は打込み当初およびコンクリート $150m^3$ に 1 回以上測定する。その他の骨材を使用している場合は 1 日に 1 回以上測定すればよい。

（7）構造体コンクリート強度の試験

打ち込んだコンクリートが設計基準強度を満たしていることを確認するための強度試験である。試験を公的機関で行うよう求められることが多い。

表 4·21　スランプの許容差

スランプ（cm）	スランプの許容差（cm）
2.5	±1
5 および 6.5	±1.5
8 以上 18 以下	±2.5
21	±1.5[*1]

(注) ＊1：呼び強度 27 以上で高性能 AE 減水剤を使用する場合は ±2 とする。

供試体の養生は現場水中養生で行う方法と標準養生で行う方法がある。現場水中養生とは気温とほぼ同じ温度の水中で供試体を保管する方法で、これによる材齢 28 日の供試体 3 本の平均強度が、平均気温が 20℃以上の場合に調合管理強度以上、平均気温が 20℃未満の場合、設計基準強度に $3N/mm^2$ 以上であれば合格となる。標準養生供試体の場合は材齢 28 日における 3 本の供試体強度の平均が調合管理強度以上を合格とする。このほか、現場封かん養生を用いて材齢 28 日を超え 91 日以内に試験する方法もある。

標準的な試料の採取は、$150m^3$ 以内で 1 つのロットを形成し、1 ロットの運搬車の中で任意に選んだ 1 車から使用するコンクリートの試験用に 3 本の供試体を採取する。なお材齢 7 日でも試験するためにさらに 3 本、すなわち 6 本採取することが多い。構造体コンクリート強度の試験用には 1 ロットの運搬車の中で任意に選んだ 3 車から各 1 本の供試体を採取する。なお型枠取外し時期決定など必要に応じて追加採取することもある。

以上の試験・検査のほか、温度の測定が行われ、またコンクリートの単位水量を確認するための試験が行われることもある。

7　各種コンクリート

施工条件は要求条件などによる各種コンクリートの管理のポイントについて説明する。用語については表 4·17 を参照されたい。

（1）寒中コンクリート工事

日平均気温が 4℃以下の期間などに適用される規定で、初期にコンクリートを凍結させないこと、材齢 91 日までに設計基準強度を満足するための対策をとることなどが規定されている。一般に打込み時のコンクリート温度を 10℃以上、20℃未満となるようにする。コンクリートの温度を高めるために、セメントを加熱してはならず、骨材を直接火で熱してはならない。

（2）暑中コンクリート工事

日平均気温の平年値が 25℃を超える期間にコンクリートを打ち込む場合に適用する規定である。コン

クリート温度が高まると、フレッシュ性状の変化が早くなること、また長期の強度の増進が阻害されることから、荷卸し時のコンクリート温度を原則35℃以下にすることとしている。

(3) 軽量コンクリート

軽量骨材は吸水率が大きく、乾燥した骨材を使うと、コンクリート中の水分を吸収し、スランプが小さくなるなどの影響を与える。このため、十分吸水させた軽量骨材を使用することとしている。事前に吸水させることをプレソーキングとよんでいる。

打込み時に骨材が浮き出てくることがある。この場合、タンピング、こて押えなどによって内部に押えこみ、コンクリート表面が平坦になるようにする。

(4) 高流動コンクリート

流動性の評価をスランプではなく、スランプフローで行う。JIS A 5308（レディーミクストコンクリート）には呼び強度27以上にスランプフロー45cmのコンクリートが、呼び強度40以上にはスランプフロー60cmのコンクリートが用意されている（表4・18参照）。

流動性が高く締固めを必要としないものもあるが、型枠の形状、配筋の状態などを考慮し、適切な流動性の選定と締固めの計画を立てる必要がある。

(5) 高強度コンクリート

おもに高層住宅の柱などに使用される。設計基準強度の最高は1990年代前半までは60N/mm^{2}であったが、1997年に100N/mm^2、2004年に130N/mm^2、2006年に150N/mm^{2}が使われ、現在の最高は300N/mm^{2}となっている。

普通コンクリートの水セメント比を下げていくと強度は大きくなるが、流動性が悪くなる。高性能AE減水剤を使用することでスランプを大きくすることができるが、粘りの強いコンクリートになる。このため使用する材料を適切に選定する必要がある。設計基準強度で60N/mm^{2}クラスでは中庸熱や低熱セメントが使われる。80N/mm^{2}以上になるとシリカフュームを混入したセメントが使われる。適した骨材の選定も重要であり、高性能AE減水剤もしくは高性能減水剤が使われる。JIS A 5308には呼び強度60まで

のコンクリートが用意されているが、これを超える強度については大臣認定の取得が必要になる。

高強度コンクリートでは構造体強度補正値が大きくなることが多い。あらかじめ実験で確認しておくことが望まれるが、JASS5に標準値も示されているので参考にするとよい。

高強度コンクリートでは単位セメント量が大きくなる。このため粘性の高いコンクリートになるとともに、水和熱の影響や、自己収縮とよばれる現象の影響を受けやすくなる。これを防ぐためには単位水量をできるだけ小さくすることで、単位セメント量を小さくすることが大切である。

コンクリートポンプにかかる負荷は一般に大きくなる。打込み量が大きくない場合などにはコンクリートバケットを使って打込み箇所に運ばれることもある。

高強度コンクリートを使用する場合は、鉄筋量も大きくなることが多いので、打込みを確実にするため、鉛直部材と水平部材の分離打ちとすることもある。梁・スラブの配筋を行う前に柱のコンクリートを打ち込み、梁スラブ配筋後に梁とスラブのコンクリートを打ち込む方法である。

(6) マスコンクリート

建物の基礎部分など断面寸法が大きい場合、セメントの水和熱によりコンクリートの内部温度が高くなり、コンクリートにひび割れを生じさせる懸念がある。対策としては発熱の小さいセメントを使用すること、打込み時のコンクリート温度を下げることのほかに、養生面から次の対策がとられる。コンクリートの内部温度が上昇している期間はコンクリート表面部の温度が急激に降下しないように養生する。

またコンクリートの内部温度が最高温度に達したのちは、内部と表面部の温度差および内部の温度降下が大きくならないよう保温などの養生を行う。前者はコンクリートの内部が高温で膨張することで表面に引張力が生じてひび割れになることを避けるためであり、後者は全体に高温で膨張した部材が冷える際に収縮し、これが地盤などに拘束されて生じる部材を貫通するひび割れを防止するためである。

8　プレキャストコンクリート

工場や現場構内で製造した鉄筋コンクリート部材を**プレキャストコンクリート**という。これを用いた鉄筋コンクリート工法には壁式プレキャスト鉄筋コンクリート工法、ラーメンプレキャスト鉄筋コンクリート工法、壁式ラーメンプレキャスト工法、プレキャスト鉄骨鉄筋コンクリート工法などがある。また一部をプレキャスト部材、一部を現場打ちコンクリートとするプレキャスト複合コンクリート工法もある。

1955年ごろ、床、壁の鉄筋コンクリートのパネルを組み立てて建物を建設する壁式プレキャスト鉄筋コンクリート工法が開発され、集合住宅の建設などに普及してきた。また柱部材、梁部材をプレキャストコンクリートにして現場で組み立てるラーメンプレキャスト鉄筋コンクリート工法も出現し、高強度コンクリート部材を用いた高層住宅の建設に広く使われてきている（図4·16）。

主に専用の工場で製造されるプレキャスト鉄筋コンクリート部材は、堅固な型枠を使用することにより、精度の高い部材とすることができる。この型枠を有効利用するためには脱型時期を早くして、型枠の転用回数を増やすことが有効である。このため、コンクリートが早期に強度を発現できるよう蒸気養生が行われることが多い。蒸気養生のポイントは以下のようである。

・打込み終了後から加熱開始までの期間である前養生期間を3時間程度とる。
・温度の上昇速度は20℃/h程度とする。
・適切な最高温度とその継続時間を設定する。
・養生温度の下降勾配が大きくならないようにする。

コンクリートの温度は雰囲気温度だけでなく、自身の水和熱による温度上昇もあるので、セメント量などを考慮して定める必要がある。一般に70℃以下に設定する。また高強度コンクリートでは蒸気養生を行わないことも多くなっている。

脱型時に部材に有害なひび割れや破損を生じさせないために、部材を立て起こして脱型する場合で12N/mm²程度の圧縮強度が必要といわれている。ベットを立て起こして吊り上げる場合や竪打ち方式の場合には8～10N/mm²程度でよいとされている。

かぶり厚さを確保しなければならないことは現場打ちコンクリートと同じであるが、鉄筋の位置の精度を確保しやすいことから、最少かぶり厚さに5mmを加えた値を設計かぶり厚さとするようにしている。

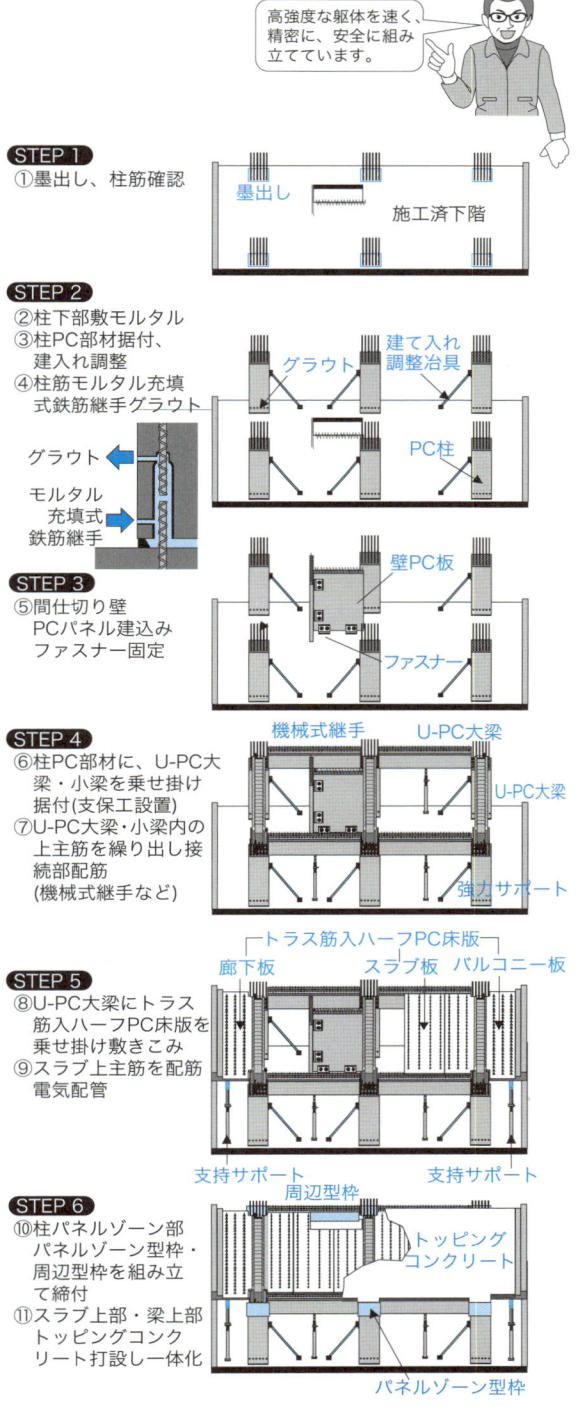

図4·16　ラーメンプレキャスト工法の例

問　以下の記述について、適当であれば○を、不適当であれば×を記せ。

1. 型枠の構造計算におけるコンクリートの施工時の水平荷重については、支柱として鋼管枠を使用していたので、鉛直方向の荷重の2%とした。

2. 柱型枠の構造計算における側圧は、打込み高さが3.8mであり、コンクリートの打込みを20m/hを超える速さとする予定であったので、「フレッシュコンクリートのヘッド（側圧を求める位置から上のコンクリートの打込み高さ）」と「フレッシュコンクリートの単位容積質量に重力加速度を乗じたもの」とを乗じた値とした。

3. 柱および壁のせき板の存置期間をコンクリートの材齢で決定する施工計画において、平均気温が5℃以上10℃未満と予想されたので、普通ポルトランドセメントを使用したコンクリートについては、せき板の存置期間を5日とした。

4. 床スラブ下の支保工は、コンクリートの圧縮強度が設計基準強度には達していなかったが、12N/mm²以上であり、かつ、構造計算により安全が確認されたので、取り外した。

5. 土に接しない屋内の柱においては、最少かぶり厚さが30mmとされているため、柱の主筋の表面からコンクリートの表面までの最短距離が40mmになるよう柱の主筋を配置した。

6. D10とD13の鉄筋の重ね継手の長さについては、D10の呼び名の数値である10に所定の数値を乗じて算出する。

7. ガス圧接継手の外観検査において、圧接部のふくらみの直径が鉄筋径の1.3倍、ふくらみの長さが鉄筋径の1.2倍であったので合格とした。

8. コンクリートの計画調合において、単位細骨材量がS(kg/m³)、単位粗骨材量がG(kg/m³)であった場合、そのコンクリートの細骨材率はS/(S＋G)×100（％）で求めることができる。ただし、細骨材および粗骨材は、表面乾燥飽水状態とする。

9. コンクリートの打込み日の外気温が28℃となることが予想されたので、コンクリートの練混ぜから打込み終了までの時間の限度を120分とした。

10. レディーミクストコンクリートの発注において、使用する部位の設計基準強度が24N/mm²であったので、発注するレディーミクストコンクリートの呼び強度を24とした。

11. 計画供用期間の級が「標準」の建築物において、普通ポルトランドセメントを使用したコンクリートの湿潤養生期間を満足させるため、せき板を5日間存置した。

12. 呼び強度30、スランプ18cmのレディーミクストコンクリートの受入れ検査において、測定したスランプの値が20.5cm、空気量が5.6%であったので、合格とした。

13. 構造体コンクリート強度の検査において、標準養生による3個の供試体の材齢28日における圧縮強度の平均値がコンクリートの調合管理強度以上であったので、合格とした。

14. せき板の最小存置期間をコンクリートの圧縮強度によるものとしたので、標準養生した供試体の強度が5N/mm²を超えたことを確認し、せき板を取り外した。

15. プレキャスト部材の製造にあたり、コンクリートの加熱養生において、養生温度の上昇勾配を15℃/h、最高温度を65℃とした。

5章　鉄骨工事

　鉄骨造と鉄骨鉄筋コンクリート造は建築物着工床面積の 41% を占め、最も多用されている（木造 36%、コンクリート 21%　総務省統計局 2003）。

　鉄骨工事は、建物形態の基本を形づくる工種で、骨組みとなる鉄骨部材に、床・壁・設備などの建築部品が取りつき、建築物になっていく。総コストのうち、鉄骨工事費の占める割合は大きい。特に、地震の多いわが国では、耐震性・構造強さを決定する鉄骨工事は、品質管理が極めて重要で難しい工種である。鉄骨工程完了は、ここから多くの工事がはじまる工程上の一大管理点なので、早期に綿密な工程計画が必要である。また、大きな部材を運び込み、組み立てる力仕事で、安全上、緻密な施工計画が要求される。工場製作と工事現場施工が主舞台で、規格や基準、要領を確実に理解することが必要である。

5・1　鉄骨工事のバリエーション

　鉄骨工事計画を立てる前に、その内容・特性を的確に把握する必要がある。このため、図 5・1 の関連文書を、深く読み込むことが重要である。

　多くのパラメーターの中で、特に注目すべき特性を、表 5・1 に整理した。各項目に図示した種類があり、影響項目を大きく左右する。

　なお本書では、基本的に図 5・2 に示すモデルを標準として解説している。

　鉄骨工事は、通常、図 5・3 のように進められる。

表 5・1　工事計画に影響を与える鉄骨工事特性の主なもの

注意すべき特性	要点・図解	影響項目
建設建物の延べ面積建物高さ	工事の質・量・規模に対し、製作工場の技術力・製作消化力が適切でなければならない。（表5・2参照）	鉄骨製作工場が制限される
鉄骨基本寸法	長さ・スパン・階高・節割り・丈・幅	製作・組立運搬・建方揚重機選定
材料仕様・品種	材質・形状・サイズ	ロール要否溶接・加工法
構造形式自立性剛性	（S造）鉄骨のみ　（SRC造）鉄筋 RC巻き　（RC＋S造）鉄骨梁 RC柱	建方工法工程計画
鉄骨部材組立形式	組立柱　トラス梁　鋼管柱　ボックス柱　形鋼梁　組立梁	製作方法組立方法運搬方法建方工法
継手方式	高力ボルト継手　溶接継手	工場製作建方工法工程計画
定着方式定着位置	独立固定　根巻き　埋込み　アンカーボルト　RC根巻き　RC巻き	搬入納期工程計画

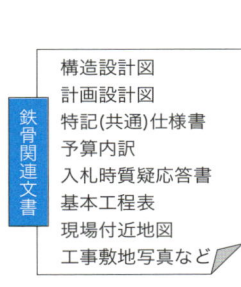

図 5・1　鉄骨関連文書

鉄骨関連文書：構造設計図／計画設計図／特記(共通)仕様書／予算内訳／入札時質疑応答書／基本工程表／現場付近地図／工事敷地写真など

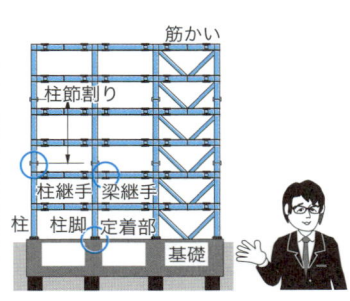

図 5・2　標準モデル

筋かい／柱節割り／柱継手／梁継手／柱／柱脚／定着部／基礎

5・2 鉄骨工事の流れ

① 鉄骨製作受託契約 (元請建設会社×製作会社)

鉄骨製作業者 (ファブリケータともいう) と元請建設会社で QCDS について合意し契約を結ぶ。

② 鉄骨調達　ロール発注 (鉄骨製作会社購買)

設計図を照査し、必要な材料を拾い上げ、納期に間に合うよう特注ロール品を含め手配する。

③ 鉄骨工作図作成・承認　現寸確認

(鉄骨製作会社工務 × 元請作業所 × 設計監理者)

設計図書にもとづき詳密な工作図を起こし、現寸を含め、関連各者で検討照査し承認を得る。

④ 鉄骨材料受入れ・検査 (鉄骨製作会社工場)

手順②で発注した材料を逐次入手し、品質をミルシートなどで検査確認し受領する。

⑤ 鉄骨工場製作 (鉄骨製作会社工場製造部門)

図 5・3 に示す④〜⑦の手順で、保有する機材・マンパワー・技術を駆使し、鉄骨製品を製造する。逐次社内外検査を行い工程で品質を造り込む。

⑥ 製品輸送 (鉄骨製作会社運輸部門)

検査に合格した鉄骨製品を、工事工程に合わせ荷造り発送する。長大・重量品輸送には慎重を期す。

⑦ 工事現場定着施工 (元請建設会社作業所)

手順⑥までに、基礎・下部構造体を築造し、定着するアンカーボルトを埋め込む。

⑧ 工事現場施工　建方・本接合

(元請建設会社作業所)

図 5・3 に示す内容を、建設会社のノウハウ・経験を駆使し、鉄骨架構を精度よく組み上げ本接合する。

⑨ 床施工 (元請建設会社作業所)

建方の済んだ部位から、デッキプレート・スタッドボルトを敷設し、床を作る作業を進める。

⑩ 耐火被覆施工 (元請建設会社作業所)

床築造のあと、次工程の仕上げ工事が始まるが、仕上工程の適切なタイミングで耐火被覆を施す。

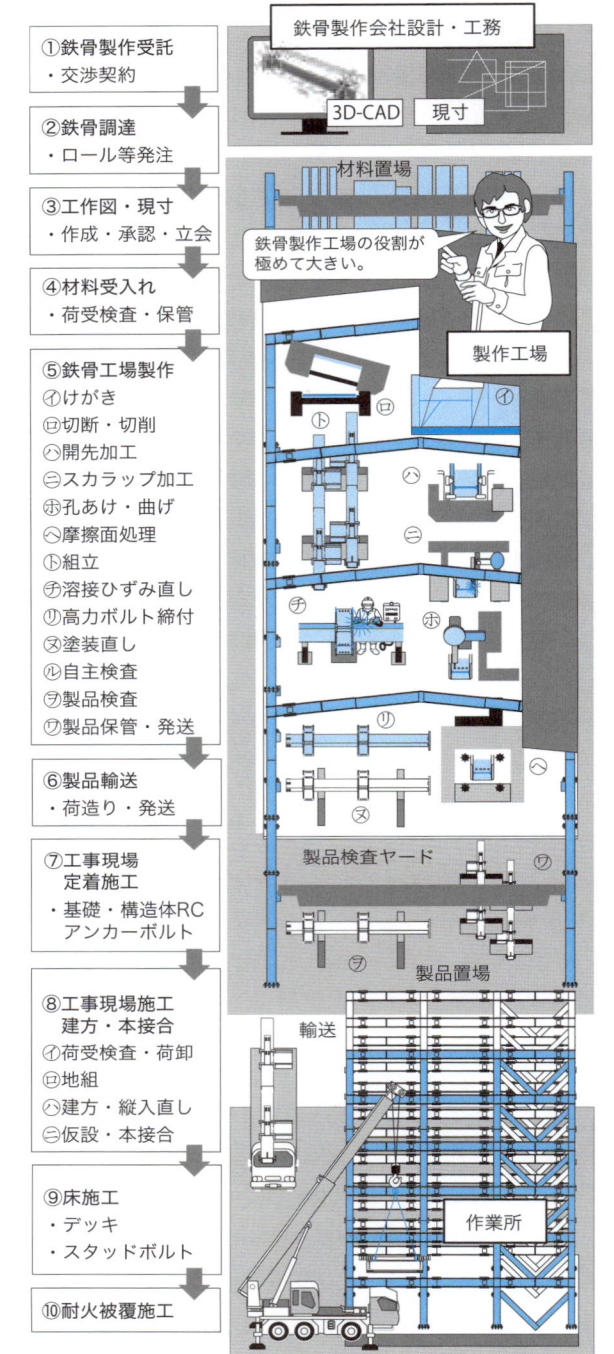

図 5・3　鉄骨工事の一般的な流れ

5・3 鉄骨の発注

材料入手・製作期間を見込み、元請建設会社は、鉄骨製作会社（ファブリケータ）と早期契約し、材料も含め早期に発注する。その例を図5・4で説明する。一般的には、図中の青囲みの製作期間で示すように、杭・地下工事期間に余裕をもって、計画・発注・製作が可能であるが、

- 地下・杭がなく基礎直後に鉄骨建方の場合
- 杭の中に鉄骨柱を埋め込む（逆打ち工法）[*1] 場合

など条件の厳しい場合は、以下の調整協力が必要になる。

①施工者決定前から（発注者が）発注→別途支給
②見積時から見込み発注し特急手配→先行発注

1 製作工場（ファブリケータ）選定

工事の規模・技術的難度に応じ、最適な業者を選定するため、鉄骨製作工場のグレードが示されている。表5・2は、日本鉄骨評価センター（国土交通大臣指定）が、大臣の示す評価基準に基づき、5グレード（S・H・M・R・J）に区分し公示したものである。

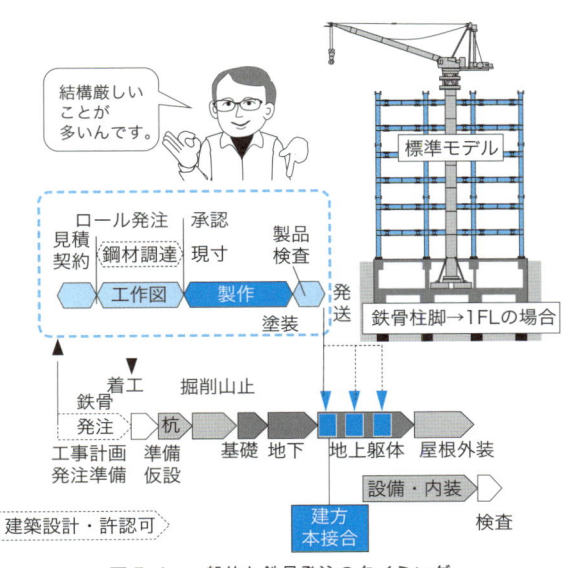

図5・4 一般的な鉄骨発注のタイミング

この規定に従うことを発注仕様で求められることが多いんです。

*1：逆打ち工法は、杭中に鉄骨柱（構真柱）を先埋めし、支えて下に掘削する。

これを参照し、以下の①～④を確認してファブリケータを選定する。

①工場の位置・規模、稼働状況・手持工事量
②設備・機械・要員および月産加工能力・実績
③技術者・技能工の数と資格
④品質管理・検査体制、検査技師、検査機器

2 材料

(1) 鋼材

鋼材は、表5・3に示すJIS規格品、同等品、または国土交通大臣認定品とする。該当しない鋼材を使用する場合、または規格に規定されていない性能を特別に規定する場合は、特記による。

表5・2 鉄骨製作工場のグレード

グレード	内 容
S	使用鋼材などの制限がなく、超高層ビルや大空間構造などの建築物を適切な品質で製作できる体制を整える。最高ランクの工場。国内に20工場程度。
H	高層ビルが中心（年間6,000トン程度の鉄骨製作工場）[建築基準法施行令上の全強設計の対象] すべての建築物が対象
M	中高層ビルが中心（年間2,400トン程度の鉄骨製作工場）[建築基準法施行令上の全強設計の対象] すべての建築物が対象
R	5階以下ビルが中心（年間800トン程度の鉄骨製作工場）高さ、階数、延べ面積に制限がある。
J	3階以下の低層ビル（年間400トン程度の鉄骨製作工場）高さ、階数、延べ面積に制限がある。

表5・3 鋼材のJIS規格・大臣認定品

JIS規格・名称 （一部）			大臣認定品 規格・名称・形状	
G 3136	SN400 他	建築構造用圧延鋼材	BCP325 建築構造用冷間プレス成形角形鋼管	溶接
G 3101	SS400 他	一般構造用圧延鋼材		
G 3106	SM400A 他	溶接構造用圧延鋼材		
G 3114	SMA 400AW 他	溶接構造用耐候性熱間圧延鋼材		
G 3350	SSC400	一般構造用軽量形鋼	BCR325 建築構造用冷間ロール成形角形鋼管	溶接
G 3353	SWH 400 他	一般構造用溶接軽量H形鋼		
G 3475	STKN 400W 他	建築構造用炭素鋼鋼管		
G 3444	STK 400 他	一般構造用炭素鋼鋼管		
その他 JIS G 5101・JIS G 5102・JIS G 5201 JIS G 3352・JIS G 3138			その他 SN490・TMCP355・TMCP385・SA440・HAS700	

表 5·4　鋼材形状・寸法の JIS 規格と組立・圧延形鋼

構造用鋼材の形状および寸法の JIS 規格		鋼板組立形鋼の例
G 3136	建築構造用圧延鋼材	圧延厚鋼板（厚さ6mm以上）　切断
G 3191	熱間圧延棒鋼とバーインコイルの形状、寸法及び重量並びにその許容差	組立溶接
G 3192	熱間圧延型鋼とバーインコイルの形状、寸法及び重量並びにその許容差	平鋼板（厚さ5mm以下）　組立形鋼
G 3193	熱間圧延鋼板及び鋼帯の形状、寸法質量及びその許容差	
G 3194	熱間圧延鋼板及び鋼帯の形状、寸法質量及びその許容差	熱間圧延形鋼の例
G 3350	一般構造用軽量形鋼	角鋼管　H形鋼　溝形鋼
G 3353	一般構造用溶接軽量 H 形鋼	
G 3475	建築構造用炭素鋼鋼管	
G 3444	一般構造用炭素鋼鋼管	丸鋼管　CT形鋼
G 3466	一般構造用角形鋼管	

表 5·5　ボルトなどの JIS 規格（国交省認定品）

鋼材名称・イメージ		
JIS B 1186	摩擦接合用高力六角ボルト六角ナット平座金のセット	六角高力ボルト
国交省認定品		トルシア形高力ボルト
JSS Ⅱ 09	構造用高力六角ボルト　六角ナット・平座金	
JIS B 1181	六角ボルト	
JIS B 1180	六角ナット	
JIS B 1251	ばね座金	
JIS B 1256	平座金	
JIS B 1198	頭付きスタッド	
JIS B 1220	構造用両ネジ	

表 5·6　溶接材料の JIS 規格

JIS 規格		形状イメージ
Z 3211	軟鋼、高張力鋼棒及び低温用鋼用被覆アーク溶接棒	溶接棒
Z 3214	耐候性鋼用被覆アーク溶接棒	
Z 3312	軟鋼、高張力鋼用及び低温用鋼用のマグ溶接及びミグ溶接ソリッドワイヤ	
Z 3313	軟鋼、高張力鋼用及び低温用鋼用アーク溶接フラックス入りワイヤ	
Z 3315	耐候性鋼用のマグ溶接及びミグ溶接ソリッドワイヤ	
Z 3320	耐候性鋼用炭酸ガスアーク溶接フラックス入りワイヤ	溶接ワイヤ
Z 3351	炭素鋼及び低合金鋼用サブマージアーク溶接ソリッドワイヤ	
Z 3183	炭素鋼及び低合金鋼用サブマージアーク溶接金属の品質区分	
Z 3352	サブマージアーク溶接及びエレクトロスラグ溶接用フラックス	
Z 3353	軟鋼及び高張力鋼用エレクトロスラグ溶接ソリッドワイヤ並びにフラックス	

形状・寸法は、表 5·4 の JIS 規格による。溶接組立形鋼などの形状・寸法は特記による。

（2）ボルトなど

　高力ボルトなどは表 5·5 の JIS 規格品、国交省認定品とする。これに該当しない場合は特記による。

（3）溶接材料

　表 5·6 に示す JIS 規格品のうち、母材種類、寸法および溶接条件に適したものとする。

（4）材料の購入・受入れおよび保管

　購入は、適正な材料供給者を選定、表面欠陥・曲がり・ねじれなどがないことを確認し、別規格や不良品が混入しないよう、識別が可能な処置を講ずる（図 5·5）。

　種類、形状、寸法は、規格品証明書（ミルシート）原本、相当規格品証明書で照合する。

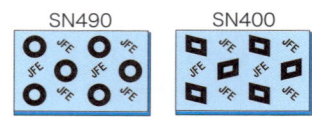

図 5·5　鋼板識別表示（某メーカー例）

5・4　鉄骨製作

1　材料加工

（1）鉄骨工事計画と製作要領の策定

1）製作要領書の策定と承認

　設備・技術・要員に即した工場での製作法と手順を具体的に文書化する（図 5·6）。監理者の承認が必要。

製作要領書	施工計画書
a. 総則	a. 総則
b. 工事概要	b. 工事概要
c. 製作工場	c. 工事担当および組織
d. 材料	d. 工程計画と要員計画
e. 工作	e. 仮設計画
f. 品質管理	f. 建方計画と作業要領
g. 検査・試験	g. 接合計画と作業要領（HTB・現場溶接）
h. 塗装	h. 品質管理・計画
i. 輸送その他	i. 他工事との関連
j. 安全管理	j. 安全管理

図 5·6　製作要領書と施工計画書

2）施工計画書の測定と承認

工事現場における施工方法を、元請の立場で説明する計画文書で、監理者の承認を要する。

さらに、専門工事業者の立場で、より具体的な工事現場での施工内容を詳述する施工要領書、作業要点を記載した作業標準が、系統的に作られる。

（2）工作図作成
1）工作図を現寸で確認

製作業者は、工作図を作成し、施工性や細部納まりを確認し、先付金物・貫通孔も総合化して工事監理者の承認を受ける。床書き現寸（図5·7）は、細かい納まり墨を床に書き、その上に現寸フィルム（図5·8）をおき確認する。3次元 CAD 工作図により、省略することがある。

2）鋼製巻き尺とテープ合わせ

鉄骨製作用鋼製巻尺は、JIS B 7512(鋼製巻尺)の1級品を使用し、工場製作用基準鋼製巻尺・工事現場用鋼製巻き尺と照合し、その誤差を確認する。これをテープ合わせという。この場合の張力は巻尺に指定された所定の張力とする（通常は、50N または100N）。

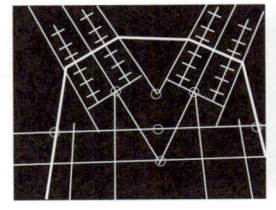 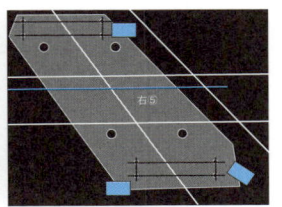

図5·7　床書き現寸　　　図5·8　現寸フィルム

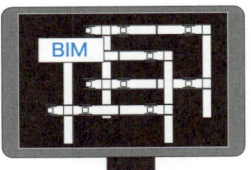

（3）材料の受入れおよび保管

鋼材の種類・形状・寸法は、規格品証明書(ミルシート)の原本、もしくは原本相当規格品証明書により、受入れ時に現品と照合する。

鋼材の現品に規格名称や種類の区分などが表示され、材質が確実に識別できるものについては、規格品証明書の代わりに原品証明書を用いる。SN 材の鋼板はプリントマークで、形鋼は印字などで確認できる。400 N 級鋼と490 N 級鋼は、「スチールチェッカー」も目安になる。はなはだしい錆、傷などの表面欠陥、曲がり、ねじれなどの変形がないことを目視で確認する。鋼材は、規格の異なるものや不良品が混入しないように整理し良好な状態で保管する。

高力ボルトは、セット単位で扱い、別ロットを混ぜない。防湿・防塵・ねじ山損傷を防ぐ。

溶接材料は、変質・吸湿を防ぐため、乾燥に注意し、小屋などに識別保管する。

2　工作

工作は図5·3·⑤で説明した手順で行う。それぞれの要点を以下に示す。

（1）けがき

鋼板や形鋼を切り出す線を引くこと。高張力鋼（490N/mm² 級以上）および軟鋼は、ポンチなどで打痕を残さない。寸法は、製作中の変形・仕上げ代を考慮する。NC 制御では省略する。

（2）切断・切削

鋼板や形鋼を切り出し整える。機械・自動ガス・プラズマ・レーザ切断が使われ、機械によるせん断切断の鋼材厚は13mm 以下に限る。切断面粗さは100 μ mRz、ノッチ深さ lmm 以下とする。メタルタッチは、フェーシングマシンなどで精密加工する[*2]。

（3）開先加工

溶接する面を高精度加工すること。開先加工面は、切断面粗さ 100 μ mRz、ノッチ深さ lmm 以下とする。

（4）スカラップ加工

溶接線を連続させるため、支障板に、問題ない範

＊2:Rz とは、最大高さ粗さで、断面曲線の基準範囲内の一番高い山を10点平均で数値化したもの。RaRmax もある。

囲の滑らかな穴をあける。曲線をフランジに滑らかに接するように加工する。ノンスカラップ加工の場合は省略する。

（5）孔あけ加工

ボルト接合用の孔をあける。高力ボルト用孔はドリルあけとし、特記によりレーザーあけとする。ブラスト処理の前に孔あけ加工する。ボルトなど板厚13mm 以下はせん断孔あけとする。設備配管貫通孔・付属金物などの孔で、径30mm 以上はガス・プラズマ・レーザー孔あけでよい。切断面粗さは、100 μ mRz 以下、**孔径精度は ±2mm 以内**とする。鉄筋貫通孔穴径は、特記なき限り表 5·7 の数値以下とする。

（6）摩擦面の処理（摩擦接合用の面粗さ加工）

すべり係数 0.45 以上を確保できる摩擦面処理法は以下の 3 つである。

- ・自然発錆　：黒皮を除去し、外部に自然放置により赤錆が発生した状態
- ・薬剤発錆　：黒皮を除去し薬剤塗布し、外部に自然放置により赤錆が発生した状態
- ・ブラスト処理：摩擦面にショットブラスト、或いはグリッドブラスト処理し、切断面粗さを 50 μ mRz 以上確保。すべり試験を実施し、すべり係数を確認する。

摩擦面および座金の接する面の浮錆、塵埃、塗料、溶接スパッタなどは取り除き、摩擦面にクランプ傷などの凹凸があってはならない。

（7）ひずみ矯正

溶接後のひずみを、プレス、ローラによる**常温加熱**、または、**点・線状加熱**により矯正する。400、490N/mm² 級鋼では、加熱温度は、空冷する場合は 850℃～ 900℃、水冷する場合は 600℃～ 650℃、空冷後水冷する場合は 850℃～ 900℃とする。予め、ひずみを与えておく**逆ひずみ法**もある（図 5·9）。

（8）曲げ加工

曲がり部材を成形する。加熱加工は、**赤熱状態 (850℃～ 900℃) で行い、青熱ぜい性域 (200℃～ 400℃) で行わない**。常温加工する場合、内側曲げ半径は以下による（図 5·10）。

- ●塑性変形が必要な応力直交方向の曲げ
  内側曲げ半径 ≧ 板厚 ×4
- ●塑性変形が必要な応力方向の曲げ
  内側曲げ半径 ≧ 板厚 ×8
- ●それ以外の曲げ
  内側曲げ半径 ≧ 板厚 ×2

3　組立と溶接

（1）組立

定盤や冶具により、部材位置・角度を正確に保持する。小ブロックで組上げ本溶接し、ひずみ矯正を行った後、総組立を行う。事前に逆ひずみを与えたり、ブロック分割で、溶接ひずみ・残留応力が最小になるよう、方法・順序を検討し、組立・溶接を行う。**特殊複雑な形状の部材は、仮組を行う**こともある。裏当て金は溶接性に問題のない材質で、溶け落ちない板厚とする。スカラップ部は、通し形とし、エンドタブは母材に溶接してはならない（図 5·11）。

表 5·7　鉄筋貫通孔穴径 （単位：mm）

普通鉄筋		鉄筋径＋ 10							
異形鉄筋	呼び径	D10	D13	D16	D19	D22	D25	D29	D32
	穴径	21	24	28	31	35	38	43	46

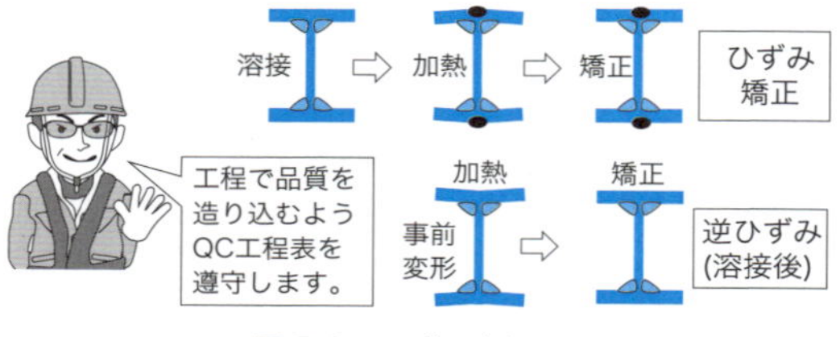

溶接　⇨　加熱　⇨　矯正　ひずみ矯正

工程で品質を造り込むようQC工程表を遵守します。

加熱　矯正

事前変形　⇨　逆ひずみ（溶接後）

図 5·9　ひずみ直し

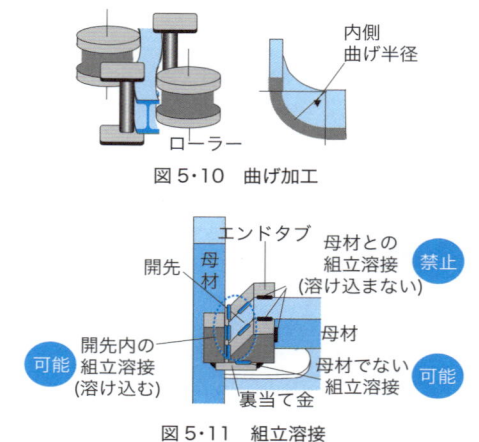

図 5·10　曲げ加工

禁止　可能　可能

エンドタブ　母材との組立溶接（溶け込まない）

開先　母材

開先内の組立溶接（溶け込む）

母材

母材でない組立溶接

裏当て金

図 5·11　組立溶接

溶接法は、被覆アーク溶接・ガスシールドアーク溶接とし、4mm 以上の脚長を確保し、ショートビードを回避する。最小溶接長は厚さ 6mm 以下は 30mm、6mm 以上は 40mm とする。

（2）溶接法

主な溶接法を表5·8 に示す。被覆アーク溶接がよく使われる。この他、セルフシールドアーク溶接、サブマージアーク溶接・溶接ロボットも使われる。

（3）溶接技術者

溶接作業する時は、専任の溶接技術者をおかなければならない。溶接技術者は、(社) 日本溶接協会 WES8103「溶接管理技術者認証基準」有資格者と

する。同種の資格を有する者は、監理者の承認を受け、溶接技術者とすることができる（表5·9）。

1）技量付加試験

技量付加試験を行う場合は、特記により AW 検定で替えることが多い（図 5·12）。

これは、AW 検定協議会の提唱によるディテールを考慮した技量付加試験を実施し、溶接技能者の技量を統一的に確認する検定制度である。

2）技量確認試験

技術者の技量に疑問が生じた場合は、監理者の了承を経て、技量を確認する適切な試験を行う。

4 工場溶接

（1）溶接作業

下向き溶接を基本とし最適溶接条件を選定する。

表 5·8　溶接法

①被覆アーク溶接

心線に被覆剤を巻いた溶接棒を、アーク熱で溶解。
被覆剤はアークを安定させ、発生ガスで酸化や窒化を防止。

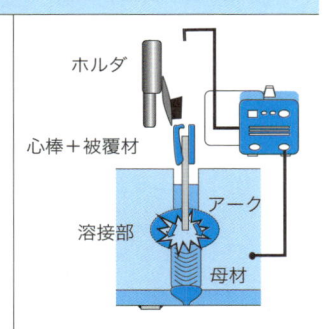

②炭酸ガスシールドアーク溶接

心線まわりにCO_2を放射し、空気遮断する溶接。
風速2m/s程度が限度なので屋外では防風処置が必要。

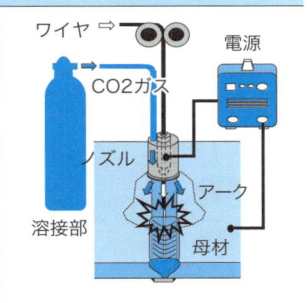

③エレクトロスラグ溶接

スラグ浴に通電ノズルを通し抵抗発熱で溶接する。
ボックス柱ダイヤフラム工場溶接自動に使用。

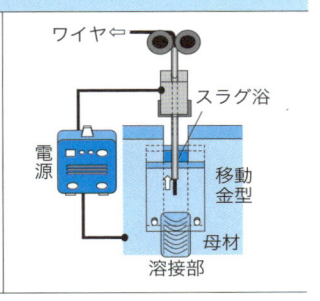

表 5·9　溶接技術者

種　別	資　格
被覆アーク溶接技能者	JIS Z 3801　溶接技術検定に合格した者
半自動溶接技能者	JIS Z 3841　溶接技術検定に合格した者
自動溶接作業者（オペレーター）	サブマージアーク溶接等の自動溶接装置を用いて行う溶接に従事する作業者は、少なくとも JIS Z 3801 または JIS Z 3841 の基本となる級 (下向溶接) の溶接技術検定に合格した者
ロボット溶接作業者（オペレーター）	JIS Z 3841 の基本となる級 (下向溶接) の溶接技術検定に合格した者

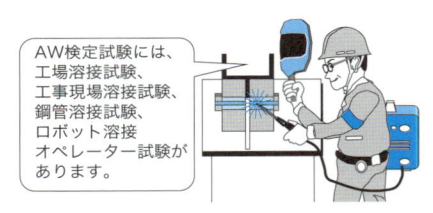

AW検定試験には、工場溶接試験、工事現場溶接試験、鋼管溶接試験、ロボット溶接オペレーター試験があります。

図 5·12　AW 検定試験

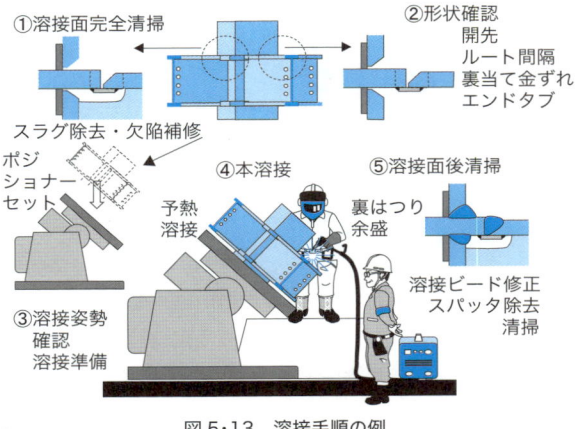

図 5·13　溶接手順の例

外気温−5℃以下では溶接はしない。＋5〜−5℃では100mm範囲の母材について、鋼材化学成分・板厚・拘束度・温度・入熱量・拡散性水素量を検討して予熱する。溶接ひずみが最小で効率的な溶接順序を検討する。図5·13は標準的手順である。

（2）溶接の種類

完全溶け込み溶接（図5·14）、隅肉溶接の2種に大別される（図5·15）。

完全溶け込み溶接の余盛は、裏当て金つきT継手で、板厚の1/4以上、板厚40mm以上は10mm必要。裏はつりT継手の余盛は、板厚の1/8以上、板厚40mm以上は5mm必要である。板厚が異なる場合はテーパ加工し突合せ溶接し、板厚差が、板厚の1/4または10mmを超える場合は、上記の余盛が必要である。

隅肉溶接では、溶接長さは、有効長さに加えサイズの2倍が必要で、端部は丁寧に回し溶接する。サイズ許容差、余盛高さは、JASS6付則「鉄骨精度検査基準」による。

（3）パネルゾーンの溶接工作

パネルゾーンの溶接工作を図5·16に示す。溶接始・終端不具合を防ぐためにエンドタブを設ける。また、交差部の溶接欠陥を防ぐため支障鋼板を切り欠いて（スカラップ）、開先底を閉塞するために裏当て金を設ける。

（4）溶接欠陥と補修方法

溶接欠陥の種類と補修方法を表5·10に示す。

（5）溶接部の受入検査

溶接部の受入検査は、検査数によるロットを構成し、サンプリング検査でロット合否を判定する。表面欠陥は、目視・カラーチェックの外観検査、溶接内部欠陥は、X線検査や超音波探傷など、非破壊検査で行う（図5·17）。

5　高力ボルト接合

ボルト張力の摩擦抵抗で応力を伝える接合方法。接合部剛性が高く応力集中は少ない。六角高力ボルト、トルシア形高力ボルト、トルシア形超高力ボルトの3種類がある（表5·11）。

（1）接合・摩擦面処理

摩擦面ミルスケール、浮錆、塵埃、油は取り除く。肌すきが1mmを超える時は、フィラープレート挿入（図5·18）。材質は400N/mm²級の鋼材で、両面に摩擦面処理をする。接合間2mm以下のボルト孔の喰違いは、リーマ掛けを施す。

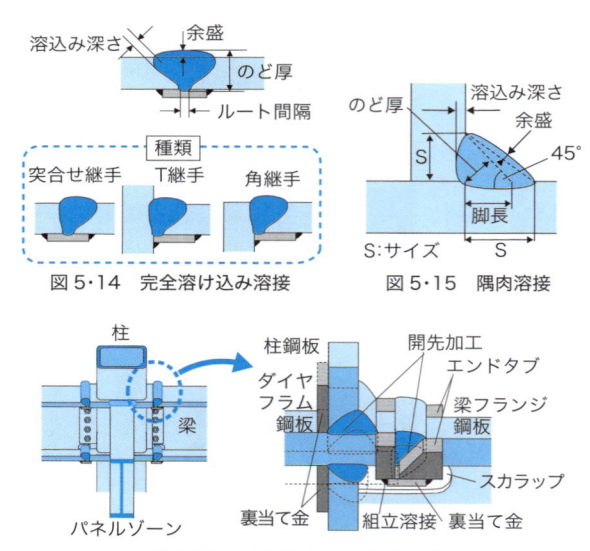

図5·14　完全溶け込み溶接

図5·15　隅肉溶接

図5·16　パネルゾーンの溶接工作

表5·10　溶接欠陥と補修方法

	溶接欠陥		補修方法
表面欠陥		オーバーラップ	削り過ぎないよう注意しグラインダー仕上げ
		アンダーカット	整形しショートビードとならぬよう補修溶接
		ピット（表面気泡）	アークエアガウジング削除したのち、補修溶接
		割れ	割れ両端から50mm以上はつり補修溶接
内部欠陥		ブローホール（内部気泡）	非破壊検査欠陥を、アークエアガウジングによりはつりとり確認し、20mm程度深く除去し再溶接。割れは、50mm以上除去
		融合不良	
		スラグ巻込み	
		溶込み不良	

ガウジング

金属の融解と同時に、圧縮空気を噴出し融解金属を吹き飛ばします。

UTとも言い、探傷器より高電圧電気パルスを振動子に送信させ、溶接部の表面や内部のきずや長さ、形状などを非破壊で評価し、良否判定する技術です。
超音波探傷検査には、パルス反射法・透過法・共振法の3つがあります。

図5·17　超音波深傷検査

（2）材料の管理

ボルト、ナット、座金および、それらのセットは、搬入時に検査成績書と照合し、保証有無を確認する。出荷時から施工までの期間を短くして、工場包装のまま、雨、夜露などの湿気が当たらないように保管庫に収納する。また、ボルト締付け場所への搬入を計画的に行い、余分な開包は行わない。ナット・座金の向きを逆にすると、接面あらさ、トルク係数値が変化し、導入軸力がばらつく。図5·19に表裏の識別を示す。

（3）締付け

トルク係数値の変化、軸力バラツキ増大、防錆処理への影響を防止するため、すべての作業は、同日中に終了し、降雨時にはボルト締付けは行わない。

締付け作業は、トルクレンチを±3%の誤差範囲精度に整備しておき、1継手、ボルト群ごとに中央部から板端部に進める（図5·20）。

ボルト軸力計・トルクレンチ・ボルト締付け機・トルク制御式インパクトレンチは毎日、作業前に整備をする。ボルトは再使用しない。

6　工場錆止め塗装

錆止め塗装前の素地調整は、種別1種Bまたは2種とし、特記のない場合は2種とする（表5·12）。塗料選定および塗り回数は特記される。錆止め塗料の種類を表5·13に示す。

（1）塗装作業

素地調整を行った鉄面では、直ちに塗装を行う。図

表5·11　高力ボルト接合のポイント

2種類のボルト	①一次締め		②マーキング	③本締め	④締付け後の検査（合格基準）
六角高力ボルト F10 F35 F10T JIS B1186 2種	プレセット形トルクレンチ、電動レンチで、以下のトルクを導入する		ボルト・ナット・座金にマーキング	トルクコントロール法 締付け器を、張力になるよう調整し、所定トルクで本締め　標準ボルト　回転	・マーク回転が正しく共回りのないもの 　→ナット回転量に著しいばらつきのある群は締め直す ・設定トルクの±10%以内のもの ・ボルト余長が、ねじ1～6山範囲
				ナット回転法 1次締後を起点にナットを120°回転させる (M12は60°)　回転	・共回りなく、ナットの回転量・余長に過不足がないもの 　→ナット回転量許容差で±30°範囲を超え締め付けたボルトは取り換え(M12は＋30°) 　→回転数が不足したボルトは追締め ・ボルト余長が、ねじ1～6山範囲
トルシア形高力ボルト F10　ピンテール F35 F35 S10T JSS II 09	ボルト呼び径 M12 M16 M20 M22 M24 M27	導入トルク ≒50NM ≒100NM ≒150NM ≒150NM ≒200NM ≒300NM	ボルト・ナット・座金にマーキング	専用締付器で、ピンテールが破断するまで締める専用締付器が使用できない時は、トルクコントロール法・回転法により締付け　ピンテール破断	・ピンテール破断を確認し、マークずれ・共回り・軸回り有無、余長過不足を目視で検査して異常ないもの ・ナット回転量に著しいばらつきのある群は、平均回転角度を算出し、平均回転量±30°の範囲であれば合格 　→不合格ボルトは取替え ・ボルト余長が、ねじ1～6山範囲

（注）トルシア形超高力ボルトは、トルシア型高力ボルトに準ずる。

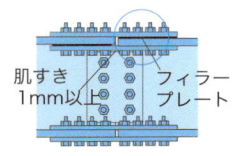

肌すき1mm以上　フィラープレート

図5·18　フィラープレート

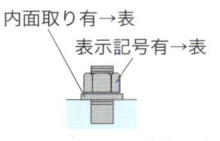

内面取り有→表
表示記号有→表

図5·19　ナット・座金の表裏

表5·12　素地調整

種別		汚れ・付着物除去	油類除去	錆落とし
1種	B	ワイヤブラシや研磨布などで除去	溶剤ぶき	ブラストにより錆、黒皮を除去
2種				動力工具を主体とし、手工具を併用して錆落とし

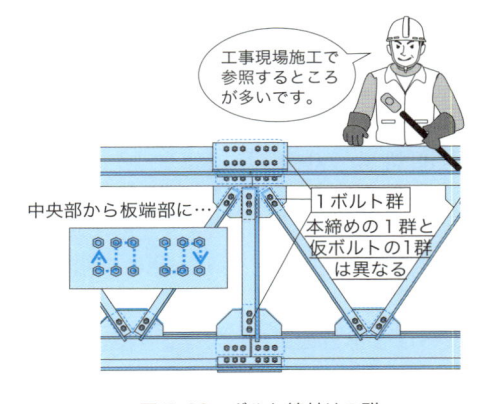

工事現場施工で参照するところが多いです。

中央部から板端部に…

1ボルト群
本締めの1群と仮ボルトの1群は異なる

図5·20　ボルト締付けの群

表 5·13　錆止め塗料の種類

材料名	規格	使用環境および適用素地		
		屋内環境や工事期間中	露出などの苛酷な環境	
		鋼材面	鋼材面	亜鉛めっき面
鉛・クロムフリー錆止めペイント	JIS K 5674 1種2種	○	—	—
水系錆止めペイント	JASS18 M-111*1	○	—	—
変性エポキシ樹脂プライマー	JASS18 M-109	—	○	○
有機ジンクリッチプライマー	JIS K 5552 2種	—	○	—
構造物錆止めペイント	JIS K 5551 A種	—	○	—
エポキシ樹脂雲母状酸化鉄塗料	JASS18 M-112*2	—	○	—

(注) ○：適応　—：適応しない
　＊1：屋内使用に限定
　＊2：塗り重ねの工程間隔が7日を超える場合に使用

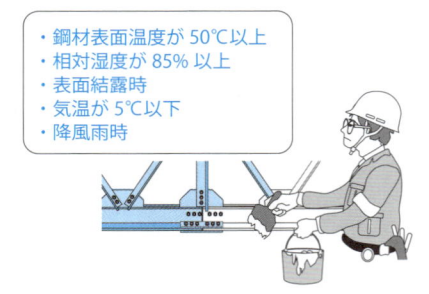

・鋼材表面温度が 50℃以上
・相対湿度が 85% 以上
・表面結露時
・気温が 5℃以下
・降風雨時

図 5·21　塗装施工の難しい条件

5·21 に示す環境下では、仕上りが悪く、塗膜が形成できないので塗装をしてはならない。

(2) 塗装しない部分

　以下の部分には塗装を行わない。
・工事現場溶接箇所、隣接両側 100mm 以内
・超音波探傷に支障を及ぼす範囲
・高力ボルト摩擦接合部の摩擦面
・コンクリートに埋め込まれる部分
・ローラーなど密着部分や回転、招動面
・組立てによって肌合せとなる部分・密閉内面

7　溶融亜鉛メッキ工法

　部材寸法は、めっき槽一度づけできる寸法とし、断面形状は図 5·22 による。高張力鋼・冷間成形角形鋼管の割れ、異なる板厚の鋼板・形鋼によるトラス変形がないことを事前に確認する。軽量形鋼は、板厚 3.2mm 以上を原則とする。

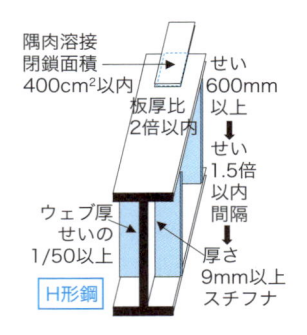

隅肉溶接
閉鎖面積
400cm²以内
板厚比
2倍以内
ウェブ厚 せいの 1/50以上
H形鋼

せい 600mm 以上
↓
せい 1.5倍 以内 間隔
厚さ 9mm以上 スチフナ

亜鉛・空気流出入開口

ダイヤフラム

図 5·22　部材断面形状

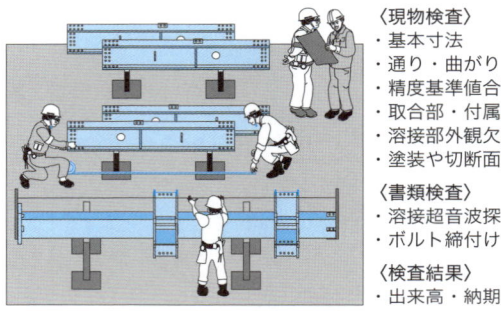

〈現物検査〉
・基本寸法
・通り・曲がり
・精度基準値合否
・取合部・付属金物
・溶接部外観欠陥
・塗装や切断面

〈書類検査〉
・溶接超音波探傷
・ボルト締付け

〈検査結果〉
・出来高・納期

図 5·23　製品検査のポイント

　完全溶込み溶接の裏はつりする両面溶接両端は、溶接後に端部をはつり回し溶接。スカラップは設けず、空気抜き孔を設け、隅肉溶接は全周溶接し、未溶接部を残さない。めっきは、JIS 表示認証工場にて行う。

8　製品検査と発送

(1) 製品検査

　製作完了部材について、社内検査後、関係者が参加し、製作工場にて、書類検査と現物検査からなる受入検査を行う（図 5·23）。

(2) 輸送計画および発送

　輸送にあたって、建方に遅れぬよう計画する。明確な部品符号をつけ、5t以上は重量表記が必要。また、輸送中の荷崩れや損傷を防ぐ防護措置を施す。ボルトなどの小物は、内容を明示する。

表5·14 柱脚の3方式

独立固定	根巻	埋込み
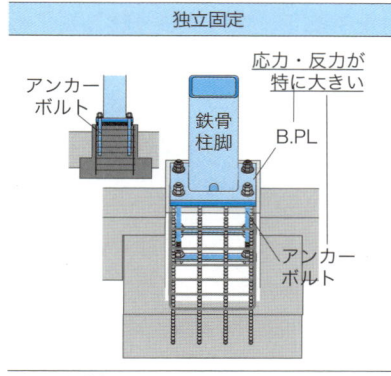	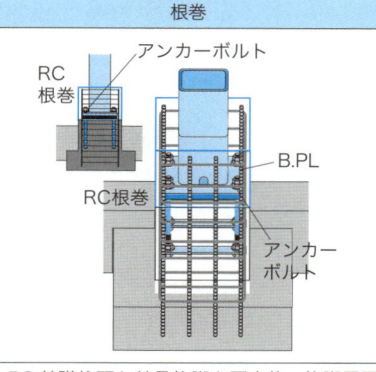	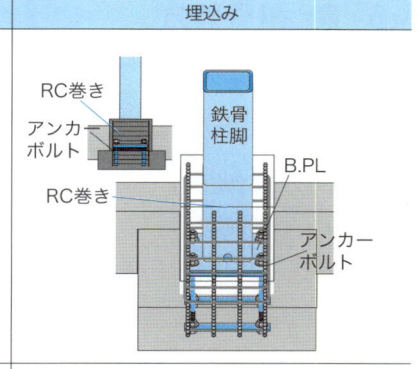
・RC基礎柱頭と鉄骨柱脚を、直接固定する標準的定着形式。 ・曲げ・せん断・軸力を、全固定・半固定・回転などの設計思想に応じて負担する。アンカーボルトとB.PLにかかる応力は大きく、位置精度・締付け力の品質管理は特に厳しい。 ・システム化した既成柱脚工法が国交大臣の認定により上市されている。	・RC基礎柱頭と鉄骨柱脚を固定後、柱脚周囲を一定高さのRCで根巻し、柱脚固定度を高めたもの。 ・経済性を追求した定着方式。 ・アンカーボルトは建方用が多い。 ・根巻される鉄骨柱脚部は、さび止め塗装せず、必要に応じスタッドボルトなどシアコネクターを設ける。 ・根巻部分が室内側に張り出す。	・鉄骨柱脚を、RC基礎柱頭より一定高さ下げ、基礎RCで巻き上げ補強し、柱脚をほぼ完全固定とする方式。 ・基礎埋込み以外に、階の中間近くに柱脚が設けられる設計もある。 ・アンカーボルトは建方用が多い。 ・RC巻き補強される鉄骨柱は、さび止め塗装せず、必要に応じスタッドボルトなどシアコネクターを設ける。

(注) B.PL：ベースプレート

5・5 柱脚の定着

(1) 柱脚の形式

柱脚には、表5·14、図5·24に示す設計方針による3形式があり、施工の要点を図5·25に示す。構造的に重要で、工程などへの影響が大きい。

(2) アンカーボルト

アンカーボルトには、**建方手段のみの建方用ボルト**、**構造耐力を負担する構造用ボルト**の2種類がある。その取付け方法には、**アンカーフレーム**で固定する**固定埋込み式**、ボルト周りに漏斗状緩衝材を取り付け、コンクリート打設後に取り外し、誤差を台直しする**可動埋込み式**があるが、構造用ボルトは前者とする。

(3) ベースモルタル

ベースモルタルには図5·26の3種類がある。建入れ調整の容易さを考え、柱重量支持に問題がなければ、**後詰中心塗り工法が標準**となっている。無収縮モルタルを使い、厚さは30～50mm。中心モルタルの大きさは、200mm角・200mm φ以上とする。**鉄骨建方まで3日以上養生**する。

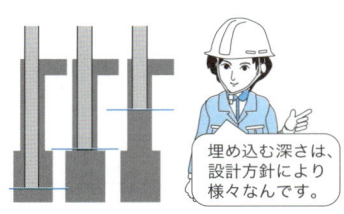

図5·24 柱脚の埋込み深さ

・UB締付け力・方法は、ナット回転法(30°)
・戻り止めは2重ナット(埋込み除く)
・ねじ余長が3山以上を標準

・構造用アンカーボルトは、鋼製フレームに固定
可動埋込み式は不可

・アンカーボルトは、錆、曲り、キズがないよう、テープ、塩ビ、布で養生する。

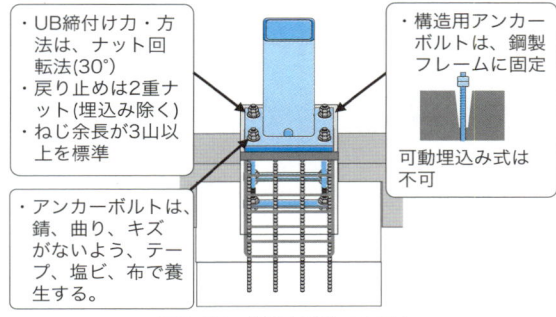

図5·25 柱脚定着施工の要点

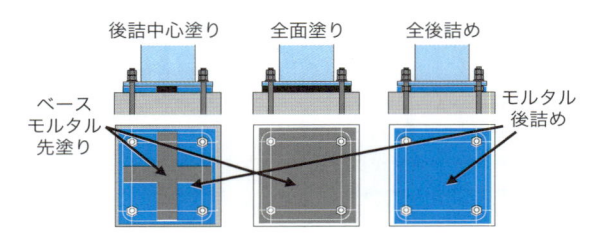

図5·26 ベースモルタル

5・6 鉄骨建方

1 建方計画

(1) 建方方式 (順序)

施工条件を踏まえ、搬入、機械、荷捌などを検討し建方方式を決定する。建方中の架構が安全で、構造体を劣化させないことを確認する。

部材形式・継手、スパン・丈などにより、支柱・架台などの仮設構造を駆使し、計測や安全管理を徹底し精度高く組み上げる順序を検討する (図5・27)。

(2) 建方機械

吊荷重・作業半径を綿密に検討し、建方機械を選定する。主なクレーンの特徴・用途を図5・28に整理する。設置構造、架台、路盤の安全を確認し、必要に応じ覆工や地盤改良、補強を行う。

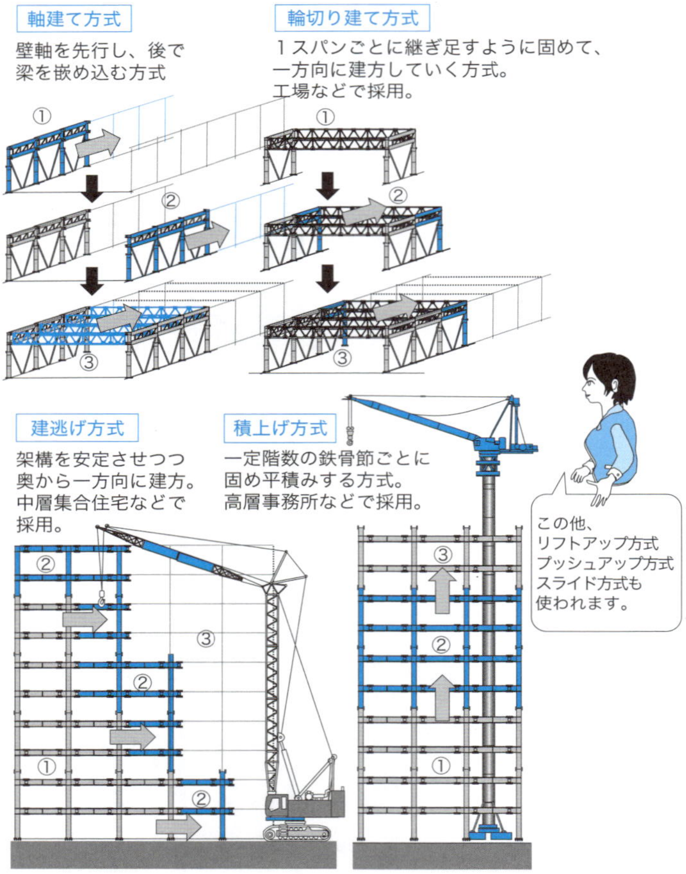

(3) 鉄骨建方計画図 (書) 作成

建物の構造特性をもとに、建方機械・建方方式を決め、搬入・仕分け・地組などの支援設備や方法、接合用足場・安全施設などの仮設計画も策定、計画図案を作成し、多方面から総合協議し検討する。合意された内容を解りやすく図面化し、手順を図示することが多い。

2 建方

(1) 建方準備

鉄骨建方の要点を図5・29に示す。

建方前に、建方順序と製品搬入、担当・資格・連絡方法、クレーン・工具、地盤・覆工、地墨、アンカーボルト・ベースモルタル完了を確認する。

(2) 地組

架台・治具を使用し地組部材寸法精度を確保。

軸建て方式
壁軸を先行し、後で梁を嵌め込む方式
① ② ③

輪切り建て方式
1スパンごとに継ぎ足すように固めて、一方向に建方していく方式。工場などで採用。
① ② ③

建逃げ方式
架構を安定させつつ奥から一方向に建方。中層集合住宅などで採用。
① ② ③

積上げ方式
一定階数の鉄骨節ごとに固め平積みする方式。高層事務所などで採用。
① ② ③

この他、リフトアップ方式プッシュアップ方式スライド方式も使われます。

図5・27 主な鉄骨建方方式 (順序)

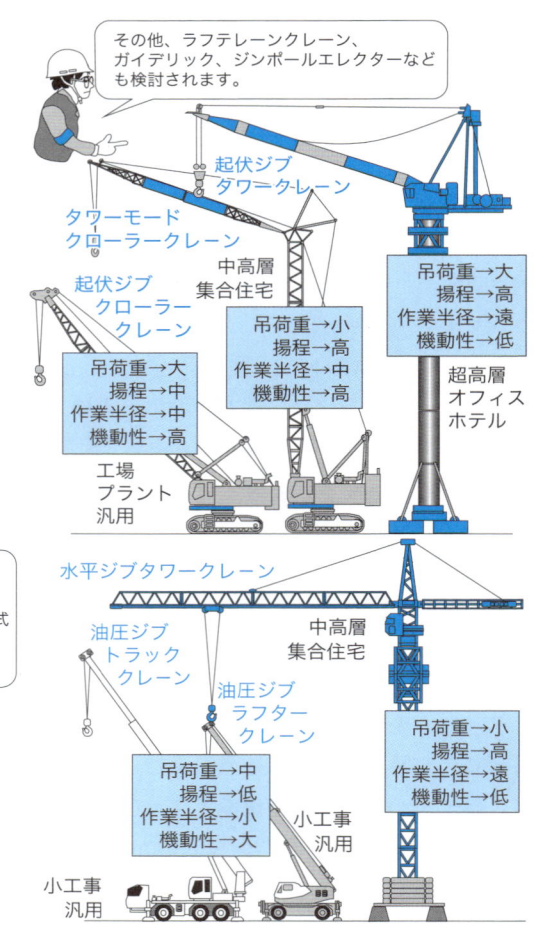

その他、ラフテレーンクレーン、ガイデリック、ジンポールエレクターなども検討されます。

タワーモードクローラークレーン

起伏ジブタワークレーン

起伏ジブクローラークレーン
吊荷重→大 揚程→中 作業半径→中 機動性→高
工場プラント汎用

中高層集合住宅
吊荷重→小 揚程→高 作業半径→中 機動性→高

超高層オフィスホテル
吊荷重→大 揚程→高 作業半径→遠 機動性→低

水平ジブタワークレーン

油圧ジブトラッククレーン

油圧ジブラフタークレーン
吊荷重→中 揚程→低 作業半径→小 機動性→大
小工事汎用

中高層集合住宅
吊荷重→小 揚程→高 作業半径→遠 機動性→低

小工事汎用

図5・28 鉄骨建方用クレーン

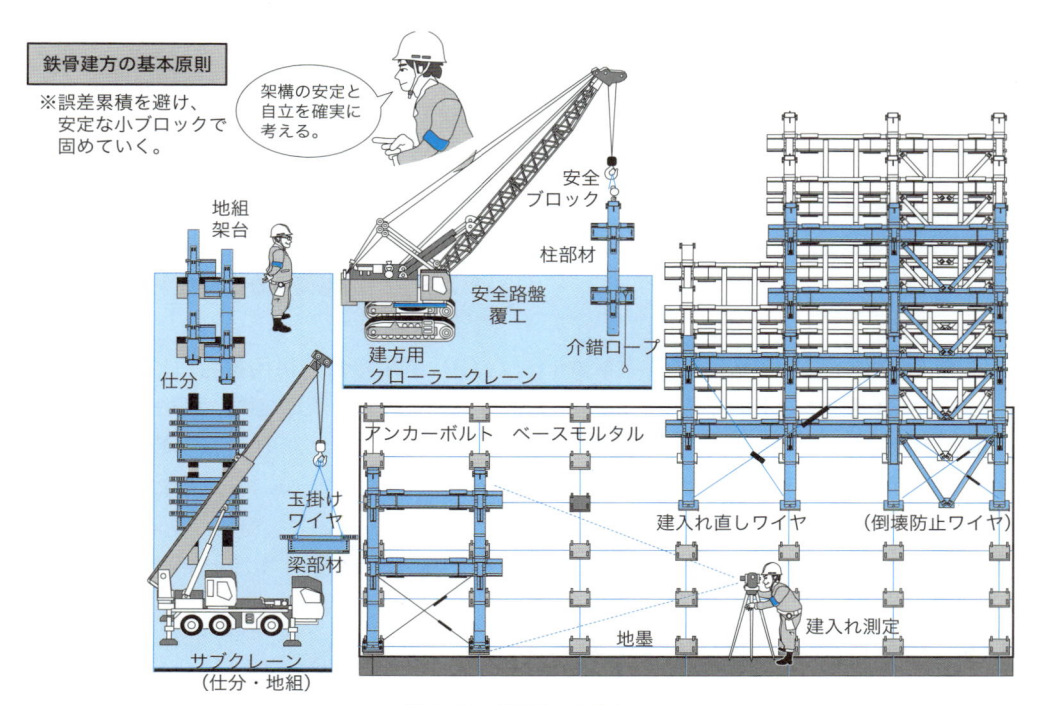

図 5·29　鉄骨建方の要点

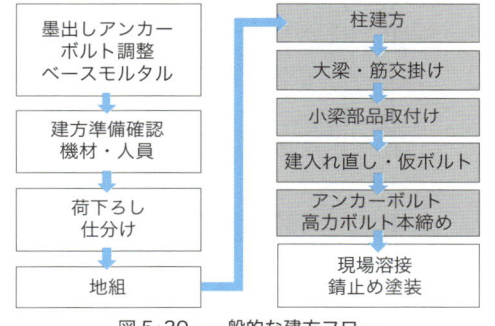

図 5·30　一般的な建方フロー

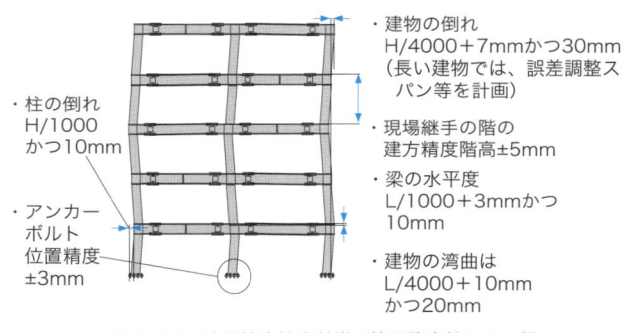

図 5·31　鉄骨精度検査基準 (管理許容値) の一部

（3）搬入・仕分

送り状と照合、製品数量および損傷の有無を確認。製品は受台に置く。

（4）建方フロー

建方フローを図 5·30 に示す。風速 10m 以上は建方禁止。

（5）仮ボルト

本締め・溶接まで、架構変形・倒壊を防ぐため仮ボルトを用いる。エレクションピースの仮ボルトは全数締め付ける。

（6）建入れ直し

鉄骨精度を確保し本接合に移るため、部材位置をトランシット・光波測定器などにて計測し、機器・ワイヤなどを用い倒れを修正する。誤差累積を避け、小ブロックで行う。

（7）建方精度

建方精度は、JASS6 付則 6 「鉄骨精度検査基準」付表 5 の管理許容差による（図 5·31 は抜粋）。限界許容差も規定されている。

建方精度の測定では、温度の影響を考慮する。使用する鋼製巻尺は、テープ合わせした基準巻尺と誤差を照合する。

接合部の精度は、JASS6 付則 6「鉄骨精度検査基準」の付表 1 ～ 3 による。

5・7 工事現場接合

(1) 高力ボルト接合

締め付けは、図 5・32 に示す、仮ボルト→1 次締め・マーキング→本締めの要領で段階的に行う。ボルトセットの品質確認試験は特記による。締め付け施工法確認試験は、代表的箇所の 1 ロットで、導入トルク平均値により合否を判断し、不具合時は、施工法を見直す。

接合部の錆止め塗装の塗り残した部分や損傷した部分は、補修塗装を行う。

(2) 工事現場溶接

特記のないかぎり、被覆アーク溶接、ガスシールドアーク溶接およびセルフシールドアーク溶接を用いる。溶接技能者・溶接作業者は、工事現場溶接に関し十分な経験と技量を有するものとする。溶接機器は工事現場に適したもので、溶接技能者・溶接作業者に、取扱いを習熟させておかなければならない。

気温・湿度の急激な変化が予想される時は作業を中止し、風の強い時は防風対策をする（図 5・33）。柱のエレクションピースは高力ボルトで全数締める。溶接ひずみの建方精度への影響を考慮するとともに、汚れ、乾燥度、開先寸法をチェックする。

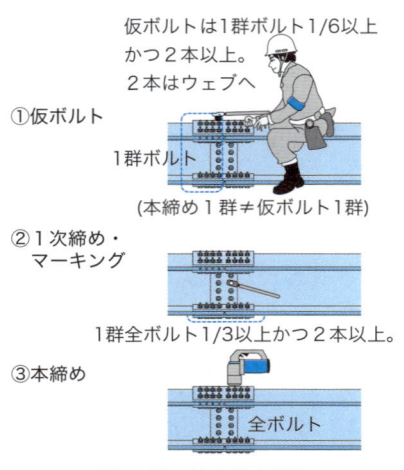

仮ボルトは1群ボルト1/6以上
かつ2本以上。
2本はウェブへ

①仮ボルト

1群ボルト

(本締め1群≠仮ボルト1群)

②1次締め・マーキング

1群全ボルト1/3以上かつ2本以上。

③本締め

全ボルト

図 5・32　締め付け手順

ガス溶断などで着火しない不燃性の養生シートを、溶接足場設備の周りや建物外周に沿って取り付け、防風対策とする。補助的な防風対策としてフランジに左右から防風装置をはめ込む方法などが考えられている。板厚が厚い、あるいは母材温度が低い場合は、電気ヒータ・ガスバーナで適切に予熱する。検査は、外観・超音波探傷検査を全数実施する。

(3) 混用接合・併用接合

高力ボルト・現場溶接の混用接合・併用接合は、図 5・34 に示す通り、原則として高力ボルトを先に締め、その後溶接を行う。後に溶接すると、割れなどを生ずるおそれがある。せいやフランジ厚が大きい場合は、高力ボルトを 1 次締め段階で溶接を行い、その後、本締めする方法を検討する。

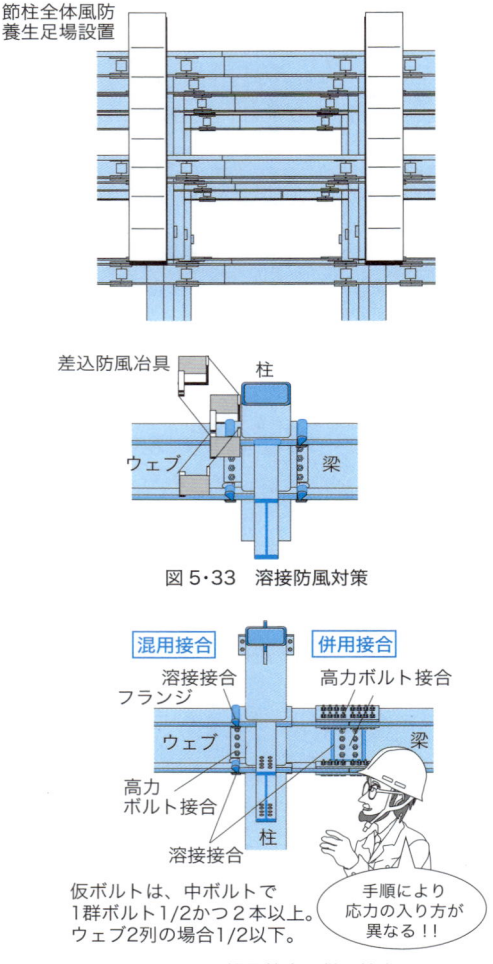

節柱全体風防
養生足場設置

差込防風冶具

柱

ウェブ　　　梁

図 5・33　溶接防風対策

混用接合　　併用接合

溶接接合　　高力ボルト接合
フランジ

ウェブ　　　梁

高力
ボルト接合

溶接接合

柱

手順により
応力の入り方が
異なる！！

仮ボルトは、中ボルトで
1群ボルト1/2かつ2本以上。
ウェブ2列の場合1/2以下。

図 5・34　混用接合と併用接合

5・8 鉄骨工事の仮設

本接合(溶接・高力ボルト締付)・現地塗装、材料や作業員の移動、置場利用のために、図5・35、5・36に示す吊り足場・作業通路などを設ける。

(1) 吊り棚足場

梁にチェーンを架けて、1.8m 間隔に設けた長さ7〜8m の角鋼管を吊り、これに転がし角鋼管を1.5m 間隔で並べ、交点を鉄線で結束する。外端には手すりと足がかりをつけ、足場板を結束し作業床を設ける。

(2) 柱用・梁用吊り枠足場

吊り枠足場は、梁鉄骨上あるいは下フランジに先付けされた金物より吊るタイプと、持ち放すタイプがある。これを柱あるいは梁接合部周囲に設置して作業床と手すりを設けて局部足場(または連続足場)とする。転用しやすくするために軽量化し、折り畳んで運ぶものもある。

(3) 水平養生(ライフネット)

作業員が墜落した場合の保護と、資材が落下した場合の防護を目的として設けられる。一般的には吊り桁(棚)足場・吊り枠足場回りおよび通路部分は各階に張り渡し、2階おきぐらいに全面張りすることが行われる。使用材料はライフネットと呼ばれる合成繊維のネットで、その構造が労働大臣より技術指針として示されている。

(4) 外部養生

作業員の墜落防止、資材が落下した場合の第三者防護を目的として設けられる垂直の養生設備。親ロープを垂らし、これに合成繊維ネット・金網を緊結する。風に対する安全性を確保し、後続工事のために取り外しやすいように工夫する。

(5) 移動通路・資材置場

材料や作業員の移動の通路として、資材や機材の置場や基地として図5・35、5・36の要領で計画する。

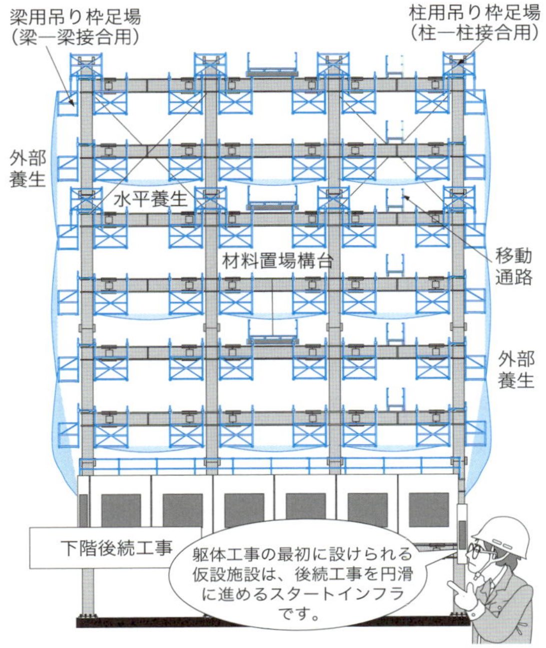

図5・35 標準モデル鉄骨造の鉄骨足場・養生

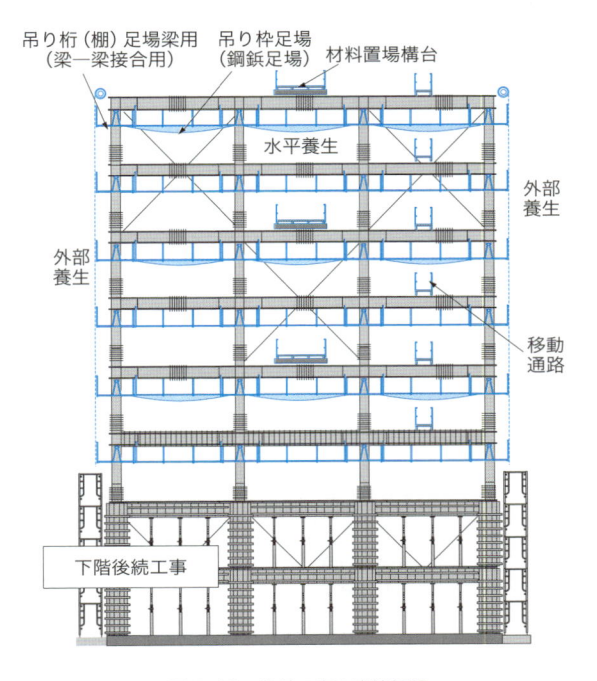

図5・36 鉄骨工事の直接仮設

5・9 耐火被覆

1 耐火被覆の種類

火災時に鉄骨部の温度上昇を抑え、一定時間、構造性能を確保し、避難・消火の支障にならないようにするのが耐火被覆の目的で、図5・37に示す工法が使われる。石綿は発ガン性の問題から使用禁止となっている。

耐火被覆工法	耐火材料
成形板張工法 箱型組立接着剤と釘で固定	・繊維混入けいカル板 ・ALCパネル ・軽量コンクリート板 ・強化せっこうボード ・押出成形セメント板
左官工法 鉄網下地左官こて塗り仕上	・鉄網モルタル ・鉄網軽量モルタル ・鉄網パーライトモルタル
吹付け工法 専用機で圧送混合吹付け	・吹付けロックウール ・軽量セメントモルタル ・吹付けひる石 ・水酸化アルミニウム混入湿式吹付モルタル
巻きつけ工法 耐火ピンに耐火材巻きつけ	・セラミックファイバー系材料 ・ロックウール系材料
打設工法 (鉄筋)コンクリートを巻く	・(鉄筋)コンクリート
組積工法 耐火材料を積む	・石 ・れんが ・(軽量)ブロック

図5・37　耐火被覆の仕様・材料

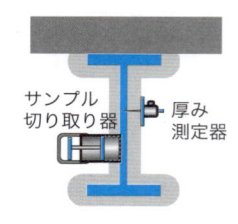

図5・38　試験サンプル採取

耐火被覆の性能は、基準法により、通常火災の加熱時間に対し、3時間・2時間・1時間・30分の耐火時間として耐火種別・部位・階数に応じ規定されている。

性能評価は、定められた加熱試験により次の3種に認定される。

①一般指定：法に明記される一般的工法。

②個別指定：定めた試験に合格したもの。

③特別認可：建設大臣認可の特別な工法。

2 耐火被覆施工

(1) 施工部位

カーテンウォールの取付金物も耐火被覆を行う。型枠デッキプレートは、耐火被覆が不要である。鉄骨面の錆止め塗装の要否は、特記による。

(2) 施工

国土交通大臣指定・認定工法の場合、指定・認定する材料を用い、指定・認定された工法・仕様に従う。打設工法のコンクリートはJASS5、左官工法のモルタルはJASS15に準じる。かぶり厚さを、打設前に必ず確認する。

工事現場に受け入れた材料は、パレット積み、シート掛けにより保管する。

鉄骨面に浮錆、油、ゴミなどが付着している時は除去し、素地調整後、速やかに施工し、粉塵飛散に備えシートを張り、防塵マスクを着用する。

雨水のかかる部位は、施工後、シート張りなどで養生する。

(3) 検査

吹付け工法では、目視検査、厚み測定、比重測定を満足すれば合格とする。厚み測定は図5・38のように、施工中に5m²あたり1か所の厚さを確認する。比重測定は、サンプルを採取し、絶巻かさ比重を耐火性能別に各階ごと、かつ床面積1,500m²ごとに5回測定する。

(4) 補修

厚さやかさ密度の不足に応じ、所定の厚さ・密度となるよう、補正または再施工する。

5・10 デッキプレート

（1）デッキプレート

構造利用床デッキプレートには、図5・39に示す3種がある。JIS G 3352に適合するデッキプレートが使われ、防錆処理は、一般用錆止めペイントを工場塗装した製品とめっき製品（JISG 3352に規定）がある。

構造耐力を期待しない型枠（仮設）としての使い方として、フラットデッキと型枠デッキがある（図5・40）。スラブ構造配筋必要で、耐火被覆は不要である。

フラットデッキは、上面が平らで、コンクリートと鉄骨量も軽減され、公共建築協会にて評価されたものが使われる。

（2）落下防止・ズレ止め・梁との固定

頭付スタッドは、梁とスラブのシアコネクターとして設けられる。面内せん断力を梁に伝えるためアークスポット溶接するもので、図5・41のように貫通溶接することもある。他に隅肉溶接も使われる。

また、デッキプレート合成スラブで頭付きスタッドを使わない場合は、焼抜き栓溶接・打込鋲または隅肉溶接で固定し、それ以外では、焼抜き栓溶接・打込鋲・隅肉溶接・プラグ溶接・アークスポット溶接などで固定する。

頭付スタッドは、専用電源・下向き溶接で行う。受入検査は、100本を1ロットとし、高さ・傾きの目視検査ならびに30度打撃曲げ試験を行い合否を判定する（図5・42）。

不良品は隣接部に打ち直す。デッキプレート貫通溶接は、径16mm以上で、事前に試打ちし確認する。

（3）施工

施工に先立ち割付図を作成し、全体チェック調整を行い、適切な施工方法と長さ、数量を確認する。荷扱いは、デッキプレートを変形させないよう注意して扱い、雨露にさらさないように保管する。

敷込みに先立ち、梁上の油・浮き錆などの敷込みに有害な汚れを除去し、デッキ受け材の確認を行う。

省力化と工期短縮をめざし、鉄筋が先付けされた鉄筋付デッキプレートがある（図5・43）。鉄筋トラスで三角断面を形成したスラブ主筋と床デッキプレート型枠を一体化した床構成材で、主筋は溶接されているため、施工中の配筋乱れがない。

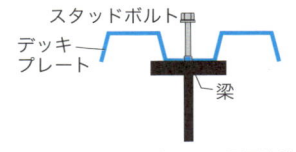

図5・41　デッキプレート貫通溶接

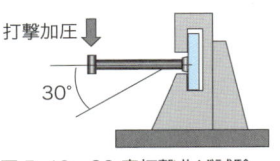

図5・42　30度打撃曲げ試験

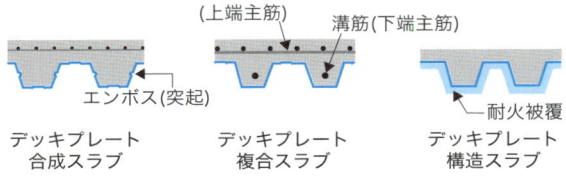

図5・39　構造利用デッキプレート

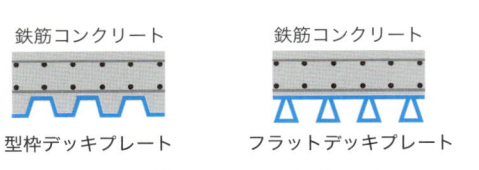

図5・40　型枠に用いるデッキプレート

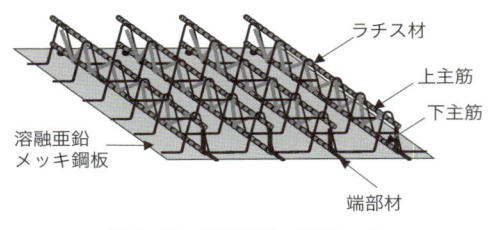

図5・43　鉄筋付デッキプレート

問1 次の記述のうち、最も不適当なものはどれか答えよ。

1. アンダーカットは、整形しショートビードとならないように注意しながら補修溶接した。
2. 母材の溶接面について付着物の確認を行ったところ、固着した溶接ビードがあったが、溶接に支障とならないので除去しなかった。
3. 完全溶け込み溶接の受入れ検査で、内部欠陥の検査において、浸透深傷試験により行った。
4. 併用継手において高力ボルトと溶接を併用する場合は、高力ボルト締め付け後に、溶接を行った。

問2 次の記述のうち、最も不適当なものはどれか答えよ。

1. 建築物の現場継手の階の建方精度管理許容差を、階高 ±5mm とした。
2. 鋼材温度を約200℃で、加熱曲げ加工を行った。
3. 柱の倒れ誤差の管理許容値を、高さの 1/1,000 以下かつ 10mm 以下とした。
4. ベースモルタルの施工で、鉄骨建方までの養生期間を 4 日確保した。

問3 次の記述のうち、最も不適当なものはどれか答えよ。

1. 設備配管用貫通孔の孔あけ加工において、径が 80mm であったので、手動ガス切断機を用いて、丁寧に円形に切断した。
2. 工事現場溶接を行う部分の両側それぞれ 100mm 程度の範囲およびコンクリートに埋め込まれる部分、ならびに超音波探傷試験に支障を及ぼす範囲は、工場にて錆止め塗装を行わなかった。
3. スタッド溶接にて、施工に先立ち、スタッドの径の異なるごと、午前と午後それぞれ作業開始前に 2 本の試験スタッド溶接を行い、曲げ角度 15 度の打撃曲げ試験を行った。
4. トルシア形高力ボルトの締付けの確認で、ナット回転量にばらつきのある群は、全ナット平均回転角度を算出。平均回転量 ±30° の範囲を合格とし、不合格ボルトは取り替えた。

問4 次の記述のうち、最も不適当なものはどれか答えよ。

1. 工事の規模が大きく、技術的難度の高い、鉄骨工事を含む超高層ビルなので、鉄骨工場グレード S ランクの製作工場を選定した。
2. 鋼材の受入れにおいて、材料は、別規格や不良品が混入しないように整理保管し、現品の識別が可能な処置を講じておいた。
3. 柱の溶接継手エレクションピース仮ボルトについては、高力ボルトを用い、ボルト 1 群に対して 1/2 以上、かつ、2 本以上とし、バランスよく配置して締め付けた。
4. ナット回転法による高力ボルトの締付け後検査で、回転量不足のボルトは、回転量以外に異常がなかったので、ボルトを取り換えず所定のナット回転量まで追締めを行った。

問5 次の記述のうち、最も不適当なものはどれか答えよ。

1. 高力ボルト接合における 1 群の高力ボルトの締付けについては、接合部の周辺から中央部に向かって行った。
2. 中層集合住宅の鉄骨建方計画で、施工時架構の安定を確認のうえ、奥から一方向に建方する、建て逃げ方式を採用した。
3. 採用柱梁接合部において、エンドタブ切断に、特記がなかったので、行わなかった。
4. 完全溶込み溶接部の内部欠陥の検査方法として、超音波探傷検査を行った。

6章　木造工事

　わが国の木造建築構法は、古くは竪穴式住居、高床式倉庫などに始まり、仏教伝来にともなう建築技術の導入、中世におけるそれら技術の成熟、近代の西洋の建築技術の本格的な導入を経て、現代の木造軸組構法が成立した。

　わが国には現在、木造軸組構法のほか、枠組壁構法、大断面集成材構法、ラーメン構法、井楼組など多様な木造建築構法がある。わが国の木造建築の略年表を表 6·1 に示す。

　本章では主に木造軸組構法の各部構法の施工上の注意事項について解説する。また、施工上の注意事項に対する理解を深めるため、各種木造構法の概説、建築材料としての木材の性質、木造建築の各種性能について併せて概説する。

6·1　木造建築とは

1　わが国における木造建築構法

　わが国は世界的にも高い森林率を有し、古来より建材として木材が利用されてきている。現在でも着工床面積に占める割合は木造が最大である。木造の中でもわが国で最も一般的なのは木造軸組構法であり、これは枠組壁構法、井楼組、大断面構法などと比べて古くから用いられている構法という意味で、在来構法、在来軸組構法などと呼ばれることもある。

木造軸組構法については 6·3 節で詳しく取り扱う。

　なお、「構法」は「建築物における部品の組み合わせ方、あるいはその実体」を指すのに対し、「工法」は「組立の作業手順」を指すことに注意されたい。

2　枠組壁構法

　木造軸組構法はわが国で古くから一般的に用いられているのに対して、近年広まりつつある構法として、枠組壁構法（ツーバイフォー構法ともよぶ）がある。枠組壁構法の概要を図 6·1 に示す。枠組壁構法は木材加工技術の発達と釘の量産機械の発明を受けて米国で 19 世紀に成立したバルーン構法、その改

表 6·1　わが国における木造の歴史

時代区分		構造形式、構造要素	キーワード	
古代	～弥生時代	掘立柱	竪穴式住居、高床式倉庫	
中世	飛鳥時代～平安時代	長押、校倉	和様、寝殿造	
	鎌倉時代	貫、桔木	大仏様、禅宗様	
	室町時代		書院造	
	戦国時代～江戸時代	胴差	木割書（ex. 匠明）	
近代	明治～大正	筋かい、火打ち、トラス	金物	
	昭和	大断面構造、枠組壁構法	プレカット、集成材	
現代	平成	ラーメン、マッシブホルツ構法		

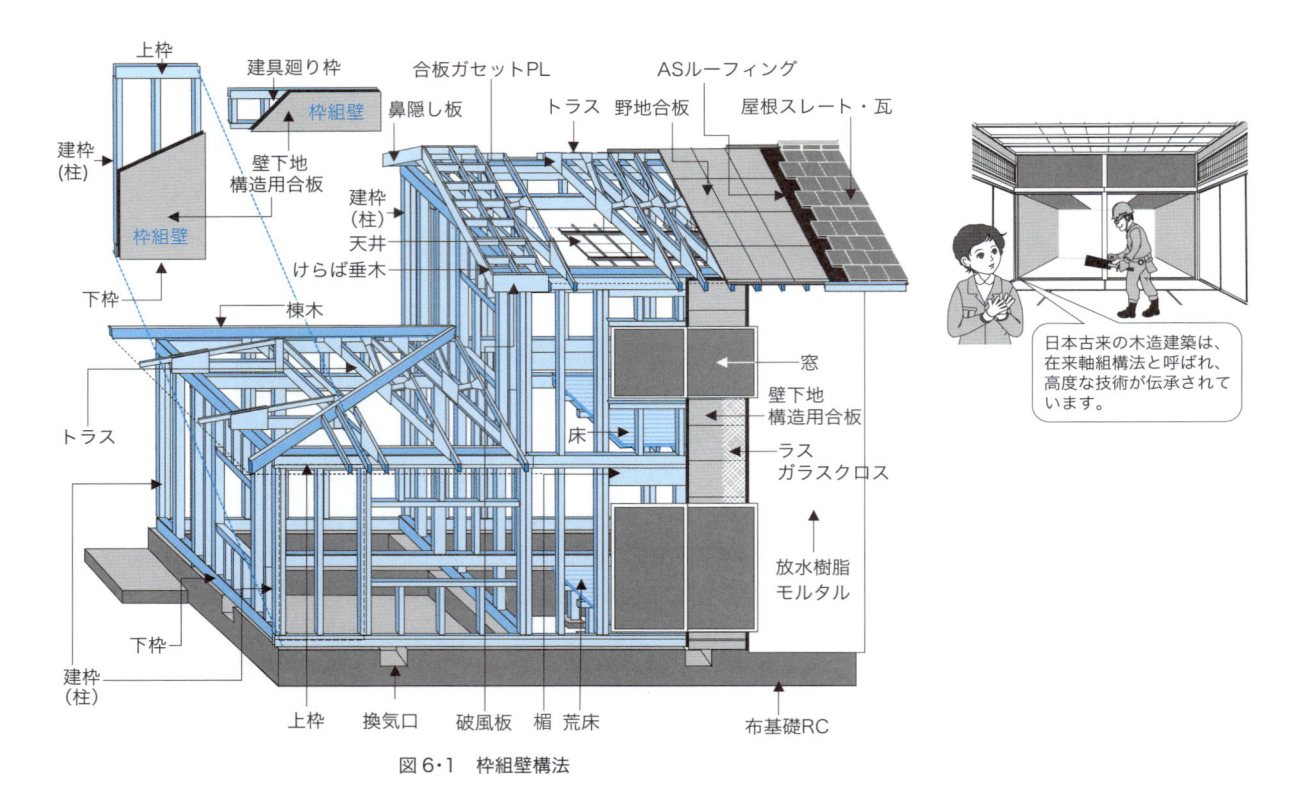

図6・1 枠組壁構法

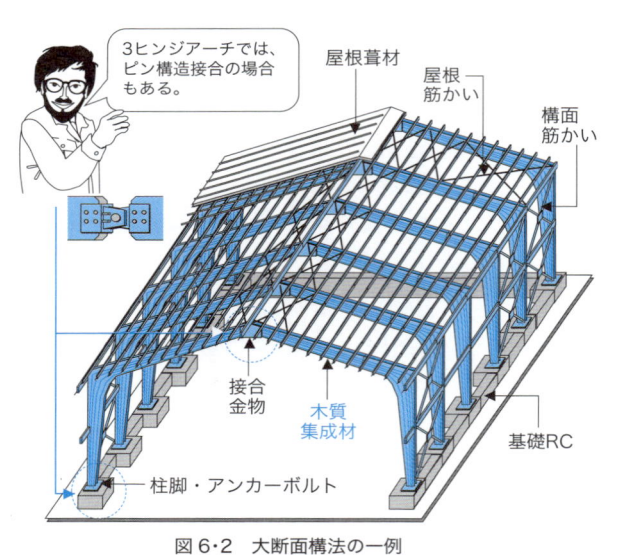

図6・2 大断面構法の一例

良型であるプラットフォーム構法を基にした構法である。2インチ×4インチ断面（実際の寸法は製材するためにそれよりも小さい）の木材と合板を大量に使用する構法で、わが国では1974年に本格的に普及し始めた。

枠組壁構法では木造軸組構法に見られるような複雑な継手、仕口を用いず、木材同士の接合は釘と金物を多用するため、大工の熟練を要しない。また、床を施工してからそれを作業床として壁を作成し建て起こすため、木造軸組構法に比べて一般的に作業条件がよく、施工が速い。隅角部のたて枠や頭つなぎなど、耐力が必要とされる部位においては2丁あるいは3丁を束ねて釘で一体化して一部材として用いることもある。鉛直荷重、水平荷重に対しては、2×4材で構成した枠組に合板を釘打ちした壁で抵抗する。材料はSPF材（Spruce, Pine, Fir）を使用する。小屋組みはトラスとすることが多い。釘の施工品質が構造性能に大きく影響するため、部位に応じて適切な種類の釘を適切な施工方法で用いることが重要である。わが国では気候条件から耐久性上の配慮を必要とし、土台は防腐処理をして用いられる。

3　大断面集成材構法

集成材に関する技術は20世紀初頭にドイツ人により特許が取得され、世界中に広まった。わが国で集成材が最初に用いられたのは1951年竣工の森林記念館のアーチである。大断面構法の一例を図6・2に示す。

集成材は厚さ30mm程度のひき板（ラミナともよぶ）を繊維方向を揃えて積層接着したもので、大断面、

長尺、湾曲形状を実現できるという長所がある。また、ひき板の作成時に節や腐れなどの欠点を除去できること、ひき板のヤング率や強度をコントロールして組み合わせることでバラツキの小さな部材が作製できるなどの長所がある。木材は乾燥収縮するため、ひき板は大きな製材に比べてあらかじめ乾燥しやすいことも、供用期間中の狂いを小さくする上で長所となる。

1950 年の衆議院決議による官公庁建築物の不燃化政策、1955 年閣議決定による木材消費の抑制、1959 年の日本建築学会による防火、耐風水害のための木造禁止決議などを経て、わが国では近年、大型木造はほとんど建設されなくなっていた。しかしながら近年、木材は炭素固定可能で持続可能な材料であり、地球温暖化防止に寄与するものとして改めて注目され、2011 年「公共建築物等における木材の利用の促進に関する法律」によって大型木造が再び建設されるようになった。

大断面集成材による構法では接合部は多様な方法が用いられている。すなわち、鋼板やボルト、ドリフトピン、接着剤などを組み合わせた様々な接合方法が提案されている。鋼板やボルト、ドリフトピンを用いた接合方法においては、プレカットにより先孔を施工しておくのが一般的であり、現場での手戻り作業を防ぐため、仮組みなどによる確認をしておくことが望ましい。

また、ドリフトピン施工部分を木材で埋木する場合は、正しく施工されていることを記録しておくことが望ましい。接着剤を用いて接合する際には、現場において接合部の塵埃の除去と清掃を確実に実施するとともに、接着剤の充填確認、温度と硬化時間の管理を徹底することが必要である。

大断面構造の構工法技術は日進月歩であるため、新しい技術による建築物を施工する際は、性能を担保するための構法を十分に理解した上で、適切な施工方法を選択することが肝心である。

4　各種木造構法

木材はコンクリートのように現場で部材を一体化することが不可能であり、また、鋼構造のように強靭な接合方式で柱梁接合部を剛接合することも難しい。しかしながら近年、様々な金物や接着剤などを利用した木質ラーメン構法が開発されている（図6・3）。在来軸組構法や枠組壁構法は水平耐力を壁によって担うため、大きな開口部をつくることが難しいが、ラーメン構法の開発により、高い開放性を有する木造建築が出現している。

ラーメン構法は、柱−基礎接合部、柱−梁接合部の剛性によって性能が左右されるため、接合部の施工には十分に注意を要する。特に、位置決めや建入れ調整のために構造性能を阻害することのないように、適切な施工方法を選択する。また、ラーメン構法は部材の曲げ性能も重要であるため、構造部材への切り欠きは極力避けなければならない。

大規模木造建築を実現する材料として、近年、CLT（Cross Laminated Timber、直交集成板）が注

図6・4　CLT による大型ショッピングセンター

図6・5　CLT による中層集合住宅

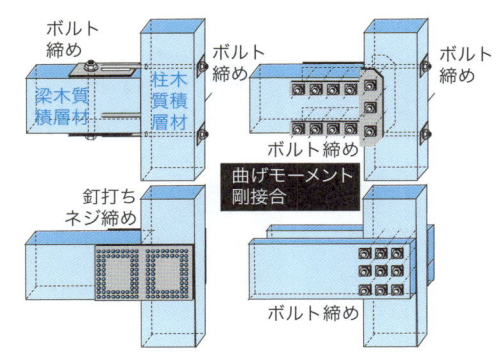

図 6・3　木質ラーメン構法の接合部

目されている。1970 年代にスイスで開発され、1998 年にドイツ、オーストリアで実用化された。日本では 2013 年に製造規格となる JAS（日本農林規格）が制定され、2016 年に CLT 関連の建築基準法告示が公布・施行された。CLT のパネル寸法は 2.95× 16.5m（K 社）、3m×12m（M 社）など大型で、これを利用した中層集合住宅や大規模建築物の建設が進んでいる（図 6·4、6·5）。

CLT 構法は大型の部材で構造耐力を発揮する構法であるため、軸組構法や大断面集成材構法に比べて一般的に構造材の切り欠きに対する冗長性は大きいが、構造部材の不用意な欠損は避けることが望ましい。

図 6·6　東大寺正倉院正倉

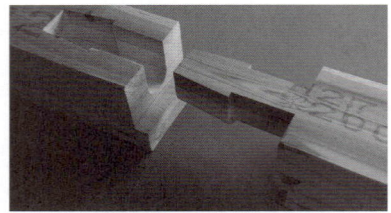

図 6·7　プレカット継手

井楼組は**丸太組構法**、**ログハウス**などと呼ばれることもある。木材を横にして井桁のように積み上げて壁体を構成するもので、加工が少なくて済むため、北欧や北米など木材資源が豊富な地域で古くから見られる構法である。わが国では三角形（正確には頂部を面取りした六角形）断面の校木を積層した**校倉造**が古くから見られ、奈良東大寺の正倉院正倉がよく知られている（図 6·6）。高度成長期に入り別荘の需要が増えたり、輸入住宅として紹介されたりしたことを経て、丸太組構法が脚光を浴び、1986 年には丸太組構法技術基準告示が公布された。

丸太組構法の施工においては、外壁の耐力壁線の交差部においては太さ 13mm 以上の通しボルトを設けること（許容応力度計算によって構造耐力上安全であることが確かめられた場合を除く）、丸太材などには原則として継手を設けてはならない、耐力壁内には所定の品質、長さ、本数を満たすだぼを設けなければならないなど、安全上必要な技術基準を遵守しなければならない。

5　木造建築に関する慣習

鉄骨造や鉄筋コンクリート造建築物とは異なり、木造軸組構法は工学の出現する以前から存在し、近年科学のメスが入れられているものである。したがって、**伝統的、地域的な慣習**などが残っていることも

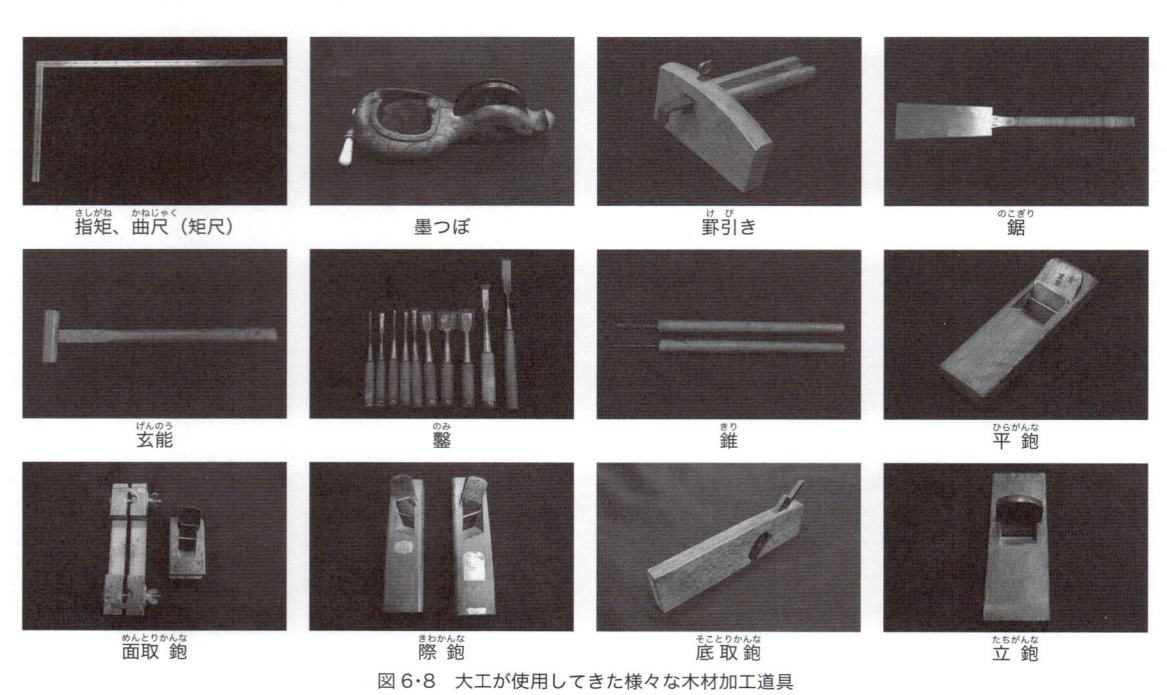

図 6·8　大工が使用してきた様々な木材加工道具

多い。これらの中には社会的、技術的な変化によって意味をなさなくなったものもある一方、原理を理解すれば応用可能なものもあると考えられる。また、部材や部位の名称など、地域によって異なることもあり、注意を要する。

6　木造建築用の道具と加工技術

　木材は加工が容易であるために古くから建築材料として利用されてきたように、人類は古来より様々な道具を用いて木材を加工してきた。わが国では、古代は石を用いた石斧を用いていたが、弥生時代に鉄器が出現すると、斧に加えて鑿（のみ）などの道具が登場し、木材の加工精度が向上した。中世には大鋸（おが）が中国より伝わって製材技術に革新が起こり、それまでの楔を用いた打ち割製材では扱うことが難しかった様々な樹種が用いられたり、薄板、細い柱が用いられたりするようになった。産業革命以降、加工用の鋼材を得やすくなったことと製材の機械化により、大量、安価な製材が可能となった。

　木造軸組構法の特徴の一つである複雑な継手や仕口の加工は、下小屋で大工が一般的には数か月かけて行っていたが、これら精妙で高度な技術は一方で合理化のネックとも考えられていた。1975年前後に始まったプレカットは、これらの継手仕口を集約し、予め工場で機械加工するもので、これによって木造軸組構法の工期は一気に短くなった（図6·7）。とはいえ、木材は容易に加工できるという特徴を有するため、現場における細かな調整や急な（軽微な）設計変更への対応などが可能で、そのために様々な道具が用いられている（図6·8）。

6·2　木材の性質

1　木質材料の概要

　樹木は二酸化炭素を細胞壁内に取り込み、固定化するため、木材は地球温暖化を抑止する材料として近年注目されている。

　建築では樹木のうち樹幹を製材して利用する。樹幹は外側から樹皮、形成層、辺材、心材で構成され

る（図6·9）。このうち、細胞として生命活動を行っている、すなわち「生きている」のは形成層のみであり、その他の部分は生命活動を終えた細胞の細胞壁である。製材すると形成層は残らないため、建築に利用される木材は「死んでいる」のである。

2　木質材料の性質－含水率

　木造建築の構造用材料として利用されることが多いのは針葉樹であるが、針葉樹の細胞のほとんどは仮道管である。仮道管は樹木の骨格として樹幹を支える一方、根から葉へ水分を運ぶ役割をしているため、樹木は伐採直後には多くの水分を含んでいる。材の全（絶）乾質量に対するその木材が含む水分質量の比を含水率とよぶ。

$$\text{含水率} = \frac{\text{含まれる水分の質量}}{\text{材の全乾質量}}$$

　木材に含まれる水分は木材成分との結合の形態によってそれぞれ結合水、自由水と呼ばれる状態で存在する（図6·10）。含水率が低い領域での水分は結合水とよばれ、木材の機械的性質や膨潤収縮に影響を及ぼす。含水率が高い領域での水分は自由水とよば

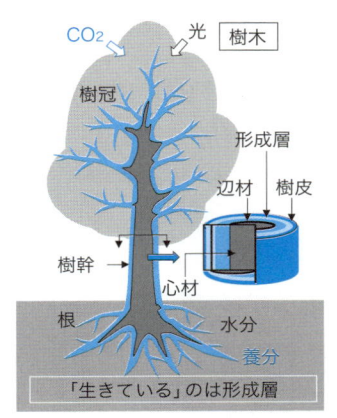

図6·9　樹木の構成

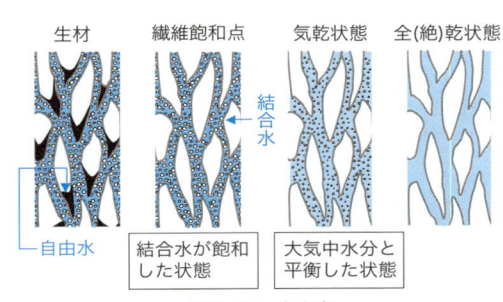

図6·10　含水率

れ、細胞間や細胞内に水分として存在する。これらの水分は木材の性質へはほとんど影響しないが、木材の腐朽や蟻害（シロアリによる食害）には大きな影響を及ぼす。これらの理由から、木材は予め含水率10～20%程度に乾燥させてから使用することが望ましい。

3　木質材料の性質-直交異方性

木材は鉄やコンクリートとは異なり、直交異方性を有することに注意が必要である。直交異方性とは、方向によって性質が異なることである。針葉樹を電子顕微鏡で見た様子を図6·11に示す。木材はストローを束ねたような構成をしているため、縦方向の力には強く、横方向の力には弱い。

木材は、吸放湿による膨潤収縮に対しても直交異方性を示す。膨潤収縮は、接線方向が最も大きく、次いで半径方向、繊維方向が最も変化しにくい。これらの膨潤収縮の際によって木材は反ったり捩れたりする。板目板は木表側に反りやすく（図6·12）、また、心持ち材（図6·13）は放射状に干割れを生じやすい。干割れが思わぬ方向に生じることを防ぐため、背割りが行われることがある（図6·14）。背割りとは、円周方向（T方向）への歪みを背割り部分に集中させて他の部分の干割れを防ぐ方法で、真壁柱などでは背割り面を壁体内に納めてしまえば、表面に割れが生じるリスクを抑えることができる。柱頭柱脚金物を取り付けたり、面材を釘打ちする時など、釘や

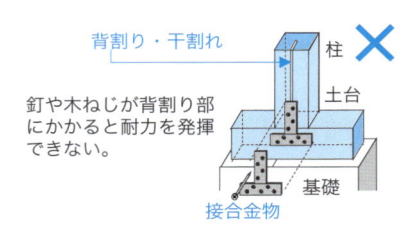

図6·15　背割り部への金物取付は避ける

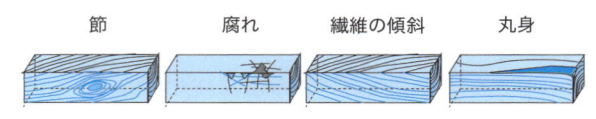

図6·16　木材の欠点

図6·11　タテヤマスギの木口断面
（提供：富山県農林水産総合技術センター　木材研究所　鈴木聡氏）

図6·12　板目材の変形

図6·13　心持ち材の干割れ

図6·14　背割り

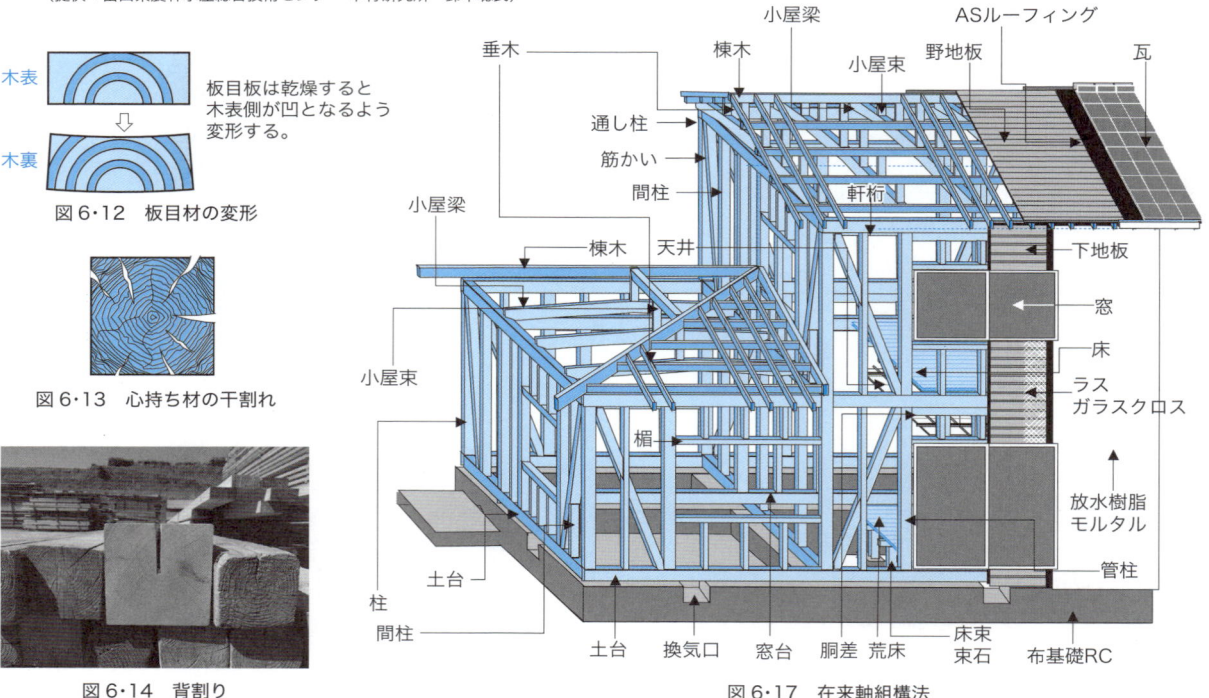

図6·17　在来軸組構法

ねじが干割れ部や背割り部にかかると耐力を発揮できないので、注意する（図6・15）。

4　木材の品質

　木材は天然材料であるため、機械的性質のばらつきや、欠点の存在の可能性などが問題となる。木材の主な欠点は節、腐れ、繊維の傾斜、丸身などが挙げられる（図6・16）。木材の品質は日本農林規格（JAS）によって詳しく規定され、機械的性質や等級に区分される。

5　建築材料として主要な樹種

　わが国の国土は大部分が温帯に属し、森林には多様な樹種が存在する。木造建築用材料としては、通直性が高く、柔らかく加工しやすいことから針葉樹が古くから主に利用されているが、広葉樹にも多様な樹種があり、利用されている。

　人工林を構成する主要な樹種はスギ、ヒノキである。ともに通直性が高く、柔らかく加工しやすいだけでなく、特に心材は高い耐久性を示す。おもに柱材に使用されることが多い。梁にはマツ（アカマツ、クロマツ）が使用されることが多いが、虫害に注意を要する。これら主要な国産材は地域によってブランド化されていることも多く、近年は地産地消への意識の高まりから地域材が積極的に利用されている。

　その他、木造軸組構法には部位によって様々な樹種が用いられる。国産材以外に、北米をはじめとする輸入材も多く用いられている（表6・2）。

6・3　木造軸組構法の各部工事

1　木造軸組構法とは

　木造軸組構法（図6・17）は主に土台、柱、梁などの「軸組」から構成される構法である。以下に一般的な木造軸組構法の仕組みと施工上の注意点を述べる。

2　小規模基礎

　木造軸組構法の基礎には一般的に鉄筋コンクリート構造が用いられる。基礎は、上部構造に作用した

鉛直力および水平力を地盤に伝達するものである。柱による局部的な鉛直荷重は、面的に地盤に伝達されると同時に基礎梁は地盤反力により上方向に曲げを受ける（図6・18）。すなわち、上側が引張となる曲げを受ける（連続梁の柱近傍では下側引張）ため、特に上側の主筋の配筋には注意を要する。床下換気口の配置のためには上側主筋を切断しなければならないが、基礎パッキンとよばれる小片を土台と基礎との間に挟み、床下換気面積を確保する方法もある。

　1995年の兵庫県南部地震では多くの木造建築が倒壊したが、この多くは柱脚の土台への留めつけ不足であったといわれている。これを受け、2000年の建築基準法改正では小規模の木造軸組構法における継手仕口の緊結方法が具体的に示され、1階の柱脚は必要に応じてホールダウン金物で基礎に緊結することが義務付けられた。また、1階柱脚と土台を緊結する場合も、土台の浮き上がりや折損を防止するため、近傍にアンカーボルトを配置する必要がある。アンカーボルトは設計上十分な埋込み長さを確保するとともに、土台を締め付けた時にナットが締め付け不良とならず、ナット上に余長を確保できるように、

表6・2　建築物の部位と樹種

部　位	国産材	輸入材	
梁	マツ、スギ、カラマツ	ベイマツ、ベイツガ、オウシュウアカマツ、スプルース	
柱	ヒノキ、スギ、ヒバ	ベイマツ、ベイツガ、オウシュウアカマツ	
土台	ヒノキ、ヒバ、クリ、カラマツ、スギ	ベイヒバ、ベイツガ（保存薬剤注入）	

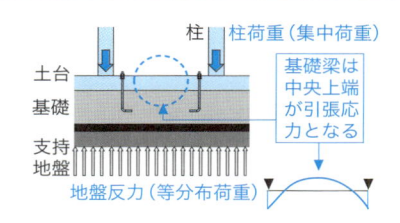

図6・18　基礎梁の曲げ

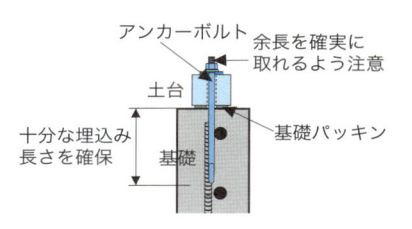

図6・19　アンカーボルト

基礎上にも十分な長さを確保する。ホールダウンア
ンカーボルトも同様に十分な埋込み長さと基礎上長
さを確保する。ホールダウンアンカーボルトやアン
カーボルトは基礎施工時に正しく設置する必要があ
るので注意する（図6·19）。

3　軸組

　土台は耐力壁からの水平力を受け、基礎に伝達す
る。また、筋かいや耐力面材による浮き上がり力を
基礎に伝達する。土台の継手は床下換気口上を避け
て配置する。土台は軸組の中でももっとも地面に近
く、湿度の影響を受けるので、腐朽しやすい。この
ため、土台には耐朽性の高い樹種を用いることが望
ましい。一般的にはヒノキ、ベイヒ、ヒバ、ベイヒバ、
コウヤマキ、クリ、ケヤキなどを用いることが多い。
なお、同じ樹種でも辺材に比べて心材は耐朽性が高
い。

表6·3　柱の小径（建築基準法施行令第43条）

	柱の間隔が10m以上の柱または学校等の柱		左以外の柱	
	最上階または平屋の柱	その他の柱	最上階または平屋の柱	その他の柱
(1)　土蔵造等の壁の重量が特に大きい建築物	1/22以上	1/20以上	1/25以上	1/22以上
(2)　以外の建築物で屋根を金属板等の軽い材料でふいたもの	1/30以上	1/25以上	1/33以上	1/30以上
(1)、(2)　以外の建築物	1/25以上	1/22以上	1/30以上	1/28以上

　柱は座屈防止の観点から柱の小径などの規定があ
る（表6·3）。また、欠き込みを設ける場合は適切に
補強しなければならない。柱頭柱脚は前述のように
土台や梁に金物を用いて緊結する。金物は建築基準
法に規定されている方法で正しく選定する。また、
金物は正しく用いなければ所定の耐力が発揮されな
いので、取り付け位置や使用する釘、ねじなどの接
合具の使用方法に注意する。特に、背割り部への施
工方法や、使用する樹種に適用可能かどうかの確認
を行う必要がある。通し柱への四方差しは柱が十分
な太さを有していないと断面欠損が大きくなり、地
震時に折損するおそれがあるため、注意を要する。
　木造軸組構法の梁は一般的にピン支持として考え
られる。すなわち、下側が引張力を受けることとな
るため、梁の下端の欠込みなどは避ける。梁の中間
が支持されている場合は連続梁となるので、その付
近では上端の欠込みも避ける。継手は梁上で台持ち
継ぎ、あるいは下階柱による支持点近傍で追掛大栓
継ぎや鎌継ぎとし、必要に応じて短冊金物などで補
強する。
　床束、小屋束などは建築基準法に明確な規定がな
いが、根絡みや桁行筋かいを入れるなどして、転倒
防止策をはかる。また、束の頭部および脚部は横架
材に適切に接合する。

4　耐力壁

　耐力壁は、柱と横架材に囲まれた壁部に構造用合

表6·4　様々な耐力壁の壁倍率（建築基準法施行令第46条）

	軸組の種類	倍率
(一)	土塗壁又は木ずりその他これに類するものを柱および間柱の片面に打ち付けた壁を設けた軸組	0.5
(二)	木ずりその他これに類するものを柱および間柱の両面に打ち付けた壁を設けた軸組	1
	厚さ1.5cm以上で幅9cm以上の木材又は径9mm以上の鉄筋の筋かいを入れた軸組	
(三)	厚さ3cm以上で幅9cm以上の木材の筋かいを入れた軸組	1.5
(四)	厚さ4.5cm以上で幅9cm以上の木材の筋かいを入れた軸組	2
(五)	9cm角以上の木材の筋かいを入れた軸組	3
(六)	(二)から(四)までに掲げる筋かいをたすき掛けに入れた軸組	(二)から(四)までのそれぞれの数値の2倍
(七)	(五)に掲げる筋かいをたすき掛けに入れた軸組	5
(八)	その他(一)から(七)までに掲げる軸組と同等以上の耐力を有するものとして国土交通大臣が定めた構造方法を用いるもの又は国土交通大臣の認定を受けたもの	0.5から5までの範囲内において国土交通大臣が定める数値
(九)	(一)又は(二)に掲げる壁と(二)から(六)までに掲げる筋かいとを併用した軸組	(一)又は(二)のそれぞれの数値と(二)から(六)までのそれぞれの数値との和

板などの面材あるいは筋かいを配置して水平力に抵抗する壁のことである。1950年に建築基準法が制定され、ここではじめて壁量規定が定められた。現在、建築基準法施行令第46条では、すべての方向の水平力に対して安全であるように、各階の張り間および桁行方向に、それぞれ壁または筋かいを入れた軸組を釣合い良く配置するよう規定されている。一般的な構造計算は、外力によって各部材に生じる応力（応力度）が、その部材の許容耐力（許容応力度）を超えないことを確認するものだが、壁量規定（壁量計算）はこれを簡略化したものである。壁量計算においては、まず、地震や風によって生じる力を見付面積や床面積によって算出したものを、基準となる耐力壁（表6・4（二））の長さで表す。これを必要壁量とよぶ。次に、実際に配置した耐力壁の総長さ（存在壁量）が必要壁量以上であることを確認する。耐力壁は、

予め実験で、基準となる耐力壁の何倍の強さを有するのか確認されており、これを壁倍率とよぶ（表6・4）。存在壁量算定時は、壁倍率によって重みづけする。

　壁量規定は大地震ごとに見直され現在に至っている。表6・5に地震に対する必要壁量の変遷を示す。2000年の建築基準法改正で義務付けられた継手仕口の緊結方法は筋かいの端部にも適用されており、筋かい端部は適切な方法で柱および横架材に緊結することが明示された。また、「つり合いよく配置」するための具体的な基準としていわゆる四分割法が示された（図6・20）。有効な耐力壁として明示されているのは従来、筋かい、土塗り壁、木ずりであったが、1981年の建築基準法改正により、パーティクルボード、ハードボード、石こうボードなど様々な面材耐力壁が規定された（昭和56年建設省告示第1100号、表6・6）。告示1100号はその後も見直されている。告示1100号には面材の種類に応じて釘の種類や留めつけ間隔が示されている。釘の品質はJIS A 5508に規定されており（表6・7）、これも都度見直されている。これを受け、平成30年国住指第4747号の中の技術的助言では、「同等以上の品質を有するくぎの種類の例として、JIS A 5508（くぎ）-2005に定めるN（鉄まるくぎ）とNZ（めっき鉄まるくぎ）については同等として取り扱うことができると考えられる」とされ、新しい技術が次々に導入されている。

　耐力壁の施工においては下記に特に留意する。筋かいと間柱との取合い部は筋かいではなく間柱を筋かい厚だけ欠きとり、釘打ちする。構造用面材は柱、間柱および土台・梁・桁・その他横架材に確実に釘で留め付ける。釘の種類や間隔は、耐力壁の性能を大きく左右するので、必ず規定通りのものを使用する。1階および2階の上下に構造用面材が連続する場合は、胴差部において6mm以上の空きを設ける。接合金物の取付けのために面材の隅部を欠き込む場合は、その周辺部に適切に増打ちを行う。

5　接合部

　木造軸組構法はわが国で独自の発達を重ね、様々な継手および仕口が考案されてきた（図6・21）。継手は部材を軸方向につなぐ場合の接合部で、仕口は部材を角度をもってつなぐ場合の接合部のことをいう。

表6・5　壁量の変遷

			1950年	1959年	1971年	1981年
床面積に乗ずる数値（軽い屋根／重い屋根）	平屋		8/12	12/15	12/15	11/15
	2階建て	2階	8/12	12/15	12/15	15/21
		1階	12/16	21/24	21/24	29/33
	3階建て	3階	8/12	12/15	12/15	18/50
		2階	12/16	21/24	21/24	34/39
		1階	16/20	30/33	30/33	46/24
見付面積に乗ずる数値	2階		—	—	30	50
	1階		—	—	45	
直近の大地震			1948年福井地震	1952年十勝沖地震	1954年伊勢湾台風 1964年新潟地震 1968年十勝沖地震	1978年宮城県沖地震

①建物ＸＹ方向をそれぞれ四分割、側端部を定義。

②各側端部の面積・存在壁量（耐力壁長さ×壁倍率の総和）を算出。

③各側端部で、規定された必要壁量に対する、壁量充足率を算出し、満足していれば適合。

$$壁量充足率 = \frac{存在壁量}{必要壁量} \geq 1.0$$

※満足しない場合は、④へ。

④各側端部の壁量充足率比率（壁率比）を算出、0.5以上あればバランス適合。

$$壁率比 = \frac{最小壁充足率}{最大壁充足率} \geq 0.5$$

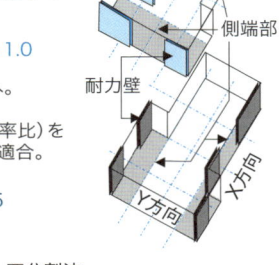

図6・20　四分割法

表 6·6　様々な面材耐力壁 （昭和 56 年 6 月 1 日 建設省告示第 1100 号）

	（い）		（ろ）		（は）
	材　料		くぎ打の方法		倍率
			くぎの種類	くぎの間隔	
（一）	構造用合板 （厚さ 5mm 以上）		N50	15cm 以下	2.5
（二）	パーティクルボード （厚さ 12mm 以上） 又は構造用パネル （日本農林規格 （昭和 62 年農林水産省告示第 360 号）				
（三）	ハードボード （JIS A 5907－1977 （硬質繊維板） に定める 450 又は 350 で厚さが 5mm 以上のもの）				
（四）	硬質木片セメント板 （JIS A 5417－1985 （木片セメント板） に定める 0.9 C で厚さが 12mm 以上のもの）				
（五）	フレキシブル板 （JIS A 5403－1989 （石綿スレート） に定めるフレキシブル板で厚さが 6mm 以上のもの）		GNF40 または GNC40		2
（六）	石綿パーライト板 （JIS A 5413－1989 （石綿セメントパーライト板） に定める 0.8 P で厚さが 12mm 以上のもの）				
（七）	石綿けい酸カルシウム板 （JIS A 5418－1989 （石綿セメントけい酸カルシウム板） に定める 1.0 K で厚さが 8mm のもの）				
（八）	炭酸マグネシウム板 （JIS A 6701－1983 （炭酸マグネシウム板） に適合するもので厚さ 12mm 以上のもの）				
（九）	パルプセメント板 （JIS A 5414－1988 （パルプセメント板） に適合するもので厚さが 8mm 以上のもの）				1.5
（十）	石こうボード （JIS A 6901－1983 （石こうボード） に適合するもので厚さが 12mm 以上のもの）				1
（十一）	シージングボード （JIS A 5905－1979 （硬質繊維板） に定めるシージングインシュレーションボードで厚さが 12mm 以上のもの）		SN40	1 枚の壁材につき外周部分は 10cm 以下、その他の部分は 20cm 以下	
（十二）	ラスシート （JIS A 5524－1977 （ラスシート （角波亜鉛鉄板ラス）） に定めるもののうち角波亜鉛鉄板の厚さが 0.4mm 以上、メタルラスの厚さが 0.6mm 以上のもの）		N38	15cm 以下	

（注）　1. この表において、N38 および N50 は、それぞれ JIS A 5508－1975 （鉄丸くぎ） に定める N38 および N50 又はこれらと同等以上の品質を有するくぎを、GNF40 および GNC40 は、それぞれ JIS A 5552－1988 （石こうボード用くぎ） に定める GNF40 および GNC40 又はこれらと同等以上の品質を有するくぎを、SN40 は、JIS A 5553－1977 （シージングインシュレーションファイバーボード用くぎ） に定める SN40 又はこれと同等以上の品質を有するくぎをいう。
　　　2. 表中 （い） 欄に掲げる材料を地面から 1m 以内の部分に用いる場合には、必要に応じて防腐措置及びしろありその他の虫による害を防ぐための措置を講ずるものとする。

表 6·7　くぎの種類 （JIS A 5508－2009）

種　類	材　質	種類の記号
鉄丸くぎ	鉄	N
めっき鉄丸くぎ	鉄	NZ
太め鉄丸くぎ	鉄	CN
めっき太め鉄丸くぎ	鉄	CNZ
溶融亜鉛めっき太め鉄丸くぎ	鉄	ZN
細め丸くぎ	鉄	BN
ステンレス鋼くぎ	ステンレス鋼	S
石こうボード用くぎ	鉄	GN
	ステンレス鋼	GNS
シージングボード用くぎ	鉄	SN
PN くぎ	鉄	PN
	ステンレス鋼	PNS

継手、仕口は強度上の弱点となるため、応力の小さな場所に設けることが原則である。また、どのような継手、仕口を用いるかは、当該箇所にどのような応力が生じ、どのような応力を伝達すべきなのか、見えがかりをどのようにしたいか、どのようなメンテナンスが可能なのかを総合的に判断して決定すべきである。

18 世紀末、アメリカで釘の工業的生産方法が発明されて以来、釘は安価で大量に供給されるようになった。また、20 世紀には木ねじの大量生産がなされるようになった。わが国においても軸組構法や枠組壁構法など構法の違いを問わず、木造において釘や木ねじ、ボルトは重要な部品の一つとなっている。

接合具類の施工においては特に下記に留意する。

① 主に引抜抵抗させる部位では釘接合は用いず、せん断抵抗させる部位に用いる （図 6·22）。

② 釘の長さは側材厚の 2.5 倍以上とし、側材の厚さは釘径の 6 倍以上とする。

③ ボルトはナットの脱落防止と耐力の確保のため、

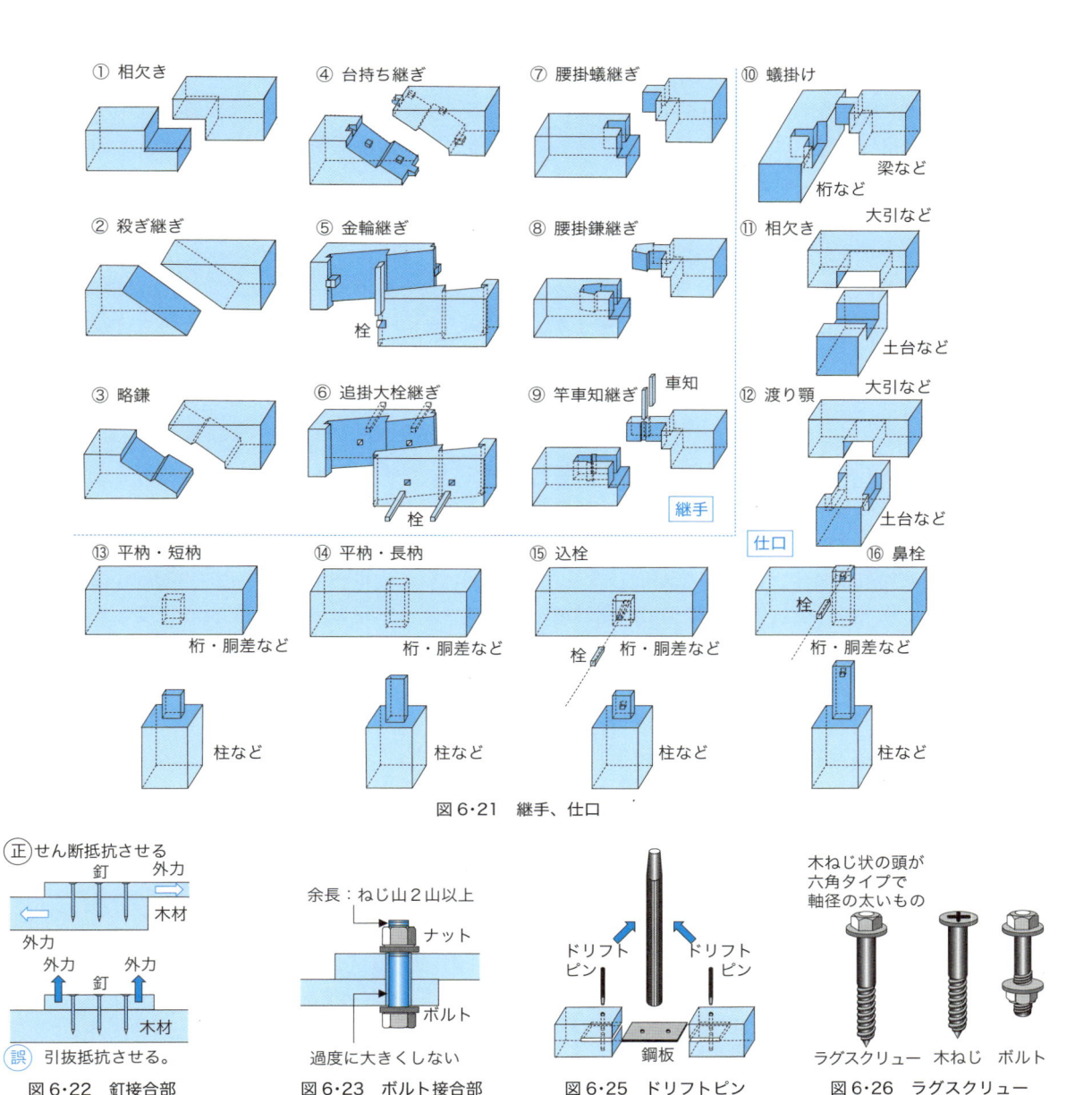

① 相欠き ④ 台持ち継ぎ ⑦ 腰掛蟻継ぎ ⑩ 蟻掛け

梁など
桁など

② 殺ぎ継ぎ ⑤ 金輪継ぎ ⑧ 腰掛鎌継ぎ ⑪ 相欠き

大引など

栓

土台など

③ 略鎌 ⑥ 追掛大栓継ぎ ⑨ 竿車知継ぎ 車知 ⑫ 渡り顎

大引など

栓

継手

土台など

仕口

⑬ 平枘・短枘 ⑭ 平枘・長枘 ⑮ 込栓 ⑯ 鼻栓

桁・胴差など 桁・胴差など 栓 桁・胴差など 栓 桁・胴差など

柱など 柱など 柱など 柱など

図6・21　継手、仕口

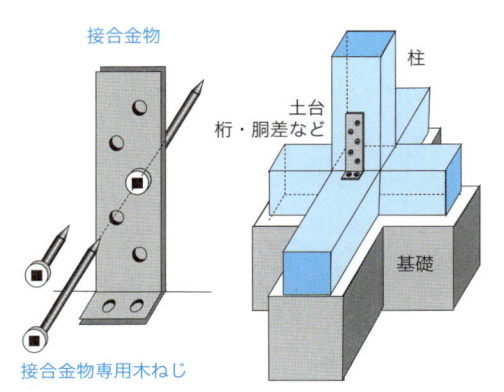

（正）せん断抵抗させる

釘　　外力

木材

外力

外力　外力

釘

木材

（誤）引抜抵抗させる。

図6・22　釘接合部

余長：ねじ山2山以上

ナット

ボルト

過度に大きくしない

図6・23　ボルト接合部

ドリフト　ドリフト
ピン　　ピン

鋼板

図6・25　ドリフトピン

木ねじ状の頭が
六角タイプで
軸径の太いもの

ラグスクリュー　木ねじ　ボルト

図6・26　ラグスクリュー

接合金物

柱

土台
桁・胴差など

基礎

接合金物専用木ねじ

図6・24　金物とねじセットの例

ナットの外にねじ山が2山以上出るように固定する。

④ ボルト孔は過度に大きくしない（図6・23）。

⑤ 木ねじは特に接合金物においては金物とセットとされていることが多い（図6・24）。必ず接合金物用の木ねじを用いることとし、他のねじを代用しないようにする。

　この他、木造用の接合具としてはドリフトピン、ラグスクリューなどがある。ドリフトピン接合は丸鋼を切断したような形状（図6・25）で、木材にピン径より少し小さ目の先孔をあけて打ち込むため、初

期滑りがない接合部とすることができる。ラグスクリュー（図6·26）は現在のところ JIS による規定はなく、ドイツ規格（DIN）にならっている。ラグスクリューを使用する場合は、先孔をねじ部（スギのような比重の低い針葉樹は軸径の 40 〜 70%、ヒノキやベイマツは 60 〜 75%、比重の高い広葉樹は 65 〜 85%）と胴部（軸径と同じ）の 2 段に穿孔すること、叩き込まずにねじ込むことなど、施工に注意を要する。

6　造作

木造の造作材は美観とともに損耗などの使用性にも配慮して材料選定を行う必要がある。また、必要に応じて樹種だけではなく色調や木目などにも配慮する。木材は乾燥収縮によって木表側が凹になる。木裏に溝じゃくり（抉）を設けると建具の開閉が重くなるおそれがあるため、敷居・鴨居の溝じゃくりは木表に溝をつくる（図6·27）。一般的に襖は三七（溝を七分≒21mm、溝と溝の間＝島を三分≒9mm）、障子は四七（溝を七分、島を四分）の溝じゃくりとする（図6·28）。造作材の取付けにあたっては他の材料

を傷つけたりしないように、滑り板などを適宜用いる。雨がかりのおそれがある部分は雨水の滞留を防ぎ、速やかに雨水を排出できるような納まりに配慮する。

7　下地、仕上げ

鉄筋コンクリート造などの内部工事においては、床、壁、天井の下地を木工事で行うことがある（図6·29）。また、建具や壁を留め付けるために、木れんがを使用することがある。木れんがは木れんが用接着剤か、あと施工アンカーで取り付ける。樹種はヒノキ、ヒバ、ベイヒ、ベイヒバとする。

胴縁は面材を取り付ける下地となるもので、胴縁の長さ方向に直交に配置するのが一般的である。間隔は石こうボード用の場合は 300mm 程度、石こうラスボード用の場合は 450mm 程度とする。外壁の胴縁においては、通気層の通気を阻害しないように配慮して配置する。

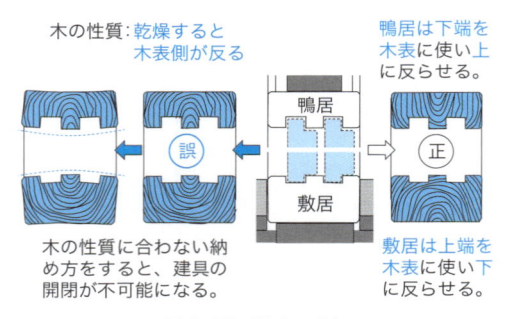

図 6·27　溝じゃくり

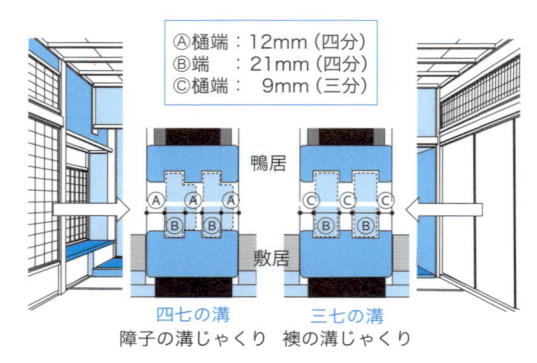

図 6·28　三七・四七の溝じゃくり

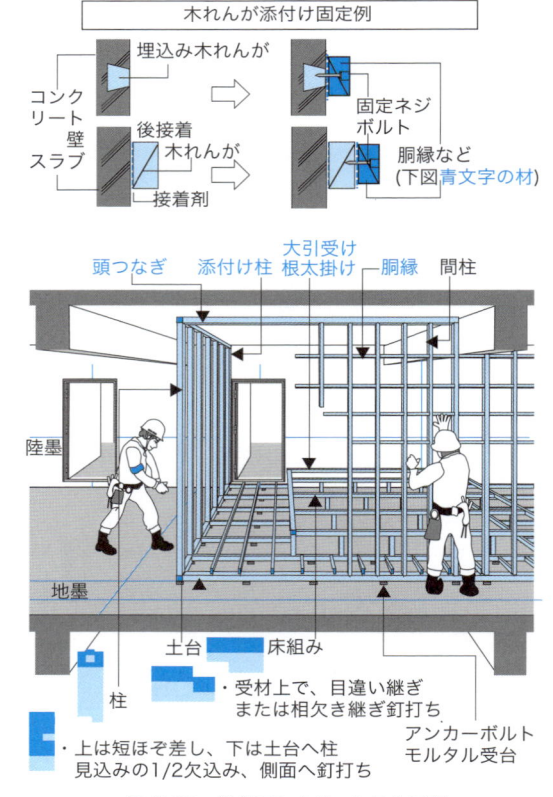

図 6·29　鉄筋コンクリートの木工事

6・4 木造建築の各種性能・施工手順

1 防耐火

防耐火性能の制約から、従来は4階建て以上の建物は木造とすることができなかったが、2000年の建築基準法改正により性能規定化が進み、防耐火性能が確認できれば4階建て以上の木造建築物も実現可能となった。

木材は燃えて炭化するとそれが断熱層となって燃焼が急激には進まず、耐力が急激に減少することもないため、それを燃えしろとして確保し、柱、梁を通常より太く設計すれば、石こうボードなどで被覆することなく木材表しのまま準耐火構造にできる。

耐火構造は、一定の火災後に放置しても燃え進まず、自然鎮火することが要求されるため、木造での実現は難しかったが、近年の研究開発により、様々な耐火木造建築物が実現されている（図6・30）。

2 耐久性

木材の劣化として最も注意すべきものは腐朽、蟻害（シロアリ食害）などの生物劣化である。生物劣化は栄養（木材）、酸素、適度な温度、水分の4条件がそろわなければ発生しない。したがって、わが国の木造建築は水分を滞留させず、速やかに排出するための対策がなされてきた。それらは土庇や深い軒、水切りや部材の傾斜など多岐に及ぶ。水分の浸入リスクがある部位の施工時は、特に水分の滞留防止と排出促進に留意する。

また、木材は樹種によって耐朽性が異なる（表6・8）。特に水分の浸入リスクがある部位においては、耐朽性の高い樹種を用いるなどの検討を行う。

3 図面表記

一般的に木造軸組構法の図面には接合部の詳細は表記しない。特別な接合方法をとる部位がないかどうか、事前に確認しておく。

木材の寸法表示はひき立て寸法と仕上がり寸法の2種類がある。ひき立て寸法とは、製材工場出荷時の木材断面寸法であり、仕上がり寸法とは、かんな

図6・30　木造耐火建築物（大阪木材仲買会館）

表6・8　木材の耐朽性区分

耐朽性	樹種	
極大	（日）ニセアカシア、ヤマグワ	
	（外）ユーカリ、ローズウッド、リグナムバイタ、コクタン、シタン、チーク、グリーンハート、イピール、レッドウッド	
大	（日）クリ、ケヤキ、アスナロ、コウヤマキ、ネズコ、ヒノキ、ヒバ、ビャクシン	
	（外）ベニヒ、タガヤサン、インセンスシダー、ニオイヒバ、ベイスギ、ベイヒ、ベイヒバ	
中	（日）イチイ、イヌマキ、カラマツ、カヤ、スギ、トガサワラ、アカガシ、アサダ、イスノキ、イチイガシ、イヌエンジュ、カツラ、キハダ、キリ、クスノキ、クヌギ、コナラ、シイノキ、シオジ、シラカシ、タブノキ、ツゲ、トネリコ、ホオノキ、ミズナラ、ヤマザクラ、ヤチダモ	
	（外）アピトン、レッドラワン、レッドメランチ、テーダマツ、スラッシュマツ、ダイオウショウ、ベイマツ、ヒッコリー、ホワイトオーク	
小	（日）アカマツ、イチョウ、ウラジロモミ、クロマツ、コメツガ、シラベ、ツガ、トドマツ、ヒメコマツ、モミ、アカシデ、イタヤカエデ、オニグルミ、カキ、コジイ、トチノキ、ハリギリ、ハルニレ、ミズメ	
	（外）アガチス、ホワイトラワン、カナダツガ、ストローブマツ、ベイツガ、ベイトウヒ、ベイモミ、レッドオーク、レッドメープル	
極小	（日）エゾマツ、トウヒ、イヌブナ、オオバボダイジュ、オオバヤナギ、シナノキ、シラカンバ、ドロノキ、バッコヤナギ、ブナ、ミズキ、ヤマナラシ、ヤマハンノキ、サワグルミ	
	（外）バルサ、ゴムノキ、ラミン、アスペン、コットンウッド	

（注）日：国産材、外：外国産材を示す

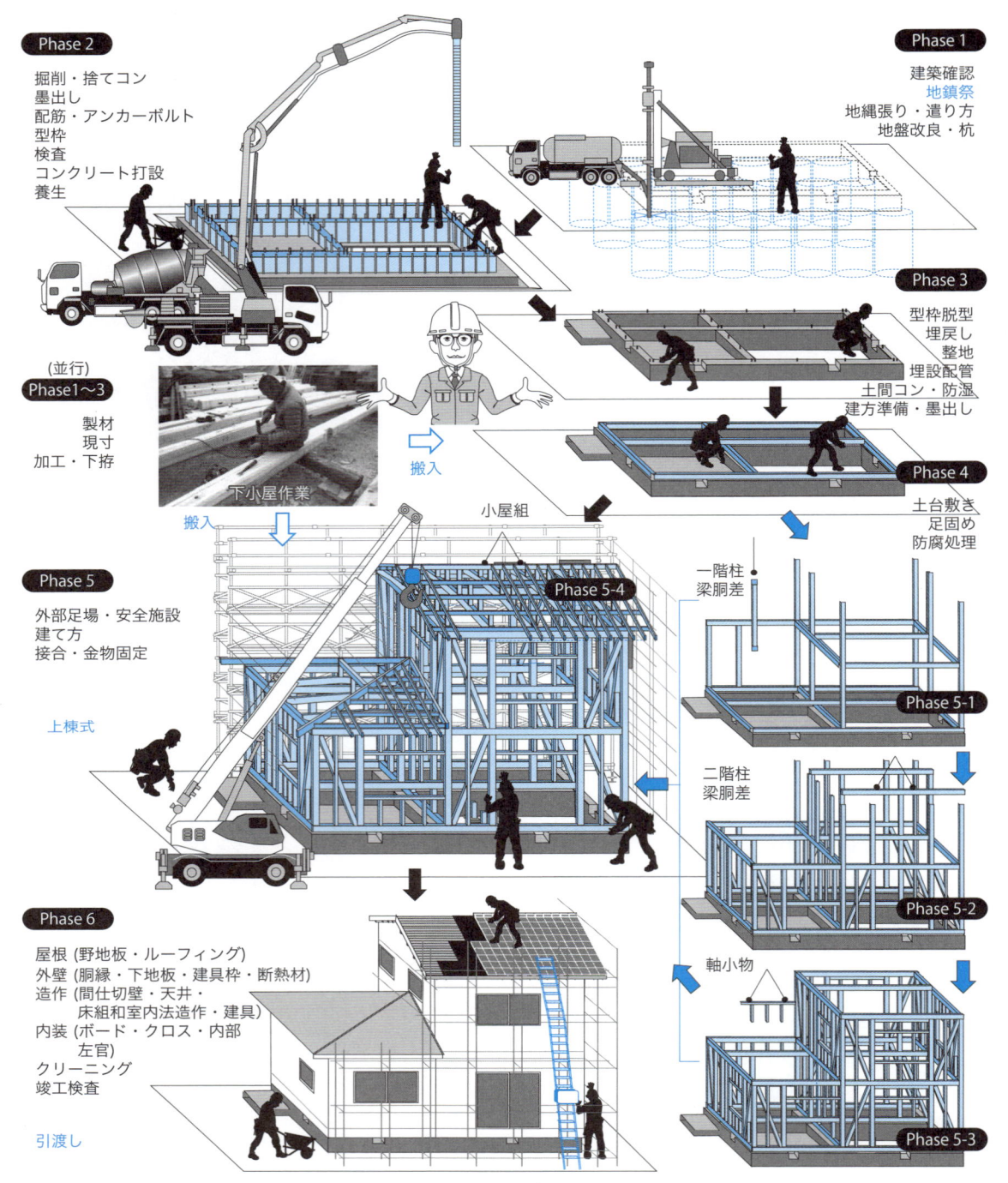

Phase 1

建築確認
地鎮祭
地縄張り・遣り方
地盤改良・杭

Phase 2

掘削・捨てコン
墨出し
配筋・アンカーボルト
型枠
検査
コンクリート打設
養生

(並行)
Phase1〜3

製材
現寸
加工・下拵

下小屋作業

搬入

Phase 3

型枠脱型
埋戻し
整地
埋設配管
土間コン・防湿
建方準備・墨出し

Phase 4

土台敷き
足固め
防腐処理

一階柱
梁胴差

Phase 5-1

二階柱
梁胴差

Phase 5-2

軸小物

Phase 5-3

Phase 5

外部足場・安全施設
建て方
接合・金物固定

上棟式

搬入

小屋組

Phase 5-4

Phase 6

屋根 (野地板・ルーフィング)
外壁 (胴縁・下地板・建具枠・断熱材)
造作 (間仕切壁・天井・
　　　床組和室内法造作・建具)
内装 (ボード・クロス・内部
　　　左官)
クリーニング
竣工検査

引渡し

図6・31　木造住宅の施工手順

掛けなどで木材表面を仕上げた後の部材断面寸法である。図面や仕様書にひき立て寸法を記載した場合、かんな掛けや乾燥収縮などで断面が多少小さくなることがあり、施主との間でトラブルとなることがある。これを防ぐため、図面表記と行程に十分配慮し、発注時に寸法について細かく指示をすることが重要である。

4 施工手順

木造住宅の施工手順を図6·31に示す。

建築確認の後、着工に先立って地鎮祭を行い、工事の安全を祈ることが多い。その後、地縄張りによって施工建物の水平方向の配置確認、遣り方によって鉛直方向の配置確認を行う。ここで必要に応じて地盤改良や杭工事を行う。

基礎工事はまず掘削後、基礎の配置の墨出しを行うための捨てコンを打設する。次いで基礎の配筋、型枠の設置、貫通配管のためのボイド管設置などを行う。アンカーボルトおよびホールダウンアンカーボルトはこの時点で埋込み長さに注意して確実に設置する。アンカーボルトの引き抜き耐力不足となるおそれがあるため、コンクリート打設後のアンカーボルトの設置（田植え）は避ける。配筋検査を行った後、コンクリートを打設し、養生を行う。特に夏期はコンクリートの表面が乾燥状態にならないように注意する。

コンクリートが十分に硬化した後、型枠を脱型する。必要に応じて埋め戻し、整地、埋設配管の設置を行う。布基礎の場合はこの後土間コンクリート（防湿コンクリート）の配筋とコンクリート打設を行う。また、土台敷き（土台の設置）に先立ち、土台の墨出し、レベルの調整を行う。

構造材の加工において、継手、仕口の加工は最も重要な工程であり、従来はこれらを現場工事に先立って下小屋作業として行っていたが、近年はプレカットにより工場で施工するようになったため、下小屋作業がなくなりつつある。

構造材の前加工と基礎施工が完了すると、土台敷きを行う。土台敷きの時に大引きと床束も設置し、1階床を作業床とする場合もある。土台敷きの時、必要に応じて防腐処理を行う。特に、防腐処理済みの木材であっても、アンカーボルト孔など、現場で加工した部位には必ず現場で防腐処理を行う。土台敷きの前後に足場を設置する。

土台敷きの後、柱の建入れと梁組の設置、小屋組の設置までを一気に行う。これを建方、建前などとよび、棟木を設置して完了する時点を棟上げ、上棟などとよぶ。建方時には1層ごとに建入れ直し（建入れ調整＝傾きの除去）を行い、仮筋かいで固定する。建方は悪天候では実施できないため、天気のよい日を選び、通常より多くの作業員を配置して一気に行う。通常の規模の住宅であれば1〜2日で完了する。また、その後の工事を考慮して、棟木の設置だけではなく、野地板を設置してブルーシートなどで仮防水まで完了させてしまうこともある。ここまでの作業が完了すれば、その後は床、壁などの作業が同時進行で行えるからである。

建方が完了すると、屋根工事、外壁工事、造作工事、内装工事など、様々な職種の作業が同時に進む。

2000年の建築基準法改正により、接合金物の設置が厳格化されたが、ここで接合金物類を適切に設置する。金物類の設置にあたっては、設計通りに配置することはいうまでもなく、背割り部への設置を避けること（図6·15参照）、釘やねじなどの接合具は指定されたものを使用すること（図6·24参照）など、十分に注意して行う。

木造建築において木材の工作を行う職種が大工であり、その長は従来から棟梁と呼ばれている。大工工事は木造住宅のほぼ半分を占めると言われている。

土壁や漆喰壁など、湿式工事の施工を行う職種を左官という。従来の木造軸組構法の仕上げ工事は塗り壁仕上げを左官が、造作を大工が行うことが多かったが、近年では壁紙を施工する内装職などもある。

大工以外の職種が行うことが多い設備の配線配管工事や機器設置工事などは、大工が行う各部の下地工事、仕上げ工事と関連するので、どの工事を誰が行うのか、どのタイミングでどの職種が入るのか、それまでの施工をいつまでに完了させておくかなど、手順の調整が重要となる。

すべての工事が完了すると、クリーニング、竣工検査、手直しを経て引き渡しとなる。

以下の記述について、適当であれば〇を、不適当であれば×を記せ。

1. 集成材とはひき板（ラミナ）を直交積層接着した板状の材料のことである。

2. ラーメン構法とは、柱と梁を剛接した構造方法のことである。

3. プレカットとは継手や仕口を予め工場で機械加工することである。

4. 構造材の工事現場搬入時の含水率は、特記がなかったので、20% 以下であることを確認した。

5. 柱と土台を緊結する必要があったので、柱の背割りを設けた面に金物を取り付けた。

6. 心持ち材の化粧柱には、表面のひび割れを防ぐために、背割りを入れた。

7. 土台を基礎に緊結するため、径 12mm のアンカーボルトを 250mm 埋め込むこととした。

8. アンカーボルトはナット上に余長を設けず、ボルト上端がナット上面と同じ高さになるように調節した。

9. 床下換気のための床下換気口を設置しなかったため、土台と基礎との間に基礎パッキンを設置して換気面積を確保した。

10. 木材の筋かいと間柱との取り合い部分は相欠きとした。

11. 合板耐力壁の施工において、天井を先に施工したため、上辺のくぎ打ちは省略した。

12. 構造用合板による大壁の耐力壁において、山形プレートを用いて土台と柱とを接合する箇所については、山形プレート部分の構造用合板を切り欠き、その周辺については増打ちを行った。

13. 地震力および風圧力に対する各部の応力を計算したところ、筋かいが取り付く柱に計算上 13kN の引き抜き力が生じることがわかったので、柱と基礎とを緊結する引き寄せ金物（15kN 用ホールダウン金物）を使用した。

14. 金物にセットされているねじが足りなかったので、同じ長さのくぎで留め付けた。

15. 長さの表示のない場合の釘の長さについては、打ち付ける板厚の 2.5 倍以上を標準とする。

16. 造作材に使用する JIS 規格品の N くぎの代用品として FN くぎを用いた。

17. 主に引き抜き力が作用する接合部に N50 くぎを使用した。

18. 敷居および鴨居の溝じゃくりについては、木裏において行った。

19. 地表面から高さ 1m 以下の外周壁内および水まわり部分に接する壁内における柱、間柱、筋かい、構造用面材および胴縁類には木材保存処理剤を用いた。

20. 木材は一般的に燃えて表面が炭化すると燃焼が急激には進まず、耐力の急激な減少が起こりにくい。

21. アンカーボルトは位置精度を確保するため、コンクリート打設後に設置する。

22. 防腐処理済みの土台を用いたため、現場で穿孔したアンカーボルト孔には特に処理を施さなかった。

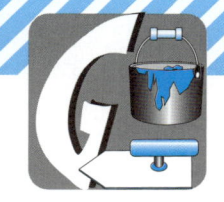

7章　内外装工事

建築施工の部門は、建築の中の他部門に比べ多岐にわたる。中でも仕上工事は極めて工種が多く、また扱う材料も非常に広範である。本章では、内装工事および外装工事に関するすべてを扱うが、多岐にわたる材料、工法を基本的なものに限定して記述している。

内外装工事は他の工事に比べて、新材料あるいは代替材料の開発が盛んに行われ、次々に現場に投入される部分である。新材料には新材料なりの新技術も必要となり、それが現場に取り入れられることとなる。従って記述内容が直ぐに古くなってしまうこともある。

特殊な材料、最新の材料や工法に関する情報は、別途材料メーカーなどの製品や工法のカタログなどからの情報を得ていただきたい。

一方で、伝統的な材料を使用する部分については、熟練技能者のノウハウ (経験と勘) が蓄積された部分であり、伝統技能のスキルが発揮される部分でもある。現場管理者には、熟練技能者の持つ技能に敬意を払いつつ、その出来栄えを評価するという極めて難しいことも要求される。

7・1　左官工事

左官工事とは、セメントモルタル、しっくい、石こうプラスターなどの湿式材料を下地に塗り付けて、壁、床、天井などを仕上げる工事である。塗り付け材料が下地に接着し、はく離を起こさないためには、入念な下地調整、張付け材料の養生などの施工管理が重要である。伝統的な仕上げ方法であり、乾式工法に比較して施工期間は長くなるが、種々の利点が再認識され再評価されつつある。

1　左官工事の種類

左官工事にはセメントモルタル塗り、床コンクリート直均し仕上げ、セルフレベリング材塗りなどが含まれる。また、左官工事の代表的下地には図 7·1 のような種類がある。

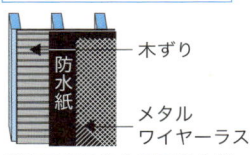

ラスシート・ワイヤラス
経年でラスや金具の腐食が進行せぬよう注意。

現場打ちコンクリート
表面の異物を除去し、ひび割れなどの欠陥を処理する。吸水調整材を塗付する。

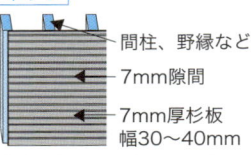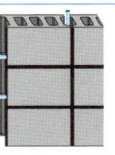

木ずり
漆喰、ドロマイト・石こうプラスターに使用。最近減少。

ブロック、れんが積み
目地部ひび割れが出やすい。予め、樹脂モルタルで処理。れんがは、適度に水湿し。

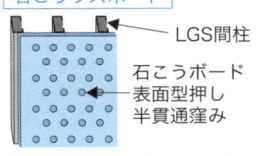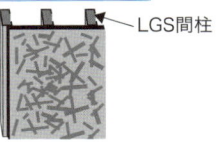

石こうラスボード
吸水伸縮のないものがよい。

木毛セメント板
モルタルや石こうプラスターで塗り下地を作り、左官表面仕上。

図 7・1　左官壁下地の種類

2 コンクリート下地へのセメントモルタル塗り

現場打ちコンクリートの内外壁に**モルタル仕上げ**を行う場合、および**陶磁器質タイル張り**工事（7·3参照）の下地を作製する場合について述べる。

モルタル仕上げのはく落を防止するためには、第一に、コンクリート下地の処理が重要である。**モルタル塗り**は、下塗り、中塗り（むら直し）、上塗りという**3工程**で実施するのが一般的である。**下塗り**の目的はコンクリート下地にモルタル層を強固に接着させることであり、そのためにはセメント量の多い配合となる。そのため、ひび割れが発生しやすい。このような**ひび割れを十分発生させた後**に、**中塗り**、上塗りを行う。これらの目的は平滑でひび割れのない表面をつくることであり、**砂の比率**が下塗りよりも**多く**なる。また、砂は下塗りの場合より細かいものを使用する（図7·2）。

モルタル塗りのはく離の原因として**ドライアウト**現象がある。過度に乾燥したコンクリート下地にモルタルを塗り付けると、接着界面近傍のモルタル中の水分がコンクリート下地に吸収されて、接着界面近傍のモルタルの水和反応が進まないことになる。これがドライアウト現象であり、防止のためには**吸水調整材**の塗付や入念な**水湿し**を行わなければならない。また、1回に練り混ぜるモルタルの量は60分で使い切れる量とする。

さらに、モルタル層のはく落を防止するためには、塗り厚の管理も重要であり、1回の**塗り厚**と、全体の塗り厚は各々7mm、25mm以下とする。モルタル層には適切な間隔で**伸縮調整目地**を設置する必要がある。

上塗りの表面は表面仕上げの種類により表7·1のように仕上げる。

3 床コンクリート直均し仕上げ

コンクリート打設にともない、所定の高さに荒均しを行い、粗骨材が表面より沈むまでタンピングする。同時に作り方定規にしたがい定規ずりをする。次に、中むら取りを木ごてで行う。木ごてずりは、コンクリート面を指で押しても少ししか入らない程度になった時点で行う。踏板を用いて、金ごて押さえを行い、セメントペーストを十分に表面に浮き出させる。モルタルの凝結状態をみながら金ごてで適切な力で押さえ平滑にする。

最近は機械式ごて（トロウェル）を使用する場合も多いが、最終仕上げは必ず人力で行う。

表7·1　各種仕上げ材に対応したモルタルの表面仕上げ

モルタルの表面仕上げ	各種仕上げ材料
金ごて仕上げ	塗料、壁紙、建築用仕上塗材、塗膜防水材、有機系接着剤によるタイル張り
木ごて仕上げ	モルタルによるタイル張り
はけ引き仕上げ	建築用仕上塗材

表7·2　その他左官工事

工 法	内容・特徴
石こうプラスター塗り	半水石こう（$CaSO_4 \cdot 1/2H_2O$）に水を加えて練混ぜると二水石こう（$CaSO_4 \cdot 2H_2O$）になり、硬化する（水硬性材料）。 硬化速度が速く、乾燥収縮が少ない。コンクリート下地への中、塗りには白毛すさを加える。石こうラスボード下地への下塗り、中塗りには川砂を加える。
ドロマイトプラスター塗り	ドロマイト（$Ca(OH)_2 \cdot Mg(OH)_2$）に水を加えて、塗り付ける。 施工性が良いが、その後、ドロマイトは空気中の二酸化炭素（CO_2）と反応して硬化物（$CaCO_3 \cdot MgCO_3$）となる（水気硬性材料または気硬性材料）。ひび割れを防止するため、すさを加える。
しっくい塗り	しっくい（$Ca(OH)_2$）に、水、ふのり、すさを加えて下地に塗り付ける。しっくいは空気中の二酸化炭素（CO_2）と反応して硬化物（$CaCO_3$）となる（水気硬性材料または気硬性材料）。
土壁塗り	小舞下地に荒壁土を十分にすり込み、小舞の表面より12mm程度、貫材と同一面に塗り付ける。壁裏を荒壁土でやや厚めに塗ってなであげる。貫の下に隙間ができないように充填する。乾燥後、ちり回り塗りむら直しを行う。乾燥後、中塗りを行い、上塗りは土物壁、砂壁、大津壁、またはしっくい仕上げとする。

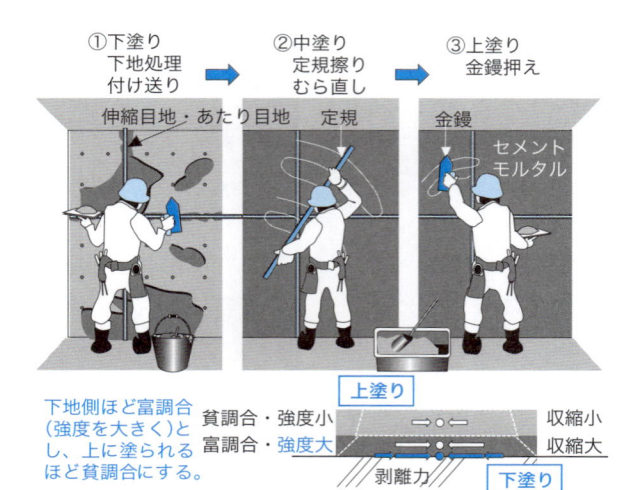

①下塗り　下地処理　付け送り　②中塗り　定規擦り　むら直し　③上塗り　金鏝押え

伸縮目地・あたり目地　定規　金鏝　セメントモルタル

下地側ほど富調合（強度を大きく）とし、上に塗られるほど貧調合にする。

貧調合・強度小　収縮小
富調合・強度大　収縮大
剥離力
上塗り　下塗り

図7·2　セメントモルタル塗りの手順

4 セルフレベリング材塗り

セルフレベリング材（以下、SL 材）塗りは、直均しコンリート仕上げに代わって多用されるようになっている。SL 材は結合材の種類によって、石こう系とセメント系に大別される。

SL 材塗りの場合、下地が一定以上の平坦さでなければ、仕上がりの平坦さを期待できない。また、気温や風なども仕上がりに影響するので十分な養生をしなければならない。さらに、材料の練混ぜ不足は流動性低下の原因となるので製造所の指定する方法を遵守しなければならない。

5 その他の左官工事

その他の左官工事として、石こうプラスター塗り、ドロマイトプラスター塗り、しっくい塗り、土壁塗りなどがある。それぞれの特徴を表 7·2 に示す。

7·2 塗装工事・吹付け工事

塗装仕上げや建築用仕上塗材仕上げは建築物に美観性を付与し、また、コンクリートの中性化抑制や塩害防止並びに鋼材の防食などの躯体保護効果を有している。最終段階での仕上げ工事であるため、施工期間の確保が重要である。

仕上げの性能を確保するためには、適切な材料選択に加えて、入念な素地調整または下地調整、養生時間の確保などが極めて重要である。

1 塗料と建築用仕上塗材の種類

塗料と仕上塗材はいずれも美観性付与や被塗物の保護を目的として建築物の最表面に施工される材料であるが、塗料は厚さ数十ミクロンのもので仕上塗り材は厚さ数 mm から約 10mm までのものを指す。また JIS では塗料は化学、仕上塗り材は土木建築分野に分類されていて、JASS では各々塗装工事、左官工事に分類している。

塗料の種類は多様であるが、「JASS 18 塗装工事」では、各塗装素地に対して表 7·3 に示す塗装仕様が示されている。

2 素地調整および下地調整

塗装工事では、塗装を行う素材の面を「素地」と呼び、塗装の各工程に対する前段階の塗装工程が終了している面を「下地」と呼ぶ。しかし、吹付け工事や左官工事では「素地」という用語は使用せず、すべて「下地」と呼称している。

塗装工事においては塗装材料の選択よりも素地調整の程度が塗膜の耐久性にとっては影響度が大きい。高級な塗装仕様を選定するならば、素地調整もそれに見合うように入念に行う必要がある。材料が高級であるから、素地調整はグレードが低くても問題はないという考えは間違いである。

吹付け工事における下地の条件を表 7·4 に示す。

表 7·3 JASS18 に示される塗装仕様と適用素地の組合せ

塗装仕様	適用素地			要求性能グレード
	セメント系	金属系	木質系	
合成樹脂調合ペイント塗り	×	○	○	美装性・汎用
フタル酸樹脂エナメル塗り	×	○	×	美装性・高級
アクリル樹脂系非水分散形塗料塗り	○	×	×	美装性・汎用
1 液形油変性ポリウレタンワニス塗り	×	×	○	耐久性・高級
クリヤラッカー塗りおよび 2 液形ポリウレタンクリヤラッカー塗り	×	×	○	美装性・汎用
2 液形ポリウレタンワニス塗り	○	×	○	高耐候性・高級
2 液形ポリウレタンエナメル塗り	○	○	×	高耐候性・高級
弱溶剤系 2 液形ポリウレタンエナメル塗り	○	○	×	高耐候性・高級
アクリルシリコン樹脂ワニス塗り	○	×	○	高耐候性・高級
アクリルシリコン樹脂エナメル塗り	○	○	×	高耐候性・高級
弱溶剤系アクリルシリコン樹脂エナメル塗り	○	○	×	高耐候性・高級
常温乾燥形ふっ素樹脂ワニス塗り	○	×	○	高耐候性・超高級
常温乾燥形ふっ素樹脂エナメル塗り	○	○	×	高耐候性・超高級
弱溶剤系常温乾燥形ふっ素樹脂エナメル塗り	○	○	×	高耐候性・超高級
合成樹脂エマルションペイント塗り	○	×	○	美装性・汎用
つや有合成樹脂エマルションペイント塗り	○	○	○	美装性・汎用
ポリウレタンエマルションペイント塗り	○	×	×	美装性・汎用
多彩模様塗料塗り	○	×	×	美装性・汎用
ステイン塗り	×	×	○	美装性・汎用
木材保護塗料塗り	×	×	○	美装性・汎用

表 7・4　吹付け工事のための下地条件

チェック項目	下地の状態
割れ・破損・浮き	防水処理および補修がしてあり、仕上塗材の仕上げに支障のないように下地調整されていること。
不陸・目違い	仕上塗材の種類、厚さ、仕上りの程度などにより、許容できる範囲に処理されていること。
不純物の付着	下地は清浄な面とし、塵埃、油脂、錆、ならびにモルタルまたはコンクリートのこぼれなどが付着していないこと。
下地の強度	十分な付着性を得るために、仕上塗材以上の強度と剛性を有していること。
下地の乾燥・pH・水分	仕上塗材の種類に応じ、適応できる条件（適正水分・アルカリ度）に管理されていること。（注：通常 pH10 以下など）
取付け金物の防錆	木ねじ・釘類は亜鉛メッキなどで、防錆処理がしてあること。

（出典：日本建築仕上材工業会『建築用仕上塗材ハンドブック 2007 年版』）

長所：塗料ロス小、狭小・複雑部可能
短所：低施工能率・大面積不適
●塗料を「配る→均す→はけ目を通す」3連続操作で円滑に進める。塗料が多いとだれ、少ないと透け、均しが悪いとかすれる。最適なはけで周囲から塗り、上から下へ塗り広める。

はけ塗り

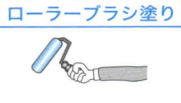
長所：塗料ロス小、狭小部可能
短所：ローラー品質に依存
●ローラーを上下に動かし、逆W字に操作。左右には動かさない。

ローラーブラシ塗り

長所：広面積を高能率施工、仕上りよい
短所：塗料ロス大飛散多く養生必要
●塗料粘度、圧力、距離の調整に注意エアレス・エアスプレーの2種がある。

吹付け塗り

図 7・3　塗装工法の比較

表 7・5　現場打ちコンクリートへの吹付け工事適正材齢

地域分類	打設後の放置期間		
	夏期 2 週間	冬期 3 週間	冬期 4 週間
一般地帯	4〜10月	11〜3月	—
寒冷地帯	5〜9月	—	10〜4月

（注）寒冷地帯とは、北海道・東北・上信越・北陸地域。一般地帯とは、寒冷地を除く地域
（出典：『JASS23 吹付け工事』2016）

表 7・6　塗装工事における乾燥期間の目安

素　地	夏　期	春・秋期	冬　期
コンクリート	21 日	21〜28 日	28 日
セメントモルタル、石こうプラスター	14 日	14〜21 日	21 日
ドロマイトプラスター、しっくい	2 か月	2〜3 か月	3 か月

（出典：公共建築協会『建築工事監理指針（下巻）平成 28 年版』）

3　施工方法

　塗装工法には、はけ塗り、ローラーブラシ塗り、吹付け塗りがある。それぞれの特徴を図 7・3 に示す。

4　温湿度条件および下地の乾燥

　施工に適する温湿度条件は、気温は 5℃以上 35℃以下、相対湿度は RH85％以下である。

　また、素地の水分やアルカリなどは塗装や吹付けに悪影響を与えるため、建築用仕上塗材では表 7・5、塗装では表 7・6 を参考にする。一般に、素地や下地の含水率は 8〜10％以下が目安である。

7・3　陶磁器質タイル張り工事

　建築物の外装、内装、床仕上げに陶磁器質のタイルを張り付ける工事である。タイルは美観性に富み、耐久性もあり、躯体保護性能にも優れているが、施工方法を間違えると剥落事故につながるおそれがある。剥落に対する安全性を向上するため、従来のセメントモルタル後張り工法に加え、有機系接着剤を使用したタイル後張り工法、タイル先付 PC 工法、乾式タイル張り工法などが開発されている。

1　セラミックタイルの種類

　セラミックタイルは、成形法、吸水率、うわぐすり（釉薬）の有無によって表 7・7〜7・9 に示すよう

表 7・7　成形法による区分

成形法による区分	内　容
押出し成形	含水率の高い素地材料を押出成形機で押し出し、ピアノ線等で切断する。湿式製法ともいう。
プレス成形	細かく粉砕された素地原料を高圧プレス成形機で成形する。乾式製法ともいう。

表 7・8　吸水率による区分

吸水率による区分	（真空法または煮沸法による）強制吸水率[*1]
Ⅰ類	3.0％以下
Ⅱ類	10.0％以下
Ⅲ類	50.0％以下

（注）[*1]：2008 年の JIS A5209 改正までは自然吸水法による吸水率により、磁器質（1.0％以下）、せっ器質（5.0％以下）、陶器質（22.0％以下）に区分されていた。現在の強制吸水率による区分は、磁器質、せっ器質、陶器質に必ずしも対応していない。

に区分される。

　外装タイルの寸法・形状は、図7·4 に示すように積みれんがの寸法を基本モデュールとして定められている。小口平、二丁掛タイルは、積みれんがの寸法を基本にしたもので、二丁掛は小口平タイル（60mm×108mm）2枚分の大きさに目地幅を加えた寸法に等しく、60mm×227mm である。二丁掛は小口2つを合わせたものということが語源である。

平物1枚の表面積が50cm^{2}以下のタイルをモザイクタイルと呼び、紙張りなどによりユニット化されている。近年モザイクタイルの「45二丁タイル」を「45二丁掛タイル」と称する例が多いが、これは誤りである。

2　タイル張り工法

　タイル張り工法は、図7·5 のように分類できる。

(1) 壁タイル張り工法

　壁タイル張り工法の概要および特徴を表7·10 に示す。

表7·9　うわぐすりの有無による区分

うわぐすりの有無による区分	内容
施ゆう	うわぐすり（釉薬）を素地の表面に塗布、焼成することで表面をガラス化する。
無ゆう	うわぐすりを施さず、素地をそのまま表面とする。

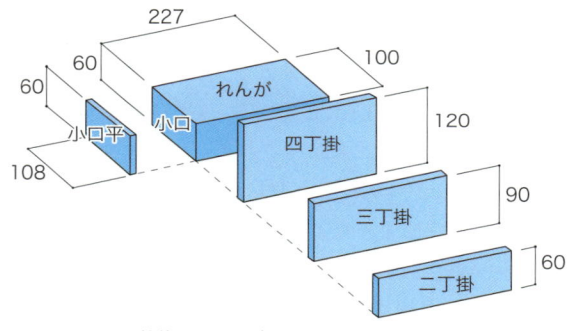

図7·4　外装タイルと積みれんがの寸法（単位：mm）

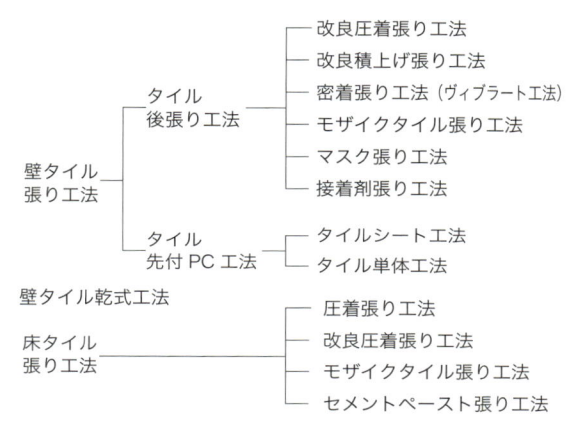

図7·5　タイル張り工法の分類

表7·10　壁タイル張り工法の概要と特徴

壁タイル張り工法		特徴	壁タイル張り工法		特徴
改良圧着張り工法	モルタル　5〜8mm	小口平から三丁掛程度のタイルに適用する工法で、圧着張りの塗置き時間の管理不足によるタイルの剥離対策として開発された。	モザイクタイル張り工法	2〜3mm　剥離	ユニット化されたモザイクタイルに適用する工法で、施工効率が高い工法である。圧着張りと同様に張付けモルタルの塗置き時間の管理が大切である。
改良積上げ張り工法	モルタル　7〜12mm	小口平から四丁掛程度のタイルに適用できるが、施工効率が悪いため、三丁掛以上の大型タイルに採用されるケースが多くなっている。積上げ張りの欠点とされる白華（エフロレッセンス）を防止するために開発された工法である。	マスク張り工法	2〜3mm　マスク　反転	ユニット化されたモザイクタイルの裏面に専用のマスクをかぶせて張付けモルタルを塗り付け、下地にユニット化されたモザイクタイルをたたき板で張り付ける工法である。張付けモルタルによる仕上がり面の調整ができないため、精度の良い下地が必要となる。この工法は、モザイクタイル張りの張付けモルタルの塗置き時間の問題を解決するために開発された。
密着張り工法（ヴィブラート工法）	振動工具　2〜5mm	小口平から三丁掛程度のタイルに適用する工法で、下地に張付けモルタルを塗り付け、専用の振動工具（ヴィブラート）を用いて、タイル面に振動を与えながら張付けモルタルにタイルをもみ込むように張り付ける工法である。タイルを通してモルタルに振動を与えるため、圧着張りに比べてモルタルの塗置き時間が長くとれる。	接着剤張り工法	有機質接着剤　1〜2mm	下地に接着剤をくし目ごてで塗り付け、タイルをもみ込むように張り付ける。有機系接着剤張りは、層間ムーブメントを接着剤層で吸収するため、タイル接着面での応力発生が小さく、剥落防止性能が高い。

(2) 壁タイル張り工法のコンクリート下地調整

塗装合板を型枠に用いた場合など、コンクリート下地の表面が平滑になり、下地調整モルタルの付着が悪く十分な接着強度が得られないため、目荒しを実施する必要がある。下地調整には、高圧水洗浄法、超高圧水洗浄法が効果が高く用いられる場合が多い。

(3) タイル先付 PC 工法

PC（プレキャストコンクリート）製造工場において、型枠ベッド面にタイル（単体法）またはユニット化されたタイル（シート法）を敷き並べて固定し、コンクリート打設することでコンクリートとタイルが一体化した PCa 部材を製造する工法である。タイル剥離に対する信頼性が高い。

(4) 乾式タイル張り工法

モルタルや有機系接着剤による接着ではなく、予め溝加工した押出成形セメント板下地やコンクリート下地に取り付けた金属レールなどにタイルを引っ掛ける工法である。

(5) 床タイル張り工法

表 7·10 に示す圧着張り工法、改良圧着張り工法およびモザイクタイル張り工法は、壁タイル張り工法と同様の方法である。セメントペースト張り工法は、タイルの大きさが 200mm 角を超え、厚さが 20mm 以上の大型床タイルを対象とする施工法である。水分の少ない敷モルタルにセメントペーストを流しながら、タイルを叩き押さえて張り付ける。

7·4 内外壁パネル工事

壁用パネルの代表的な物には、ALC、GRC パネル、押出成形セメント板などがある。

1 各材料の特徴

(1) ALC パネル

ALC（Autoclaved Lightweight aerated Concrete：オートクレーブ（高温高圧蒸気）養生さ

れた軽量気泡コンクリート）は密度約 0.5 であり、厚形パネルは主に鉄骨造の住宅・ビル・工場などの屋根、壁、床などに使用される。ALC パネル工事では ALC パネルとともにその取付け構法（図 7·8 参照）を理解することが重要である。

ALC パネルは、厚形パネル（板厚 75mm 以上、200mm 以下）と薄形パネル（板厚 35mm 以上、75mm 未満）に区分され、使用部位により一般パネルと出隅などに用いられるコーナーパネルに区分される。また、意匠加工の有無により平パネルと意匠パネルに分類される。図 7·6 に ALC パネルの種類の例を示す。

(2) GRC パネル

GRC（Glass Fiber Reinforced Cement：ガラス繊維補強セメント）パネルは、セメントまたはセメントモルタルを耐アルカリガラスで補強した材料で、引張強度と靭性が向上している。GRC パネルは個々の建築物について注文生産される。

また、GRC パネルを外壁に使用する場合、目地部は図 7·7 に示すように、防水のため、外側部分にバックアップ材を設置しシーリング材を充填する。また、内側は耐火性能を確保するためロックウールなどの無機系繊維材を充填する。

(3) 押出成形セメント板

押出成形セメント板（ECP：Extruded Cement Panel）は、セメント・けい酸質原料および繊維質

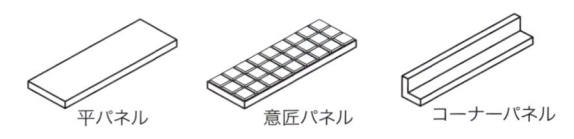

平パネル 意匠パネル コーナーパネル

図 7·6　ALC パネルの種類の例

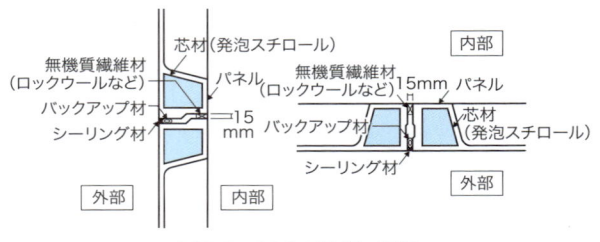

図 7·7　GRC 目地部の詳細

原料を主原料とし、中空を有する板状に**押出成形**し、**オートクレーブ**養生した材料である。GRC パネルと同様に、取付け金物によって鉄骨造躯体に取り付けられる。

2　パネル取付け方式

パネルの取付け方法には**スライド**方式、**ロッキング**方式、**ボルト止め**方式などがある。各々建物躯体に層間変位が生じた場合、パネル相互が接触あるいは衝突し損傷することがないように**層間変位**による変形に追随するように、考案されたものである。その概要を図 7・8 に示す。

外壁の場合、漏水などの事故が生じないようにしなければならない。パネル間の目地幅、目地詰に用いる材料などについては、各々の材料あるいはパネルのサイズなどにより最適なものを選ばなければならない。各メーカーは材料に応じた最適な取付け工法および材料を開発しており、それを守って施工するのが原則である。

3　その他の外壁材

その他の外壁材としては、**窯業系サイディング**や**複合金属サイディング**がある。

窯業系サイディングはセメント系材料および繊維原料を主原料とし、板状に成形して硬化させた材料である。木造建築物や鉄骨造建築物の外壁に使用されるが、湿式仕上げと比較して工期短縮が可能であ

り、デザインも豊富なことから使用量が増加している。

複合金属サイディングは金属材料を成形した表面材と芯材を複合させた成形板である。表面材には表面処理鋼板、アルミニウム合金塗装板、塗装ステンレス鋼鈑が使用され、芯材には石こうボード、ロックウール化粧吸音板、硬質プラスチックフォームが使用される。

7・5　張り石工事

石材は高級な仕上げ材料であり、その仕上がりについて高い精度が要求される。仕上がり面の形状・寸法の許容差は、他の仕上げ材料よりも小さいものとなる。石張り仕上げの精度は、張り石工事を含めた結果であり、下地面の精度を確保した上での施工が重要である。

張り石工法は湿式工法と乾式工法に大別されるが、近年は乾式工法が主流となっている。

1　石材の種類

石材は図 7・9 に示すように火成岩、変成岩、堆積岩に大別される。また、火成岩は深成岩（深部でマグマがゆっくり冷えて固まったもの）と火山岩（マグマが急激に冷えて固まったもの）に分類される。

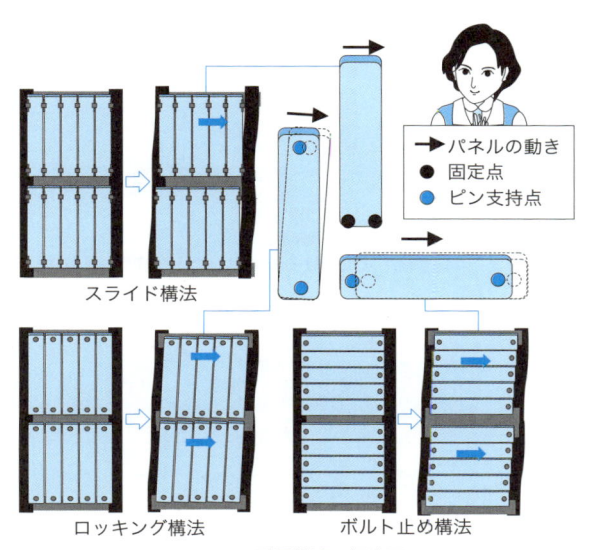

スライド構法

ロッキング構法　　ボルト止め構法

図 7・8　耐震構法の概念図

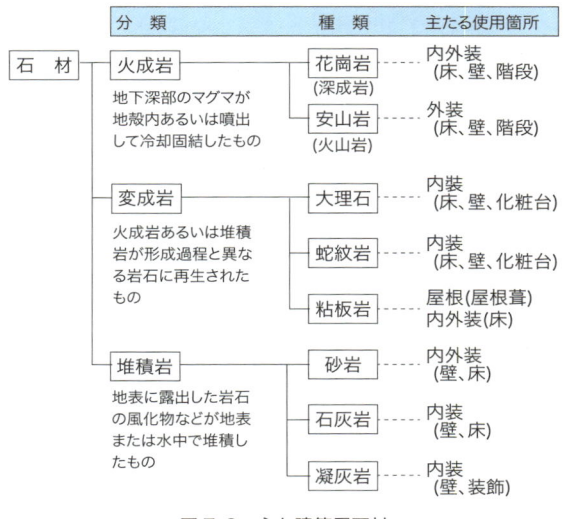

図 7・9　主な建築用石材
（出典：『JASS9 張り石工事』2009）

図7·10 に示すように、石材の特性を活かした部位に使用される。

大理石は変成岩であり、成分は石灰岩と同一である。したがって、雨水（特に酸性雨）などにより劣化しやすいので外壁への使用は避ける。

表7·11 には石材の種類と適用する表面仕上げの種類を示す。石材の品質は JIS において、産地および種類ごとに 1 等品、2 等品、3 等品に区分されるが、建築用石材では 1 等品を使用する場合が多い。また、石材は天然材料であるから同一の種類の石材であっても品質のばらつきは大きい。さらに、同一の石材であっても表面仕上げにより表面状態だけでなく色調も大きく変化する。石材の色調、模様、表面仕上げについては、予め実物見本により確認をする必要がある。

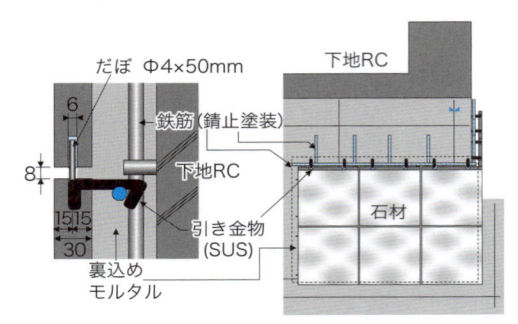

図7·10　外壁湿式工法の例

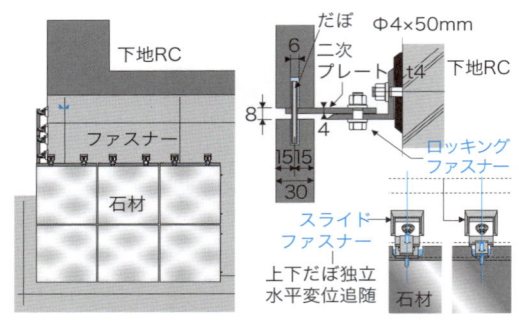

図7·11　外壁乾式工法の例

2　外壁湿式工法

外壁湿式工法は経済的な工法であり、かつては外壁石張りの主流であったが、白華（エフロレッセンス）が生じやすい、乾湿や温冷による膨張収縮により石材が剥離しやすい、地震時の躯体の挙動に追従しにくい、施工効率が劣る、外壁の重量が増加するなどの理由から現在では乾式工法が主流となっている。

図7·10 に外壁湿式工法の例を示す。適用する場合には、壁の高さ、石材の厚さ、形状など、面積、石裏とコンクリート躯体の間隔などが制限される。

3　外壁乾式工法

外壁乾式工法は石材を 1 枚ごとにファスナーで保持する工法であり、「内外壁パネル工事図（7·4 参照）」の取付け工法と同様である。躯体と石材間での自重、地震力、風圧力などの伝達はファスナーを介してなされる。外壁乾式工法に使用する石材は、種類、厚さ、形状、面積、重量などに制限が設けられている。

ファスナーの材質はステンレス鋼が標準であり、

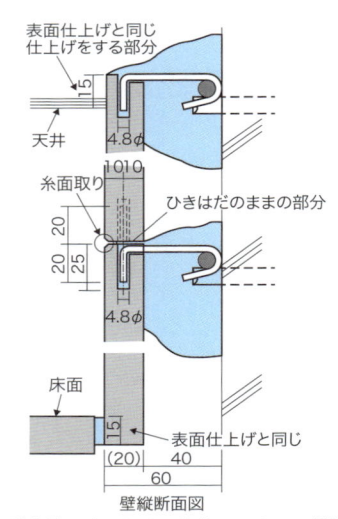

図7·12　内壁空積工法における後施アンカー・横筋流しの例
（単位：mm）

（出典：『JASS9 張り石工事』2009）

表7·11　石材の種類と表面仕上げ

種　類	のみきり	びしゃん	小たたき	ジェットバーナー	ウォータージェット	ブラスト	割りはだ	粗磨き	水磨き	本磨き
花崗岩	○	○	○	○	○	○	○	○	○	○
大理石	—	—	—	—	—	○	○	○	○	○
砂岩	—	—	—	—	—	○	○	○	○	—
石灰岩	—	—	—	—	—	○	○	○	○	○

（出典：『JASS9 張り石工事』2009）

その構造はダブルファスナーとシングルファスナーに分かれ、**変異追従性**機構は**ロッキング**方式と**スライド**方式の二つに分かれる。すなわち、合計4種類に大別されるが、性能や施工性・経済性を考慮して選定する。図7·11にはロッキング方式とスライド方式のダブルファスナーの例を示している。

4　内壁空積工法

本工法は内壁石張り専用に開発された。内壁の石張りでは従来、湿式工法や帯とろ工法が採用されてきたが、湿式工法には2項で述べた短所があり、帯とろ工法は施工が難しいことから開発された。JASSでは高さ、石材の厚さ、形状、面積を規定している。

図7·12に内壁空積工法の例を示す。下地ごしらえは湿式工法と同様の考えで行い、**あと施工アンカー・横流し筋工法**または**あと施工アンカー工法**とする。引き金物の周辺は取付けモルタルを充填する。

5　その他の工法

その他の工法として石先付けプレキャストコンクリート工法がある。この工法は石材を型枠内に設置し、配筋後にコンクリートを打ち込むことによって一体化したPCaパネルをカーテンウォールのような部材として取り扱う工法である。

JASSでは石材の厚さ、形状、面積を制限し、石材とコンクリート間には**シアコネクター**と呼ばれる取付け金物を設置する。

7·6　建具工事

建具は建物の開口部に取り付け、開閉することで、ものや人の通行を可能にしたり遮断する機能を有している。また外部建具は上記の機能に加えて、雨水の侵入防止、防音、遮風、断熱、防火などの性能を確保する必要がある。

1　建具の種類

建具はその構成材料から、**アルミニウム製**、**樹脂製**、**鋼製**、および**木製**に大別できるが、建具として

の性能（耐風圧性、気密性、水密性、遮音性、断熱性）および構造は、JISに規定されている。

建具は、木製フラッシュ戸は平置き、その他の建具は立て置き（立てかけ）で保管する。

2　アルミ製建具

アルミニウム製建具は**アルミサッシ**が代表的なものである。アルミニウム金属を押出し整形したもので、その断面例を図7·13に示す。

アルミニウム合金は本来**アルカリにより腐食**する。このためサッシ枠などコンクリートと直接接触する部分の表面には**酸化皮膜**または塗料による**保護**が施されている。また、異種金属と接触すると電解腐食を生じる。このため鉄筋あるいは鉄骨に固定する場合、アルミニウム合金と鋼材などの異種金属は直接接することがないようプラスティックなどで絶縁しなければならない。

施工に際しては部材の強度を考慮し、枠、くつずりなどのアンカーは両端から逃げた位置で決められた最小限間隔を守って取り付けなければならない。

鉄骨造に取り付ける場合、仮固定後、溶接、小ねじ留などとする。シーリングは**2面接着**とし、**二重シーリング工法**とすることが望ましい。また木製枠への取付けに用いるねじは**ステンレス製**とする。

鉄筋コンクリート造に取り付ける場合、枠を仮留めし、サッシアンカーを下地金物にねじなどで留め付けた後、枠の内外に型枠を当て、モルタルを密実に充填する。

3　樹脂製建具

樹脂製建具は**断熱性**が高い建具として、寒冷地で普及しているが、近年では温暖地においても採用される例が増加している。樹脂製建具の主要構成材料

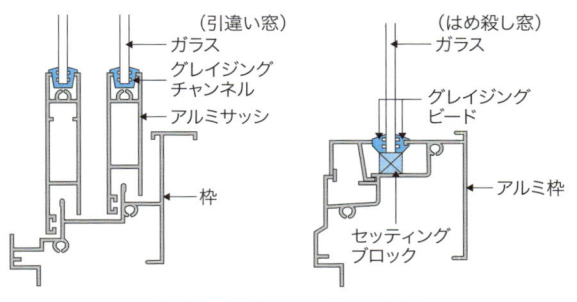

図7·13　アルミサッシの断面

は無可塑ポリ塩化ビニル樹脂であり、優れた**断熱性**および**耐塩害性**を有している。図7·14 には樹脂製サッシに複層ガラスを取り付けた例を示す。樹脂製建具の取付けについては以下の点に留意する。

・樹脂製建具の制作およびガラス・押縁のはめ込みは、原則として建具製作所で行う。

・枠、くつずりなどのアンカーは、上記アルミ製建具と同様、最少間隔などを守って行う。

・鉄筋コンクリート造や鉄骨造に取り付ける場合、鋼材を加工する際は、溶接スパッタ、火花などの枠材への飛散防止に十分な養生をしなければならない。

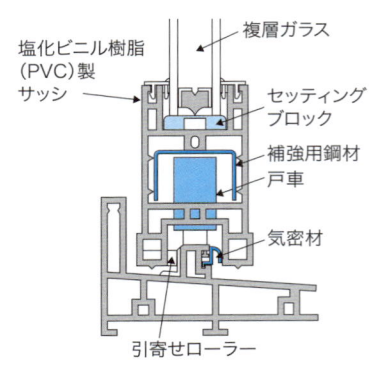

図7·14　樹脂製サッシの断面

表7·12　標準型鋼製建具の有効内法寸法（単位：mm）

形式 \ 寸法	幅	高さ[*1]
片開き	900	2,000 2,100
	950	
親子開き	1,200	
	1,250	
両開き	1,800	
	1,900	

（注）＊1：下端の寸法押さえは位置は、床仕上げ面とする。
（出典：公共建築協会『建築工事監理指針（下巻）平成28年版』）

表7·13　鋼製建具に使用する鋼板類の厚さ（単位：mm）

区	分	使用箇所	厚さ
窓	枠類	枠、方立、無目、ぜん板、額縁、水切り板	1.6
出入口	枠類	一般部分	1.6
		くつずり	1.5[*1]
	戸	かまち、鏡板、表面板	1.6[*2]
		力骨	2.3
		中骨	1.6
	その他	額縁、添え枠	1.6
補強板の類			2.3

（注）＊1：くつずり材料はステンレスとする。
　　　＊2：特定防火設備で片面フラッシュ戸の場合またはかまち戸の鏡板は、実厚で1.5mm以上とする。
（出典：『JASS16 建具工事』2008）

・シーリングは2面接着とし、シーリング材・プライマーは樹脂に適したものを用いなければならない。

4　鋼製建具・鋼製軽量建具

鋼製建具ドアセットとは、四周の枠と下端の沓摺がない三方枠にドアをセットとして製作されたものを現場で設置するものである。標準型鋼製建具の有効内法寸法を表7·12 に示す。これはバリアフリー新法などの要求を踏まえたものである。

材料は、表7·13 に示す厚さの鋼板である。戸の有効幅が950mm程度、高さが2,400mm程度のドアセットを標準としている。また、作製工程では鋼材面への防錆処理、枠組みの組み方などがポイントとなる。

5　木製建具

木製建具の加工、組立時の木材は、心去り材とし、節や割れなど欠点のないもの、またその含水率は仕上がり後の変形を防ぐために、天然乾燥で18%以下、人工乾燥で15%以下を標準とする。

木製建具の代表的なものは**フラッシュ戸**、**かまち戸**、**ふすま**などである。

フラッシュ戸の構造を、図7·15 に示す。フラッシュ戸は心材の種類により中骨式とペーパーコア式に大別される。使用する合板、接着剤、塗料はホルムアルデヒドを放散しないもの（F☆☆☆☆）でなければならない。

かまち戸は、上下のかまちと縦横の桟に紙や板材の表面材を貼り付けたものである。表面材が紙のものは障子である。

ふすまの工法を図7·16 に示す。Ⅰ型工法とⅡ型工

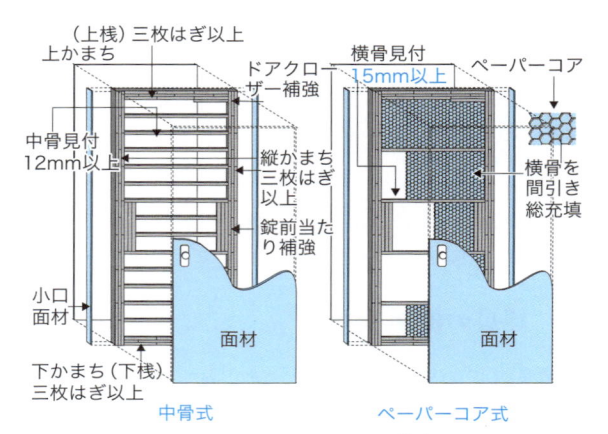

図7·15　フラッシュ戸の構造

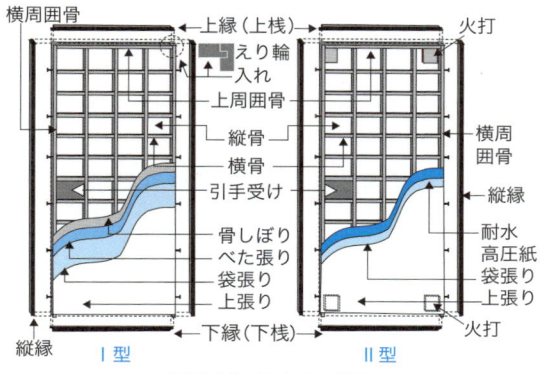

図7·16　ふすまの構法

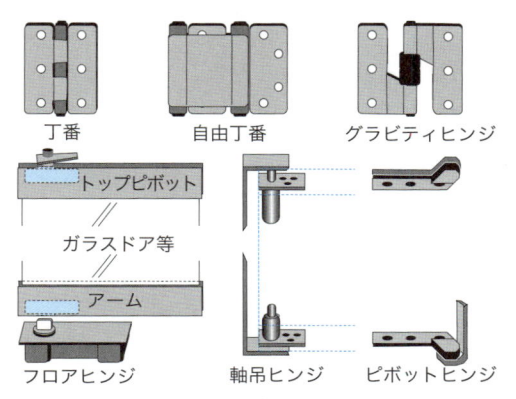

図7·17　主な建具金物（丁番類）

法に分類され、Ⅰ型工法は従来からある工法で、周囲骨の隅を"えり輪入れ"し、周囲骨間および周囲骨と中骨の取合いは、釘打ちする。Ⅱ型工法は機械化のために開発されたもので、一般にはチップボード型と呼ばれていて、周囲骨の隅に火打ちを入れ、接着剤とステープルで固定し、中骨と周囲骨の取合いはステープルで固定する。

6　建具用金物

主な建具用金物について図7·17に示す。丁番の個数や仕様は建具の重量・材質により標準が決められている。

7·7　ガラス工事

ガラスは開口部からの採光や外気の遮断を目的として設置される。最近は新しい機能を有するガラスが多数開発されており、特性を活かした利用が大切である。また、ガラスの取付けでは、地震、風圧、

表7·14　ガラスの種類

名称・対応 JIS	特　徴
フロート板ガラス・すり板ガラス (JIS R 3202)	溶解したガラスを溶融したスズの上に浮かべて製造する。板ガラスの主流であり、厚さは2mmから25mmまで14種類ある。すり板ガラスは砂ずり、砂吹き、腐食などによって表面をつや消し処理した板ガラスである。
合わせガラス (JIS R 3205)	2枚または数枚の板ガラスの間にプラスチック（ポリビニルブチラール）膜を熱圧着し、破壊しても破片が飛び散ることが少ない。
強化ガラス (JIS R 3206)	フロート板ガラスを600〜700℃に加熱し、他の地に両面から冷風を吹付け急冷したガラス。表面に圧縮応力層、内部にはそれに釣り合う引張応力層が形成され、同厚のフロート板ガラスと比較して3〜5倍程度の強度を有する。万が一割れた場合も細粒状になり鋭利な破片は生じにくい。
複層ガラス (JIS R 3209)	2枚の板ガラスの間に乾燥空気を閉じ込めて断熱性や遮音性を高めたガラスである。現在は、中間層側のガラスに特殊金属をコーティングして断熱性や日射遮蔽性を高めたLow-E複層ガラスが多く使用されている。
型板ガラス (JIS R 3203)	溶融ガラス素地を2本の冷却したロールの間を通り、型彫された1本のローラーの様々な模様を押し付けて製作される。
網入／線入板ガラス (JIS R 3204)	溶融ガラス素地をロール成形するときに、金属製の網または線をガラス内部に挿入した板ガラスである。延焼のおそれのある部分や防火戸などに用いられる。
熱線吸収板ガラス (JIS R 3208)	ガラス原料に微量の鉄、ニッケル、コバルト等の金属を加えて着色した板ガラスで、日射エネルギーの20〜60%程度を吸収して室内への流入を低下させる。冷房負荷低減に効果が大きい。
熱線反射ガラス (JIS R 3221)	ガラスの片面に金属の反射薄膜を付け、生産されるガラス。ミラー硬化、可視光線を遮り、窓際のまぶしさや局部的昇温の防止、冷房負荷の軽減等の効果がある。
倍強度ガラス (JIS R 322)	強化ガラスと同様な加熱処理を行い、耐風圧強度を約2倍に高めたガラス。熱処理後のガラスは切断加工できない。破損時の割れ方は、フロート板ガラスの形態に近い割れ方である。

熱割れなどに配慮が必要となる。

　ここでは主として建具に取り付けるガラス工事について述べるが、板ガラスは外装材としても活用されている。

1　ガラスの種類

　表7·14に主なガラスの種類と特徴を示す。これらのガラスは、次に示すようなガラス留め材により建具枠に固定される。

(1) シーリング材

　不定形の材料で、ガラスと枠などの間隙に充填した後に硬化し、ガラスを保持するもので、充填幅（目地幅）に一定の制限がある。

(2) グレイジングガスケット

　整形された材料で、枠などとガラスの間にはめ込みガラスを保持するもので、図7·18に示すようにグレイジングチャンネルとグレイジングビートの2種類がある。

(3) 構造ガスケット

　建築構成材の開口部に取り付けて、板ガラスと支持枠を直接支持し、風圧力に対する耐力を保持し、気密性および水密性を確保するためのガスケットである。

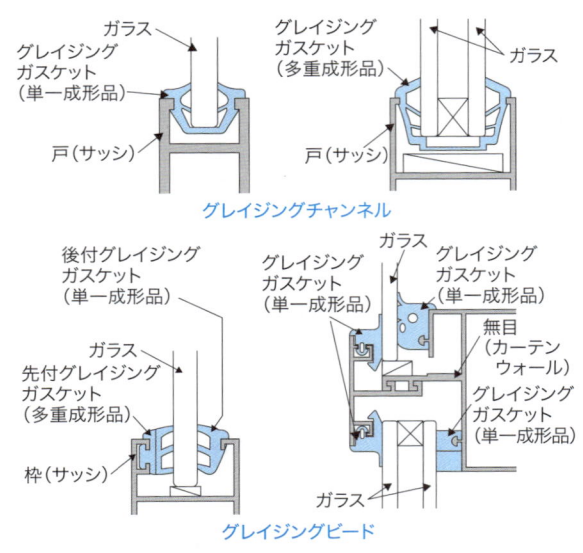

図7·18　グレイジングガスケットの例

2　ガラス溝の寸法、形状など

　ガラス溝の寸法と形状は図7·19に示す面クリアランス（a）、エッジクリアランス（b）および掛り代（c）の寸法、形状を意味し、標準的には表7·15のように規定されている。

　セッティングブロックは建具下辺のガラス溝内に置き、ガラスの自重を支え、建具とガラスの接触を妨げる小片であり、一般に、ガラスの横幅寸法の1/4の位置に2か所設置する。材料はクロロプレンゴム系、EPDM系、塩化ビニル系がある。

　また、外部に面する建具の場合、ガラス周りのガラス留め材に不具合が生じた場合、建具のガラス溝内に雨水が侵入する。この雨水を速やかに排出する

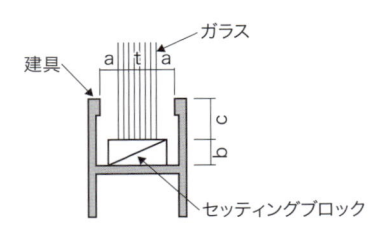

図7·19　ガラス溝の寸法

表7·15　ガラス溝の大きさ（単位：mm）

ガラス留め材	ガラス厚*2 (t)	面クリアランス(a)	エッジクリアランス (b) 部位	固定部	可動部	掛り代 (c)
シーリング材	単体ガラス 6.8以下	5以上*1	上・縦	4以上	3以上	6.5以上
			下	4以上		
	単体ガラス 8および10	5以上	上・縦	4以上	3以上	ガラス厚以上
			下	7以上		
	複層ガラス	5以上	上・縦	4以上	3以上	15以上
			下	7以上		
グレイジングガスケット	単体ガラス 6.8以下	2以上	上・縦	4以上	3以上	6.5以上
			下	4以上		

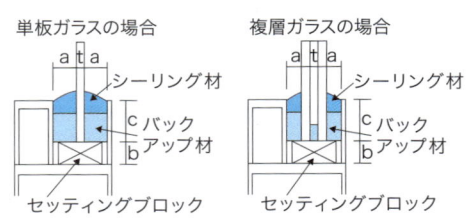

（注）＊1：(b) による排水機構を設けた場合、面クリアランスを、3.5mm程度にすることができる。ただし、排水機構のない場合でも、アルミニウム製建具のフラッシュ戸、鉄製建具およびステンレス製建具の開き戸並びに引戸は、面クリアランスを3.5mm程度にすることができる。
　　　＊2：合わせガラスを使用する場合は、ガラスの合計厚さによる。
　　　＊3：強化ガラスおよび倍強度ガラスを使用する場合を除く。
（出典：公共建築協会『建築工事監理指針（下巻）平成28年版』）

ため、建具の下枠に2か所の水抜き穴を設けている。

3 DPG構法とSSG構法

最近は、ガラスは外装材として利用されている。DPG構法（Dot Point Glazing）はガラススクリーン構法の一つで、ガラスに開けた点支持用孔に点支持金物を取り付け、支持構造体と連結することにより大きなガラス外壁面を構成する構法である（図7·20）。ガラスは強化ガラスが使用されることが多い。

SSG構法（Structural Sealant Glazing）は、板ガラスを用いたカーテンウォール構法で、サッシの代わりに構造用シーラント（Structural Sealant）を用いて板ガラスを支持部材に固定する構法である（図7·21）。

4 ガラスブロック積み

ガラスブロックはJISに標準化されている。図7·22にガラスブロック壁面の標準施工例を示すとともに、ガラスブロック積みの留意点を示す。

施工にあたっては、滑り材、水抜きプレート、緩衝材、アンカーピースなどの取付け部材を壁用金属枠内に設置したのち、縦力骨を配置する。なお、ガラスブロックおよび力骨は、枠と絶縁する。

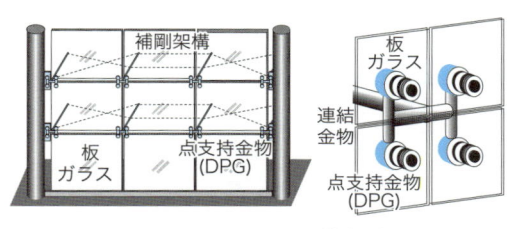

図7·20　DPG構法の例

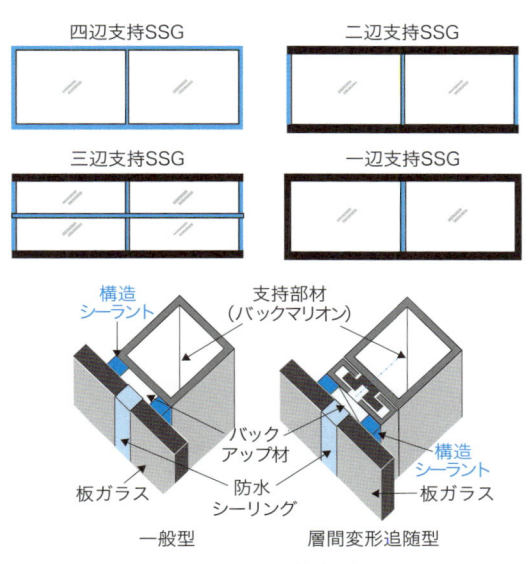

図7·21　SSG構法の例

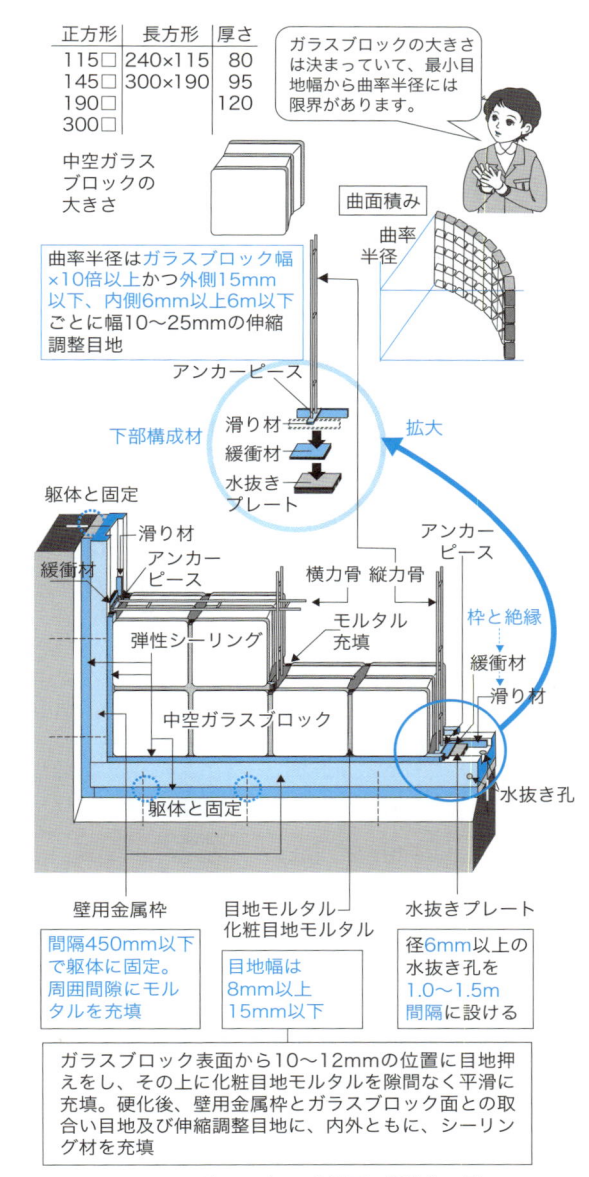

図7·22　ガラスブロック壁面の標準施工例

7・8　内装工事

内装工事には、床・壁・天井の下地工事と仕上げ工事を含む。ここでは同時に行われる断熱工事についても一部解説する。

内装仕上げ材料の種類は多様であり、用途に応じて適切な材料工法を選択する必要があり、ホルムアルデヒド問題などのシックハウス対策、結露、カビ対策なども重要である。

1　ビニル床シート、ビニル床タイルおよびゴム床タイル張り

ビニル系床材は JIS に標準化されており、その種類を表7・16 に示す。ビニル床タイルは、接着剤張りするものと、置敷きのもの（粘着はく離形接着剤による施工：ピールアップ工法）に大別される。素材による分類では、ビニル系床材の他に天然ゴム、合成ゴムなどを主原料とする弾性質のゴム床タイル、リノリウム（アマニ油、松脂、コルク、木粉、石灰岩などを練り込んで成形した床材）、帯電防止剤や導電性充填材などを加えた帯電防止床材、視覚障害者用床タイル（表面に凹凸のある床タイル）、耐動荷重性床シート、防滑性床材などが利用される。

ビニル系床材用の接着剤は JIS に標準化されており、施工箇所によって表7・17 のように使い分ける。

また、床仕上げ材用接着剤を含む内装仕上げ材料の中にはホルムアルデヒド発散建築材料に該当するものがある。内装工事ではホルムアルデヒド品質表示F☆☆☆☆の材料を使用する場合がほとんどである。

施工時の留意点としては、モルタル塗り下地は施工後 14 日以上、コンクリート下地は施工後 28 日以上放置し、乾燥させる。張付け時の室温が 5℃以下の場合、または接着剤の硬化前に 5℃以下になるおそれがある場合は、施工を中止する。やむを得ず施工する場合は、採暖措置をとらなければならない。

ビニル床シートは防湿や防塵のため、はぎ目および継目を熱溶接する場合が多い。

2　カーペット敷き

表7・18 に主なカーペットの種類と対応する工法の種類を示す。このうちニードルパンチカーペットにはパイルがなく他の 3 種にはパイルがある。パイルは図7・23 に示すように、表面に出ている繊維の束（表面に出ている毛足）のことであり、丸くループ状に

表7・16　ビニル系床材の種類

区　分		種　類	バインダー含有率 %	密　度 kg/m³	記号
床タイル	接着形*1	単層ビニル床タイル	30 以上	—	TT
		複層ビニル床タイル	30 以上	—	FT
		コンポジションビニル床タイル	30 未満	—	KT
	置敷き形*2	置敷きビニル床タイル	—	—	FOA
		薄型置敷きビニル床タイル	—	—	FOB
床シート	発泡層のないもの	単層ビニル床シート	—	—	TS
		複層ビニル床シート	—	—	FS
	発泡層のあるもの	発泡複層ビニル床シート	—	650 以上	HS
		クッションフロア	—	650 未満	KS

（注）＊1：接着剤を下地に塗布し、施工を行う床タイル。
　　　＊2：粘着剤を用いて施工を行う剥離が容易な床タイル。
　　　　　　ただし、かん合式のタイルは含まない。
（出典：公共建築協会『建築工事監理指針（下巻）平成 28 年版』）

表7・17　ビニル系床材用接着剤の種類と施工箇所

種　別	施工箇所
酢酸ビニル樹脂系ビニル共重合樹脂形アクリル樹脂系ウレタン樹脂系ゴム系ラテックス形	一般の床
エポキシ樹脂系ウレタン樹脂系	地下部分の最下階、玄関ホール、湯沸室、便所、洗面所、防湿層のない土間、貯水槽、浴室の直上並びに脱衣室等、張付け後に湿気および水の影響を受けやすい箇所、耐動荷重性床シートの場合、化学実験室等
酢酸ビニル樹脂系ビニル共重合樹脂形アクリル樹脂系ウレタン樹脂系ゴム系ラテックス形ゴム系溶剤形	垂直面

（出典：公共建築協会『公共建築工事標準仕様書（建築工事編）平成 28 年版』）

表7・18　カーペットの種類と工法の種類

カーペットの種類	工法の種類	備　考
織りカーペット	グリッパー工法	下敷き材を敷く
タフテッドカーペット	グリッパー工法	下敷き材を敷く
	全面接着工法	
ニードルパンチカーペット	全面接着工法	粘着はく離片
タイルカーペット	タイルカーペット全面接着工法	粘着はく離型接着材を使用する

（出典：公共建築協会『公共建築工事標準仕様書（建築工事編）平成 28 年版』）

仕上げた**ループパイル**と、毛足を切りそろえた**カットパイル**に分けられる。

図7·24にカーペットの張りじまいの様子を示す。グリッパー工法とは、床の周囲にグリッパーを釘または接着剤で固定し、このグリッパーにカーペットの端部を引っ掛け緩みのないように敷きつめる工法である（図7·24右）。

タイルカーペット全面接着工法は、粘着はく離形接着剤（ピールアップ形接着剤）により張り付ける工法で、接着剤と異なり必要に応じてはく離できる。

3　合成樹脂塗床材

合成樹脂塗床材は、厚膜型塗床材と薄膜型塗床材に区分される。塗床の仕上げ工法は薄膜型塗床工法、流し展べ工法および樹脂モルタル工法に区分される（表7·19）。

施工時の留意点はモルタル塗り下地は施工後14日以上、コンクリート下地は施工後28日以上放置し、乾燥させなければならない。さらに、施工場所の気温が5℃以下、湿度80%以上または換気が十分でない場合は施工を中止する。

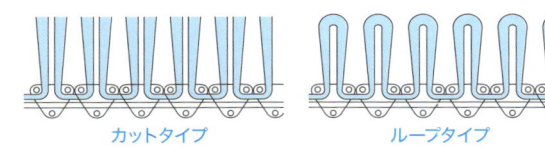

カットタイプ　　　　ループタイプ

図7·23　機械織りカーペットの組織図

4　フローリング張り

フローリングはJASにより図7·25のように分類される。フローリング張りの工法は**釘留め工法**と**接着工法**に大別され、釘留め工法は**根太張り工法**と**直張り工法**に区分される。

根太張り工法は、図7·26の根太張り用フローリングボードあるいは複合フローリングを、根太の上に接着剤を併用して釘打ちで貼り込む工法である。

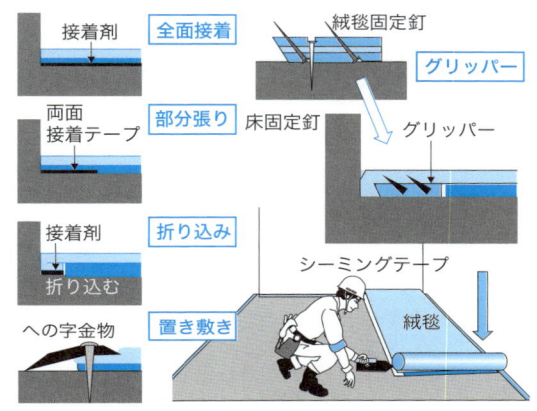

図7·24　カーペットの端部処理

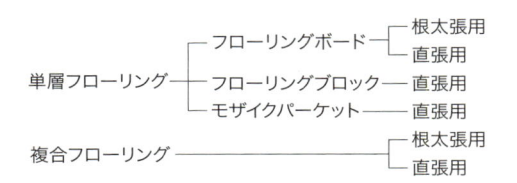

図7·25　フローリングの分類

表7·19　合成樹脂塗床材の施工法と特徴

ベースコートの形態	薄膜型塗床工法	流し展べ工法	樹脂モルタル工法
厚さの目安	0.05〜0.2mm	0.8〜2.0mm	3〜10mm
工法の特徴	主に水性形、溶剤形塗床材をローラーばけやスプレーで塗り付ける工法。防塵、美装を主目的とした床に使用。	塗床材あるいは塗床材に骨材（けい砂等）を混合することによって、平滑に仕上げるセルフレベリング工法。耐摩耗性、耐薬品性を主目的とした床に使用。	塗床材に骨材（けい砂等）を3〜10倍混合することによって、耐衝撃性、耐久性を向上させた、こて塗り工法。耐荷重性、対衝撃性を主目的とした床に使用。「標仕」表19.4.7のようにトップコートを塗り付けるのが、一般的である。
工法の断面図	ベースコート(2)／ベースコート(1)／プライマー	ベースコート(2)／ベースコート(1)／プライマー	ベースコート（目止め）／ベースコート（樹脂モルタル）／プライマー
適用塗床材	主として溶剤形 水性形塗床材	無溶剤形塗床材	
用途例	一般床、倉庫、軽作業室	実験室、化学工場等、厨房	駐車場、重作業室、機械室、倉庫等、レジャー施設

（出典：公共建築協会『建築工事監理指針（下巻）平成28年版』）

直張り工法は、根太の上に下張り用床板を張り、その上に直張り用のフローリングボードまたは複合フローリングを釘打ちで張り込む工法であり、必要に応じて接着剤を併用する。

接着工法は、コンクリートまたはモルタル下地に

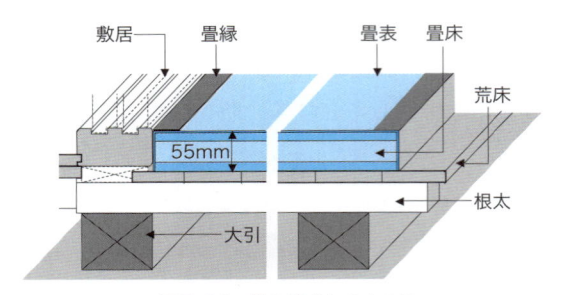

図7·26　畳の構成とおさまり

表7·20　主なボード類の規格

規格番号	規格名称	種類の記号
JIS A 5404	木質系セメント板	HW、MW、NW、HF、NF
JIS A 5430	繊維強化セメント板（けい酸カルシウム板のタイプ2）	0.8FK、1.0FK
JIS A 5440	火山性ガラス質複層板（VSボード）	A1
JIS A 5905	繊維板	HB、MDF、IB
JIS A 5908	パーティクルボード	RS、VS、DV、DO、DC
JIS A 6301	吸音材料	RW-F、RW-B、RW-BL、GW-F、GW-B、DR、IB、WWCB、GB-P、HB-P
JIS A 6901	石こうボード製品	GB-R、GB-S、GB-F、GB-L、GB-D、GB-NC 等

（出典：公共建築協会『公共建築工事標準仕様書（建築工事編）平成28年版』）

表7·21　石こうボードの種類

種　類	記　号	説　明	主な用途
せっこうボード	GB-R	GBの標準的なもの。	壁及び天井の下地材
シージングせっこうボード	GB-S	両面のボード用原紙および芯のせっこうに防水処理を施したもの。	屋内の台所、洗面所などの壁及び天井の下地材
強化せっこうボード	GB-F	GB-Rの芯に無機質繊維などを混入したもの。ただし、石綿は除く。	壁及び天井の下地材、防・耐火構造などの構成材
せっこうラスボード	GB-L	GB-Rの表面に長方形のくぼみを付けたもの。	せっこうプラスター塗壁の下地材
化粧せっこうボード	GB-D	GB-Rの表面に化粧を施したもの。	壁および天井の仕上げ材
不燃積層せっこうボード	GB-NC	GBの表紙として不燃性の原紙を用いたもの。不燃性表紙に化粧を施したものもある。	・化粧なし：壁および天井の下地材 ・化粧あり：壁および天井の仕上げ材

（出典：JIS A 6901　せっこうボード製品）

直張用の単層フローリング、複合フローリングおよびモザイクパーケットを接着剤を用いて張り込む工法である。

5　畳敷き

畳は畳床、畳表、畳縁からなる（図7·27）。畳縁のない坊主畳も用いられる。敷込みは、敷居、畳寄せなど周囲の部材と、段違い、隙間、不陸などのないように行う。

6　石こうボードその他ボードおよび合板張り

表7·20に主なボード類の名称と規格を、また、主な石こうボードの種類および記号を表7·21に示す。

これらのボード類は軽量鉄骨下地または木造下地に留め付けられる。石こうボードは石こう系直張り用接着材で直貼りされるが、接着箇所の間隔は図7·27を標準とする。石こうボードの目地部分にはエッジの種類によって図7·28の目地工法を適用する。

7　壁紙張り

壁紙には、紙系壁紙、繊維系壁紙、プラスチック系壁紙、無機質系壁紙、その他の壁紙があり、JISに標準化されており、その接着剤についてもJIS化されている。接着剤の種類は専用のものを用い、使用

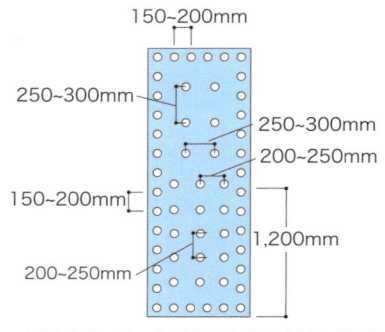

図7·27　石こう系直張り用接着材の間隔

（出典：公共建築協会『公共建築工事標準仕様書（建築工事編）平成28年版』）

継目処理工法	突付け工法	目透し工法
テーパーエッジ	ベベルエッジ、スクエアエッジ	

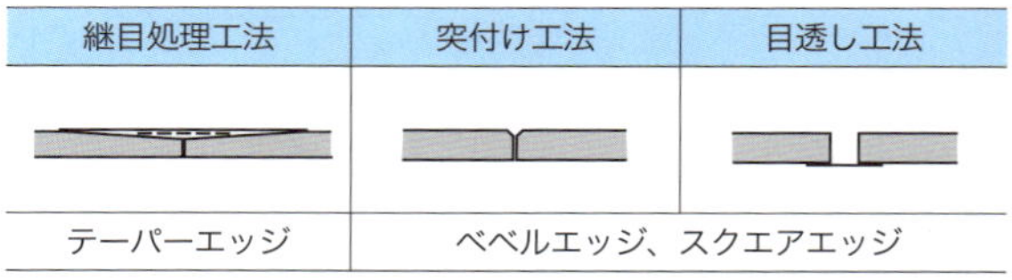

図7·28　目地工法の種類と石こうボードのエッジの種類

量は固型換算量（乾燥質量）でその品質が規定されている。

なお、石こうボードの上に壁紙を施工する場合は、石こうボード張付け後、壁紙に通気性のある場合で7日以上、通気性のない場合で20日以上放置し、石こう系直張り用接着材が乾燥し、支障のないことを確認してから行わなければならない（図7·29）。

8 断熱工事

ここではRC造への断熱工事について述べる。

(1) 断熱材打込み工法

現場打ちコンクリート型枠の内側に断熱材を先付けし、躯体コンクリートに打ち込む内断熱工法である（図7·30）。断熱材は、コンクリート打設時の圧力によって変形しない発泡プラスティック系のものを用いる。

フェノールフォーム断熱材または保温材のホルムアルデヒド放散量品質表示は、F☆☆☆☆とする。

(2) 断熱材現場発泡工法

断熱材はJISの規定による難燃性を有するものとする。施工にあたっては、火気および有害ガスなどに対する安全衛生対策を、関係法令などに従い十分に行わなければならない（図7·31）。

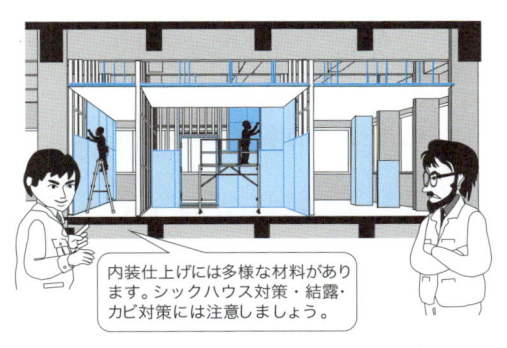

図7·29 石こう系直張りの防カビ施工

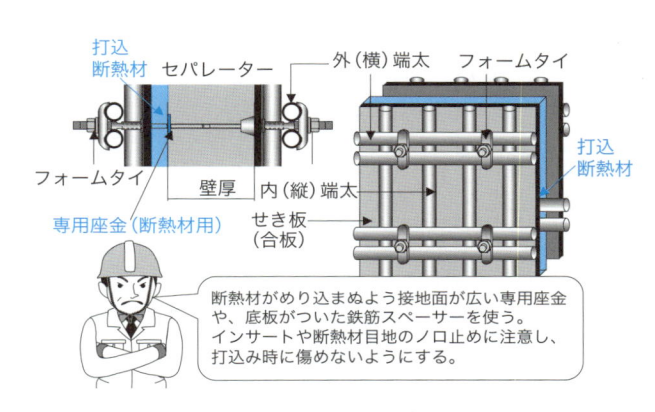

図7·30 断熱材打込み工法

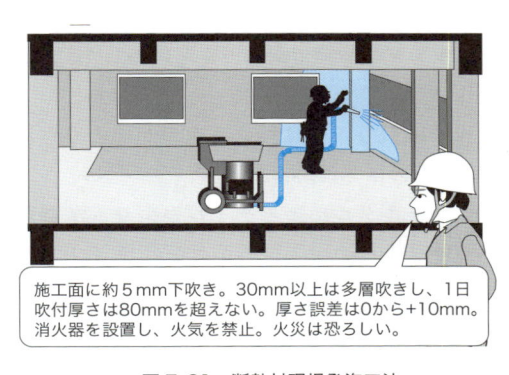

図7·31 断熱材現場発泡工法

問1 左官工事に関する次の記述のうち、最も不適当なものはどれか答えよ。

1. コンクリート下地へのモルタル塗りについて、モルタルの1回の練り混ぜ量は、60分以内に使いきれる量とした。
2. コンクリート外壁へのモルタル塗りの下塗りとしてセメント1:砂2.5に調合したモルタルを使用した。
3. 仕上げがモルタルによるタイル張り仕上げであるため、コンクリート外壁への下地モルタル塗りの上塗りは、金ごて仕上げとした。
4. セルフレベリング材であっても、コンクリート下地が一定以上の平坦さを確保できなければ、仕上がりの平坦さを期待できない。

問2 塗装工事に関する次の記述のうち、最も不適当なものはどれか答えよ。

1. 木部への合成樹脂調合ペイント塗りにおいて節止めには木部下塗り用調合ペイントを用いた。
2. コンクリート面にステイン塗りを行った。
3. 冬期におけるコンクリート面への塗装において、コンクリート素地の乾燥期間の目安を28日とした。
4. コンクリート内壁素地面へのパテしごきに合成樹脂エマルションパテ（耐水形）を使用した。

問3 タイル張り工事に関する次の記述のうち、最も不適当なものはどれか答えよ。

1. セメントモルタルによるタイル後張り工法において、外壁タイルの引張接着強度試を確認する試験体の数は100m²ごとおよびその端数について1個以上とし、かつ、全体で3個以上とした。
2. セメントモルタルによるタイル後張り工法における改良圧着張りにおいて、張付けモルタルの1回目の塗付け面積は2m²/人以内が標準である。
3. セメントモルタルによるタイル後張り工法における改良積み上げ張りにおいて、三丁掛けタイルを張る場合、1日の張付け可能高さを1.5m以下とした。
4. セメントモルタルによるタイル後張り工法におけるマスク張りにおいて、マスクの厚さは4mmとする。

問4 建具工事に関する次の記述のうち、最も不適当なものはどれか答えよ。

1. 鉄筋コンクリートの水掛り部分におけるアルミニウム製建具枠の取付けにあたって、仮留め用のくさびを取り除き、モルタルを充填した。
2. 高さ2.0mの木製開き戸に取り付ける建具用丁番は、ステンレス製のものを3枚使用した。
3. 建具の保管において、障子、ふすまは種類別に立てかけとし、フラッシュ戸は平積みとした。
4. 樹脂製建具枠のアンカーを両端から逃げた位置から間隔500mmで取り付けた。

問5 ガラス工事に関する次の記述のうち、最も不適当なものはどれか答えよ。

1. アルミニウム製建具に厚さ18mmの複層ガラスをはめ込むにあたって、特記がなかったので、建具枠のガラス溝の掛け代を15mmとした。
2. ガラスブロック積みにおいて、特記がなかったので、平積みの目地幅の寸法を10mmとした。
3. アルミニウム製の外壁サッシにおいて、引き違い窓のセッティングブロックは、フロート板ガラスの両端部からガラス横幅寸法の1/4の位置に設置した。
4. サッシ枠が地震による面内変形を受けた場合にガラスが割れないようにするため、サッシ枠の寸法の中で面クリアランスについて検討した。

問6 内装工事に関する次の記述のうち、最も不適当なものはどれか答えよ。

1. 接着工法により直張り用複合フローリングを張り付けるにあたって、ウレタン樹脂系接着剤を用いた。
2. コンクリート壁下地に石こうボードを直張りするにあたって、表面への仕上げ材に通気性があったので、直張り用接着材の乾燥期間を5日間とした。
3. ビニル床シートの張付けにおいて、モルタル塗り下地を施工後14日間放置し、乾燥させてから行った。
4. フローリングボードの根太張り工法において、フローリングボードをスクリュー釘で張り込んだ。

8章　防水工事

　建築物の屋根や外壁には雨水の浸入を防ぐことが求められ、その他の部位にも、雨水に限らず様々な水分を遮断する機能が求められる。その役割を担うのが「防水」である。

　陸屋根では、面状に連続した防水層を形成するメンブレン防水工法が採用されることが多い。防水層を施工する下地の特性によって、適用可能な防水層の種類が異なる。一方、防水層の上側には、屋上の使用条件に応じて保護層を設ける。要するに、設計段階では下地・防水層および保護層の組合せに適した防水工法の選定が重要である。いずれの工法の場合も、施工段階では隙間のない連続した防水層を形成することが肝心であり、防水材の継ぎ目、防水層の端部および配管などとの取合いなどが重要管理ポイントとなる。

　外壁では、カーテンウォールなどの接合部を線状に止水する目地防水が一般的であり、不定形シーリングを充填する工法と、定形ガスケットを設置する工法が代表である。シーリング防水では、外装材の目地挙動に追従可能な柔軟性を有した材種を選定し、所定の目地幅と深さを確保する。さらに、良好な接着性を確保するためには、被着体・シーリング材の両者と相性の良いプライマーの塗布が不可欠である。

8・1　防水工事とは

1　防水の目的と防水の役割

　防水の役割は、水分の移動を遮断することにある。その機能を果たす材料が防水材料であり、防水層を形成する工事が防水工事である。

　防水の主目的は、居住性の向上と劣化の抑制にある。すなわち、室内を快適で衛生的な環境に保ち、構造体や各部構成部材などの水分に起因する劣化を抑制することが主たる役割である。

　防水の対象となる水には、雨、雪などの降水のほか、浴室、トイレ、厨房などの使用水、地下水、人工池、水泳プール、各種の水槽類の貯水などがある。

　漏水は、水分、浸入経路（隙間）および駆動力の3条件が揃ったときに生じる。

2　防水の必要な部位と水分の作用

　建築において、防水が必要となる代表的な部位を図8・1に示した。部位の位置・方向などによって水の作用条件、つまり、水量、移動速度、浸入方向、頻度、持続時間、圧力の有無などが異なるため、防水工法の選択に際しては、これらを正しく把握することが重要である。

3　面状防水と線状防水（目地防水）

（1）面状防水

　屋根や外壁などの部位全体に連続した止水面を形成する。

（2）線状防水（目地防水）

　屋根や外壁などを構成する部材自体がある程度の止水性を有する場合には、部材相互の接合部（目地）に防水材を充填すれば水の浸入を遮断できる。構成部材の止水性が劣る場合は表面処理を施すか、排水性を高めるなどの工夫も併せて行う。

　面状防水および線状防水の細分類と具体的な防水工法の例を表8・1に示した。

【ベランダ・開放廊下・庇類】
下階は居室でないため、簡易な防水とすることがあるが、片持ちスラブの根元にひび割れが生じやすいため、室内に雨水が浸入することもある。ベランダや開放廊下では、上階のベランダ・開放廊下が雨除けになるため、雨掛りは軽減される。

【外壁】
部位が鉛直のため、雨水は重力により排水されやすい。ただし、強風時には水圧が生じる。高層建築物ほど低層階の壁面流下雨量は多い。
開口部回りなど、防水上の弱点部が多い。
塗装・吹付け、タイル張り、石張りなど、止水性の期待できる外壁仕上げがある場合は、防水を必要としないこともある。

【陸屋根・ルーフバルコニー】
直接、風雨に曝される。部位が水平のため、水の作用時間が長く、滞留すれば水圧が生じる。一般に面積が広く、水量も多い。下階が居室のため、漏水による被害は大きい。屋上を利用する場合は、屋上の用途に適した床材を施す必要がある。

【屋内（浴室）】
共同住宅ではユニットバスが主流で、その場合、防水は不要。宿泊施設などの浴場は水泳プール等と水の作用はほぼ同様。ただし、水が高温であることや、温泉水の成分などに注意が必要。

保護コンクリートの伸縮目地 / 塔屋 / 陸屋根 / 建具回り / 庇 / 厨房 / ガラス、ALC、ECPなどの部材間目地 / 水泳プール / 窓枠回り / 大浴場 / ルーフバルコニー / 庇 / 開放廊下・ベランダ / 駐車場など / ▽水位 水槽類 / 地下室 / ピット / 打継ぎ目地 ひび割れ誘発目地

【屋内（大浴場・水泳プール・人工池など）】
水圧が継続して作用し、水位が深いほど水圧は大きい。消毒液などに対する抵抗性を確認する。水泳プールでは、タラップなど防水層を貫通するものが多く、排水など専用設備との取合いがある。

【地下外壁、地下底盤】
地下水位以下では水圧が生じる。海抜の低い地帯では地下水に海水が混ざっていることもある。
構造体の内側に防水層を施す内防水では、背面水圧により、防水層に剥離や膨れが生じやすい。内防水の場合、躯体保護効果は期待できない。

【ピット（水槽類）】
飲用水槽、雑排水槽、廃液処理槽、中水槽など、用途によって水の成分が異なり、防食性の仕上げが必要となる場合も多い。蓄熱槽では、温水・冷水など過酷な温度に曝され、また、水や氷の流れによる侵食にも注意が必要。

図8・1　防水適用部位の特徴

表8・1　防水工法の分類

区分		防水工法の例
面状防水	メンブレン防水	アスファルト防水
		改良アスファルトシート防水
		合成高分子系シート防水
		塗膜防水
	塗布防水	ケイ酸質系塗布防水
	板金防水	ステンレスシート防水
綿状防水（目地防水）	シーリング防水	不定形シーリング防水
	ガスケット止水	環状ガスケット

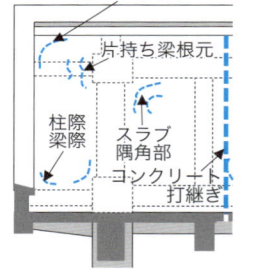

図8・2　ひび割れの発生部位

平場と立上りが取り合う入隅 / 片持ち梁根元 / 柱際梁際 / スラブ隅角部コンクリート打継ぎ

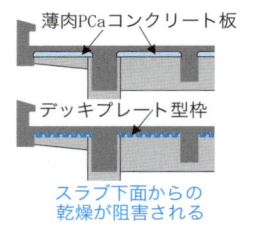

図8・3　下地の乾燥阻害

薄肉PCaコンクリート板 / デッキプレート型枠 / スラブ下面からの乾燥が阻害される

4　屋根における防水下地の種類と特徴

(1) 現場打ち鉄筋コンクリート

種々の防水下地の中でも、面外剛性が大きく、伸縮が小さく、防水下地に適している。しかし、図8・2のようなひび割れが発生しやすい。発生場所が予測できる場合は、その部分に絶縁処理を行う（8・2-6項参照）。

防水層施工後の温度上昇で、コンクリート中の水分が気化して防水層の裏面に圧力が生じ、防水層が膨れることがある。強度発現までは湿潤養生を行う

が、防水層を施工する前には下地を十分乾燥させることが重要である。デッキプレートや薄肉プレキャストコンクリート板などをコンクリート型枠とする場合は、スラブ下面からの乾燥が阻害され、乾燥が遅くなるため、注意が必要である（図8・3）。

(2) プレキャスト鉄筋コンクリート（PCa）部材

取付け精度が悪いと、接合部に段差や目違いが生じる。また、部材の熱伸縮による目地幅の拡大・縮小や、構造体の変形によって、ずれやたわみが生じる。

この部分にも絶縁処理を施す。

(3) ALC パネル

PCa 部材よりも面外剛性が劣るため、重量物の設置は避ける。短辺を支持するため、たわみが生じ、パネルの長手を流れ方向に割り付けると、部分的に排水勾配が不足して水溜まりができやすい。素材が多孔質なため、必ずプライマーを塗布する。アンカーを使用する場合の引抜き耐力も小さい。

(4) 金属系下地（折板＋耐火ボードなど）

鉄骨造の工場や倉庫などでは、折板やデッキプレートなどの金属下地に耐火ボードや断熱材を張り、その上に防水層を施すことがある。一般にこのような下地は寸法安定性に劣り、経年によって反りが生じやすい。パラペットを設ける場合は、構造上、平場と立上りが一体化しにくいため、入隅に挙動が生じやすい。

(5) 木質系ボード類

防耐火性が求められない場合は、木質系ボードが防水下地となることもある。寸法安定性や接合部の挙動に加え、水分による劣化（腐朽や接着耐久性）にも注意が必要となる。

5 外壁における防水下地の種類

RC 造建築物の外壁仕上げには、化粧打放しのほか、塗装、仕上塗材、陶磁器質タイル張り、石張りなどがある。S 造建築物の外壁仕上げは、さらに種類が多く、コンクリート系、金属系、ガラス系の各種カーテンウォールなどもある。

6 シーリング防水が必要な目地

RC 造建築物では、主として構造体の打継ぎ目地やひび割れ誘発目地、建具・サッシ回り、タイル張りの伸縮目地などに、シーリング防水を施す。

S 造建築物では、各種カーテンウォールを含め、様々な部材の接合部にシーリング防水を施す。

RC 造では、目地部がほとんど挙動しないノンワーキングジョイント、S 造ではワーキングジョイントが対象となることが多い（8・7-2 項参照）。

8・2 メンブレン防水

1 防水工事の流れ

施工計画の段階も含めたメンブレン防水工事の基本工程を図 8・4 に示す。

2 設計図書などの確認

設計図書などにより、下記の事項を確認しておく。
① 防水下地の種類：RC、PCa、ALC など
② 防水層の種類：アスファルト防水、改質アスファ

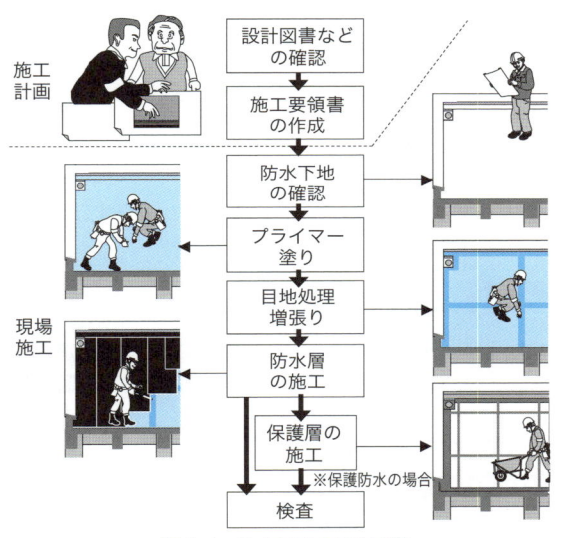

図 8・4　防水工事の基本工程

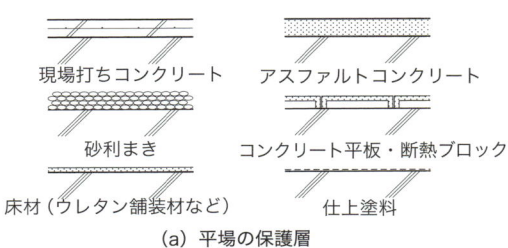

現場打ちコンクリート　　アスファルトコンクリート
砂利まき　　　　　　　　コンクリート平板・断熱ブロック
床材（ウレタン舗装材など）　　仕上塗料
(a) 平場の保護層

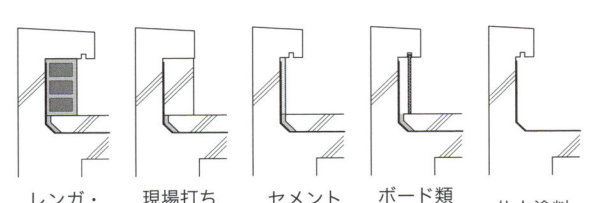

レンガ・　　現場打ち　　セメント　　ボード類　　仕上塗料
ブロック積み　コンクリート　モルタル塗り　（乾式保護）
(b) 立上りの保護層

図 8・5　保護層の種類

ルトシート防水、合成高分子系シート防水、塗膜防水など

③ 防水工法の種類：接着、密着、機械的固定、絶縁・通気緩衝など

④ 露出防水・保護防水（図8·5）

⑤ 非断熱・断熱、内断熱・外断熱（図8·6）

⑥ 排水経路（図8·7）

⑦ ドレンの排水能力（位置・個数など）

⑧ パラペット形状・寸法（アゴあり、アゴなし）

3 施工要領書の作成

作成にあたり特に考慮すべき内容は下記の通り。

① 材料の搬入・保管、機器の手入れ、電源の確保

② 低温時・高温時・多湿時・強風時の対策

③ 降雨・降雪が予想される場合の養生

④ 周辺への配慮（騒音、臭気、作業時間など）

4 防水下地の確認

防水下地について、施工前に下記を確認する。

① 平場：排水勾配、不陸の程度など

② 立上り：型枠の目違い、セパ穴の処理など

③ 出隅・入隅の形状（表8·2）

④ 表面性状：粗密、ひび割れ、欠損など

⑤ 乾燥状態：含水率（電気抵抗式、高周波式など）

⑥ 付着物の有無：油脂・塗料・塵埃など

⑦ ドレン：がたつき、欠損、周辺の排水勾配など

5 プライマー塗り

コンクリート表層の性質を改善し、防水層の接着または密着を促すため、プライマーを塗布する。機械的固定工法の場合は省略できる。

6 目地処理（絶縁）・増張り

コンクリート打継ぎやPCa部材・ALCパネルの接合部など、防水下地の挙動が予想される部分に絶縁用テープを張る（図8·8）。さらに増張りを施す。また、出隅・入隅、ドレン回りなど漏水の生じやすい箇所

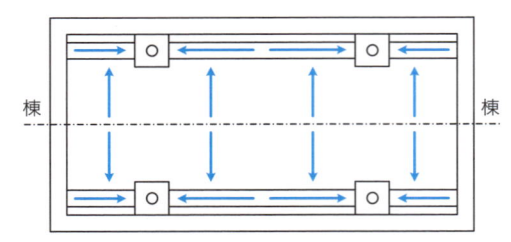

図8·6 内断熱と外断熱（屋根の場合）

表8·2 出隅・入隅の形状・寸法

防水工法の種類	出隅	入隅
アスファルト防水	45°面取り（幅：30mm程度）	45°面取り（幅：70mm程度）
改質アスファルトシート防水	45°面取り（幅：3〜5mm）	直角
合成高分子系シート防水	45°面取り（幅：3〜5mm）	直角
塗膜防水（FRP系を除く）	45°面取り（幅：3〜5mm）	直角

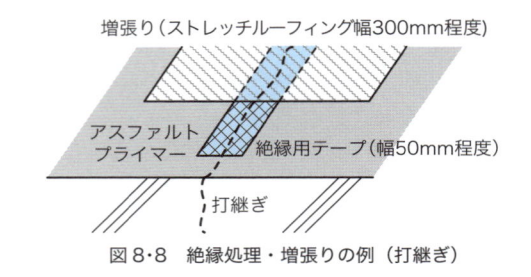

図8·8 絶縁処理・増張りの例（打継ぎ）

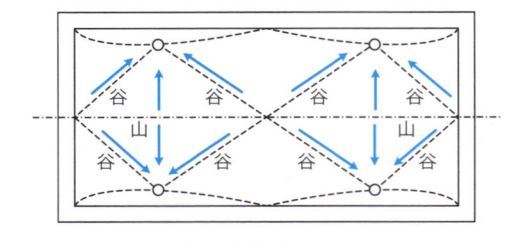

(a) 防護防水の場合

(b) 露出防水の場合

図8·7 水勾配の取り方の例

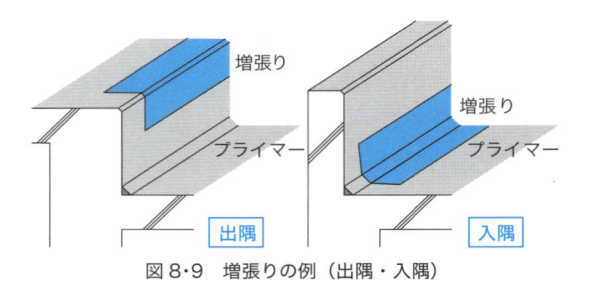

図8·9 増張りの例（出隅・入隅）

にも増張りを施す（図8·9）。特に、平場と立上りの防水下地が一体となっていない構造では、入隅の挙動に注意が必要である。

7 防水層の施工

（1）ルーフィング類の張付け

所定の重ね幅を確保し、重ねの上下は、長手・短手方向とも、水の流れに逆らわないよう、水上が水下の上側になるように重ねる（図8·10）。3枚重ねになる部分は、水みちが形成されやすいため、隙間にシール材を充填するなどの処置を施す。

また、ルーフィング類を2層以上積層する工法では、上下の層の重ね位置が一致しないようにずらす。

（2）塗膜防水材の塗付け・吹付け

所要の厚みが確保できるように施工する。材料が飛散しやすいので周辺を適切に養生する。

8 保護層の施工

現場打ちコンクリートのように重量のある保護層を設ける場合は、保護層の施工中や竣工後の保護層の挙動によって防水層が痛められないように、防水層上に絶縁シートなどを敷設する。また、保護層の熱膨張によってパラペットを押し出すことがないよう、パラペット際の入隅に成形緩衝材を設置し、さらにパラペット際から60cm以内とそれ以外は3m程度の間隔に伸縮目地を設置する。

9 検査

目視または簡易な道具を用い、防水層の重ね部、末端部などの納まりや仕上り状態などを確認する。ドレン回りにせきを設けた水張り試験や散水試験を行うこともある。

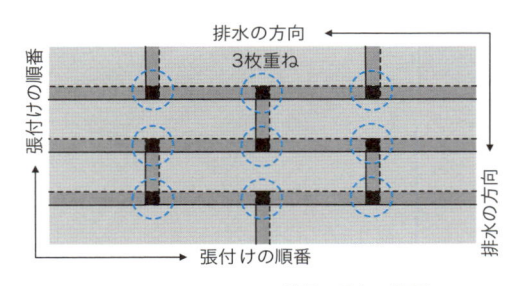

図8·10　ルーフィング類の重ねの順番

8·3　アスファルト防水

1 熱工法の特徴

アスファルト防水・熱工法では、加熱・溶融した防水工事用アスファルトを下地に流しながらアスファルトルーフィング類を張る。溶融アスファルトがルーフィング類の裏面や重ね部に隙間なく充填されるため、水密性を確保しやすい。通常、2～4枚のルーフィングを積層するため、厚い防水層を形成でき、下地挙動への追従性、耐荷重性、耐衝撃性などに優れている。積層数を増すほど、防水信頼性と耐用年数が向上する。

一方で、溶融釜の設置が必要であり、火気使用による火災の発生、高温のアスファルトの運搬・取扱いの際の火傷、煙や臭気の発生による作業者や周辺環境への影響など、特に室内や密集地では施工が制約されることがある。また、工程数が多く、建設費や工期などマイナス面もある。

2 主な工法

アスファルト防水（熱工法）の代表的な仕様を図8·11に示す。

（1）屋根保護防水・密着工法（非断熱・断熱）

溶融アスファルトでルーフィング類を下地に密着させて防水層を形成し、その上に現場打ちコンクリートなどの保護層を設ける工法。通常歩行、屋上緑化など様々な屋上用途に対応できる。保護層施工時に防水層を損傷しないように絶縁シートを敷設する。4～2層の仕様がある。少層化を図る場合は、アスファルトルーフィングよりも力学特性の優れたストレッチルーフィングを組み込む。断熱仕様もある。

（2）屋根保護防水・絶縁工法（非断熱・断熱）

下地の直上に砂付あなあきルーフィングを敷設し、その上に1層目のアスファルトルーフィングを溶融アスファルトで流張りする。あなの部分だけが下地に密着し、他の部分は絶縁されているため、ひび割れなどの下地挙動の影響を軽減できる。同様の効果

を期待し、部分粘着層付改質アスファルトルーフィングシートを用いた仕様もある。

（3）屋根露出防水・絶縁工法（非断熱・断熱）

露出防水工法では絶縁仕様とする。コンクリート下地が熱せられると、水分が気化して防水層の裏面に圧力が生じ、防水層に膨れが生じやすいからである。砂付きあなあきルーフィングを用いた場合は水蒸気はその層内を拡散、部分粘着層付改質アスファルトルーフィングの場合は非粘着部分を拡散することにより、膨れの発生を抑制できる。

断熱仕様とする場合は、断熱材下地側に防湿層としてアスファルトルーフィングを設置する。

絶縁仕様の場合も、立上り部と平場の立上り際から 500mm 程度の範囲は、下地からのずれ・・やはがれ・・・が起こらないよう、密着または全面粘着とする。

（4）屋内防水・密着工法

屋内では、防水層の上に、タイル張りなど、その部屋の用途に適した床材が設置される。一般に直射

12 絶縁用シート
11 溶融アスファルト（はけ塗り）
10 溶融アスファルト（はけ塗り）
9 アスファルトルーフィング
8 溶融アスファルト
7 ストレッチルーフィング
6 溶融アスファルト
5 ストレッチルーフィング
4 溶融アスファルト
3 アスファルトルーフィング
2 溶融アスファルト
1 アスファルトプライマー

11 絶縁用シート
10 断熱材
9 溶融アスファルト（はけ塗り）
8 溶融アスファルト（はけ塗り）
7 ストレッチルーフィング
6 溶融アスファルト
5 ストレッチルーフィング
4 溶融アスファルト
3 アスファルトルーフィング
2 溶融アスファルト
1 アスファルトプライマー

7 絶縁用シート
6 溶融アスファルト（はけ塗り）
5 溶融アスファルト（はけ塗り）
4 ストレッチルーフィング
3 溶融アスファルト
2 部分粘着層付改質アスファルト
　ルーフィングシート
1 アスファルトプライマー

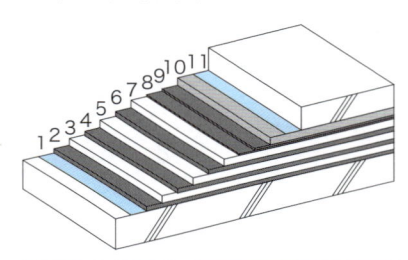
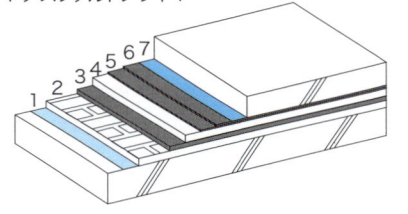

アスファルト防水・熱工法[A-1]
屋根保護防水・密着工法（4層仕様）

アスファルト防水・熱工法[AI-2]
屋根保護防水・密着断熱工法（3層仕様）

アスファルト防水・熱工法[B-3]
屋根保護防水・絶縁工法（2層仕様）

11 仕上塗料
10 砂付ストレッチルーフィング
9 溶融アスファルト
8 アスファルトルーフィング
7 溶融アスファルト
6 ストレッチルーフィング
5 溶融アスファルト
4 ストレッチルーフィング
3 溶融アスファルト
2 砂付あなあきルーフィング
1 アスファルトプライマー

8 仕上塗料
7 砂付ストレッチルーフィング
6 溶融アスファルト
5 部分粘着層付改質アスファルト
　ルーフィングシート
4 断熱材
3 アスファルトルーフィング（防湿層）
2 溶融アスファルト
1 アスファルトプライマー

12 各種床仕上材
11 溶融アスファルト（はけ塗り）
10 溶融アスファルト（はけ塗り）
9 ストレッチルーフィング
8 溶融アスファルト
7 アスファルトルーフィング
6 溶融アスファルト
5 ストレッチルーフィング
4 溶融アスファルト
3 アスファルトルーフィング
2 溶融アスファルト
1 アスファルトプライマー

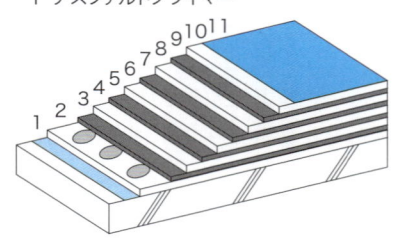
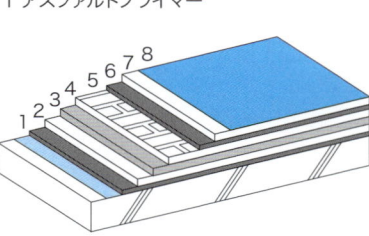
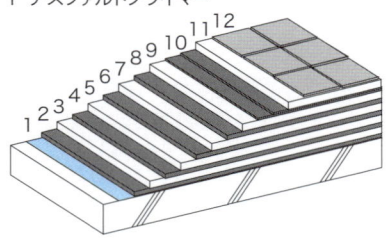

アスファルト防水・熱工法[D-1]
屋根露出防水・絶縁工法（4層仕様）

アスファルト防水・熱工法[DI-2]
屋根露出防水・絶縁断熱工法（2層仕様）

アスファルト防水・熱工法[E-1]
屋内保護防水・密着工法（4層仕様）

図8・11 アスファルト防水（熱工法）の仕様例 （[ ] 内は、公共建築工事標準仕様書の記号）

日光が当たらないため、ふくれ発生のおそれは少なく、密着仕様とすることができる。

3 施工管理のポイント

8·2 節の基本事項に加え、特に注意すべき施工管理のポイントを下記に示す。

① 溶融釜の設置場所

施工場所の近くに設置する。スラブなどに熱影響の少ない構造の釜とし、影響があれば養生する。

② アスファルトの溶融

過加熱ではアスファルトが変質し、加熱不足では外気や下地で冷却されて粘性が低下し、張付けに支障をきたす。近年、臭気や煙を抑制するため、低温溶融化が進んでいる（図 8·12）。

③ 絶縁テープ張り・増張り

・打継ぎや接合部などに絶縁テープを張る。

・出隅・入隅、ドレン回りなどに増張りを施す。

④ 溶融アスファルトの塗布

・所定量を確実に塗布する。

・ルーフィング類の裏に隙間なく充填する。

・重ね部から一定の幅ではみ出させる。

⑤ 平場の張付け

・空隙、気泡、しわなどを発生させない。

・重ね部は、水上側が上になるようにする。

・重ね幅は、長手・短手とも 100mm 以上とする。

・複層の場合、重ねの位置を上下で一致させない。

⑥ パラペット立上り際の入隅

低温時に平場防水層が収縮して、剥がれやすいため、浮きなく下地に密着させる。

⑦ 防水層立上り末端部

高温時に軟化して垂れ下がりやすいため、末端部

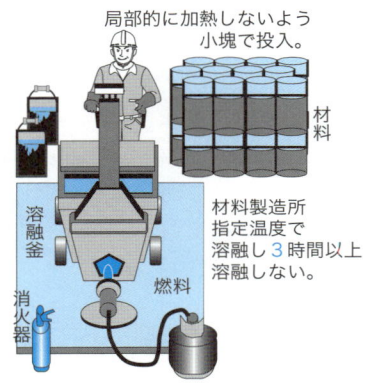

図 8·12　アスファルト溶融

を金物で固定し、シール材を充填する。立上りの流張りは施工が難しく、欠陥が生じやすい。

⑧ ドレン回り

・ドレンのつばに増張りシートを張り掛ける。

・ドレン周辺に水溜りができないように、ドレンに向かって排水勾配をとる。

⑨ 保護コンクリート（保護仕様の場合）

・入隅に成形緩衝材を設置する。

・保護層の下面まで達する伸縮調整目地を適正な間隔に配置する。

8·4　改質アスファルトシート防水

1　トーチ工法

アスファルト防水（トーチ工法・常温粘着工法）の代表的な仕様を図 8·13 に示す。

(1) 工法の特徴

アスファルトに高分子系の改質材（ポリマー）を配合したアスファルトコンパウンドを、不織布などの基材に含浸させた改質アスファルトルーフィングシートを用いる。裏面には、熱工法における溶融アスファルトに相当するアスファルトが予めコーティングされており、施工時にトーチバーナーであぶって溶かしながら下地に密着させる工法である。溶融釜の設置や溶融アスファルトの運搬が不要な工法である。熱工法と同様、溶けたアスファルトがシートと下地の間や重ね部に充填されるため、水密性を確保しやすい。

しかし、あぶり不足による密着不良、あぶり過ぎによるシートの変質など、施工上注意を要する点も多い。

(2) 屋根露出防水・密着工法

改質アスファルトルーフィングシートを用い、下地とシート間およびシート重ね部をトーチ張りで密着させる工法で、2 層仕様と単層仕様がある。

(3) 屋根露出防水・絶縁工法（非断熱・断熱）

防水下地の直上に部分粘着層付シートまたは砂付

あなあきルーフィングを用いて絶縁および通気の機能を付加し、以降の層はトーチ張りとした工法。断熱仕様の場合、断熱材の直上の防水層をトーチ張りで施工すると、トーチの直火や溶けたアスファルトの熱によって断熱材に悪影響が及ぶため、1層目は部分粘着層付シート張りとする。

2 常温粘着工法

(1) 工法の特徴

1層目に絶縁・通気の機能を有する部分粘着層付改質アスファルトルーフィングシート、2層目に全面粘着層付改質アスファルトルーフィングシートを用いる常温粘着工法では、溶融釜もトーチ（裸火）も使用しないため、安全で臭気・煙も発生しない。

しかし、熱工法やトーチ工法と異なり、溶けたアスファルトを用いないため、水みちが残りやすい。特に、重ね部は、小型ハンドバーナーを用いて溶着するか、ゴムアスファルト系シール材を充填して入念に転圧するなど、水密性を確保するための工夫を要する。

上記のトーチ工法および常温粘着工法は、通常、単層または2層のため、より積層数の多い熱工法に比べると、防水信頼性・耐用年数とも劣る。

(2) 屋根露出防水・絶縁工法（非断熱・断熱）

1層目・2層目とも粘着張りとした工法。断熱仕様では、断熱材を設置した後、1層目を部分粘着張り、2層目を全面粘着張りとする。露出防水工法ゆえに、強風時の負圧で防水層が剥がれないように、特に断熱仕様では、下地に対して断熱材を強固に固定する必要がある。断熱材の固定方法は何種類かあり、防水材製造所の指定する方法を確認する。

3 施工管理のポイント

8・2節の基本事項に加え、特に注意すべき施工管理のポイントを下記に示す。

①絶縁テープ張り・増張り

打継ぎや接合部などに絶縁テープを張る。出隅・入隅、ドレン回りなどには増張りを施す。

② 平場の張付け

トーチ工法では、シートの裏面および下地を均一にあぶり、押し広げて密着させる。溶けた改質アス

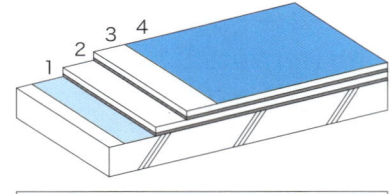

4 仕上塗料
3 改質アスファルトシート（トーチ張り）
2 改質アスファルトシート（トーチ張り）
1 プライマー

改質アスファルト防水・トーチ工法[AS-T1]
屋根露出防水・密着工法（2層仕様）

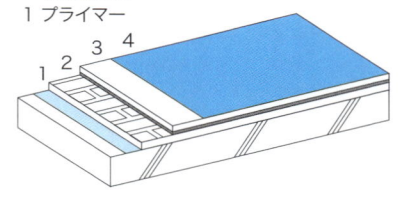

4 仕上塗料
3 改質アスファルトシート（トーチ張り）
2 部分粘着層付改質アスファルトシート
　（粘着張り）
1 プライマー

改質アスファルト防水・トーチ工法[AS-T3]
屋根露出防水・絶縁工法（2層仕様）

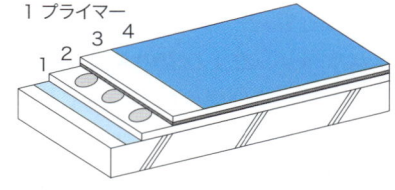

4 仕上塗料
3 改質アスファルトシート（トーチ張り）
2 あなあきシート
1 プライマー

改質アスファルト防水・トーチ工法[AS-T4]
屋根露出防水・接着断熱工法

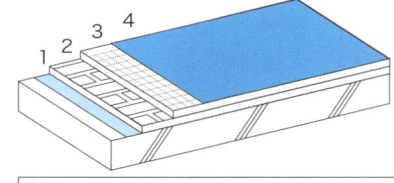

4 仕上塗料
3 粘着層付改質アスファルトシート（粘着張り）
2 部分粘着層付改質アスファルトシート
　（粘着張り）
1 プライマー塗り

改質アスファルト防水・常温粘着工法[AS-J1]
屋根露出防水・絶縁工法（2層仕様）

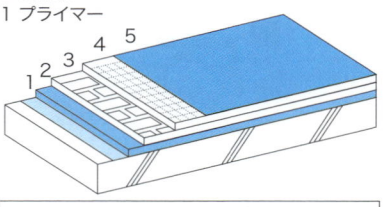

5 仕上塗料
4 改質アスファルトシート（トーチ張り）
3 部分粘着層付改質アスファルトシート
　（粘着張り）
2 断熱材
1 プライマー

改質アスファルト防水・トーチ工法[ASI-T1]
屋根露出防水・絶縁断熱工法（2層仕様）

5 仕上塗料
4 粘着層付改質アスファルトシート（粘着張り）
3 部分粘着層付改質アスファルトシート
　（粘着張り）
2 断熱材
1 プライマー

改質アスファルト防水・常温粘着工法[ASI-J1]
屋根露出防水・絶縁断熱工法（2層仕様）

図8・13　アスファルト防水（トーチ工法・常温粘着工法）の仕様例　（[ ] 内は、公共建築工事標準仕様書の記号）

ファルトを、シートと下地の間に隙間なく充填させ、重ね部から一定の幅ではみ出させる。

常温粘着工法では、裏面のはく離紙などを剥がしながら均等に押し広げて転圧する。重ね幅は、両方向 100mm 以上とする。

絶縁工法の場合も、パラペット立上り際の 500mm 程度は改質アスファルトシートを全面密着させる。

常温粘着工法では、重ね部の処理は、防水材製造所の指定による。

③ 断熱材の張付け

防水材製造所の指定する方法による。

④ 立上りの張付け

防水層末端部は、各層の端部をそろえ、押え金物で固定した上で、シール材を充填する。

⑤ 仕上塗料塗り

はけ、ローラーばけなどを用いてむらなく塗り付ける。

アスファルト防水の施工状況を図 8・14 に示す。

8・5 合成高分子系シート防水

1 工法の種類と特徴

合成高分子系シート防水の代表的な仕様を図 8・15 に示す。

熱工法（流張り）　　　　　　トーチ工法（トーチ張り）　　　　　常温粘着工法（粘着張り）

図 8・14　アスファルト防水の施工状況（ルーフィングの張付け工程）

2 塩化ビニル樹脂系ルーフィングシート
1 接着剤
※RC下地の場合はプライマー不要

2 仕上塗料
1 加硫ゴム系ルーフィングシート（金具留め）

4 塩化ビニル樹脂系ルーフィングシート
3 接着剤
2 断熱材
1 接着剤
※RC下地の場合はプライマー不要

シート防水・塩化ビニル樹脂系[S-F2]
屋根露出防水・接着工法

シート防水・加硫ゴム系[S-M1]
屋根露出防水・機械的固定工法

シート防水・塩化ビニル樹脂系[SI-F2]
屋根露出防水・接着断熱工法

2 仕上塗料
1 加硫ゴム系ルーフィングシート（金具留め）

3 塩化ビニル樹脂系ルーフィングシート
　（金具留め）
2 断熱材
1 防湿フィルム

4 ポリマーセメントペースト
3 エチレン酢酸ビニル樹脂系ルーフィングシート
2 セメントペースト
1 プライマー

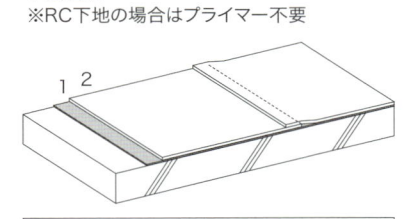 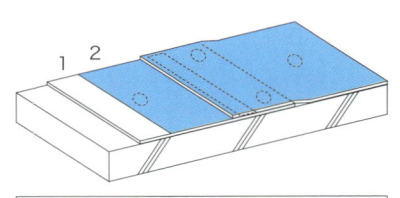 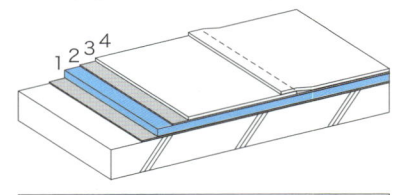

シート防水・加硫ゴム系[S-M1]
屋根露出防水・機械的固定工法

シート防水・塩化ビニル樹脂系[SI-M2]
屋根露出防水・機械的固定断熱工法

シート防水・エチレン酢酸ビニル樹脂系[S-C1]
屋内保護防水・密着工法

図 8・15　合成高分子系シート防水の仕様例　（[ ] 内は、公共建築工事標準仕様書の記号）

合成ゴムまたは合成樹脂などの高分子をシート状に成形した防水材を用いて防水層を形成する工法。単層が基本のため、工程数が少なく、工期短縮を図りやすい。接着剤を用いて下地に張る工法（接着工法）、特殊な固定金物を用いて下地に固定する工法（機械的固定工法）、ポリマーセメントペーストを用いて下地に張る工法（密着工法）がある。ルーフィングは、厚みが一定で、素材が均質で、伸縮性に優れている。シートの重ね部や末端部における水密性の確保が最重要ポイント。

2　合成高分子系シートの種類

(1) 加硫ゴム系シート

エチレン・プロピレン・ジエンゴム（EPDM）とブチルゴム（IIR）の配合に、加硫剤を添加してシート状に成形したもの。紫外線、熱、オゾンに対する耐久性、引張強さや伸びが優れている。接着工法と機械的固定工法による施工が可能。

(2) 塩化ビニル樹脂系シート

塩化ビニル樹脂に、可塑剤、充填剤などを添加して成形したもの。接着工法と機械的固定工法による施工が可能。塩化ビニル樹脂被覆鋼板への接着も容易なため、防水層の端部なども処理しやすい。シート自体に着色が可能なため塗装が不要で、表面にエンボス加工も施せる。耐摩耗性に優れ、厚手のものは軽歩行にも耐えられる。

(3) エチレン酢酸ビニル樹脂（EVA）系シート

シートは弾性に富み下地挙動への追従性が優れている。ポリマーセメントペーストを用いた密着工法で施工する。シートの重ね部にもポリマーセメントペーストを充填するため、アスファルト防水の熱工法などと同様、漏水の原因となる水みちが形成されにくい。溶剤を使用しないため、換気を行いにくい屋内でも施工が可能。ポリマーセメントペーストとの付着性を向上させるため、特殊な起毛処理が施されている。

3　施工管理のポイント

(1) 接着工法

・ルーフドレンや配管類に接着剤などで溶融するおそれのある塗料が塗布される場合は除去する。
・下地が十分乾燥した後に、清掃を行い、その日に施工できる範囲にプライマーを塗布する。
・プライマーの乾燥後、接着剤をむらなく塗る。所定のオープンタイムを確保した後、シートに張力を加えないよう、また、しわが寄らないように張り付け、ローラーなどで転圧する。
・出入隅角の処理は、加硫ゴム系シートの場合ではシートの張付けに先立ち増張りを行い、塩化ビニル樹脂系シートの場合ではシート張付けの後に成形役物を張り付ける。

(2) 機械的固定工法

・プライマーの塗布は省略できる。
・塩化ビニル樹脂系シートの場合は、シート固定の前に絶縁用シートを敷き並べる。
・シートを固定する固定金具には、円盤状とプレート状のタイプがある。シートを敷設後に固定する「後付け工法」と、固定金具を先に取り付け、電磁誘導加熱などによって、固定金物に被覆された塩化ビニル樹脂とびシートを融解・一体化する「先付け工法」がある（図8·16）。

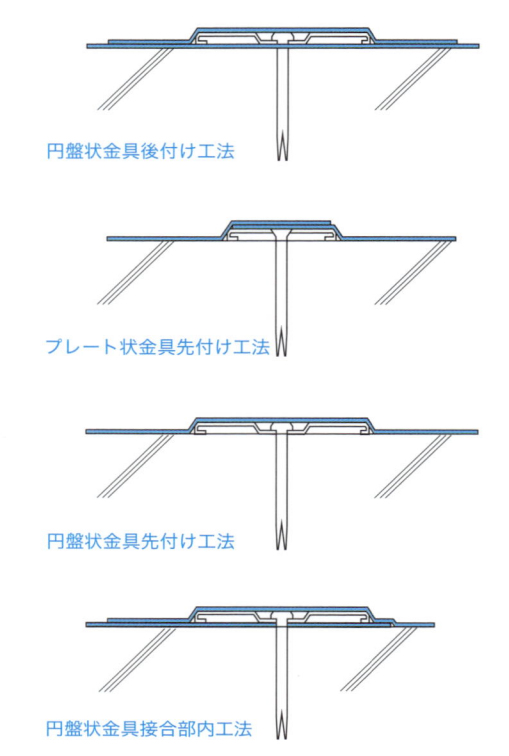

円盤状金具後付け工法

プレート状金具先付け工法

円盤状金具先付け工法

円盤状金具接合部内工法

図8·16　固定金具の種類

・固定金具の本数（設置間隔）は、風圧力に応じて決定する。

（3）密着工法（EVA 系）
・下地が湿潤な状態でも施工できる。
・プライマーを塗布し乾燥した後、金ごてなどを用いて**ポリマーセメントペースト**を下地にむらなく塗り付ける。
・速やかにシートを張り付け、ローラーなどで転圧し密着させる。

4　シート重ね部の処理

　シートの種類により、重ね部の幅および処理方法が異なる（図 8·17）。

（1）加硫ゴム系シート
　重ね幅は長手・短手とも 100mm とし、接着剤で張り合せる。端部はテープ状シール材で留める。

（2）塩化ビニル樹脂系シート
　接着しやすいため、重ね幅は両方向 40mm とする。熱可塑性樹脂ゆえ熱融着で一体化できる。溶剤溶着も可能。端部は液状シール材で処理する。

（3）エチレン酢酸ビニル樹脂（EVA）系シート
　重ね幅は両方向 100mm とし、ポリマーセメントペーストで張り合わせる。はみ出たポリマーセメントペーストをシート端部に覆い被せる。

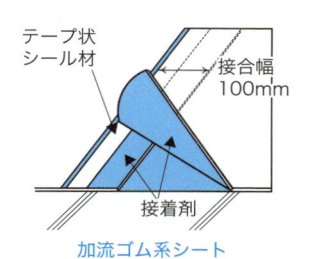

加流ゴム系シート

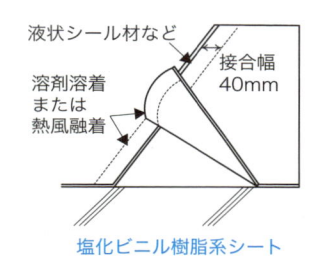

塩化ビニル樹脂系シート

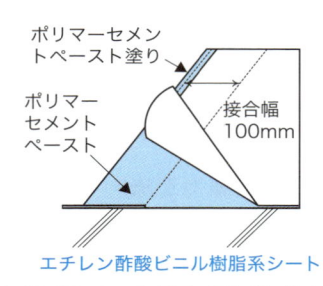

エチレン酢酸ビニル樹脂系シート

図 8·17　シート相互の重ね部の接合方法

8·6　塗膜防水

1　工法の種類と特徴

　液体状の合成ゴムや合成樹脂などを、ハケ、ヘラ、ローラーなどを用いて**塗布**または**吹付け**、硬化後に所定の厚さの防水層を形成する工法。密着工法のほ

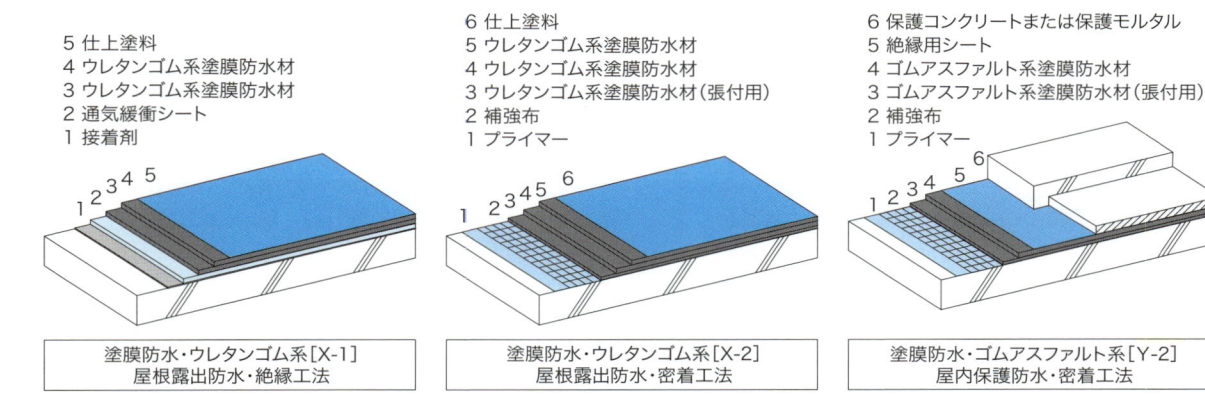

5 仕上塗料
4 ウレタンゴム系塗膜防水材
3 ウレタンゴム系塗膜防水材
2 通気緩衝シート
1 接着剤

塗膜防水・ウレタンゴム系[X-1]
屋根露出防水・絶縁工法

6 仕上塗料
5 ウレタンゴム系塗膜防水材
4 ウレタンゴム系塗膜防水材
3 ウレタンゴム系塗膜防水材（張付用）
2 補強布
1 プライマー

塗膜防水・ウレタンゴム系[X-2]
屋根露出防水・密着工法

6 保護コンクリートまたは保護モルタル
5 絶縁用シート
4 ゴムアスファルト系塗膜防水材
3 ゴムアスファルト系塗膜防水材（張付用）
2 補強布
1 プライマー

塗膜防水・ゴムアスファルト系[Y-2]
屋内保護防水・密着工法

図 8·18　塗膜防水の仕様例　（[　]内は、公共建築工事標準仕様書の記号）

か、通気緩衝シートを張り付け、下地ムーブメントの緩衝効果や通気による膨れの抑制効果を期待した絶縁工法（通気緩衝工法）がある（図8·18）。

2　塗膜防水に用いる防水材料

(1) 硬化機構による分類

図8·19に示す3つの硬化機構がある。

1) 反応硬化型

主剤と硬化剤を混合し、化学反応により硬化するもの。固形分量が多いため、つまり硬化過程で逸散する成分が少なく、硬化に伴う体積収縮が小さい。配合ミスや攪拌不足があると硬化不良が生じる。また、反応速度が気温の影響を受けやすいなど、適切な管理が必要となる。

2) エマルション型

材料中の水分が揮発して硬化するもの。固形分量が少ないため、硬化に伴う体積収縮が大きい。溶剤を用いないため、火災や中毒の心配がない。一方、乾燥時間が温度・湿度に左右されやすい。凍結対策が必要。一般に、次の溶剤型より耐水性に劣る。

3) 溶剤型

材料中の有機溶剤が揮発して硬化するもの。硬化に伴う体積収縮が大きく、表面に皮張りが生じやすい。耐水性に優れ、異種材料にも接着しやすいが、火災や作業者の中毒に注意が必要である。

(2) 主原料による分類

1) ウレタンゴム

ポリイソシアネート、ポリオール、架橋剤を主原料とし、各種の充填材を配合したもの。高伸長形と高強度形に区分されている。

1成分形には、空気中の水分と反応する湿気硬化型と、乾燥により塗膜を形成するエマルション型がある。多成分形では、主材と硬化剤を混合・塗布し、常温下で硬化反応が進む。

ウレタン系塗膜防水材の耐久性はトップコートに依存するところが大きいため、仕上塗装を施し、定期的な塗替えを行う必要がある。

2) ゴムアスファルト

アスファルトとゴムを主原料とするもの。水密性、伸張性などのほか、施工性に優れている。1成分形と2成分形とがある。一般には乾燥により硬化成膜するエマルション型が多い。

3　ウレタンゴム系塗膜防水工法

(1) 密着工法

プライマーを塗布した後、ウレタンゴム系塗膜防水材を塗りながら、合成繊維の不織布やガラス繊維の織布などの補強布を敷き込み、防水材を塗り重ねて所定の厚みの防水層を形成する。下地への密着性が良好なため、防水層立上り末端部を金物などで押さえる必要がない。高強度形を用いる場合は、補強布を省略することもできる。立上り部では、硬化前の垂れ下がりを防止し、膜厚を確保する意味で、補強布を用いることが多い。

(2) 絶縁工法（通気緩衝工法）

下地挙動の影響を軽減する緩衝効果と、下地水分の気化・膨張によるふくれを防止する通気効果を期待し、下地の直上に通気緩衝シートを設置する。通

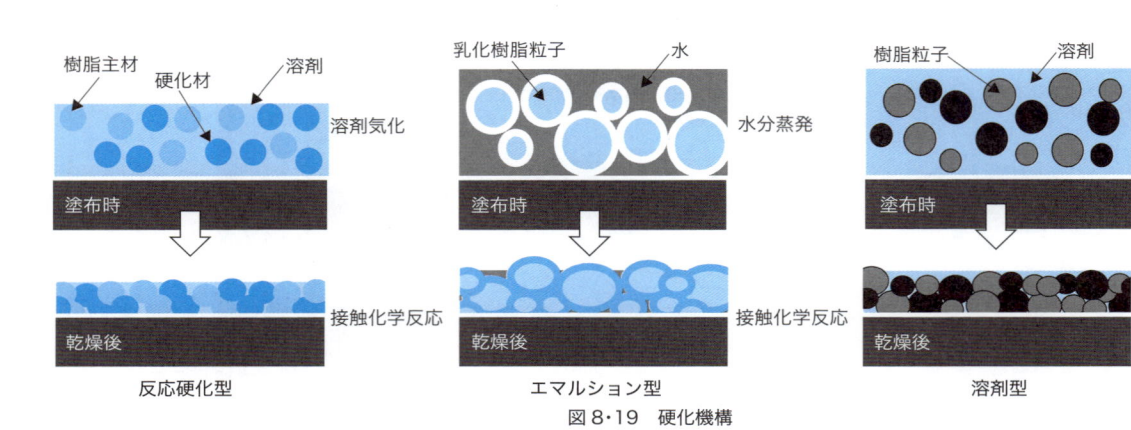

図8·19　硬化機構

気緩衝シートには、プラスチック発泡体、合成繊維の不織布、改質アスファルトあるいは合成ゴムをシート状に成形したものがある。また、下地側に溝の付いたもの、不織布の通気性を利用したもの、シートに穴をあけて目止めアンカー以外の部分で通気させるものなどもある。

(3) その他

超速硬化タイプのウレタンゴムを吹付けによって施工する工法がある。短時間で塗膜が形成され、立上りや傾斜面でも垂れ下りにくい。また、1工程で厚い塗膜が形成できるなどの利点がある。開放廊下やベランダに採用されるケースも多い。既存の防水層や保護コンクリート層を撤去せずに、これらを下地として施工することが可能であり、施工中の漏水、騒音、悪臭の心配も少ないなど、改修工事において有利な特徴も多い。

さらに、骨材散布と専用の仕上塗料を施した駐車場仕様や、弾力性を付与したスポーツに適した仕様など、層構成の自由度が高く、様々な屋上用途に適した防水床を提供できる。

また、塗膜を厚くするほど、下地挙動への追従性（耐疲労性）や経年劣化に対する耐久性も向上するため、長期使用を目指した厚塗り仕様（補強布なし）もある。さらに、塗重ねが可能であるため、維持保全の面でも有利である。

4 ゴムアスファルト系塗膜防水工法

アスファルトと合成ゴムを主原料とし、硬化剤に水硬性無機材料や凝固剤を用いたエマルション型であり、手塗りタイプと吹付けタイプがある。

手塗りタイプはアスファルトのみで乾燥造膜するものと、硬化剤を用いて反応硬化させるものがある。吹付けタイプは、上記のほかにゴムアスファルトエマルションと凝固剤とを専用の吹付け機を用いて凝固造膜させるものがある。

エマルション型は溶剤を含んでいないため、室内や地下の施工に適している。

5 施工管理のポイント

・周辺を汚さないように養生する。

・プライマーは、下地が十分乾燥した後に清掃を行い、その日に施工する範囲にむらなく塗布する。
・コンクリート打継ぎや幅 1mm 以上のひび割れには補強塗りを行う。U カットのうえ、シーリング材を充填し、幅 100mm 以上の補強布を塗り込む。出隅・入隅、ルーフドレン、配管などの回りにも補強塗りを行う。絶縁仕様の場合の補強塗りは防水材製造書の指定する方法による。
・1回の練混ぜは、可使時間内に施工できる量とし、均一になるまで練り混ぜる。可使時間は気温によって異なるので注意する。
・硬化後に所要の膜厚が確保できるよう、固形分量および下地の凹凸の度合いを考慮して塗付け量を決定する。
・補強布は防水材の層内に塗り込む。塗継ぎの重ね幅は 100mm 以上とし、補強布の重ね幅は 50mm 以上とする。
・膜厚の管理では、塗膜防水材の使用量で管理する方法、塗付け時にウエットゲージなどで確認する方法、硬化後に測定する方法などがある。塗付け量で管理する場合、施工部位を小面積に区画し、区画ごとに防水材を分配すると膜厚のバラツキを小さくできる。

8・7 シーリング防水

1 シーリング材の種類

(1) 製品形態

予め施工に供する状態に調製されている 1 成分形と、施工直前に基剤と硬化剤を調合し、練り混ぜて使用する 2 成分形に大別される。

(2) 硬化機構

2 成分形は混合反応硬化、1 成分形では、湿気硬化、酸素硬化および乾燥硬化がある。

(3) 耐久性区分

耐久性の区分は、圧縮加熱と引張冷却のサイクル試験における圧縮時の加熱温度（100℃、90℃、

80℃、70℃）と圧縮・引張またはせん断の外力を負荷するときの変形率（±30%、±20%、±10%）を組み合わせた記号で表す。例えば、耐久性区分 10030 は、圧縮時の温度が 100℃、圧縮・引張の変形率が ±30％であることを表す。せん断を想定している場合は「s」を付す。

試験条件が過酷なほど耐久性が優れているという意味ではなく、使用環境、接合部の挙動に合致した耐久性区分のシーリング材を選定することが肝要である。

2 シーリングジョイントの目地設計

目地設計の流れを図 8·20 に示す。

(1) 目地の挙動による判別

目地は、ワーキングジョイントとノンワーキングジョイントに大別できる。前者は、部材相互が構造的に一体となっていない目地で、ムーブメントの大きい目地をいう。後者は、ムーブメントが生じないか、非常に小さい目地をいう。

(2) 目地ムーブメントの種類

目地に発生するムーブメントの種類は下記のように大別できる。
① 構造体や部材の伸縮（温度ムーブメント、湿気ムーブメント、硬化収縮など）（面内方向）
② 地震時の層間変位ムーブメント（面内方向）
③ 地震時の慣性力や風圧（面外方向）

温度が上昇して構成部材が膨張すると、目地幅は縮小する。逆に温度が下降して構成部材が収縮すると、目地幅は拡大する。

(3) 目地ムーブメントの算定

通常、温度と層間変位によるムーブメントを対象とする。そのほかのムーブメントは実験などにより確認する。

温度ムーブメントは、部材の熱膨張係数、長さおよび実効温度差（使用環境や部材表面の明度・粗さなどによって決まる温度差の想定値）、さらに部材の拘束条件を考慮した低減率から算出される。

層間変位によって目地に生じるムーブメントの位置や方向は、外装材の取付け方法、つまり層間変位追従方式によって異なる（図 8·21）。

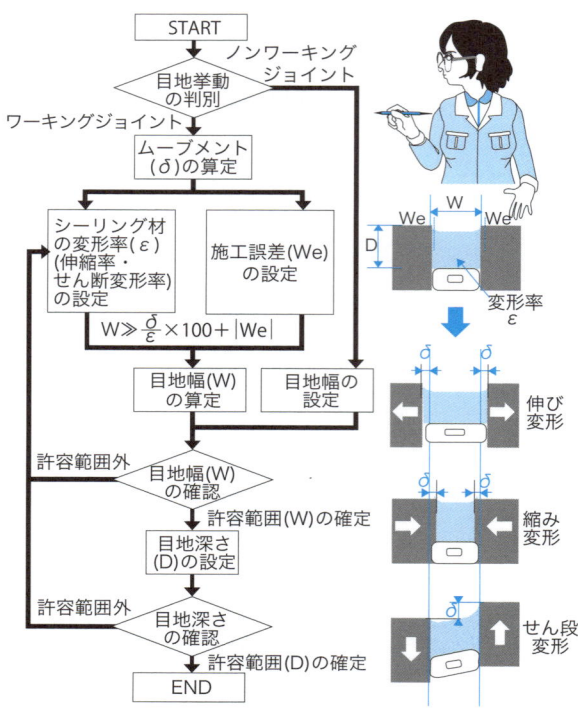

図 8·20　目地設計の流れ（JASS8 より作成）

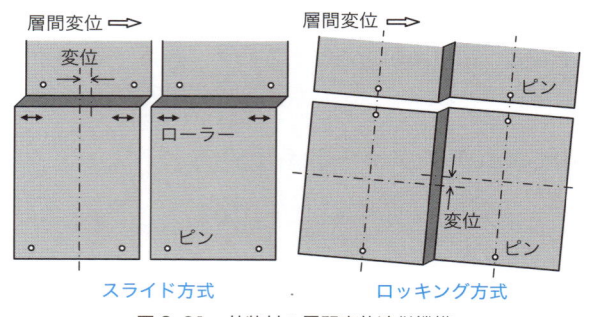

図 8·21　外装材の層間変位追従機構

表 8·3　設計目地幅の許容範囲

シーリング材の種類		目地幅の許容範囲 (mm)	
		最大値	最小値
シリコーン系	SR	40 (25)	10 (5)
変成シリコーン系	MS	40	10
ポリサルファイド系	PS	40 (25)	10 (5)
アクリルウレタン系	AU	40	10
ポリウレタン系	PU	40	10
アクリル系	AC	20	10

（注）括弧内の数字は、ガラス回りの場合の寸法を示す。

(4) 目地幅 (W) の確認

表 8・3 により目地幅が許容範囲内であることを確認する。

(5) 目地さ (D) の設定

ワーキングジョイントの目地深さは、図 8・22 の範囲に納まるように設定する。図 8・23 に示すように、目地幅が縮小・拡大すると、どちらの場合もシーリング材表面は伸びて引張応力が発生する。D/W の値が大きいほど表面の伸び率が大きくなることから、目地深さの上限が制限されている。

ノンワーキングジョイントの目地深さについては、シーリング材の種類ごと許容範囲が定められている。

(6) 目地の構造

ワーキングジョイントでは **2 面接着**、ノンワーキングジョイントでは **3 面接着** とする（図 8・24）。

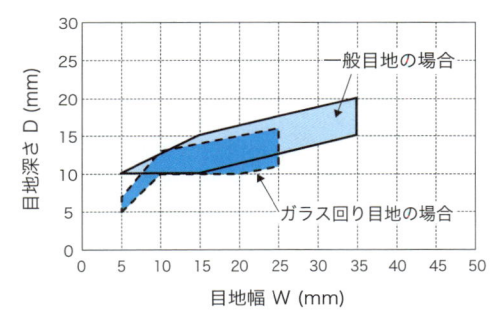

図 8・22 目地深さの許容範囲
（ワーキングジョイントの場合）

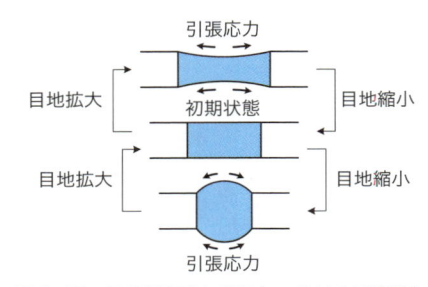

図 8・23 目地幅変動に伴うシール材の形状変化

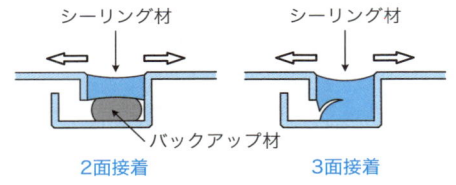

2面接着　　　　3面接着

図 8・24 シーリング材の拘束状況の違い

3 シーリング材の選定

構法・部材・構成材に適したシーリング材の種類を選定する。公共建築工事標準仕様書では表 8・4 を標準としている。

表 8・4 被着体の組合せとシーリング材の種類

被着体の組合せ			シーリング材の種類	
金属	金属	方立目地	シリコーン系	SR-2
		上記以外の目地	変成シリコーン系	MS-2
	コンクリート		変成シリコーン系	MS-2
	ガラス		シリコーン系	SR-1
	石、タイル		変成シリコーン系	MS-2
	ALC パネル	仕上げなし	変成シリコーン系	MS-2
		仕上げあり	ポリウレタン系	PU-2
	押出成形セメント板		変成シリコーン系	MS-2
ポリ塩化ビニル樹脂形材（樹脂製建具）	ポリ塩化ビニル樹脂形材（建具）		変成シリコーン系	MS-2
	コンクリート		変成シリコーン系	MS-2
	ガラス		シリコーン系	SR-1
	石、タイル		変成シリコーン系	MS-2
	ALC パネル	仕上げなし	変成シリコーン系	MS-2
		仕上げあり	ポリウレタン系	PU-2
	押出成形セメント板		変成シリコーン系	MS-2
ガラス	ガラス		シリコーン系	SR-1
石	石	外壁乾式工法の目地	変成シリコーン系	MS-2
		上記以外の目地	ポリサルファイド系	PS-2
コンクリート	プレキャストコンクリート		変成シリコーン系	MS-2
	打継ぎ目地ひび割れ誘発目地	仕上げなし	ポリサルファイド系	PS-2
		仕上げあり	ポリウレタン系	PU-2
	石、タイル		ポリサルファイド系	PS-2
	ALC	仕上げなし	変成シリコーン系	MS-2
		仕上げあり	ポリウレタン系	PU-2
	押出成形セメント板	仕上げなし	変成シリコーン系	MS-2
		仕上げあり	ポリウレタン系	PU-2
ALC	ALC	仕上げなし	変成シリコーン系	MS-2
		仕上げあり	ポリウレタン系	PU-2
押出成形セメント板	押出成形セメント板	仕上げなし	変成シリコーン系	MS-2
		仕上げあり	ポリウレタン系	PU-2
水回り	浴室・浴槽		シリコーン系	SR-1
	キッチン・キャビネット回り		シリコーン系	SR-1
	洗面・化粧台回り		シリコーン系	SR-1
タイル	タイル（伸縮調整目地）		ポリサルファイド系	PS-2
アルミニウム製建具等の工場シール			ポリサルファイド系	PS-2

（公共建築工事標準仕様書より作成）

シリコーン系シーリング材を用いる場合は、外装材表面にオイル成分が付着し、汚染が生じる可能性があるので注意を要する。

アクリル系シーリング材の中には、経年により硬くなり、柔軟性が低下するものがある。窓枠回りの目地には適用しない。

2成分形変成シリコーン系シーリング材を窯業系サイディングに用いる場合は応力緩和型を用いる。窯業系サイディングに用いる1成分形ポリウレタン系シーリング材は、専用のものを用いる。

8·8 シーリング防水の施工

シーリング防水工事の流れを図8·25に示す。

1 施工計画

納まりの検討や材料選定などについて、事前に打合せを行い、施工環境を加味した施工計画の立案が、シーリング施工の成否のポイントとなる。

目視確認が困難な、あるいはガンを挿入できないような形状の納まりは施工前に解決しておく。

構成材の種類をリストアップし、それぞれ適切なシーリング材を選定する（表8·4）。同時にプライマーの種類も選定する。シーリング材と構成材の組合せによっては接着性の確保が難しい場合がある。試験データがない組合せについては、施工前に接着性試験を行い確認する。

異種シーリング材の打継ぎは極力回避する。やむを得ず打ち継ぐ場合は、先打ち・後打ちのシーリング材の組合せ、施工手順、プライマーの種類などをシーリング材製造所に確認する（図8·26）。

2 施工の要点

（1）被着面の清掃・乾燥

錆、油分、塵埃、粘着剤、のろ、レイタンス、塗料など接着阻害因子を除去し、乾燥させる。

（2）バックアップ材の装填

目地底のない目地にバックアップ材を装填する場

合は、治具を作製して装填する。

雨などに濡れた場合は除去し、再度、装填する。

（3）マスキングテープ張り

粘着剤が残らず、プライマーの溶剤で接着に悪影響を及ぼさないものを選定する。

その日にシーリング施工を行う範囲のみとする。

（4）プライマー塗布

プライマーの役割は、①シーリング材と被着体間の接着性の付与・向上、②脆弱な被着体表面の改質、

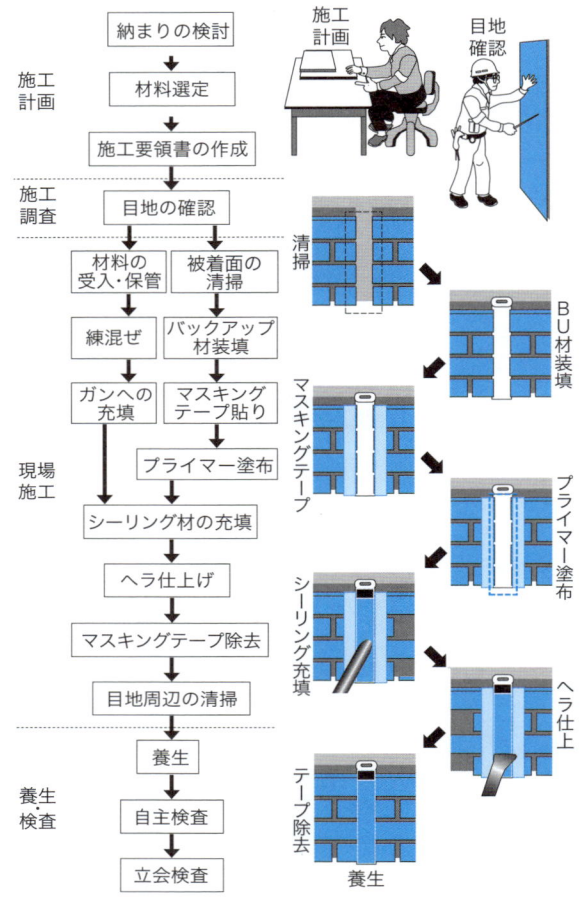

図8·25 シーリング防水工事の流れ

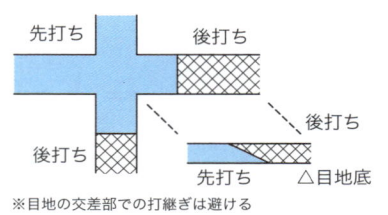

※目地の交差部での打継ぎは避ける

図8·26 打継ぎの注意点

③被着体成分の浸出抑制、④シーリング材成分の移行低減などにある。

・溶剤の保管・取扱いは法令に従う（表8·5）。
・被着体が塗装されている場合、プライマーの溶剤で溶解・膨潤しないことを確認しておく。
・プライマーの塗布からシーリング材の充填完了までの時間が長すぎると接着不良が生じるため、プライマーを塗布する範囲を調整する。
・火災や中毒が発生しないよう換気に配慮する。

(5) 練混ぜ

2成分形の練混ぜは原則、機械練りとし、減圧脱泡装置付きのものが望ましい。日陰で、ほこりなどの入らない場所で行う。

主剤と硬化剤の混合比は指定の割合とする。練混ぜ量は可使時間内に施工できる量とし、均一になるまで練り混ぜる。

(6) ガンへの充填

ノズルは目地の形状・寸法に合ったものとし、気泡が混入しないようガンに充填する。

(7) シーリング材の充填

プライマーが十分乾燥した後、速やかに施工する。乾燥時間は、温度、湿度、通風の状態によって異なるので、指触によって確認する。長時間経過あるいは降雨にあったときは、溶剤で清掃し、プライマーを再塗布する。

目地への充填は、交差部あるいは角部から始め、目地の交差部および角部での打継ぎは避ける。

目地底まで隙間なく充填できるよう、ノズルの角度と速度を調整し、十分加圧して充填する。

(8) ヘラ仕上げ

シーリング材の可使時間内に行う。

ヘラは目地に合ったものを使用し、十分に押え、平滑に仕上げる。

(9) マスキングテープの除去

ヘラ仕上げ後、直ちに行う。シーリング材の可使時間を超えてから除去すると目地際がきれいに仕上がらない。

(10) 目地周辺の清掃

マスキングテープの張り跡、プライマーのはみ出しがある場合は、速やかに清掃する。

周辺部に付着したシーリング材は、その表面を傷めない清掃用溶剤で直ちに拭き取る。シリコーン系シーリング材は硬化後に除去する。

(11) 養生

シーリング材の硬化中に損傷や汚染のおそれのある場合は、硬化を阻害せず、また接触しないよう、適切な材料を用いて養生する。

(12) シーリング材充填後の検査

仕上面の位置、著しい凹凸や気泡の巻込みの有無などを確認する。指触により硬化状態を確認する。ヘラなどで接着状態を確認する。

表8·5　プライマーに使用される溶剤と関連法規

プライマーの溶剤		関連法規	
		消防法	有機溶剤中毒予防規則
エステル類	酢酸エチル	第4類 第1石油類	第2種
	酢酸ブチル	第4類 第2石油類	
ケトン類	アセトン メチルエチルケトン メチルイソブチルケトン	第4類 第1石油類	
芳香族系	ノルマルヘキサン ノルマルヘプタン	第4類 第1石油類	
アルコール系	メタノール、エタノール イソプロピルアルコール	第4類 アルコール類	
石油類	ゴム揮発油 ミネラルスピリッツ	第4類 第2石油類	第3種

目地設計をよく知り、手順を間違えないことができるか・・・これがすべてです。

問1 防水工事に関する次の記述のうち、最も不適当なものはどれか答えよ。

1. アスファルト防水工事において、平場部の防水層の保護コンクリートに設ける伸縮目地の割付けについては、パラペットなどの立上り部の仕上り面から 600mm 程度とし、中間部は縦横の間隔を 3,000mm 程度とした。

2. 塗膜防水工事において、防水材塗継ぎの重ね幅を 50mm とし、補強布の重ね幅を 100mm とした。

3. シーリング工事において、2成分形シーリング材は、1組の作業班が1日に行った施工箇所を1ロットとして、ロットごとに別に作成したサンプルにより、定期的に練混ぜ後の硬化状態を確認した。

問2 防水工事および屋根工事に関する次の記述のうち、最も不適当なものはどれか。

1. アスファルト防水工事において、コンクリート下地の乾燥状態については、高周波水分計による下地水分の測定により判断した。

2. シーリング工事において、特記がなかったので、コンクリート壁下地の外壁のタイル目地に2成分形ポリサルファイド系シーリング材を使用した。

3. アスファルト防水工事で使用する縦引き型ルーフドレンについては、ルーフドレンから雨水排水縦管までの横引き管を短くするため、ルーフドレンをパラペットの立上り部に接する位置に設置した。

4. 金属板による折板葺において、タイトフレームと受け梁との接合については、ボルト接合とせずに隅肉溶接とし、風による繰返し荷重による緩みを防止した。

問3 防水工事に関する次の記述のうち、最も不適当なものはどれか。

1. シーリング工事において、鉄筋コンクリート造の建築物の外壁に設けるひび割れ誘発目地については、目地底にボンドブレーカーを使用せずに、シーリング材を充填する三面接着とした。

2. 屋根保護防水絶縁工法によるアスファルト防水工事において、砂付あなあきルーフィングを一般平場部に使用したが、立上り部については省略した。

3. 屋根保護防水密着工法によるアスファルト防水工事において、防水層の下地の立上り部の出隅部は面取りとし、入隅部は直角の納まりとした。

4. アスファルト防水工事において、工期短縮を図るため、プレキャスト化した「塔屋の壁基壇部」と「現場打ちコンクリートのスラブ」とを一体化して防水層の下地とした。

問4 防水工事に関する次の記述のうち、最も不適当なものはどれか。

1. アスファルト防水工事において、コンクリート下地の乾燥状態については、高周波水分計で測定するとともに、コンクリート打込み後の経過日数により判断した。

2. アスファルト防水工事において、平場部の防水層の保護コンクリートに設ける伸縮調整目地の割付けについては、パラペットなどの立上り部の仕上り面から 600mm 程度とし、中間部は縦横の間隔を 5 m 程度とした。

3. シーリング工事において、外部に面するシーリング材の施工に先立ち行う接着性試験については、特記がなかったので、簡易接着性試験とした。

問5 防水工事などに関する次の記述のうち、最も不適当なものはどれか。

1. 合成高分子系シート防水工事において、防水層の下地の入隅については直角とし、出隅については 45 度の面取りとした。

2. アスファルト防水工事において、アスファルトプライマーを刷毛でむらなく均一となるよう塗布し、30 〜 60 分程度の経過後、1層目のアスファルトルーフィングを張り付けた。

3. 共同住宅において、現場打ち鉄筋コンクリートのバルコニーを塗膜防水としたので、防水層の塗膜防水材をウレタンゴム系とし、その仕上げを軽歩行用仕上塗料とした。

4. 屋上緑化システム工事において、防水層に植物の根が直接触れないようにするために、耐根層を防水層直上部に設けた。

9章　設備工事

建築設備とは「建築物に設ける電気、ガス、給水、排水、換気、暖房、冷房、消火、排煙若しくは汚物処理の設備または煙突、昇降機若しくは避雷針をいう」と建築基準法第2条に定義されている。建築の機能を維持し、安全、快適、利便性を確保するため電気、給排水衛生、空気調和、昇降機、防災のいわゆる建築設備が必要に応じ設けられている。

まず使用目的に適合する設備を施工することが重要である。そのために、設備設計図書に要求される性能を確保して、関連法令を遵守し、建築基準法、消防法、その他関連法規（各施行令・告示などを含む）による設置・運転・維持に関する諸規定に適合させなければならない。また、必要な安全衛生・防護の施設・装備を施すものとする。

建築工事と設備工事は、それぞれ固有の機能を有し、かつ有機的に関係し合い、一つの建築機能を達成している。このため施工においては、施工計画の初期段階から、建築工事と設備工事、各設備工事間で密に連携をとり、全体を進めることが大切である。さらに、設備工事に関連する技術の発展は早いので、常にその技術の向上に注目せねばならない。

9・1　電気設備工事

情報化社会の現代、建築における電気設備の役割は従来よりも格段に重要度を増している。電気設備の分野として扱われている主な設備は、図9・1、9・2に示す通りである。受変電、電灯・コンセント、幹線・動力、雷保護、中央監視制御などの各設備がある。

工事を進めるあたり、施工部位ごとに施工要領書を作成し、それに従って工事を行う。

1　受変電設備工事

(1)　受変電設備の構成

受変電設備は受電盤、変圧器、配電盤などから構成されており（図9・3）、特別高圧および高圧の電力を、低圧に降圧し、各所に電気を供給する設備である。

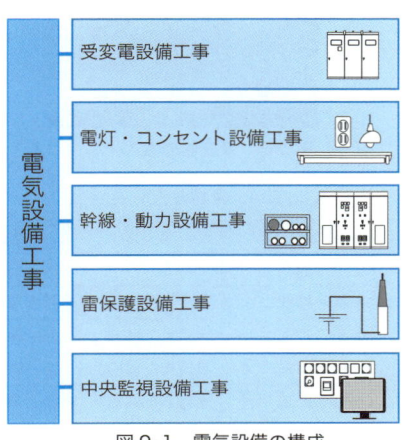

図9・1　電気設備の構成

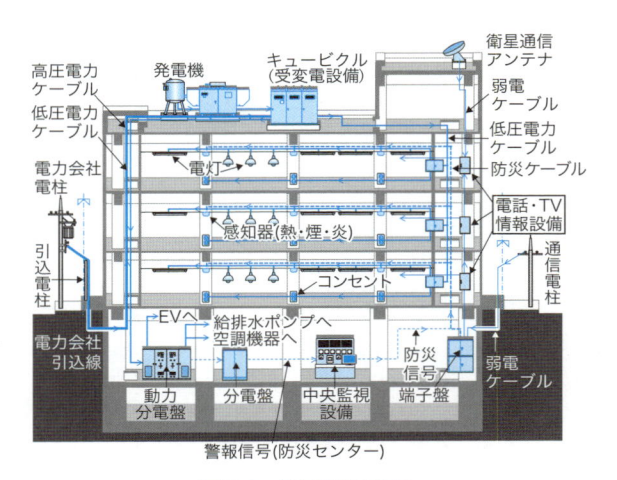

図9・2　電気設備の事例

閉鎖型（キュービクル型、図9·4）と開放型があり、一般的には、受変電室に収容されている。受変電設備は重要設備であり、施工時には特に注意を払わなければならない。

（2）据付け

配電盤は上部からの漏水やスラブの浸水などを避ける対策が必要である。便所、浴室、厨房を直上階に配置してはならない。また、配電盤は高さ100mm以上の基礎に据え付けるのが良い。屋外に受変電設備を設ける場合は、防蛇・防鼠処理を十分に行う。

据付け後は状況に応じ、防湿、防塵などのために養生する。受電時、端子などのボルト締付けを確認し、マーキングを施す。受電から引渡しまでの期間が長期に渡る場合は、引渡し前に増締めをした上で、マーキングを施す。また機器の操作・取扱いに際して特に注意すべき事項のあるものについては、必要な事項を記入した取扱いまたは操作注意の銘板を見やすい箇所に取り付ける。

開放型変電設備には柵を設け、出入口には取扱者以外の者が出入りできないように立入りを禁止する旨を表示するとともに施錠装置を設ける。

2　電灯・コンセント設備

（1）配線工事

一般的に電線は、配管（電気設備では電線管という）の中で配線する。電線の接続は、配管の中で行わずボックス内で行うのが原則であり、電線接続後の端部は、絶縁テープを破損しないように折り曲げるなどの処置をする。また、電線を使用するときは、表9·1のとおり電線を色分けし、接地線（アース）は緑色とする。低圧屋内配線は、弱電流電線・水管・ガス管もしくはこれらに類するものと接触しないようにする。ボックスやプルボックスなどを共用してはならない。高圧屋内配線は、他の高圧屋内配線、低圧屋内電線、電灯回路の配線、弱電流電線、水管・ガ

図9·4　キュービクル型受変電設備

図9·5　変圧器の搬入

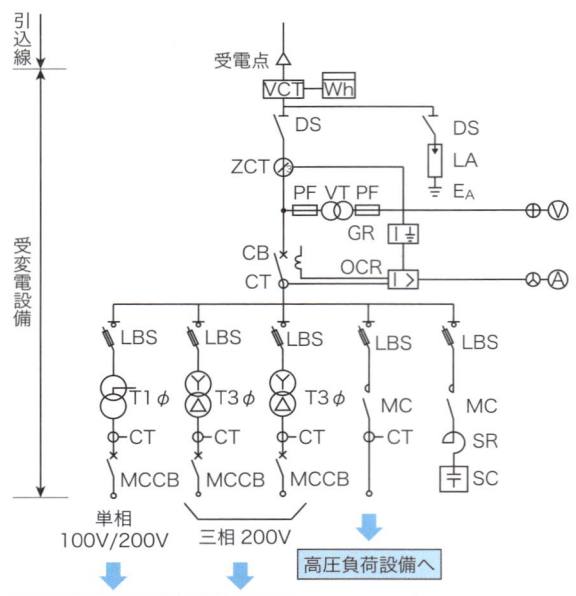

図9·3　受変電設備の構成

表9·1　電線の色別

電圧種別		配線方式	接地側	電圧側
高	圧	三相3線式	―	赤・白・青
低	圧	単相2線式	薄青または白	赤または黒
		単相3線式	薄青または白	赤・黒
		三相3線式	薄青または白	赤・青
		三相4線式	薄青または白	赤・黒・青
直	流		負極　青	正極　赤

凡例
VCT：計器用変圧変流器　　VT：計器用変圧器　　LBS：負荷開閉器
Wh：積算電力量計　　　　　CB：遮断器　　　　　T1φ：単相変圧器
DS：断路器　　　　　　　　GR：地絡継電器　　　T3φ：三相変圧器
LA：避雷器　　　　　　　　OCR：過電流継電器　MCCB：配線用遮断器
E_A：接地極（A種）　　　　CT：計器用変流器　　MC：電磁接触器
ZCT：零相計器用変流器　　　V：電圧計　　　　　SR：直列リアクトル
PF：電力ヒューズ　　　　　A：電流計　　　　　SC：進相コンデンサ

ス管などから150mm以上離して配線する必要がある。また、外部の温度が50℃以上となる発熱部からは、150mm以上離隔して配線する。

(2) 配管工事

使用する管の太さは、薄鋼電線管にあっては19mm以上、厚鋼電線管では16mm以上とし、管の切口は、リーマーなどを使用して平滑にする。コンクリート埋込配管（図9·6）では、漏水の原因となるため、原則として、外壁や屋上階床面には埋め込まない。スラブ（床）上では整然と配管を行い、管と管との間は管径の3倍以上の間隔をとり、柱・梁の主筋以外のところで管を結束する。露出配管の場合は、天井または壁面に沿って布設し、支持する金物は、スラブやその他の構造体に堅固に取り付ける。雨のかかる場所では管端を下向きに曲げ、雨水が侵入しないようにする。

図9·7に示すような合成樹脂管（PF管、CD管など）は、作業性が良く安価であるため、最近は多く使用される。金属管に準じて配管を行うが、配管支持間隔、絶縁処理が異なる（表9·2）。

(3) 電灯（照明器具）工事

天井取付けの器具は、原則として、吊りボルト・インサートなどを使用して堅固に取り付け、必要な場合はねじなどにより振止めを施す。照明器具の取

付位置は、管球の交換が容易な位置とし、天井埋込照明器具（図9·8、9·9）は、天井断熱材などにより放熱が妨げられることのないように取り付ける。

野縁または野縁受けなどが木製の場合は有効な低温火災防止策を施す。また重量のある器具（シャンデリアなど）は落下防止策としてワイヤなどによる二重安全策を施す。屋内配線から分岐して埋込照明灯器具に接続する配線は、原則としてアウトレットボックス内で器具の配線と接続する。合成樹脂可とう電線管配線などの金属管を用いない配線においては、浴室、脱衣室などの水気のある場所には、金属製プレートに接地を施す。また、非常用照明器具・誘導灯への配線は電源別置型の場合は、耐熱電線にするなど、法の定めるところによる。単極のスイッチは、原則として電圧側で点滅する。宙吊りの器具は、振止めを施す。

図9·7　CD配管工事

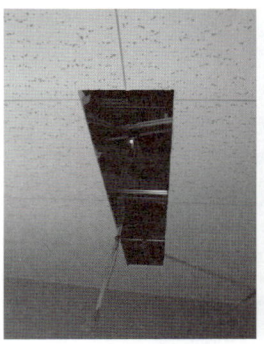

図9·8　埋込照明器具の
開口部

図9·9　埋込照明器具の取付け

表9·2　横走り管の吊りおよび振止め支持間隔（単位：m）

呼び径	15	20	25	32	40	50	65	80	100	125	150	200	250	300
鋼管	2.0以下									3.0以下				
ビニル管、ポリエチレン管	1.0以下									2.0以下				
銅管	1.0以下									2.0以下				
ポリブテン管	0.6以下	0.7以下		1.0以下		1.3以下		1.6以下						

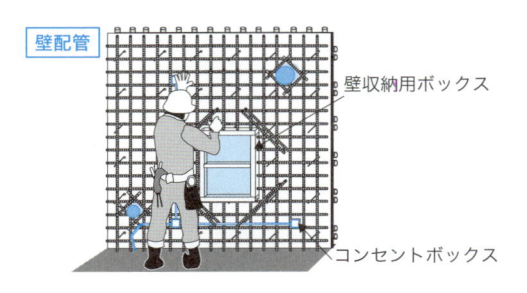

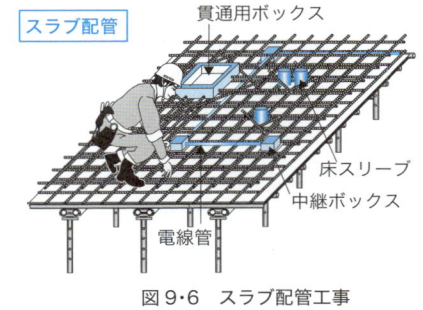

図9·6　スラブ配管工事

壁配管 / 壁収納用ボックス / コンセントボックス

スラブ配管 / 貫通用ボックス / 床スリーブ / 中継ボックス / 電線管

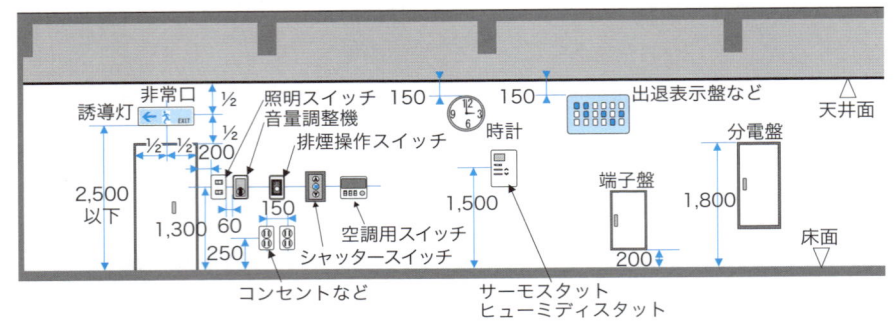

図9·10　標準取付け図の例（単位：mm）

屋外の外灯支柱などの設置に関しては、ポールが地盤面と接する部分の足元根巻きコンクリートを、地盤面より100mm以上高くし、水切りが容易に行えるようにする。

（4）コンセント工事

2極コンセントのうち、刃受け穴に長短のあるものは、原則として向かって左側に長い方を取り付け、接地側とする。単相200V、三相200Vや一般以外（発電機系統など）のコンセントの場合は、プレートに電圧表示を行う。電気室に設ける器具の取付けは、高圧配線の直上を避け、保守点検が容易な場所に取り付ける。

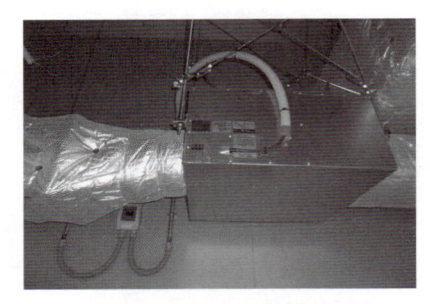

図9·11　ファンの電源接続の例

図9·12　シャフト内の幹線

盤・器具・コンセントなどの取付け寸法は、標準図（図9·10）を定めた上で、それに従って取り付けるのが良い。

3　幹線・動力設備工事

（1）幹線設備工事

幹線の配管では、配管の1区間が30mを超える場合や、管の1区間に3か所以上の直角またはこれに近い屈曲箇所がある場合、プルボックスまたはジョイントボックスを設ける。分岐回路の配管にあっては、1区間の屈曲箇所は4か所以内とし、曲角度の合計が270度を超えないように配管をする。

図9·11に示すように金属管・金属ダクト・バスダクト・ケーブルなどが防火区画を貫通する場合は、国土交通大臣の認定を受けた工法とし、防火区画以外の床壁貫通は、貫通箇所、ねずみや虫などの侵入を防止する処置を講じる。また、外壁貫通は、スリーブはつば付スリーブを使用し、コンクリート打込みとする。

（2）動力設備工事

電動機の配線は、三相交流の場合は、第1相・第

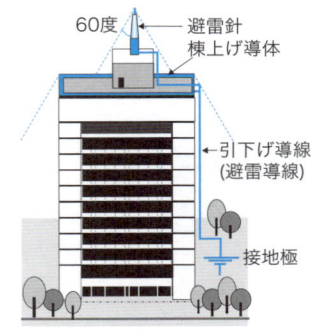

図9·13　雷保護設備の構成

２相・第３相の順に相回転するよう接続する。電動機接続では、短い配線は可とう電線管配線（図9・12）による。水中電動機では、付属するキャブタイヤケーブルは、水気のある場所では接続してはならない。電圧が150Vを超える回路にコンセントを設ける場合は、接地極付とする。また、ビル用マルチパッケージ型空気調和機などの室内機分岐配線はプルボックスを介して接続し、動力盤などの内部に、ほこり・ゴミ、湿気が入り込まないように開口部は鉄板などで蓋をする。

4　雷保護設備工事

(1)　雷保護設備の構成

　雷保護設備は、建築物、建築設備、人、家畜などを雷から保護するための設備であり、雷電流を受ける受雷部、雷電流を安全に伝達させるための避雷導線（電線）、雷電流を地中に逃がすための接地極によって構成されている（図9・13）。

(2)　突針

　突針と避雷導線との接続は、導線を圧着端子または差込穴に差し込んでねじ止めし、堅固に締め付ける。突針支持金物および取付け金具は、防水に注意して風圧などに耐えるよう堅固に取り付ける。また、突針は支持金物に貫通ボルトなどを用いて固定し、落下防止を行う。

(3)　避雷導線

　避雷導線には、断面積 $30mm^2$ 以上の銅または $50mm^2$ 以上のアルミの単線、より線などを用いる。避雷導線は垂直に引下げ、地中の接地極に接続する。避雷導線は、その長さが最も短くなるように施設す

る。やむをえず彎曲する場合は、その曲げ半径を200mm以上とする。避雷導線には、接地抵抗測定用として、導線接続器を設ける。また、鉄骨造・鉄骨鉄筋コンクリート造などの建物では、避雷導線の一部を鉄骨または鉄筋で代替することができる。

(4)　接地極

　接地極（図9・14）には、長さ1.5m以上、外径12mm以上の溶融亜鉛めっき鋼棒、銅覆鋼棒、銅棒、溶融亜鉛めっき配管用炭素鋼鋼管（厚さ2mm以上）、ステンレス鋼管（SUS304、厚さ1mm以上）などを使用する。接地極の埋設深さは常水面下とする。また接地極および埋設接地線は、ガス管から1,500mm以上離隔しなければならない。また、接地極の埋設位置、深さ、埋設年・月を明示する接地極埋設標（図9・15）などを、接地極の埋設位置近くの適切な箇所に設ける。

5　中央監視設備工事

(1)　監視制御装置

　中央監視設備は建物中の様々な設備を適切に運用

図9・16　中央監視制御盤外観

図9・17　監視制御装置の組立て

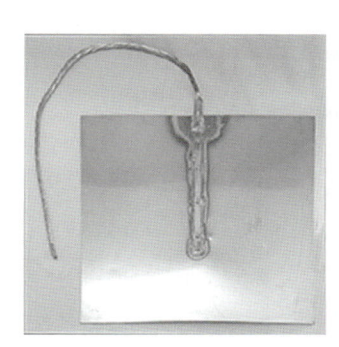

図9・14　接地極

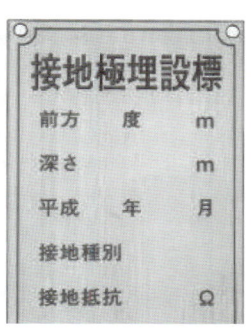

接地極埋設標

前方　　度　　　m

深さ　　　　　　m

平成　　年　　　月

接地種別

接地抵抗　　　　Ω

図9・15　接地極埋設標

する設備システムであり、中規模以上の建物には、監視制御装置が設置される（図9·16）。監視制御装置は建物の管理形態、監視対象設備、自動制御設備、管理点数などと整合のとれた方式とする。表示操作面は、監視操作のしやすい形状および配置とする。なお充電部は、運用や電球取替えの際、容易に手が触れない構造とする。

(2) 機器組み立て

監視制御装置は、機器と機器、機器類と壁・柱などを保守上および運用上支障のない間隔で、監視操作のしやすい場所に配置する。また、ディスプレイに照明が映り込まないようにする。

自立型の機器の組み立ては、ベース用溝形鋼は、上面が水平になるように調整したあとで、基礎ボルトにより床面に固定する（図9·17）。壁掛型機器の取付けは、その重量および取付け場所に応じた方法とし、重量の大きいものおよび取付け方法の特殊なものは、あらかじめ取付け詳細図を作成する。また、地震時の水平移動、転倒、落下などを防止できるよう耐震処置を行う。

(3) 配線

信号伝送回路、制御回路の配線は、誘導、ノイズなどを受けないように、符号または名称による表示を行う。配線孔には、電線の被覆を損傷するおそれのないようにブッシングなどを設ける。シールド電線の接続は、コネクターまたは端子により行い、ボックスまたは端子盤から機器への引出配線が露出する部分は、これをまとめて保護する。

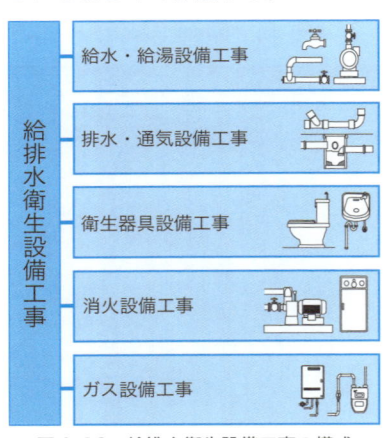

図9·18　給排水衛生設備工事の構成

9·2　給排水衛生設備工事

給排水衛生設備の分野として扱われている主な設備は、図9·18、9·19に示す通りである。給水、給湯、排水・通気、衛生器具、消火、ガスの各設備がある。また取り扱う施設としては、排水処理、雨水・排水再利用、厨房、浴場、洗濯などの設備や、プール、水景施設、医療、水族館などの施設がある。

工事を進めるにあたり、施工部位ごとに施工要領書を作成し、それに従って工事を行う。

1　給水・給湯設備工事

(1) 給水配管の施工

配管の施工に先立ち、他の設備配管類および機器との関連事項を詳細に検討し、その位置を正確に決定し、鉄骨の制作時には配管貫通のための鉄骨スリーブ（図9·20）を決定し、コンクリート打設時には、スラブに、管支持用インサートの取付けを遅滞なく行う。

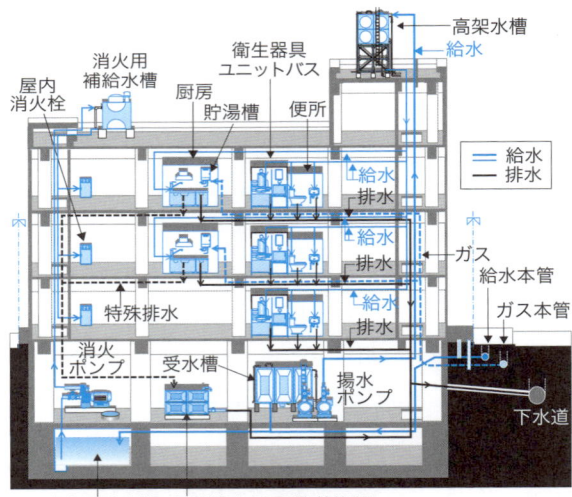

図9·19　給排水衛生設備の事例

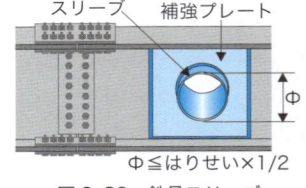

Φ≦はりせい×1/2

図9·20　鉄骨スリーブ

図9·21　フランジ継手

主配管には、メンテナンスのための取外しが容易にできるようにするため、適切な箇所にフランジ継手（図9·21）を挿入することが肝要である。

一方で、常時水圧が変動する配管系統や水撃作用の予想される配管系統や給湯などの熱伸縮の生じる系統では、配管が容易に抜けない接続法としなければならない。さらに加圧された配管系統は、原則として躯体に埋め込まない。

数多くの竪配管が集中するパイプシャフトでは、図9·22に示すように、多くの配管をユニット（パイプユニット）に加工し、現地に搬入して取付けを行い、品質や工事の安全性の向上を図る。

配管を地中に埋設する場合は、一般部分で深さ300mm以上、一般車両通路で深さ600mm以上、重車両通路で深さ1,200mm以上とする。ただし、寒冷地では凍結線以下とする。主要な地中埋設管上には、地中埋設標を設置する

給水・給湯配管設備完了後は水圧試験をし、配管性能の確認を行う。

（2）配管の支持

配管の支持にあたっては耐震も考慮し、層間変位・水平方向の加速度に対する応力などの検討を行う。また、竪管は各階ごとに振止めを、3階ごとに支持固定をし、横引配管の支持も振止め対策をする。

また機器まわりの配管は地震時などにより、機器に過大な力が加わらないように、可とう継手を使用するなどの対策をする。なお、建物のエキスパンションジョイント部は原則として配管などを横断させな

いようにするが、やむを得ない場合は変異に十分追従できるようにする。

（3）管の接合

塩化ビニルライニング鋼管（鋼管の内側にポリ塩化ビニル管をライニングした鋼管）の接続は、基本的にはねじ接合とし、継手は管端防食継手（図9·23）を使用して、ねじ端部とねじ部に防食対策をする。ステンレス鋼管では、原則としてプレス接続、拡管接続、溶接接続またはフランジ接続とする。

硬質塩化ビニル管では、差込み継手を用いて接続し、継手の内部や管の外部を十分に清掃したのち、接着塗布して差し込んで接続する（図9·24）。

近年は、工期の短縮と品質の向上を図るため、さや管工法（図9·25）が、多く採用されるようになった。

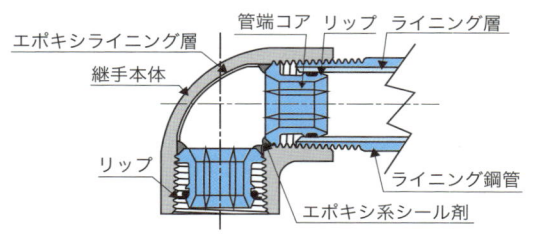

図9·23　ライニング鋼管の継手

図9·24　硬質塩化ビニル管の接続

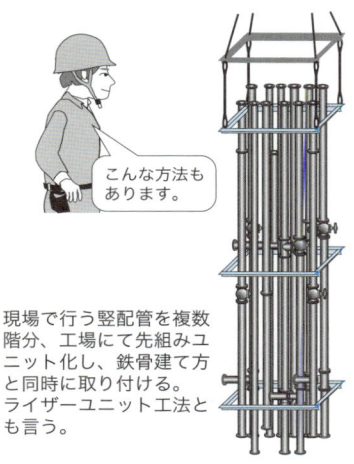

> こんな方法もあります。

現場で行う竪配管を複数階分、工場にて先組みユニット化し、鉄骨建て方と同時に取り付ける。ライザーユニット工法とも言う。

図9·22　パイプユニットの揚重作業

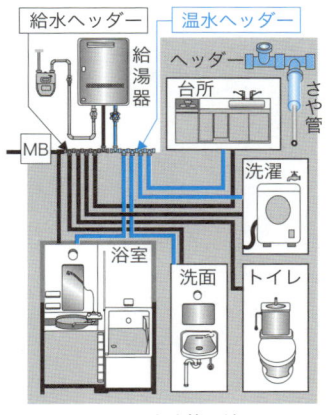

図9·25　さや管工法

この工法は、工場生産が主となるので、早期に施工図を作成し、最短配管、ルートの検討や納まりの調整を行う。配管材料は、架橋ポリエチレン管、ポリブテン管などがあり、さや管には、CD 管や PF 管など樹脂製の管を用いる。

(4) 機器の据付け

貯湯槽などの大型機器類の基礎は、コンクリート造（図 9·26）とし、機器のアンカーボルトは埋込みとする。また、機器の騒音や振動対策を行い、かつ地震力に対して転倒や横滑りを起こさないようにする。

1）ポンプ

ポンプの吐出側には仕切弁、逆止弁、圧力計を取り付ける。それぞれの位置はメンテナンスの容易な高さとする。竪型ポンプや水中ポンプなどには、メンテナンスのために、マンホールを設ける必要がある。また、ポンプには配管からの荷重、振動、伸縮による力が伝わらないようにする（図 9·27）。

2）水槽（受水槽・高置水槽）

水槽は、水圧・風圧・積雪などに十分耐える構造とし、耐震対策がなされており、耐水性・耐食性に優れ、太陽光が透過しないことが求められる。鋼板製、ステンレス製、FRP 製、木製などがある。近年は、

安価かつ軽量で製作の容易さから、現場組立て式のパネル型 FRP 製の水槽を用いることが多い。

水槽の清掃時に建物への給水が止まることのないように、中仕切り板を設け 2 槽にする。水槽には、内径 600mm 以上の大きさのマンホールを設ける。マンホールは、ボールタップなどの保守およびタンク内の清掃・塗替えに便利な位置に設ける。また、水の安全性を確保するとともに、衛生上有害なものが入らないようにし、施錠できるようにする。水槽のオーバーフロー管あるいは通気管の末端には、耐食性の防虫網を取り付ける。

3）貯湯槽

貯湯槽の内部は、飲料水を汚染しない材質（ステンレス鋼板）、またはライニングやコーティングなどの処理を施したもの（グラスライニングなど）とする。

貯湯槽には、計器・弁および諸配管の接続口を取付け、さらに周囲に適当に補強した平穴または点検口を備える（図 9·28）。

また受水槽では 6 面の点検ができるように、上部は 1,000mm 以上、側面および底面は 600mm 以上の離隔距離が必要である（図 9·29）。

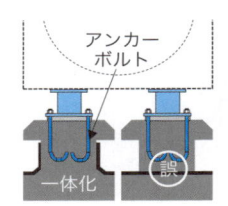

図 9·26　コンクリートの機械基礎

図 9·27　揚水ポンプの据付け

図 9·28　貯湯槽

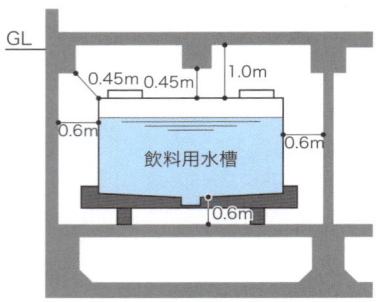

図 9·29　受水槽の点検スペース

4）温水ボイラー

　温水ボイラーの基礎は耐火構造とし、ボイラー脚部は取り外しができるように据え付ける（図9·30）。また、配管および煙道からの荷重、振動や伸縮による過大な力がボイラーに直接加わらないように、可とう継手などの対策を講じる必要がある。膨脹管は、給湯管と同質の配管材料を使用し、弁を設けてはならない。温水ボイラー逃し弁からの排水は、排水温度が低くなる安全な箇所まで導き、間接排水とする。

2　排水・通気設備工事

（1）排水管の施工

　排水管で用いる機器、材料は、行政庁および下水道法管理者の規程が適用され、それらの規程に適合するか、または使用を承認されたものにしなければならない。排水の種別には、汚染度の違いにより、汚水、雑排水、雨水がある。

1）汚水

　し尿などの汚物および固形物（変形自在の軟弱物）を含み、固形物の大きさは外径70mm以下または、ポンプ口径の70%以下とする。

2）雑排水

　厨芥などの固形物（外径20mm以下）を含み、器具および装置からの排水をいう。

3）雨水

　建物、敷地に降った雨などの排水をいう。配管の施工に先だち、他の設備管類および機器との関連事項を詳細に検討し、勾配を考慮して、事前に管支持金物の取付けインサートおよび配管用スリーブ（図9·31）の埋込みを行う。排水管を施工するにあたっては、表9·3に示す勾配を保つ必要がある（図9·32）。

図9·30　温水ボイラー

　排水管にトラップを直列に設置すること（二重トラップ）を避け、円滑に排水が行われるようにする。また、雨水竪管と排水管を連結してはならない。冷蔵庫・皿洗い機・水飲み機・洗たく機などの機器の排水を排水管に接続する場合は、間接排水とする。

　機器まわりの配管は地震時などに過大な力が加わらないように機器に近接した部分で堅固に固定し、かつ可とう性のある配管、継手などを使用する。また主要な配管は、主体構造部に固定する。

　建物のエキスパンションジョイント部には、原則として配管などを横断させない。やむをえず横断させる場合は、極力下層階とし、変位に十分追従できる措置を講ずる。また、配管の埋設は、給水管の場合に準じる。

（2）排水ポンプと排水槽

　排水ポンプは図9·33に示すような水中竪型を使用するのが多い。また、汚水用に水中ポンプを使用する場合は、着脱が容易にできるように着脱装置付とする。また、ポンプのケーシングと周辺の距離は200mm以上必要である。

表9·3　管径と標準勾配

管径 (mm)	標準勾配
65 以下	1/50
75、100	1/100
125	1/150
150 以上	1/200

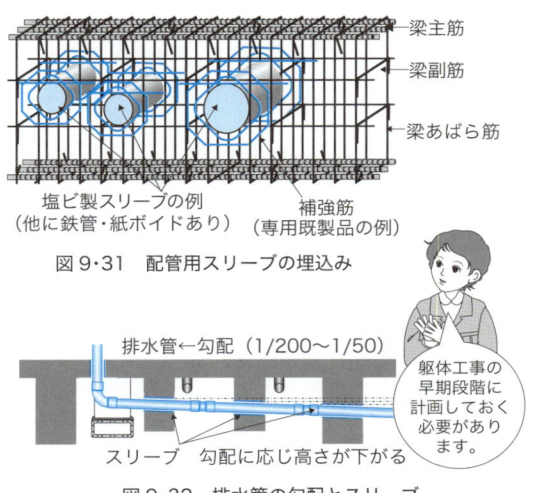

図9·31　配管用スリーブの埋込み

図9·32　排水管の勾配とスリーブ

排水槽の底部の勾配は 1/10 〜 1/15 とし、ポンプピットを設ける。また排水槽通気は、排水槽から単独に屋外まで導く（図 9・34）。

排水配管設備完了後は、満水試験、流水試験をし、配管性能の確認を行う。

（3）トラップ

トラップは排水管の下流からの臭気や害虫を防ぐためのものである。用途別にガソリントラップ、床排水トラップ、グリーストラップ、管トラップなどがある。管トラップの形状にはＳトラップ、Ｕトラップ、Ｐトラップなどがあり、封水の深さは 50mm 以上でかつ 100mm 以下とする（図 9・35）。

（4）排水桝

排水桝は、排水・雨水管の起点、排水横主管と敷地排水管の接続箇所や最終放流箇所などに設置し、容易に保守管理および掃除ができるようにする。

排水桝には雑排水枡（図 9・36）、雨水枡、汚水枡（インバート枡、図 9・37）があり、汚水枡には接続する

図 9・33　排水ポンプの設置

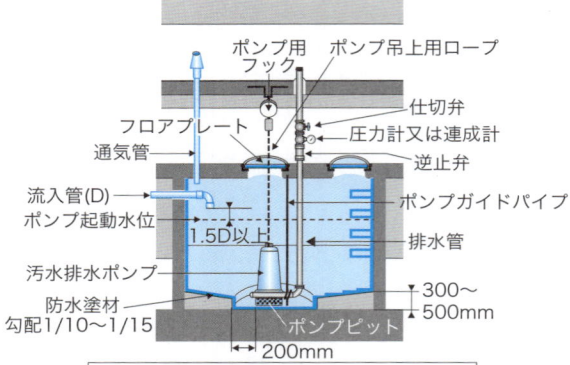

流入管管底の高さは、排水ポンプ起動水位より管径の1.5倍以上とする。
ただし、ポンプ停止水位はポンプピット上端以下とする。

図 9・34　排水槽断面図

排水管の内径に相応する溝（インバート）を設ける。雑排水枡や雨水枡には、底部に 150mm 以上深さのある泥だめを設ける。ただし、厨芥などの固形物が流入する枡は汚水枡と同様にインバートを設ける。

排水桝の蓋は、外部からの荷重および衝撃に十分耐えるものを取り付ける。荷重別のマンホール蓋の種別は表 9・4 による。また、屋内に設けるマンホールは、ボルト・防臭パッキン付とする。

（5）通気配管

通気配管は、水の流水時に起こる気圧の変動を調整し、円滑な流れを確保するためのものであり、排

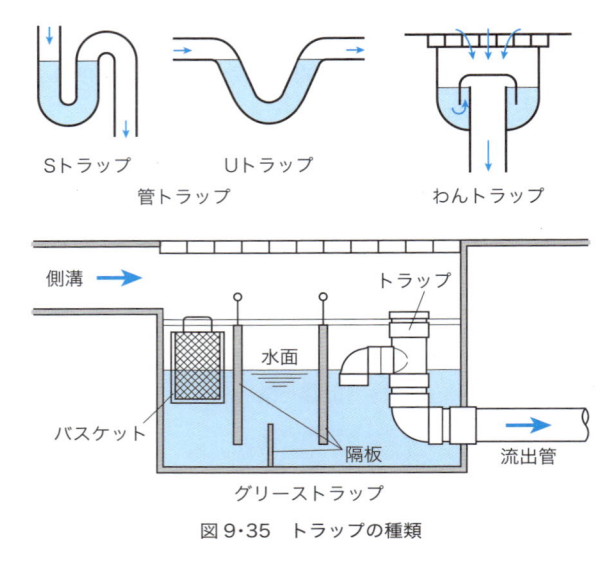

図 9・35　トラップの種類

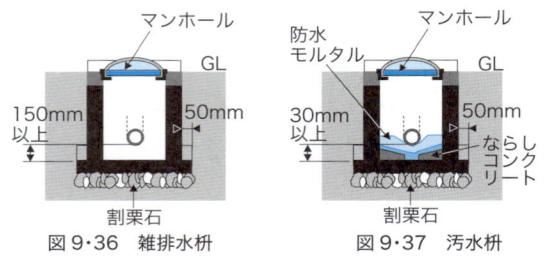

図 9・36　雑排水枡　　図 9・37　汚水枡

表 9・4　マンホール蓋の適用重量種別

適用荷重	呼称	安全荷重 [kN]	備　考（通過車輌の総重量等）
軽荷重	500K	5	総重量 900kg まで
中荷重	1,500K	15	普通乗用車等の総重量 2.5t まで
重荷重	5,000K	50	貨物車、大型バス等の総重量 9t まで
	—	50 超	設置場所条件、車輌総重量に応じて選定する

水管から分岐し大気に開放する。このため通気竪管の上部や配管の上側に単独で大気中に開放するか、または最高位置器具あふれ縁から 150mm 以上高い位置まで通気管を延長する。通気管は、管内の水滴が自然流下するように注意して、逆勾配にならないように接続する。

通気管端末の空気開放口は、通気口（ベンドキャップ）という。通気口を地盤面や屋上庭園・運動場・物干場などに通気口を設ける場合には、通気管を延長し、臭気が滞留しないように屋上床面から 2,000mm 以上立ち上げ、大気中に開放する。また通気口が、その建物および隣接建物の出入口・窓・換気口などの付近にある場合は、それらの開口部の上端から 600mm 以上立ち上げて取り付ける。また、通気口は建物の庇など張出しの下部に取り付けない。

3　衛生器具設備工事

(1) 衛生器具

衛生器具は陶器が一般的であるが、鋼製、ほうろう製のほか各種ある。付属するトラップの封水深さは、50mm 以上 100mm 以下のものを使用する。また器具と水栓を組合わせた場合は、十分な吐水空間

呼び径D	13	20	25	32	40	50	65	80	100	125	150
吐水口空間（mm以上）	25	40	50	60	70	75	90	100	115	135	150

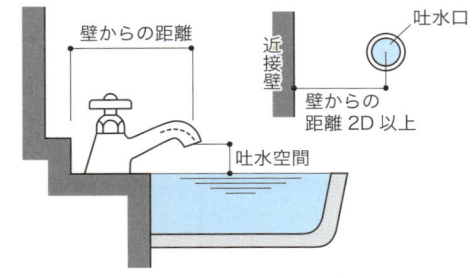

図 9·38　水栓と必要吐水空間

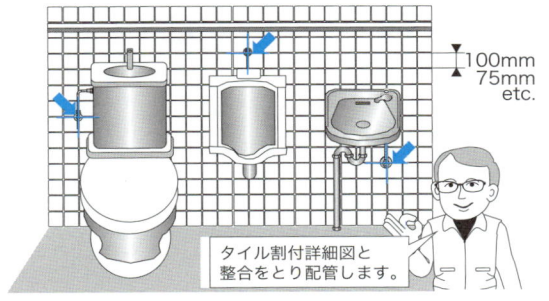

図 9·39　大便器と小便器の目地合わせ

をとる（図 9·38）。寒冷地（凍結のおそれのある場所を含む）では、凍結のおそれがあるので寒冷地仕様を用いる必要がある。衛生器具を取り付ける場合には、意匠上にも配慮し、付属配管やセンサー、鏡などをタイル目地などに合わせる工夫をする。

(2) 衛生陶器

1) 大便器

所定の位置に水平、高さとも正確に設置せねばならない。また意匠に配慮して、背面のタイル目地と整合させたい（図 9·39）。和風大便器は、あらかじめ床に据付穴を設けるなど他の工事との取り合いが多いので注意を要する。大便器と接続する排水管は、吊金物により確実に支持し、排水管などの荷重が直接便器にかからないようにする。接続には専用アダプターを用いる。

2) 小便器

便器と排水管は、専用アダプターを用いて、鋼管や硬質塩化ビニル管と接続する。

4　消火設備工事

(1) 概要・機器

消火設備工事には、屋内消火栓、連結送水管、スプリンクラー、不活性ガス消火（図 9·40）、連結散水など多くの種類があり、消火目的により使い分けられる。機器や配管は消防法に定める機能を満足させるとともに、「消防法」「高圧瓦斯保安法」の検定に合格したものを使用する必要がある。

(2) 配管の施工

乾式スプリンクラー配管は、ヘッド（図 9·41）を含むシステム内の水がすべて抜けるように配管勾配

図 9·40　不活性ガス消火設備の選択弁とボンベ

を設ける。ガス系消火配管は、原則として露出配管とし、ガス放出時に生じる管表面結露水の滴下による事故を回避するため、変電設備などの機器および電路の充電部の上部を避けた経路とする。また、外部に面した駐車場および屋外的環境に設置された配管およびヘッドは凍結防止対策を行う。

　配管の支持固定、埋設配管、配管の耐震は一般給水設備配管に準じる。配管完了後は、水圧試験や空気圧試験を行う。

（3）機器の施工
1）水槽

　水槽には、点検のため、出入りが可能な箇所にマンホールを設置し、水槽と接続する配管は、水槽のフランジ部に荷重がかからないよう、床などに堅固に支持をする。床置型消火水槽、高置消火水槽および消火用補給水槽には、排水および通気管を除き、各接続管に可とう継手を取り付ける。荷重に対して不陸のない十分な支持面をもつコンクリート製または鋼製架台上にボルトなどで堅固に設置する。また、水槽のドレンのオーバーフローは間接排水とし、排水口空間を設け、また害虫や小鳥の侵入を防止できるスクリーンを設ける。オーバーフロー管は給水管よりも2サイズアップ以上とし、かつ流入量を上回る排水能力を有するものとする。

図9·41　スプリンクラーヘッド取付け

図9·42　消火ポンプ

2）ポンプ

　消火ポンプ吐出側には止水弁と逆止弁および圧力計などを取り付ける（図9·42）。ポンプ吸込管には、ポンプ接続部からの管径の4倍以上の直管部を設ける。消火ポンプに、配管からの荷重・振動・伸縮による過大な力が加わらないよう配管支持を行う。

　フート弁は水槽内に入ることなく容易に取り出せるものとし、竪型ポンプ・水中ポンプなどを使用する場合は引上げのために、マンホール上部にフックを設ける。

　消火用補給水槽は、鋼板製またはFRP製とし、設置にあたっては所轄消防署に確認する。自動給水装置および減水警報装置を備えるものとする。

5　ガス設備工事

（1）概要・機器

　都市ガス設備は、「ガス事業法」「同法施行令」「同法施行規則」「ガス工作物の技術上の基準を定める省令」「ガス事業者の規定するガス供給約款」などに従い施工する。

　液化石油ガス（LPG）設備は、「高圧ガス保安法」「液化石油ガス保安規則」「液化石油ガスの保安の確保及び取引の適正化に関する法律」などにより施工する（図9·43）。

　配管の施工済み部分は、打合せ事項を十分確認の上、必要箇所について養生を行う。また、増設・変更工事にあたっては、原則として工事着手前に関係する既設管の区間について漏えい調査を行い、漏れ

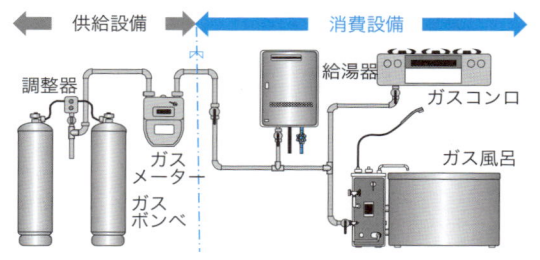

図9·43　LPGシステム

表9·5　ガス管の離隔距離（単位：mm）

距離 口径	並行離隔距離	交差離隔距離
50A以下	200以上	100以上
50Aを超えるもの	300以上	150以上

のないことを確認する。原則として床下、建物下に配管しない。その他、漏えいガスが滞留し、かつ、検知しにくいピット、トレンチなどには配管しない。

ガス配管は、本支管に向かって下り勾配とするか、または水取器などを設置する。他埋設管との離隔距離を表9·5に示す。

施工完了後は、ガス供給事業者により、「ガス事業法」および関連法規並びにガス事業者の規定するガス供給に基づき気密試験・点火試験を行う。

6　ユニット工法

(1) ユニット工法とは

外装、内装、電気配線や設備配管などで、工場生産のパーツを現場で組み立てて建築する方法、もしくは現場の地上である程度の大きさまで組み立て、鉄骨建方の際に建築に組み立ててゆく工法を、ユニット工法という。現場でゼロから施工する場合に比べ、工期の短縮や生産性を向上することができる。カーテンウォールも、外装材、ガラス、サッシをユニット化したものである。設備機能の一部をユニット化したものにユニットバスやユニットトイレ、システムキッチンがある。工期の短縮とともに、設備の更新時には建物の運営に影響を与えることが少なく事業継続の点からもメリットがある。

ユニットの大きさは、道路交通法により制限される。ユニット幅は 2,500mm 以内、輸送時の高さは一般的に 3,800mm 以下である。

(2) ユニットバス・ユニットトイレ

浴室やトイレは、防水下地にタイル張りで仕上げられていたが、現在ではユニットバスが主流となっている。

ユニットバスは、防水性に優れた壁、床、天井、浴槽と換気設備や電気設備などを工場生産したものを現場で組み立てられる。一般に 4 日〜1 週間程度で仕上げられるため、在来工法に比べて工期が短い。浴槽には、FRP（繊維強化プラスチック）が多く用いられる。外側を断熱材で覆った高断熱浴槽は、湯張り後に湯の温度が下がりにくいため、給湯の省エネにも効果的である。ユニットバスは、システムバスとも呼ばれる（図9·44）。

ユニットトイレは、トイレや洗面をユニット化したもので、ユニットバスと合わせて普及した（図9·45）。また、屋外用（図9·46）やトイレユニットと処理ユニットが一体化したものもある（図9·47）。

(3) システムキッチン

ユニット化されたキッチンはシステムキッチンと呼ばれる。水洗やシンクなどの水洗設備、コンロなどの調理設備と、レンジフードなどの換気設備、作業台や収納が一体となった台所である。部位ごとに、設備選択できるような工夫がなされており、設計者の多様な要望に応えられる。

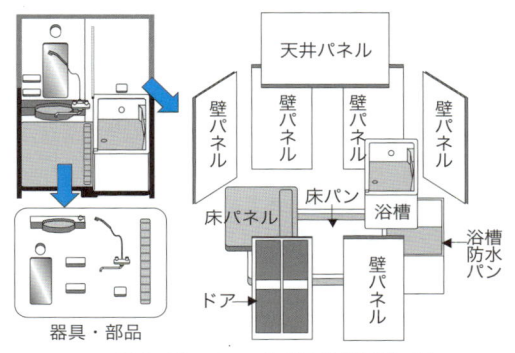

図 9·44　ユニットバスの分割パーツ

図 9·45　ユニットトイレ（出典：㈱TOTO カタログ）

図 9·46
屋外トイレの事例

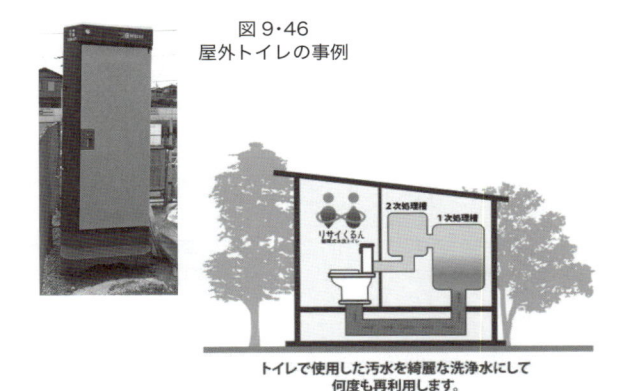

図 9·47　排水処理付き屋外トイレの事例（出典：㈱ダイトウカタログ）

9・3 空気調和設備工事

空気調和設備の分野で扱われている主な設備工事を、図9・48に示す。

空気調和設備は、室内を安全・健康で快適な空気環境にすることを目的としている。また火災時に、煙を強制的に排出し避難誘導する役割もある。

図9・49に空調機を使った空気調和設備工事の事例を示す。工事を進めるにあたり、工事部位ごとに施工要領書などを作成し、それに従って施工を行う。

1 配管設備工事

(1) 冷温水・冷却水配管

空気調和用鋼管は、蒸気圧1.6MPa以下の蒸気、水温200℃以下の冷温水および冷却水の条件下で使用され、鍛接鋼管（100A以下）、熱間電縫鋼管（100A以下）、耐溝状腐食電縫鋼管（125A以上）またはシームレス鋼管を用いる（図9・50）。

配管の工事に先だち、他の設備の配管類および機器との関連事項を詳細に検討し、配管の位置を正確に決定する。工事の進捗に応じて、鉄骨スリーブを決定し、コンクリート打設時には管支持用インサートの取付けを遅滞なく行う。

施工にあたっては、管の伸縮が妨げられないようにするとともに、逆勾配・空気だまりなど、循環を阻害するおそれのないようにする。また、冷温水・冷却水配管の横走管は原則として、送り管は先上が

り、返り管は先下がり勾配とし、その勾配は1/250以上とする。

配管の支持固定・耐震、埋設配管の深さ、エキスパンションジョイント部の処理については、9・2-1(1)(2)に準じる。

(2) 蒸気配管

施工にあたっては、特に温度変化による配管の伸縮を考慮し、膨張時に配管の各部に過大な応力がかからないようにする。また配管内の凝縮水が支障なく流下するようにし、配管の勾配を保つとともに管内の騒音が発生しないように、管内の蒸気速度を考慮する必要がある。また各種装置の取付け部にはフランジ継手を挿入し、配管と機器類の取外しが容易にできるようにする。

(3) 冷媒配管

冷媒配管の施工にあたっては、「消防法」「危険物の規制に関する政令」「高圧ガス保安法」などが適用

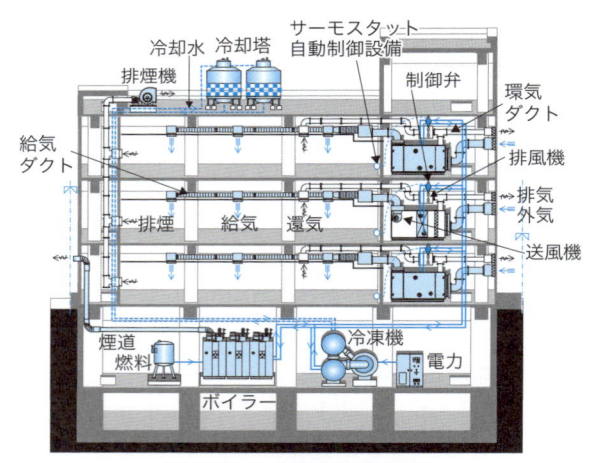

図9・49　空気調和設備の事例

図9・50　保温工事前の例温水配管

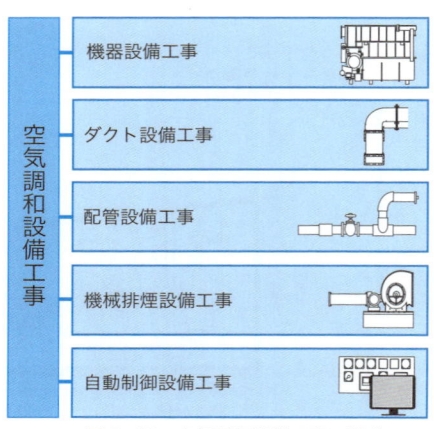

図9・48　空気調和設備工事の構成

される。ヒートポンプパッケージ型空気調和機やルームエアコンデショナーの屋外機と屋内機を接続するために使用される。配管の吊りは、配管に応力やひずみが生じないように施工する。配管の工事が完了した後、管内の清掃を十分に行い、管内に異物が入っていないことを確認し、窒素ガス、炭酸ガスまたは乾燥空気などを用いて気密試験を行い、機器と配管の実長に見合った冷媒量を確認し、充填する（図9·51）。

2　機器設備工事

(1)　基礎と転倒防止

　小型機器は鉄骨架台に据え付けることはあるが、基礎は原則としてコンクリート造とし、十分な支持力のある床または地盤上に構築する。地震時に転倒や横滑りなどを起こさないように、地震力に対して十分な強度のあるアンカーボルトなどで固定する。

　基礎のアンカーボルトは、極力埋込（先付け）アンカーとする。なお、振動の伝達を防止することが必要な場合は、建物の固有振動数と運転重量や防振材の特性などを考慮して、防振機器を取り付ける。また、防振架台は、図9·52に示すように、耐震ストッパー付きのものを基礎に取り付ける。またストッパーと機器本体との隙間は、平常運転時に接触しない程度とし、地震時に本体と接触する可能性のあるストッパーの面には、ゴム材などの緩衝材を取り付ける。

天井吊型の場合は、機器の運転重量に十分耐える構造と強度を有する形鋼製架台を用いるか、アンカーボルトを建物の躯体に堅固に取り付ける。ボルトナットはダブルナットまたはゆるみ防止ナットなどにより、ゆるみ止めの処置を講ずる必要がある。

　縦横比が大きく、転倒モーメントが大きい機器は、脚部固定とするほか、頂部支持材で建築の躯体などと緊結し、転倒を防止する。

(2)　冷凍機の据付け

　冷凍機に接続する冷却水・冷温水配管には、原則として防振に有効な継手を取り付け、保守・修理ができるようなスペースを確保する必要がある（図9·53）。空気熱源屋外機では、風量不足やショートサーキットを起こさないようにし、排気・機器本体の騒音が周囲に悪影響を与えないように設置する。

(3)　冷却塔の据付け

　冷却塔は、風向や障害物を考慮し、排気・機器本体の騒音や水滴飛散が周囲に悪影響を与えないように設置する（図9·54）。冬期において積雪のために本体が埋設したり、風雪の影響で性能が低下したり、故障の発生がないようにする。冬期に運転を休止する場合は完全に水抜きをし、防雪カバーをする。

(4)　ボイラーの据付け

　ボイラー（図9·55）の据付け位置は、「ボイラー及び圧力容器安全規則」「各地方条例」および「消防法」などに従って決定する。ボイラーの煙道について、

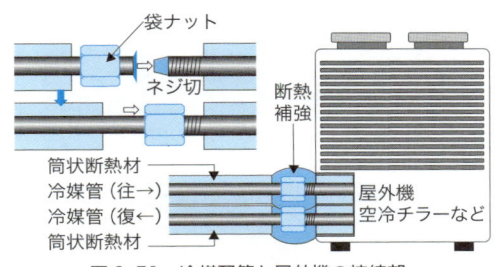

図9·51　冷媒配管と屋外機の接続部

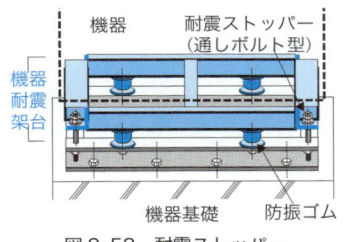

図9·52　耐震ストッパー

図9·53　冷凍機の据付け

主要部は、取付け・取外しが容易にできるようにフランジ接続とする。また煙道は、排気ガスが漏洩しないように気密を保持し、適当な箇所に伸縮継手を設け、温度変化による伸縮を吸収する。煙道は排気抵抗が過大にならないように注意し、先上がり勾配（1/200 程度）とし、内部結露水の除去のための水抜用コックなどを設ける。

（5）ポンプの据付け

　ポンプ吐出側には、仕切弁と逆止弁と圧力計を取り付ける。吸上方式となる場合は、吸込側に設ける弁、可とう継手や防振継手は、原則として配管口径と同じ口径とする。施工にあたっては、ポンプ周りの配管を支持し、配管からの荷重・振動・伸縮による過大な力がポンプに加わらないようする。竪型ポンプ・水中ポンプなどの引上げのために、ポンプ上部に点検・補修のためにマンホールを設ける。寒冷地に設置するポンプは、凍結防止のため屋外・屋上を避け、屋内に設置するか、もしくは採暖処置を施す。近年は、ポンプ周りをユニット化して工場生産を行い、

図 9・54　冷却塔の据付け

図 9・55　ボイラー（出典：川重冷熱工業㈱カタログ）

現場では据え付けるのみで施工することが多い（図 9・56）。

（6）送風機の据付け

　送風機の吸込口や吐出口をダクトと接続する場合には、**たわみ継手（キャンバス継手）** を用い、吸込口をダクトに接続しない場合には、吸込口に保護金網を設ける。口径 300mm 以上の送風機では、送風機をダクトに取り付ける場合には、ダクトに直接荷重がかからないように、鋼製架台に堅固に取り付ける。

（7）ヒートポンプパッケージ型空調機の据付け

　機器の電流値（始動電流）と電気設備の許容電流値が整合していることを確認する。

1）屋内機

　屋内機が隠ぺいされる場合、フィルター、熱交換器、電源、モーター、加湿器などの保守点検のために、本体の近くに必要な大きさの点検口を設ける。また、補助電気ヒーターを取り付ける際には、「火災防止条例」による設置届の必要な場合があり、確認・提出が求められることがある。場合によっては、壁・柱

図 9・56　ポンプユニットの据付け

図 9・57　エアコンの屋内機

など構造体の材質による離隔距離を十分確保しなければならない。パン型・超音波式などの加湿器を設置する場合は、振動などにより移動しないように支持材により本体に堅固に固定する（図9·57）。

2）屋外機

屋外機は、保守・修理ができ、風量不足やショートサーキットが起きないよう、風向や障害物を考慮する。また排気・機器本体の騒音が周囲に悪影響を及ぼさないようにする。冬期において、積雪のために本体が埋没したり、風雪の影響により性能低下や故障がないように、防雪フードや防雪架台などを設ける。

屋外機のフィン部分は、傷がつきやすいので注意して搬入し、据え付ける。また屋上などに設置する機器には、台風時や地震時に転倒しないよう転倒防止金物を設ける（図9·58）。

3　ダクト設備工事

（1）ダクトの施工

空気調和用ダクトは、ダクト内部の空気圧力の変動や空気の抵抗が小さく、空気漏れが少なく、気流による発生騒音の少ない構造とする。ダクトの断面が変化するときは、急激な変化を避け、漸大または漸小の形状とし、その傾斜角度はそれぞれ15°〜30°の範囲とする。浴室・厨房など湿気や油分を含む排気に使用する横引き排気ダクトなどの継目や継手は、外面よりシーリングなどを施し、必要に応じて水抜管または油抜管を設ける。空気調和用ダクトが防火区画や防煙区画を貫通する場合には、防火ダンパーまたは防煙ダンパーを取り付ける。区画貫通部にダ

ンパーを直接取り付けられない場合は、貫通部とダンパー間のダクトは、厚さ1.5mm以上の鋼板を使用する。躯体を貫通する場合は、その貫通部の開口部が大きくなるので、あらかじめ、ダクト貫通部の躯体部を補強する（図9·59、図9·60）。

地上階に設ける空気調和用ダクトでは、吊ボルトの長さが1,000mmを超える場合は振止めが必要となり、またダクトの長さが12mを超える場合も、振止めが必要である。金属ダクトの接続法には、アングルフランジ工法（図9·61）、共板フランジ工法（図9·62）やスライドオンフランジ工法などがある。

（2）ダクト付属品の取付け

外気取入および排気ガラリは、雨仕舞いを良くし、ガラリとダクトの接合部は、空気漏れのないように

図9·58　エアコンの室外機

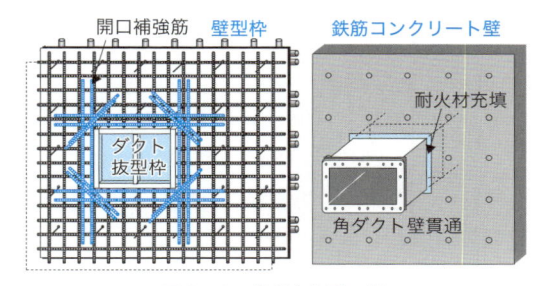

図9·59　壁ダクト開口部

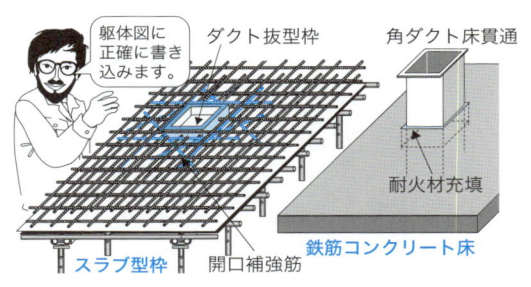

図9·60　床ダクト開口部

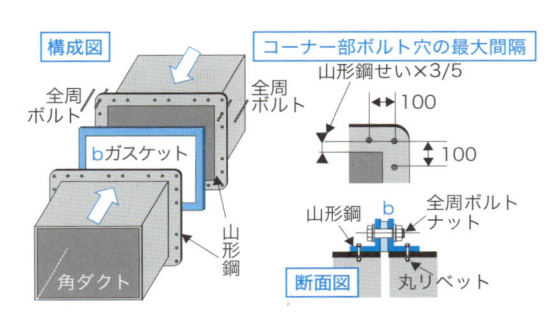

図9·61　アングルフランジ工法

取り付ける。また、風量調節ダンパーは、気密性を保持し、かつ調整が容易に行えるように取り付ける。天井やシャフト内に排煙ダクトがあり、ダンパーや風量測定口を取り付ける場合は、点検口を設ける。

（3）フードの製作および取付け

フード内側周囲には、水や油などを有効に除去できる装置を付ける。フードの吊りは、四隅のほかに最大 1,500mm ごとに 1 か所設ける。吊ボルトの下部は黄銅製またはステンレス製に準じた袋ナットを使用し、かつダブルナット締めとする。

（4）ダクト支持

長方形ダクトは鋼製アングルと天井からの吊りボルトで支持する（図 9·63）。円形ダクトでは、小口径は 1 点吊り、大口径は 2 点吊りとなる（図 9·64）。

4　機械排煙設備工事

（1）構成と主な基準

機械排煙設備は、建物火災における安全な避難の確保のために、「建築基準法」に従い、避難路の排煙を有効に行うもので、排煙機・排煙ダクト・排煙口・手動開放装置などにより構成されている。図 9·65 に機械排煙の主な基準を示す。ダクト設備工事などについては、前項に準じる。

排煙機器・ダクトは、一般の空調よりダクト内風圧が高いので、堅ろうで煙の漏えいが少なく、火災時にその機能を十分に発揮するものとする。

（2）排煙ダクト

排煙ダクトの防火・防煙区画の貫通箇所は、その隙間をモルタル、その他不燃材料で確実に埋戻し、排煙ダクトと排煙機の接続部分には耐熱性のあるフレキシブル継手またはフランジ接合とする。排煙ダクトは、木材やその他の可燃物から 150mm 以上離すか、100mm 以上の金属以外の不燃材料で巻く。

（3）排煙口

排煙口は、稼働時に発生する最大負圧において、すみやかに開放でき、さらに開放状態を良好に保持し、かつ排煙口付近のダクトが堅ろうに支持されているものとする。排煙口は、厚さ 1.5mm 以上の鋼板製で、排煙時に生じる気流により閉鎖されることの

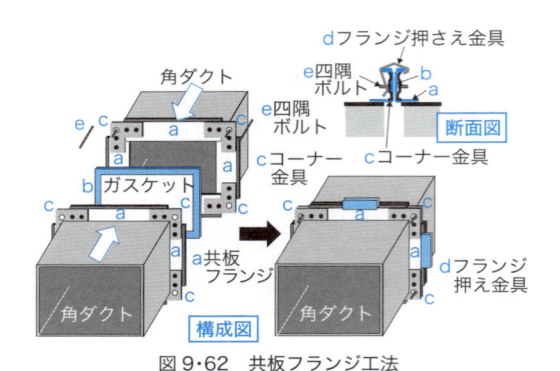

図 9·62　共板フランジ工法

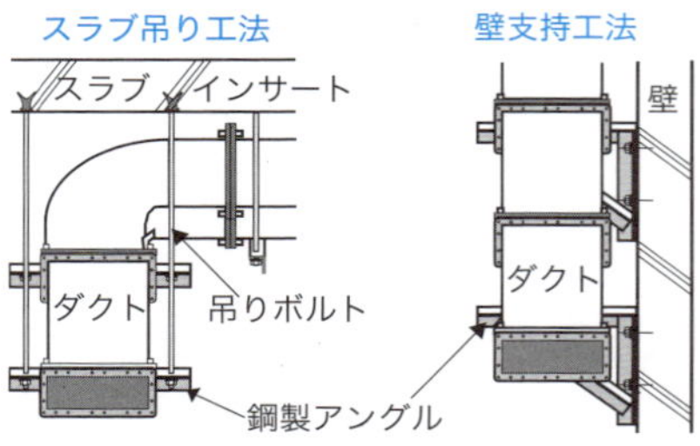

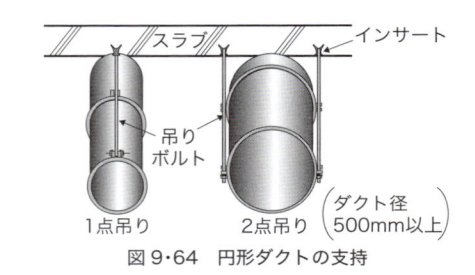

図 9·64　円形ダクトの支持

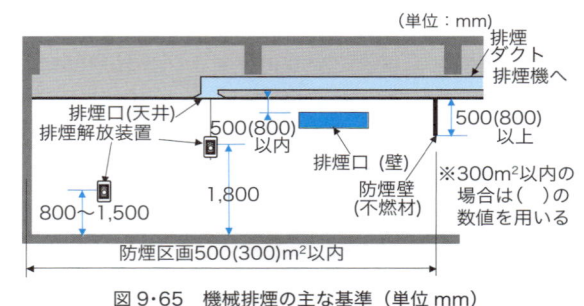

図 9·65　機械排煙の主な基準（単位 mm）

スラブ吊り工法　　壁支持工法

図 9·63　長方形ダクトの支持

図 9·66　天井の排煙口

ない構造のものとする（図9·66）。手動開放装置は必ず設置しなければならない。

（4）防火ダンパー

防火ダンパーは、1.5mm以上の鋼板製とし、排煙時に生じる気流により閉鎖されることのない構造で、ヒューズ（溶解温度280℃）を備えるものとする。

5　自動制御設備工事

（1）自動制御設備とは

自動制御設備は、温度、湿度、圧力、流量、液面などの一般的プロセスの制御、計測、監視などを行う設備である。自動制御方式には、電気式、電子式、空気式、デジタル式やこれらとの併用方式がある。

制御機器は、点検可能な位置で、温度、湿度、圧力などが正確に検出できる場所を選び、床、壁、配管などに対して水平または垂直に取り付ける。水滴、塵埃、有毒ガス、振動を発生する場所や空気、水などの被制御体の清浄な循環が妨げられる場所は避ける。

なお、計装用低圧配線管路およびボックス類は強電流電線と分離する。

（2）制御機器の取付け

温・湿度の検出部は、室内の温湿度の平均値が検出できる場所に取り付けるものとする。また、室内型の検出器および調節器は、室内の調度品などにより正常な循環が妨げられる場所や吹出口からの気流、隙間風、日射などを直接受ける場所を避けて設置する。

蒸気圧・液体圧などを測定する場合、受圧部に空気が混入しないように施工し、混入した空気を外部に排出する装置を設ける。

電動弁または空気弁は、流れの方向を確認し、駆動軸は垂直に取り付け、電動弁または空気弁の周囲

には、点検や取替えに必要なスペースを確保する（図9·67）。

（3）盤の据付け

盤の設置にあたっては、その周囲に保守管理に必要なスペースを十分にとり、移動・転倒・脱落などを起こさないようアンカーボルトなどによりスラブ・壁体などに堅固に固定する。盤が隣接する場合は、ベースを水平に据え付けた後、隣接盤とのゆがみが発生しないように締付けを行う。また、運転までの間に長時間放置する場合には、塵埃・湿度などによる機能低下を起こさないよう十分な養生を行う。

（4）機能調整

施工完了後は、配管・配線などのチェックおよびすべての機器の調整を行うとともに作動試験を実施して、単体の動作および機器間の動作が設計図の条件を満足していることを確認する。さらに各機器単体と各装置が有機的に結合されて、設計図の機能を満足しているかを確認するために、システム全体を確認する総合調整を行う。

建築設備・ユーティリティが確実に機能しているか試運転、検証し総合調整します

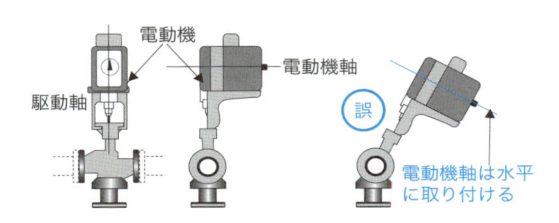

図9·67　モーターバルプの取付け

問1 設備工事に関する次の記述のうち、最も不適当なものはどれか。

1. コンクリート埋込みとなる分電盤の外箱は、型枠に取り付けた。
2. 雷保護設備における引下げ導線については、保護レベルに応じた平均間隔以内として、建築物の外周に沿ってできるだけ等間隔に、かつ、建築物の突角部の近くになるように配置した。
3. 屋内の横走り排水管の勾配の最小値について、呼び径65以下を1/50、呼び径125を1/200とした。
4. 外壁に設ける換気用ダクトの換気口については、屋外避難階段から2m以上離して設けた。

問2 設備工事に関する記述で（　　　）に当てはまる数値を下記より選べ。

1. 排水槽の底については、吸込みピットに向かって、（　　　）の下がり勾配とした。
2. コンクリートスラブに埋設する合成樹脂製可とう電線管（CD管）については、スラブの上端鉄筋と下端鉄筋との間に配管し、専用支持具などを用いて（　　　）mm以下の間隔で下端鉄筋に結束した。
3. 一般車両が通行する道路下で給水配管する場合には、深さは（　　　）mm以上とする。
4. 防煙壁は天井から（　　　）cm以上下がっていることが必要である。

①	3,000	②	2,000	③	1,000	④	600
⑤	500	⑥	400	⑦	50	⑧	40
⑨	30	⑩	1/50	⑪	1/12	⑫	1/5

問3 電気設備工事に関する次の記述のうち、最も不適当なものはどれか答えよ。

1. 電気設備工事において、二重天井内の金属管の支持間隔を2m以内とし、直線部と直線部以外との接続部では、接続部に近い箇所で支持した。
2. 雷保護設備工事において、埋設した接地極および接地線とガス管を100mm離して施工した。
3. 非常用の照明装置の電気配線は、他の電気回路（電源または誘導灯に接続する部分を除く。）に接続されず、かつ、非常用の照明装置の電気配

線の途中に一般の者が容易に電源を遮断することのできる開閉器が設けられていないことを確認した。
4. 軽量鉄骨間仕切壁内に合成樹脂製可とう電線管（PF管）を配管するので、その支持間隔を1.5m以下とし、バイント線を用いて支持した。

問4 防災に関する記述で、（　　）に当てはまる数値を記入せよ。

1. 移動式の泡消火設備の泡放射用器具を格納する箱は、ホース接続口から（　　）m以内に設置しなければならない。
2. 延べ面積50,000m^{2}以上の建築物では、誘導灯、誘導標識および階段通路誘導灯を非常用の照明装置で代替するに当たり、その予備電源の容量は、（　　）分以上作動できるものにしなければならない。
3. 防火区画の壁を貫通する風道で、防火区画に近接して防火ダンパーを設けるに当たり、当該防火ダンパー当該防火区画との間の風道は、厚さ（　　）mm以上の鉄板でなければならない。
4. 外壁に設ける換気用ダクトの換気口については、屋外避難階段から（　　）m以上離さなければならない。

問5 防災に関連する設備工事に関する次の記述のうち、最も不適当なものはどれか答えよ。

1. 75mmのガス管と75mmの給水管を200mm以上離して施工した。埋設部に関しては100mmの離隔距離を保って施工した。
2. 非常用エレベーターの乗降ロビーに、連結送水管の放水口を設けた。
3. 延べ面積50,000m^{2}以上の建築物の直通階段において、階段通路誘導灯を非常用の照明装置で代替するにあたり、その予備電源の容量は、60分間作動できるものとした。
4. 防火区画の壁を貫通する風道において、防火区画に近接して防火ダンパーを設けるにあたり、当該防火ダンパーと当該防火区画との間の風道は、厚さ1.6mmの鉄板でつくられたものとした。

10章　維持保全・改修工事

　建物は竣工後に発注者に引き渡される。建物の施工からすればこれで終了であるが、建物は使用するために作られたものであり、その意味ではここからが始まりである。と同時に建物としては劣化もまた始まることになる。この劣化を止め、建物の性能や機能を使用者の望むレベルに保つ必要がある。これを維持保全といい、日常の保守や修繕、改修など様々な段階があるが、これがなければ建物を適切に使用し続けることはできない。

　また、このように考えれば、完成時の姿だけではなく、建物の維持管理を含めた長期的な視点が企画・設計にも必要であることにもつながる。さらに、良いものを作りそれを壊さずに長期にわたって使用していくということは、資源の消費の抑制や廃棄物の抑制になり、環境保護にもつながっていく。

　ここでは、建物の維持保全の考え方から、それに必要な建物の劣化、診断方法、さらには改修方法について説明する。

10・1　維持保全とは

　建物の一生を図 10・1 に示す。建物は企画・設計から始まり、この本の主題でもある施工により完成し、その後運用管理されながら最終的には解体されてその一生を終える。図 10・1 では各内容が等間隔で並んでいるが、実際にこれらの内容を年月に当てはめて考えると、企画・設計さらに施工を含めても、その期間は長くて数年であり、一方でその後の運用管理は実に何十年と続くのである。この運用管理の期間が長ければ長いほど、この際に必要な維持保全の重要性が増すことになる。逆に言えば、運用管理の時間

が短い場合、維持保全はそれほど重要視されない。

　戦後建てられた多くの建物は、高度経済成長期という社会情勢もあり、解体して建て替えることが多かった。これはスクラップ＆ビルドと呼ばれ、作ることが中心であり、平均寿命が 30 年程度という短い周期であった。この場合、維持保全は当然のことながら重要ではなく、古くなったら建て替えればよい、という時代であった。しかし、近年は経済の低迷も長引いて新築もままならず、さらに地球環境問題、省資源・省エネの推進、景観保護といった社会情勢においては、解体もままならない。このため、既存の建物の維持保全を適切に行い、建替えではなく改修して長期間活用する方向に進んでいる。このような変化は、ある期間に建設された建物の量を重視するフロー重視の社会から、現在までに建設された建物の総量を重視するストック重視の社会への変化ということができる（図 10・2）。

　これを示しているのが、図 10・3 の建設工事の推移である。最近は少し持ち直してはいるが、経済の低迷もあり、近年の建設工事総額はピーク時に比べて

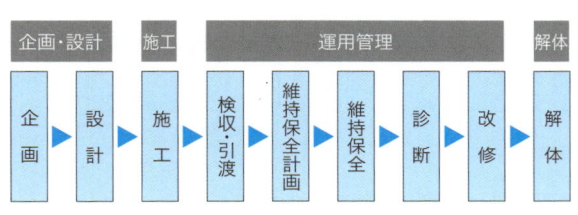

図 10・1　建物の一生

7割程度となっている。しかしそれは、主に新設工事の減少によるものであり、本章で取り上げる維持修繕工事の金額はあまり変わっていない。このため、建設工事全体に占める維持修繕工事の割合が高くなっている。建設工事は景気に左右される面があり、新設工事はそれに影響されて大きく変化する。その一方で維持修繕工事は金額こそ新設工事より小さいものの必要不可欠であるため、また近年では新設工事から維持修繕工事に変更されて実施されるようになったため、金額としてはそれほど大きな変化をせずにこれまで来たということができる。この傾向は今後大きな変化があるとは思われず、維持保全はさらに重視されると考えられる。

このように維持保全を重視することは、建物の一生の中にそれを明確に位置づけ、それを考えた企画・設計が必要になることでもある。

設計面から言えば、**スケルトンインフィル (SI)** という考え方がある。**スケルトン**は骨格部分つまり躯体部分を、**インフィル**は可動部分つまり仕上げ、設備部分を示しており、図10・4に示すようにこれらを分離して建築する手法である。これは、躯体部分と仕上げ・設備部分の**耐用年数**に違いがあることによる。仕上げ・設備部分は耐用年数が短いため、建物の躯体部分がまだ使用できる間に修理・交換を行うことになる。こういった場合に、躯体部と仕上げ・設備部分が分離されていれば、躯体部には手をつけずに修理・交換が可能になるメリットがある。程度の差こそあれ、現在ではこのような考え方は設計に取り入れられており、仕上げ・設備部分の交換がしやすいような設計がなされていることが多い。

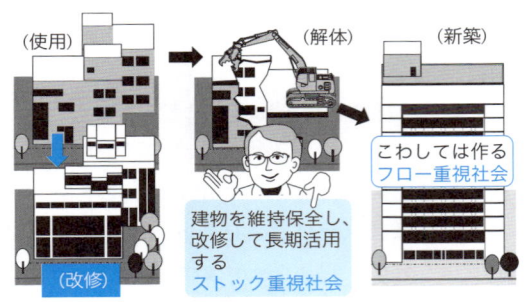

図 10・2　フロー重視からストック重視へ

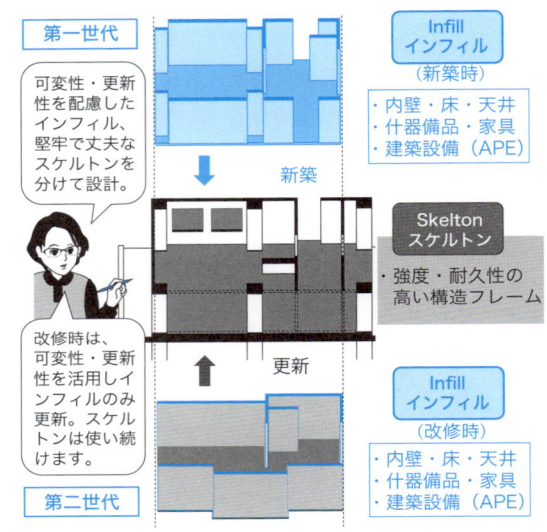

図 10・4　スケルトンインフィルの概念図

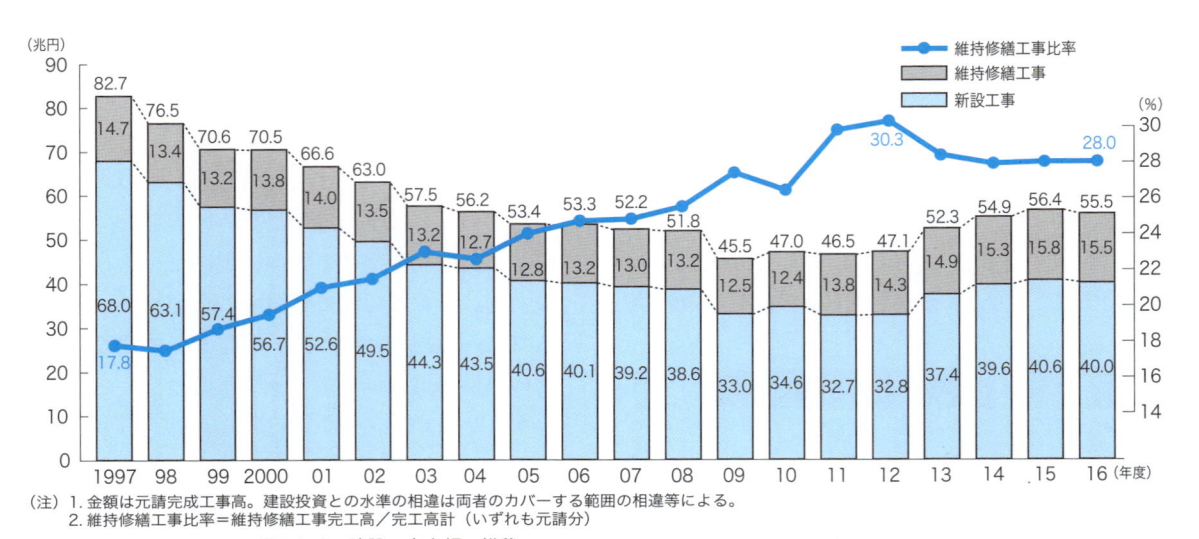

（注）　1. 金額は元請完成工事高。建設投資との水準の相違は両者のカバーする範囲の相違等による。
　　　　2. 維持修繕工事比率＝維持修繕工事完工高／完工高計（いずれも元請分）

図 10・3　建設工事金額の推移（出典：日本建設業連合会『建設業ハンドブック 2018』）

また、コスト面から言えば、建物の一生において必要な総費用を考える必要がある。これはライフサイクルコストと呼ばれ、図10·5に示すようなものが挙げられる。このうち、企画設計費、建設費のように初めに必要な費用をイニシャルコスト（初期費用）と言い、運用時に必要な費用をランニングコスト（運用費用）という。これらを足したものがライフサイクルコストである。図からわかるように、ライフサイクルコストに占めるランニングコストの割合は案外大きく、40年では75%程度、100年になれば85%にもなる。一般に建物のコストを考える場合には建設時のイニシャルコストに目が行きがちであるが、建物の一生を考えれば、ランニングコストを含めたライフサイクルコストを考える必要がある。建設時に良い品質のものを使うことは、イニシャルコストを上昇させることになるが、耐久性が増し修繕回数が減るなどすれば、ランニングコストは低下する。ランニングコストはライフサイクルコストに占める割合が大きいため、これを小さくできれば、イニシャルコストが上昇しても、ライフサイクルコストの面からメリットがある。

このように、長期にわたって建物を使用するためには、維持保全を視野に入れて建築物の計画を行うことが必要である。

ライフサイクルコスト = イニシャルコスト + ランニングコスト

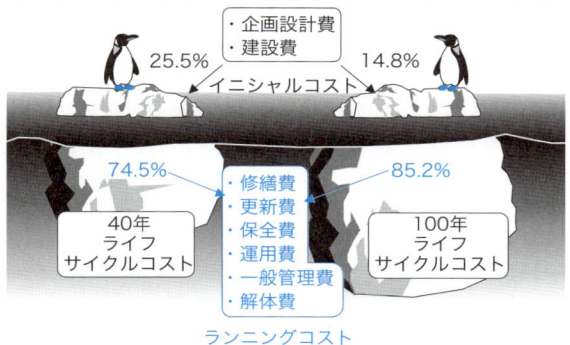

図 10·5　建物の一生にかかる費用

表 10·1　維持保全の用語

保　守	日常的な清掃・洗浄、消耗品の交換などの整備、各部や設備の劣化などの調査・点検など
修　繕	劣化した部材や部品・設備などの性能・機能を竣工時の水準、または実用上支障のない状態まで回復させること
改　修	劣化した建築物の性能・機能を竣工時の水準以上に改善すること

10·2　維持保全の方法

維持保全は、竣工後から始まる建物の劣化を押しとどめ、建物の状態を長期間適正に維持する一連の業務である。図10·6は建物の劣化と維持保全の方法を示している。建物は完成時からその機能や性能が劣化していくため、劣化をそのまま放置した場合、使用者の許容できる性能より低下し、建物の機能を果たせなくなる。このため、竣工時の性能を保つように日常の清掃といった保守が必要になる。しかし、完全には初期性能までは回復せず、徐々に蓄積していく劣化は故障などにつながり、日常の保守以上の対応が必要になる。このような対応のうち、修繕は竣工時の性能まで回復させるものであり、また、改修は竣工時の性能以上に性能を向上させるものである。これら保守、修繕、改修といった用語の定義は様々であるが、ここでは、以上で述べたように定義している（表10·1）。

また、これらの維持保全を行う判断基準は、使用者が許容できる性能を下回った場合であり、この許容できる性能は時間とともに向上するものである。同様に、社会的な要求性能や標準となる性能も時間とともに向上するため、竣工時の性能では満足できなくなることも多い。このため、長期間経過後の工事は改修工事になることが一般的である。

これらの維持保全業務のうち、保守は使用者や管理人が日々行うことが多いが、修繕や改修は専門的になるので、施工業者に依頼することになる。これらをどのように実施していくかについては、事後保全と予防保全の2つの考え方がある。

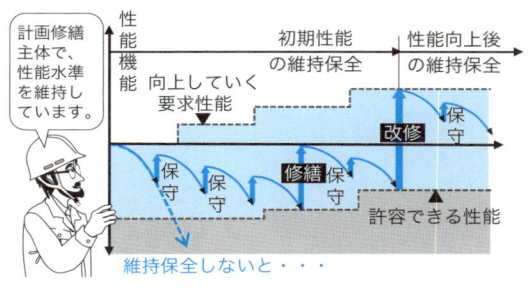

図 10·6　建物の劣化と維持保全の方法

事後保全は、雨漏りなどの不具合が生じた後に保全を行うものである。この場合、予期せぬ不具合が生じるので、使用者はその悪影響を被ることになる。一方、予防保全は、保全の計画をあらかじめ立て、不具合が生じる前の予防として定期的に行うものである。この方法では、不具合の発生を最小限に抑えることができ、計画の立て方にもよるが保全にかかる費用も低減できる。この予防保全は、工場の設備管理や自動車検査登録制度などにも用いられている方法で、安全性の確保の面で優れている。建物においても、建築基準法で特殊建築物などについてはエレベータといった設備機器などに定期的な調査・検査を行う定期報告制度が義務付けられている。

維持保全をどのように行っていくかについては、個人所有の建物は個別に行えるものの、共同所有の建物、つまりマンションなどは共有部分もあり、個別で行うのは難しいため、その方法が法的に定められている。維持管理の方法の一例としてその方法を説明する。

マンションは購入費だけではなく、居住後にも管理費と修繕積立金の2種類の費用が発生する。これらの費用は、マンションの管理組合が使用するもので、その業務はマンションを適正に維持保全することであり、管理会社へ委託されることも多い。業務としては、まず消耗品の交換や故障時の対応といった日常の保守点検や経常的な修繕実施があり、これは管理費による。また、25年程度の長期修繕計画を立案し、それに従って修繕を行う業務もあり、これは修繕積立金の積立てによる。この修繕積立金の算出には長期修繕計画が必要であり、実施も含めそ

表10・2　長期修繕計画の費用の例（単位：千円）

修繕計画年度			2015	2016	2017	2018	2019	2020	2021	2022	2023	2024	2025
新築年次よりの経過年数			13	14	15	16	17	18	19	30	21	22	23
工事項目			149,962										
I 建築	塗装	壁面塗装										23,260	
		鉄部塗装										8,257	
	防水	住棟屋上防水										17,293	
		付属棟屋上防水										1,024	
		バルコニー防水										5,537	
		開放廊下等防水										8,394	
	シーリング											19,510	
II 機械設備	給水設備	給水管　更生			30,800								
		取替											
		ポンプ　OH											1,104
		取替			1,840								
		高置水槽　取替											
		受水槽　取替											
	排水設備	雑配水管　取替								20,240			
	エレベーター　取替												
III 電気設備	共用灯	照明器具　取替								1,176			
		非常灯　取替								600			
	共用分電盤　取替									600			
	動力配電盤　取替									600			
	TV共聴設備　取替											800	
	避雷設備　取替												
IV 土木造園	通路・駐車場舗装　打替												
	自転車置き場　取替												
年度別工事費計					32,640		10,031			23,216		84,075	1,104
工事費累計			0	0	32,640	32,640	42,671	42,671	42,671	65,887	149,962	151,066	
借入金返済額			4,032	4,032	4,032	4,032	4,032						
支出累計額			4,032	8,064	44,736	48,768	62,831	62,831	62,831	86,047	86,047	170,122	171,226

の運営は図 10·7 のようになっている。また、表 10·2 に長期修繕計画の工事項目および費用の例を示す。マンションにおいて対象となる工事は、塗装、防水、給排水管、電気設備などがある。これらの工事について修繕周期および工事金額を決定し、その総額が全体の工事金額となる。例では、経過年数 22 年の時に大規模な修繕が計画されており、それまでの支出累計額が約 1 億 7 千万となっている。この総額を月数×総戸数で割れば、月々の各戸の修繕積立金が算出できる。

このような計算は、予防保全の考え方によるものであるが、実際には長期にわたる工費の正確な算出は難しい。正確に算出するためには、部材や機器の劣化を予測し、それによって修繕周期を予測する必要があり、さらにインフレなどによっても工事費が変化する可能性もあるためである。加えて機器の技術進歩やそれに伴う陳腐化の予測は、より困難である。このため、5 年程度ごとに見直しを行うのが望ましい。

また、長期修繕計画の見直しを行う際には、建物の現状を把握することも重要である。予想した劣化よりも進んでいるのか、進んでいないのかを調査・診断によって把握し、それをもとに今後の計画を立てれば、より正確な計画を策定できる。このため、建物においてどのような劣化がどのような原因で生じるか、またそれを調査・診断する方法、さらに改修する方法を次節（10·3）以降で説明していく。

10·3 建物の劣化

建物の劣化の要因は様々なものがある。図 10·8 にその要因と一例を示す。劣化といった場合、物理的劣化が最もわかりやすい。老朽化して耐震性能が低下し危険な状態となれば、人はその建物に住み続けることは困難であるし、雨漏りは建物として致命的な劣化といえる。このような欠陥が生じた場合、建物をすぐに修繕する必要があるといえる。しかし、実際には建物を修繕・改修する理由はそれだけではない。経済的劣化として、その建物をコスト的に維持するのが困難になる場合がある。また、社会的劣化として、建築時には適法だった建物が法律の改正で不適合となったり、昔の設備などが現在の標準に合わないといった陳腐化が生じたり、商業建築などにおいては消費者のニーズに合わせて内装などを変えるといったこともある。これらを総合的に判断して修繕、改修工事を行うことになる。

ここでは主として材料・構造がかかわる物理的な劣化を取り上げる。それ以外の劣化については、10·4 で診断項目と同時に取り上げる。

1 構造部の劣化

(1) 木造の劣化

木造の劣化には、木材の腐朽（図 10·9）および虫害（図 10·10）がある。土台、柱脚、床下の部位や、浴室・台所といった湿気が生じやすい場所や水を使用する部屋に発生しやすい。このため、設計時や保全時

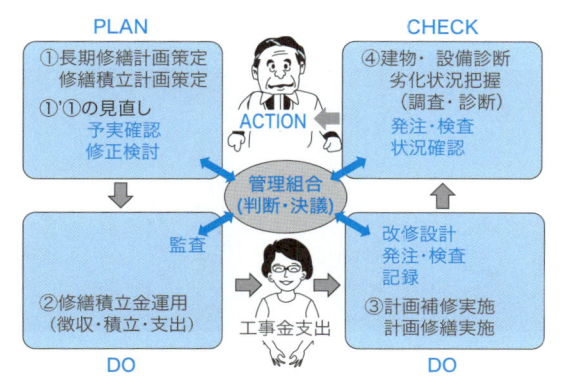

図 10·7 長期修繕計画の実施の仕組み

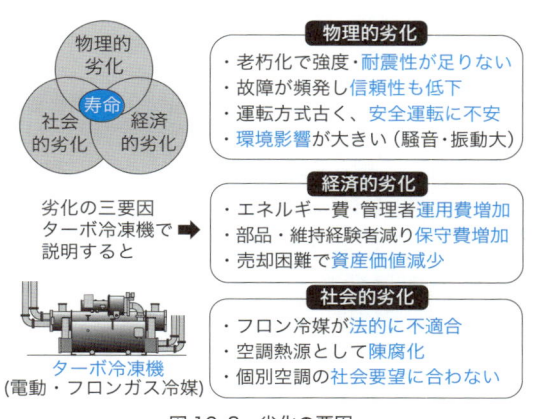

図 10·8 劣化の要因

図10·9　木部の腐朽

図10·10　木部の虫害

に乾燥しやすいように空気の流通を促す必要がある。

（2）鉄筋コンクリート造の劣化

　鉄筋コンクリート造が劣化する要因は、内部鉄筋の**腐食**（図10·11）が最たるものである。しかし腐食に至る原因は様々であり、コンクリートの**ひび割れ**（図10·12）および**中性化**、**塩害**などが挙げられる。鉄筋はコンクリート内部にあり、通常はコンクリートのアルカリ性で守られているが、コンクリートにひび割れが生じれば、外部空気に鉄筋がさらされることになるため、鉄筋が錆びることになる。また、コンクリートのアルカリ性が失われる中性化が進展すれば、鉄筋の保護機能が低下し、同様に鉄筋が錆びることになる。これらのことがなくても、コンクリートを作った時に塩分が含まれている場合や海岸

図10·11　内部鉄筋の腐食

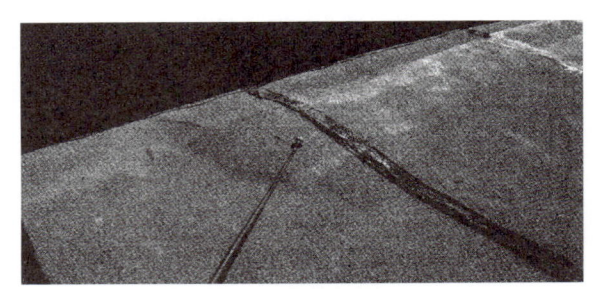

図10·14　防水層劣化

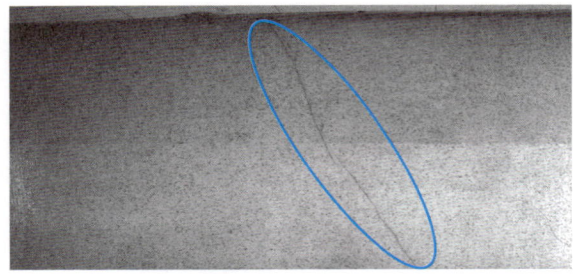

図10·12　コンクリートのひび割れ

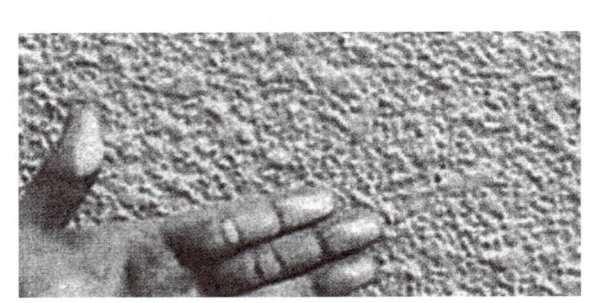

図10·15　チョーキング

図10·13　鉄骨の腐食

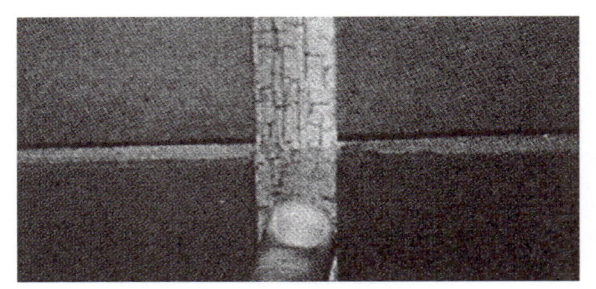

図10·16　シーリング劣化

（図10·9～10　出典：日本木材保存協会『実務者のための住宅の腐朽・虫害の診断マニュアル』2004
　図10·14～16　出典：NPO法人リニューアル技術開発協会『新築現場が知らない知識』2014）

近くで塩分が飛来する場合には、コンクリート中に塩分があるため、コンクリートによる保護機能は働かず、これも鉄筋が錆びる原因になる。最終的な結果は鉄筋の腐食であっても、原因が違えば対策も異なるので、それぞれの原因を突き止めた上で対策を行う必要がある。

(3) 鉄骨造の劣化

鉄骨造の劣化には、鋼材の錆（図10·13）が挙げられるが、断面欠損を生じるような錆でなければ耐力上は特に問題はない。しかし錆が一度発生すればその後は加速度的に進展するので、劣化した塗膜を除去し、錆を落とし、再塗装を行う。

2　内外装仕上げの劣化

(1) 屋根・屋上

屋根・屋上は、経年変化が大きく劣化が生じやすい箇所である。ここの防水層に損傷が生じる（図10·14）と、漏水を生じて被害が大きくなり、耐久性も大きく低下する。特に入隅部や出隅部の防水層や保護コンクリート、伸縮目地について点検を行う必要がある。

(2) 外壁

外壁のタイル・モルタル仕上げではその剥離に注意する必要がある。その前段階のひび割れ、浮きといった美観上の問題もさることながら、これらが落下すると第三者被害が生じる場合があるため、剥離箇所を発見して接着、金物による補強などといった対策を行う必要がある。また、塗装仕上げでは、塗膜が劣化し、変色、退色、はがれ、チョーキング（図10·15）といった症状が生じる。躯体に比べると塗装の寿命は短いため、定期的に再塗装を計画しておく必要がある。

(3) 開口部

建物の開口部は異種材料が納まっており、それらに応じて点検・管理を行う必要がある。金属製建具は腐食が生じる場合があり、ガラスはひび割れ・破損が生じる場合がある。また、シーリング材の劣化（図10·16）は漏水につながり、影響が大きい。いずれも日々の点検・整備が必要であり、劣化が進めば調整・交換を行う必要がある。

3　設備機器の劣化

設備機器は劣化して使用ができなくなると使用者への影響が大きく、常に注意を払う必要がある。特に、給排水・衛生設備の管理が不十分で水漏れが生じると影響が大きい。このため、給排水管の詰まり、給水量・水質の管理などを行っていく必要がある。一方、電気機器・空調設備は、そういった影響は少なく、機器・配管の老朽化・性能低下とともに設備全体の陳腐化といった理由により交換されることが多い。エレベータ・エスカレータといった搬送設備は、適切な保守を行わなければ重大な事故につながるおそれがあるため、自動車と同じく法定点検が定められている。

10·4　建物の調査・診断

建物の劣化の程度を調査・診断し、現状を把握す

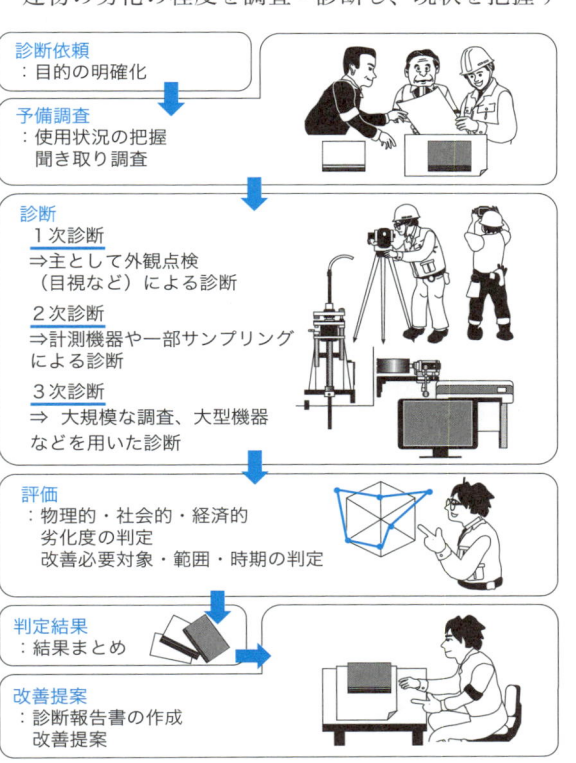

図10·17　建築物診断の流れ

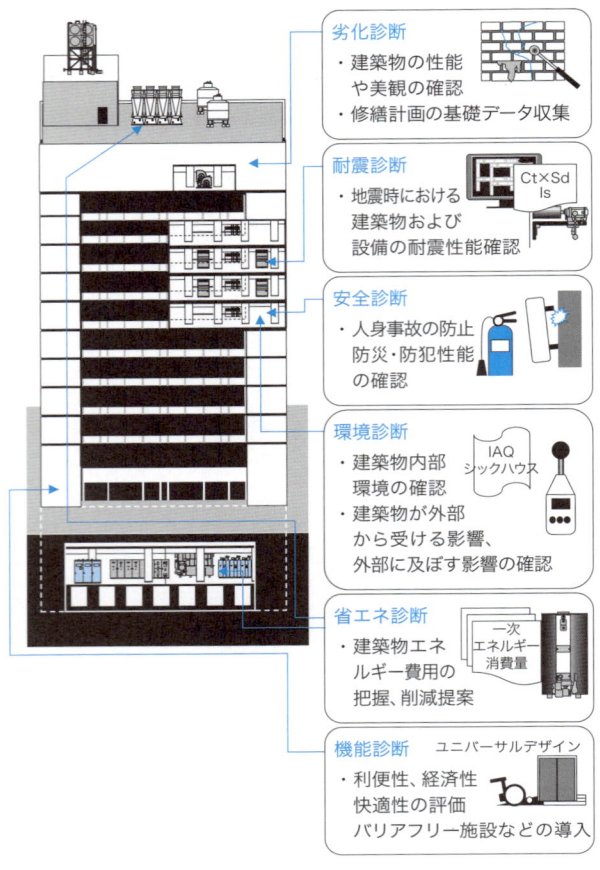

劣化診断
・建築物の性能
　や美観の確認
・修繕計画の基礎データ収集

耐震診断
・地震時における
　建築物および
　設備の耐震性能確認
Ct×Sd
Is

安全診断
・人身事故の防止
　防災・防犯性能
　の確認

環境診断
・建築物内部
　環境の確認
・建築物が外部
　から受ける影響、
　外部に及ぼす影響の確認
IAQ
シックハウス

省エネ診断
・建築物エネ
　ルギー費用の
　把握、削減提案
一次
エネルギー
消費量

機能診断　ユニバーサルデザイン
・利便性、経済性
　快適性の評価
　バリアフリー施設などの導入

図 10・18　建築物の診断項目

ることで長期修繕計画を立てることができる。劣化の要因は前節でも述べたように様々であり、それに対する調査・診断方法も様々である。診断の流れを図 10・17 に示す。まず診断目的を明確にし、何を調査・診断したいのか、その項目を考える必要がある。

　診断項目の例を図 10・18 に示す。ここに示した劣化診断は、前節に対応する材料や内外装、設備の劣化の状況を診断するものであり、耐震診断は建物として最も重要な構造的な安全性を診断するものである。これらは建物の物理的な劣化に対応する診断である。一方で、安全診断、環境診断、省エネ診断、機能診断は、経済的な劣化や社会的な劣化に対応した診断といえる。いずれにしても診断結果をもとに、修繕、改修をどのように行っていくか検討することになる。

　診断のレベルとしては、簡単な 1 次診断から、より高度な 3 次診断までがある。1 次診断は主として目視で観察して建物がどのような状態であるかを判断するものである。可能であれば、使用者・管理者がある程度の予想される劣化を知っておいて、日常の保守の際に確認することが望ましい。2 次診断、3 次診断になると、より専門的な診断となり、専門家に依頼する必要がある。以下、各診断項目について説明する。

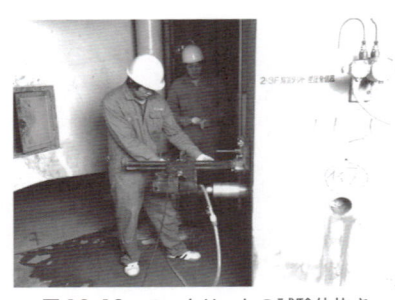

図 10・19　コンクリートの試験体抜き

図 10・20　鉄筋探査試験

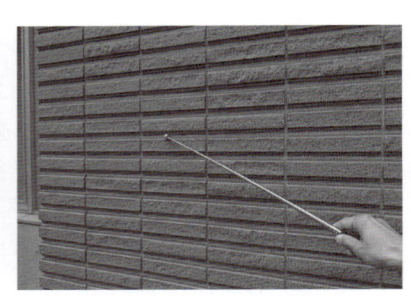

図 10・21　外壁の打診調査

図 10・22　扉の遮音性能測定

図 10・23　室内の空気環境測定

図 10・24　バリアフリーへの対応

1 耐震診断

　耐震診断は、建物の耐震性を構造計算によって診断するものであるが、特に新耐震設計法が施行された 1981 年以前の古い建物は旧基準で設計されており一般的に耐震性が低く、現在の基準で計算した場合にどの程度の耐震性があるかを診断することが必要である。また、劣化診断とも関連するが、新基準であっても劣化が進んでいれば、十分な耐震性が発揮できない。このため強度調査用に試験体を採取する（図 10·19）、非破壊試験で鉄筋の位置や数を調査する（図 10·20）などして、現状を調査した上での耐震診断が必要な場合もある。また、仕上げや設備機器についても、地震時に落下・破損などが生じないか検査する。

2 安全診断

　第三者被害となる外壁や看板などの落下防止点検の調査（図 10·21）や、防災設備である消火設備や火災報知器などの診断である。特に後者の防災設備は、用途や規模によっては設置・点検が法的に義務付けられている。また、セキュリティという意味で防犯設備なども含む。

3 環境診断

　室内の環境全般を測定・診断し、改善点や交換・改修などの提案をするものである。特に騒音・振動（図 10·22）については、室内環境を脅かすものであり、それを専用の機器で測定した上で改善方法を探る必要がある。その他、温湿度や空気の清浄度（図 10·23）、有害物質の有無、電磁波、照明など様々な室内環境についてそれぞれの測定方法がある。

4 省エネ診断

　設備機器は近年格段の進歩を遂げ、数年もすればより省エネの設備機器が標準となる。その場合、当時の機器を使用し続けることは電気やガスの使用量の増大となり、新しい機器に取り換えた方が良い場合もある。このような場合、エネルギーの使用状況や建物の使用状況などから診断し、費用対効果を含めて機器をどのようにしたらもっとも省エネとなってメリットが大きいか診断するものである。

5 機能診断

　ここでいう機能は、これまでに取り上げたもの以外をすべて含むと考えてもらえばよい。例えばトイレや室内が時代遅れのものとなっていないか、パソコンの増設にどのように対応するか、バリアフリーへの対応（図 10·24）をどのようにしたらよいか、空調や照明の制御を中央管理でできないかなど、建物を使用していく上で様々な困りごとやそれに伴う要望があり、それらに対応する必要がある。

10·5　耐震改修工事

　建物の現状を診断によって把握できれば、その結果をもとにどのように対処するかを判断することになる。その中で元の性能よりも向上させるものが改修工事である。

　改修工事においては、使用している状態のまま工事ができることが望ましい。これは居ながら施工と呼ばれるものであるが、実際には工事の騒音や振動、資材の搬入経路の確保などの面で難しい場合が多い。しかし、居住者にそれほど影響を与えないようにする方法として、夜間や休日の工事、部分的に使用を制限しながらの工事などの方法を考える必要がある。改修工事の中で構造安全性を確保する耐震改修工事の一覧を図 10·25 に示す。以下、それぞれの工事について説明する。

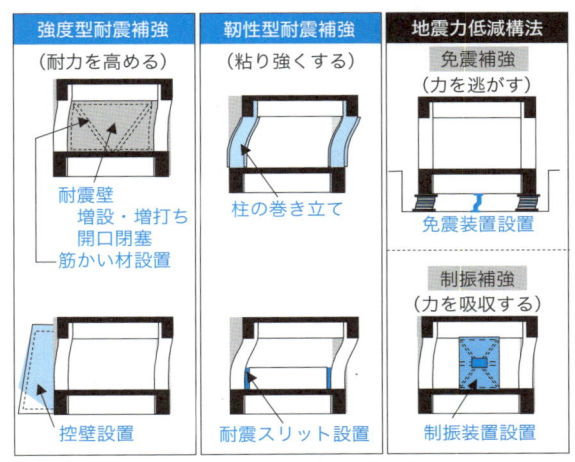

図 10·25　耐震改修工事一覧

1 強度型耐震補強

(1) 耐力壁の耐震改修

耐力壁を改修することで耐震性能を向上させるためには、耐力壁の増設（図10・26）、耐力壁の増打ち（図10・27）、耐力壁の開口部の閉塞といった方法がある。耐力壁の増設は新規に耐力壁を構築する方法で、耐震性能の上昇も大きい。耐力壁の増打ちは既存の耐力壁の厚みを増す方法である。ただし厚みを増せばその分部屋の面積が狭くなるという欠点がある。耐力壁の開口部の閉塞は、既存の耐力壁に設けられた窓や入口などの開口部を塞ぐ方法である。この方法は採光性や機能性に問題を与えることになるので適用には制約がある。

(2) ブレース部材の設置

鉄骨ブレース部材をフレーム構造に対してはめ込んで耐力を向上させる方法である（図10・28）。採光や美観に多少の問題はあるものの、RC造の耐力壁に匹敵する強度が得られ、比較的安価であるため広く用いられている。

(3) バットレスの設置

建築物の内部および外部壁面に耐震補強を施すことが難しい場合、建物の外部に支えとなる補強材（バットレス）を設置する方法である（図10・29）。

2 靭性型耐震補強

(1) 柱の巻き立て

柱に対して鋼板や繊維シートを巻き付けて接着・固定する方法である（図10・30）。柱のせん断耐力および靭性が向上し、耐震性能を向上させることができる。この方法は施工性および経済性に優れ、簡易な耐震補強を施す場合には有効である。

(2) 耐震スリット

柱と一体化している垂れ壁や腰壁があると、その部分で変形が阻害され柱が短柱となり、せん断によ

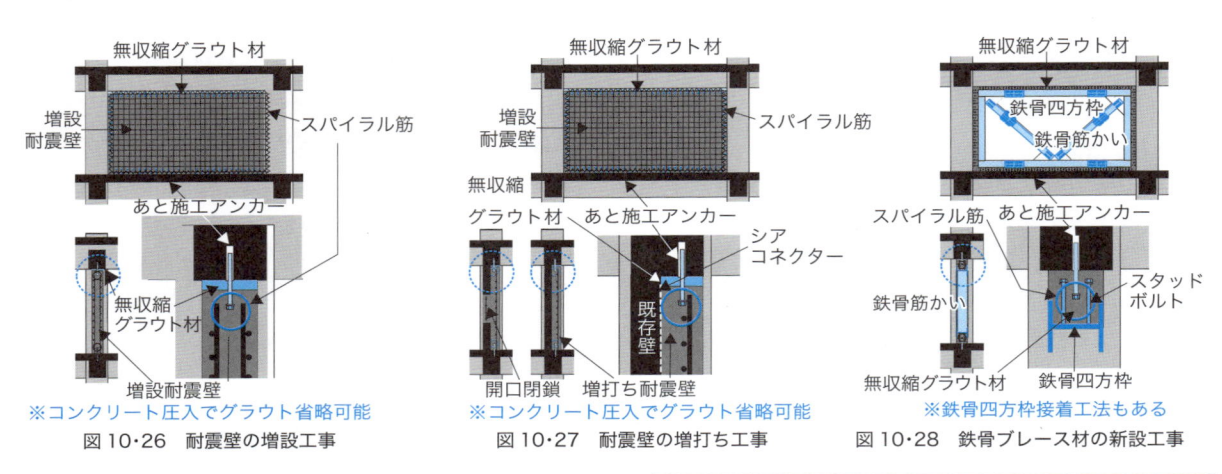

図10・26 耐震壁の増設工事　　図10・27 耐震壁の増打ち工事　　図10・28 鉄骨ブレース材の新設工事

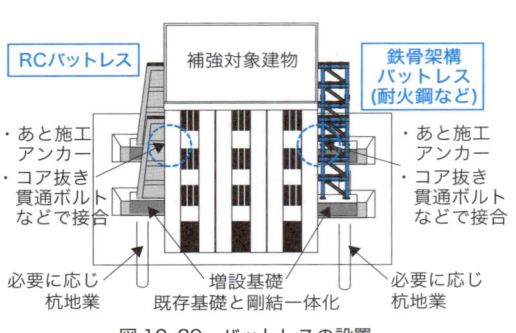

図10・29 バットレスの設置

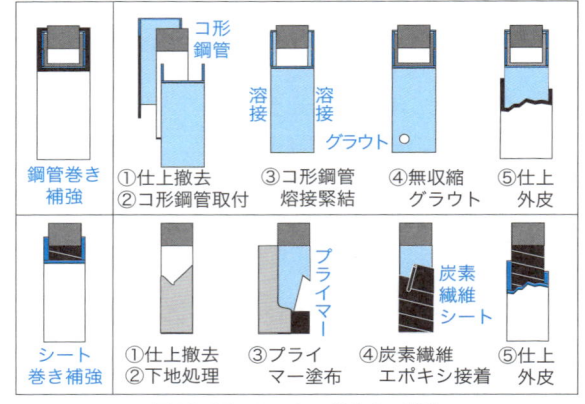

図10・30 シートの巻き立て補強

る脆性破壊を生じる。これを防止するために<u>耐震スリット</u>を壁に入れて柱との縁切りをすることで、柱が曲げ破壊をするようになり、靭性が向上し、耐震性能を向上させることができる。

3 地震力の低減

(1) 免震構造

建物の下部または中間層に<u>免震装置</u>を設けることで、建物に入ってくる地震力を低減するものである（図10·31）。免震装置には、<u>アイソレータ</u>と<u>ダンパー</u>が使用される。アイソレータは、建物を支えるとともに地震動を吸収する部分で、ゴムと鋼板を幾重にも重ねた積層ゴムがある。ダンパーは、地震後の揺れを抑える部分で、オイルダンパーや鉛ダンパーなどがある。免震構造は、建物を使用しながら工事が可能となる場合が多いが、基礎に設ける場合は、建物周辺や地下に広いスペースが必要であり、また費用も大きくなることが多い。

(2) 制振構造

建物内に<u>制振装置</u>を取り付けることで、建物の揺れを低減させるものである（図10·32）。もともと風荷重に対する揺れを低減させるために用いられてきた方法である。オイルダンパーや摩擦ダンパーがブレースに組み込まれた制振ブレース部材があり、これを建物に組み込んで使用する。

10·6　各種改修工事

改修工事には様々な用語があるが、厳密には明確な定義はない。<u>リフォーム</u>は一般的に住宅の改修工事を意味し、<u>リノベーション</u>は住宅・非住宅を問わず建物の価値を向上させる改修工事全般を指す。また、<u>コンバージョン</u>は用途変更を伴う改修工事を指す用語である。他にも単なる模様替えも改修工事といえるし、リニューアル、リファインといった用語もある。ここでは改修工事全般の内容について説明するとともにそれらの例を示す。

外観

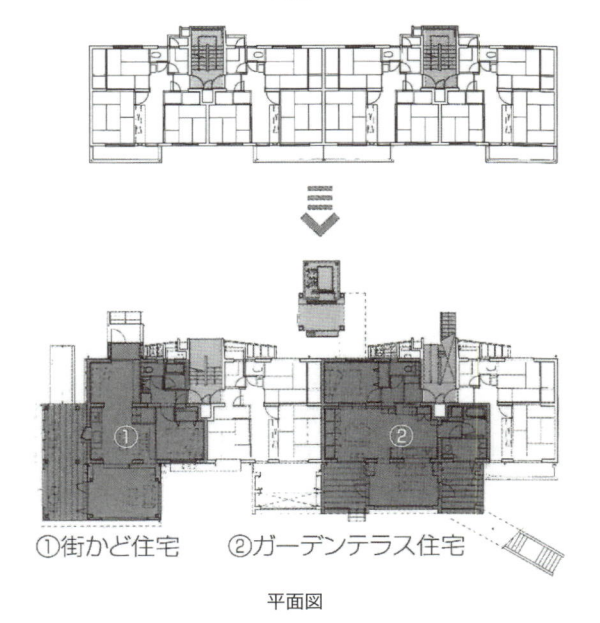

①街かど住宅　　②ガーデンテラス住宅

平面図

図10·33　内外装改修の例
（出典：UR都市機構『ルネッサンス計画1　住棟単位での改修技術の開発』2010）

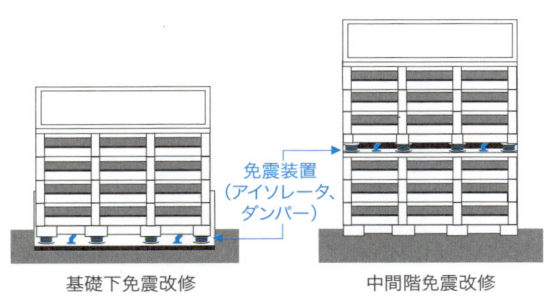

基礎下免震改修　　　　　中間階免震改修

図10·31　免震装置の設置

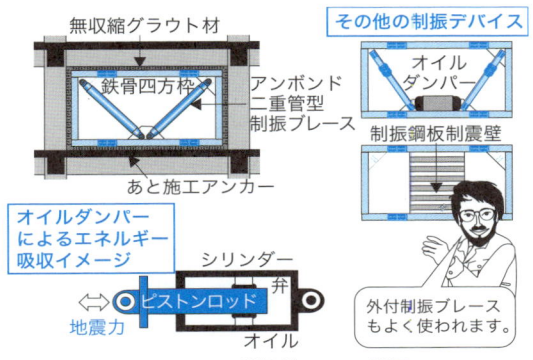

図10·32　制振ダンパーの設置

1 内外装仕上工事

　内外装といった仕上げ部分は躯体を守る表皮であり、躯体に比べて劣化は早い。人の目に触れやすい部位でもあり、大きな不具合がなくても定期的に外装の塗替えなど手を入れることで建物の寿命を延ばすことができる部位でもある。例として、UR 都市機構のルネッサンス計画による改修例を示す（図 10・33）。1950 年代の標準設計は、現在の標準からすれば狭く、断熱性能なども劣る。このため、住戸面積を拡大し、バリアフリー化、遮音・断熱性能の向上、減築により住居環境を向上させている。また、併せて下記に述べる設備改修工事も行われている。

2 設備工事

　設備機器は、躯体に比較して耐用年数が短く、劣化が早い。さらに改良・進化も早いため陳腐化も早くなる。このため、建物の使用中に数回の修理・更新が行われることが多い。典型的な例として、浴室やトイレなどの水回りを更新した例を示す（図 10・34）。こういった更新のみでなく、機器そのものが陳腐化してしまえば、機能向上を目的として設備一式の改修工事になり、それには配管も含めた大掛かりな更新が必要になる。これらを見越して設計において配管などの交換がしやすいようにしておくと良く、この考えをさらに進めると 10・1 で述べたスケルトンインフィル (SI) の考え方になる。

　また、全般的な設備工事の例として、霞が関ビルディングの各改修工事を取り上げる。霞が関ビルディングは、日本で初めて建てられた 100m を超える超高層ビルであり、1968 年に竣工され、1994 年に設備改修が行われた。

　多くの建築物では改修時に耐震改修を伴うことが多いのに対して、将来を見越した設計によって、設備改修のみで最新鋭のビルへと生まれ変わることができた事例である。コンピュータの普及を背景に OA 化、インテリジェント化、設備機器のシステムの一新などが行われた。その後、2000 年には設備の更新や外壁の塗装工事が、さらに 2009 年にはロビー階で、周囲の広場空間との一体感を創出するための改修整備が行われた（図 10・35、10・36）。各時代に対応し

た 3 度の改修工事により長寿命化が図られている。

3 コンバージョン

　用途の変更を伴う改修については、コンバージョンと呼ばれる（図 10・37）。これは、企画・設計の改

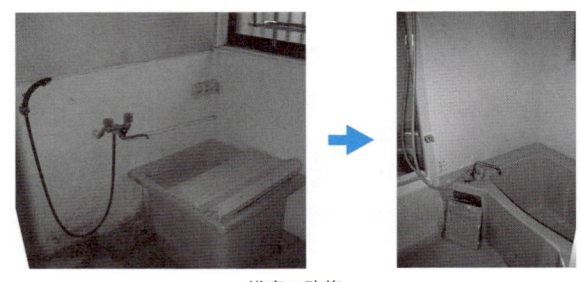

浴室の改修

トイレの改修

図 10・34　設備改修の例

図 10・35　現在の霞が関ビルディング

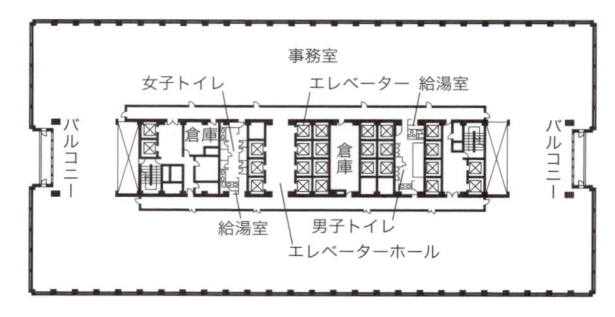

図 10・36　霞が関ビルディング基準階平面図

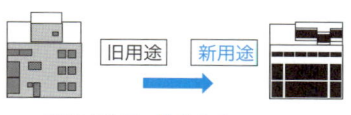

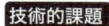

技術的課題
階高許容
荷重許容
耐震性確保
（耐震）壁位置支障
防災適法化可否
建築設備更新可否

立地・事業的課題
更新経済性
事業収支
工期許容
権利調整

例①事務所→集合住宅
例②倉庫　→劇場・店舗
例③事務所→ホテル
例④学校　→集合住宅
例⑤ホール→店舗

ストック重視社会に向けた
重要なネック技術。
技術解決できても、立地・
事業的課題の壁があります。

図10・37　コンバージョン

図10・38　上勝町営落合複合住宅・地域材を使った内装

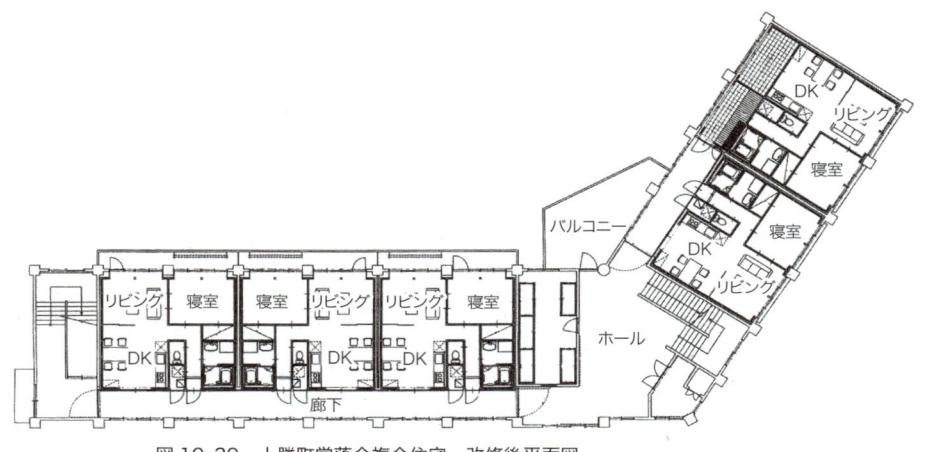

図10・39　上勝町営落合複合住宅・改修後平面図
（図10・38～39　提供：上勝町役場）

修ともいえる。40年前に建てられた建物は、40年前の企画・設計で建てられているため、40年経てば社会情勢も大きく変わり、当時の企画・設計が現在も通用することの方が稀といえる。このような場合、解体して新規に建て直す方が楽な面もあるが、安易に解体することをやめて既存の建物を活用することも多くなってきた。また、歴史的に価値のある建物であれば、単純に保存するだけではなく、実際に活用してこそ意味があるとも言える。このため、耐震改修とともに用途も変更する改修を行い、その後の活用を図るようになってきている。

　ここでは例として、上勝町営落合複合住宅を取り上げる。廃校となった小学校を、Uターン、Iターン者のための賃貸事務所、町営住宅として再生活用した事例である。鉄筋コンクリート3階建ての小学校を、1階部分は事務所、2・3階部分は町営住宅にコンバージョンしたものである。内装には町内産の杉材を使っ

たパネルユニットを用いるなど小学校の再生に地域で取り組む意思が込められている（図10・38、10・39）。

用途変更改修は事業的困難が伴いますが、資産を活用し使い続ける、環境に優しい考え方です。挑戦したいものです。

問1　耐震改修工事に関する以下の記述について、適当であれば○を、不適当であれば×を記せ。

1. 鉄筋コンクリート造の増打ち耐震壁の増設工事において、打継ぎ面となる既存構造体コンクリートの表面については、特記がなかったので、目荒しとしてコンクリートを30mm程度斫り、既存構造体の鉄筋を露出させた。

2. 鉄筋コンクリート造の耐力壁の増設工事において、既存梁と接合する新設壁へのコンクリートの打込みを圧入工法で行うにあたり、型枠上部に設けたオーバーフロー管の流出先の高さについては、既存梁の下端から10cm高い位置とした。

3. 金属系あと施工アンカーの穿孔作業において、穿孔した傾斜角が施工面への垂線に対して5度以内であったので合格とした。

4. 鉄骨ブレースによる補強工事の補強接合部に用いる「あと施工アンカー」については、特記がなかったので、金属系アンカーと接着系アンカーを交互に使用した。

5. 柱の鋼板巻き立て補強において、鋼板を角形に巻くこととしたので、コーナー部の曲げ内法半径については、鋼板の板厚の2倍とした。

6. 独立柱の鋼板巻き立て補強において、鋼板の継目を現場突合せ溶接としたので、鋼板の板厚を、6mmとした。

7. 独立した矩形柱の炭素繊維シートによる補強工事において、シートの水平方向のラップ位置については、構造的な弱点をなくすために、柱の同一箇所、同一面とならないようにした。

8. 独立柱の炭素繊維巻き付け補強において、炭素繊維シートの重ね長さを、200mm以上確保した。

9. 柱補強工事の連続繊維補強工法において、連続繊維シートの貼付けは、貼り付けた連続繊維シートの上面に、下塗りの含浸接着樹脂がにじみ出るのを確認してから、上塗りの含浸接着樹脂をローラーで塗布した。

10. 柱補強工事の溶接金網巻き工法において、流込み工法によってコンクリートを打ち込み、打込み高さ1m程度ごとに十分に締固めを行った。

問2　各種改修工事に関する以下の記述について、適当であれば○を、不適当であれば×を記せ。

1. コンクリート打放し仕上げの外壁改修において、幅0.5mmの挙動のあるひび割れについては、Uカットシール材充填工法を採用した。

2. かぶせ工法によるアルミニウム製建具の改修において、既存枠へ新規に建具を取り付けるにあたり、小ねじの留付け間隔は、中間部で500mmとした。

3. 床の改修において、ビニル床シートの張付け前にモルタル下地の乾燥程度を確認するため、高周波式水分計による計測を行った。

4. コンクリート・モルタル面の塗替えにおいて、合成樹脂調合ペイントを塗布した。

5. 内装改修工事において、ビニル床タイルの接着剤には、特記がなかったので、ホルムアルデヒド放散量による区分の等級が「F☆☆☆☆」のものを使用した。

6. 建築物の劣化診断方法において、コンクリートの中性化深さの調査を、電磁波レーダ法により行った。

7. コンクリートの中性化深さの測定において、コンクリートを鉄筋位置まで部分的に斫り、コンクリート面に噴霧したフェノールフタレイン溶液が赤紫色に呈色しない範囲を中性化した部分と判断した。

11章　解体工事

　建物は、10章で述べたように完成後維持保全され、時には改修されながら使用されつつ劣化していく。しかし劣化が大きく進み、改修するだけでは使用者の要求に合わなくなれば、解体されることになる。

　これは建物の死ともいえるが、土地が有限で無二のものである以上、その場所に新しい建物を建てる場合には、既存の建物の解体を伴うのは必然であり、その場合の解体工事は新築工事の初めの段階という位置づけになる。

　解体工事は、騒音・振動・粉塵など近隣に与える影響が大きく、また労働災害の発生の可能性も高い。さらに、解体時には大量の廃棄物が出されるため、これを適正に処理する必要があるなど、配慮すべき項目は多く、新築工事と同様に工事計画が重要になる。

　ここでは、解体工事の施工、工法、廃棄物処理について説明する。

11・1　解体工事の施工

1　解体工事の流れ

　解体工事はおおむね建築時とは逆の作業工程で行われる。図11・1に示すように、建築設備・内装材の取外し、屋根ふき材の取外し、外装材ならびに躯体の取壊し、基礎および基礎杭の取壊しという流れである。これらのうち、建築設備、内装材、屋根ふき材などについては、手壊しにより分別しつつ解体する（図11・2）。躯体、基礎などは強固な作りでもあり、機械によって解体することが多い（図11・3）。

```
┌─────────────────────────────────┐
│ ①建築設備・内装材・屋根ふき材の取外し │
└─────────────────────────────────┘
              ▼
┌─────────────────────────────────┐
│ ②外装材および構造躯体の取壊し         │
└─────────────────────────────────┘
              ▼
┌─────────────────────────────────┐
│ ③基礎および基礎杭の取壊し             │
└─────────────────────────────────┘
```

図11・1　解体の一般的な工程

　戦後の高度経済成長期には、建物すべてを機械によって分別せずに解体する方法、通称ミンチ解体が多く行われ、大量の廃棄物が生まれるとともに不法

図11・2　内装の解体

図11・3　躯体の解体

投棄もなされた。それへの対応として建設リサイクル法や廃棄物処理法が制定され、現在では分別解体が一般的となっている。

解体工法の選定フローを図11・4に示す。解体工事を適切に行うために重要なのは、工事条件に適した機器や工法を選択することである。そのためにはまず、解体建物の事前調査が重要になる。

事前調査事項は表11・1に示すように多岐にわたる。解体する建物の多くは古く資料が少ないため、現地調査が重要になる。現地調査においては、建物の規模や構造に加えて、使用されている材料に有害物質がないかなども確認する。また、建物の状況だけでなく、敷地状況、周辺環境についても調査が必要である。これらをもとに、建物、敷地状況に適し、安全で効率的・経済的な、さらに騒音、振動、粉塵が少ない解体方法を選定し、工程を計画する必要がある。

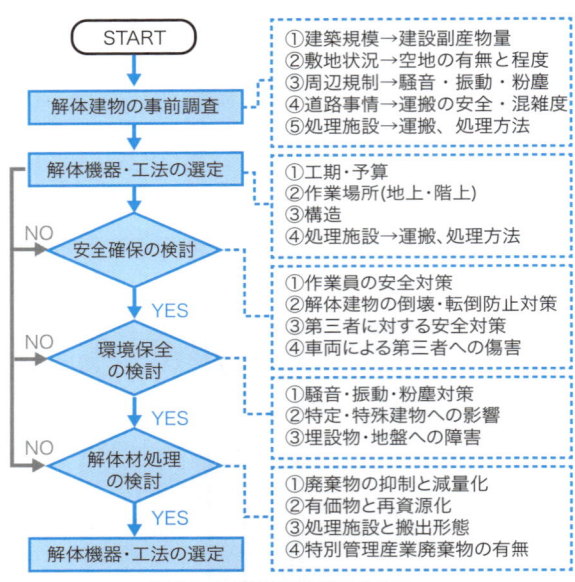

図11・4　解体工法選定のフロー

表11・1　解体工事前の事前調査事項

調査項目	その主な目的
①対象建築物に関する調査	工事計画の立案、適正な工事費・廃棄物処理費の算出
②周辺状況に関する調査	周辺の建物・住民等に対する環境面の対策・配慮
③作業場所に関する調査	適正な分別解体の実施、工期の設定等
④搬出経路に関する調査	廃棄物の搬出計画の立案
⑤残存物品の調査	一般廃棄物の残存防止と事前措置
⑥特定建設資材への付着物の調査	アスベスト等、有害物質の付着の有無

（図11・4、表11・1　出典：日本建築学会『建築施工用教材』丸善、2009）

2　解体方法

重機を用いて行う解体の施工には、階上解体と地上解体の2つの方法がある。

階上解体は、図11・5に示すように、最上階に重機を揚重して、建物上部から順次解体を行う方法である。建物の周囲に解体作業用のスペースを必要としない利点があり、大型の建物では効率が良くなる。一方で、重機の揚重方法、重機および解体したコンクリートガラの重量に対する建物の耐荷重の検討と補強、解体材の荷下ろし方法などを綿密に計画する必要がある。

地上解体は、図11・6に示すように、ロングブームと呼ばれる首の長い重機を使用することで、地上から解体を行う方法である。現在では超ロングブームをつけた重機によって40m（10階）程度の建物まで適用ができるようになった。建物の外部から解体作業を行うため、十分な作業スペースが必要で、敷地

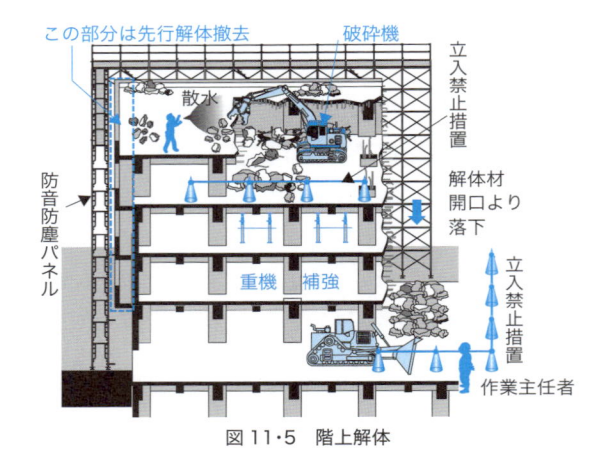

図11・5　階上解体

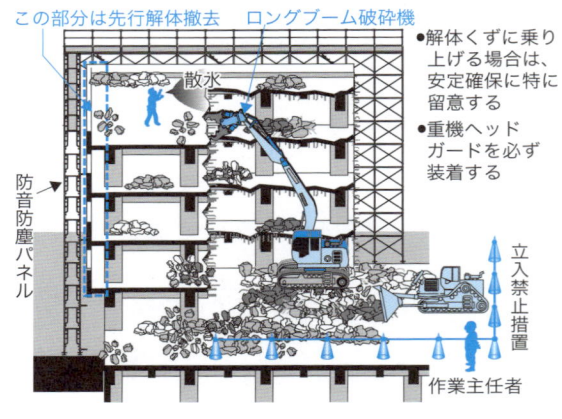

図11・6　地上解体

に余裕がある場合に採用される。また、大型の重機を使用することが多く、さらに重心が高くなり転倒しやすいため、その防止の配慮が必要になる。

　また、地下構造物の解体は、地上部とは異なり、解体工事と新築工事が同時に計画されることが多い。これは、地下構造物に対しては、解体工事においても掘削・山留め工事が必要となり、これらを新築工事と関連して検討するためである。また、杭においては引き抜いた後にその孔を埋め戻す必要もある。

　一定規模以上の解体工事については、建設リサイクル法によって着工前の届出義務が定められている。これを、発注者との契約手続きを含め図11・7に示す。その他にも建築物除去届など申請・届出が必要となる項目が新築工事と同様にあるため、遅滞なく行う必要がある。

11・2　解体工事の工法

　解体工事の工法には表11・2に示すような方法がある。木造と鉄骨造については、それほど種類はなく、手作業と機械を併用しつつ躯体を解体していく。一方で鉄筋コンクリート造は、躯体が強固であるために各種の解体工法がある。

1　木造・鉄骨造

　木造における手作業による解体方法は、文字通り重機を使用せずにバールなどの簡単な道具によって解体していく方法である。躯体については重機を併用する方法が主流である（図11・8）。基礎や土間コンクリートの解体は重機を使用していくことが多い。

　鉄骨造における手作業による解体方法は、鉄骨部材をガスによって切断するものである。一方、機械による方法では、重機の先に設置した鉄骨切断用カッターにより鉄骨部材を切断する。この場合においても、重要な切断個所は手作業によるガス切断によることが多い。一般的には、梁はあらかじめクレーンで部材を保持し、両端を切断したあと吊り下ろす方法で解体し、柱は転倒防止を考慮しつつ足元を切断し、引っ張って倒す方法で解体していく（図11・9）。

2　鉄筋コンクリート造

　鉄筋コンクリート造は、躯体が強固であるために各種の解体工法がある。条件に応じてこれらの工法を組み合わせて採用する場合も多い。

（1）圧砕工法

　重機の先に取り付けた巨大なはさみのような圧砕機で鉄筋コンクリートを挟み込み、コンクリートを

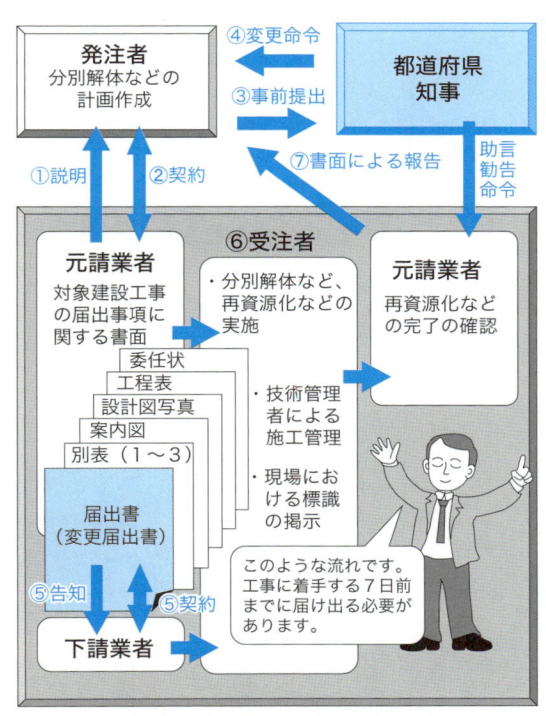

図11・7　解体工事の届出・契約手続き

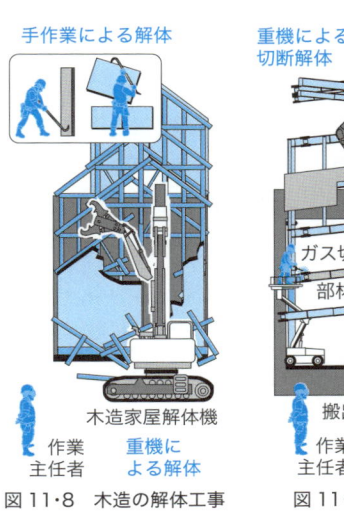

図11・8　木造の解体工事

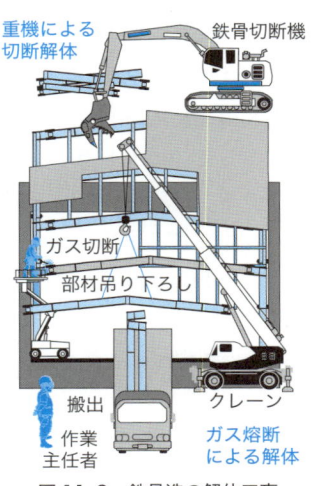

図11・9　鉄骨造の解体工事

表 11·2　解体工法の種類と特徴

	種　類		長　所	短　所
木造・鉄骨造	手作業		騒音、振動、粉塵小 狭小地作業可 リユース、リサイクル易	工期長、経済性難 職人減少
	手作業と機械の併用		作業効率高 工期短	混合廃棄物発生
鉄筋コンクリート造	圧砕工法		騒音、振動、粉塵比較的小 作業効率高・高所作業可	散水多量 切刃の磨耗大
	ブレーカ工法	ハンドブレーカ	振動小 狭小地作業可 正確な解体可	騒音大 能率低 白蝋病の危険性大
		ジャイアントブレーカ	多くの部材に対応可 作業効率高	騒音、振動比較的大 高所作業付加 二次破砕要
	切断・切削工法	カッタ	振動・粉塵小 計画的な解体可 リユース、リサイクル易	高周波騒音大 深度制限あり 二次破砕要
		ワイヤソー	騒音、振動、粉塵小 切断の自由度大 水中、地中、高所作業化	事前準備作業多 安全設備要
		コアボーリング	振動、振動、粉塵小 狭小地作業可	ノロ処理必要 単独解体作業不可
		ウォータージェット	振動、粉塵小 自動化、ロボット化可 切断の自由度大	装置大 騒音大 安全設備要
	膨張圧工法	静的破砕剤	騒音、振動無、粉塵小 マスコンクリート対応可	削孔多 鉄筋対応難
	発破工法		破壊力大 マスコンクリート対応可 経済性良	騒音、振動、粉塵大 管理、取扱い厳重 準備作業多
	転倒工法		作業効率高 高所、敷地近傍作業減 経済性良	騒音、振動、粉塵大 熟練職人要 想定外転倒事故多

圧砕すると同時に鉄筋も切断する工法である（図 11·10）。比較的低騒音・低振動であり、市街地での使用も可能である。

(2) ブレーカ工法

機械の先に取り付けたのみを圧縮空気もしくは油圧によって繰返し打撃し、コンクリートを破砕する工法である（図 11·11）。騒音・振動が大きく、地上での解体ではあまり使用できない。重機の先に取り付ける大型のブレーカから、人力で扱える小型のハンドブレーカまであり、ハンドブレーカは狭い場所の作業に便利である。

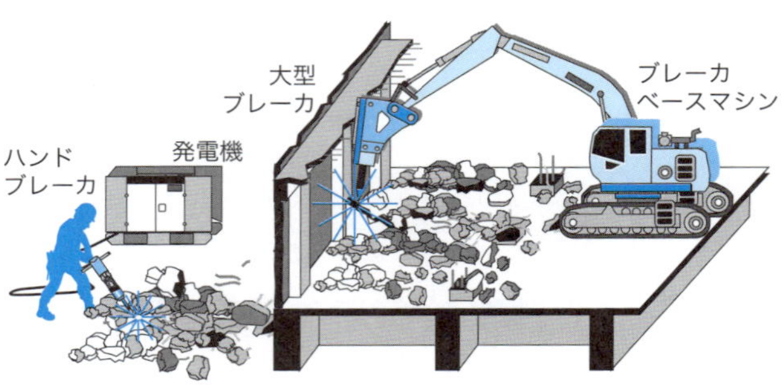

(3) 切断・切削工法

大型のカッタやワイヤソー、ウォータージェット

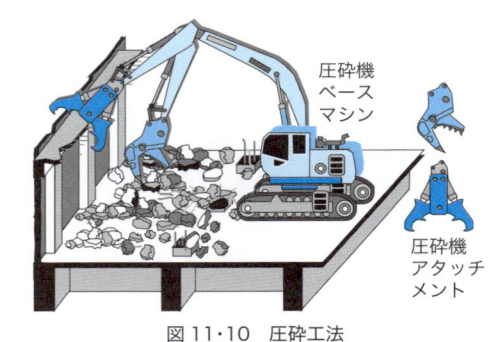

図 11·10　圧砕工法

図 11·11　ブレーカ工法

などの方法によりコンクリートを切断する工法である（図11·12）。いずれの方法もコンクリートとともに鉄筋も切断でき、騒音・振動は少なめである。

（4）膨張圧工法

コンクリートに削孔して静的破砕剤を詰め、薬剤の膨張圧によってコンクリートを破砕する方法である。爆薬のような破壊力はないが、安全に破砕でき、削孔時の騒音以外は無騒音無振動である。ただし、鉄筋を破断することはできず、無筋コンクリートの破砕に向いている。

（5）発破工法

爆薬または火薬の爆発エネルギーを利用した解体工法であり、破壊力が大きく短時間で完了できるため経済的で効率の良い方法と言える。諸外国では行われているが、日本では火薬の取扱いに特別な注意が必要であり、試験的な施工事例はあるが、あまり行われていない。

（6）転倒工法

建物の外壁を残して先に建物の中央部分を解体し、

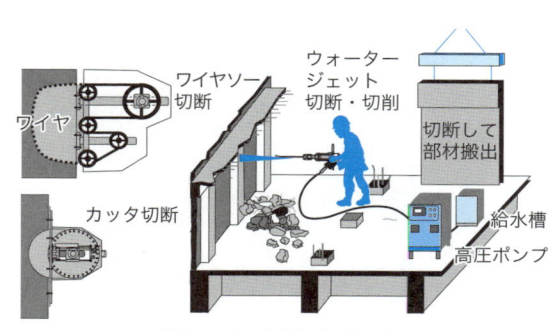

図11·12　切断・切削工法

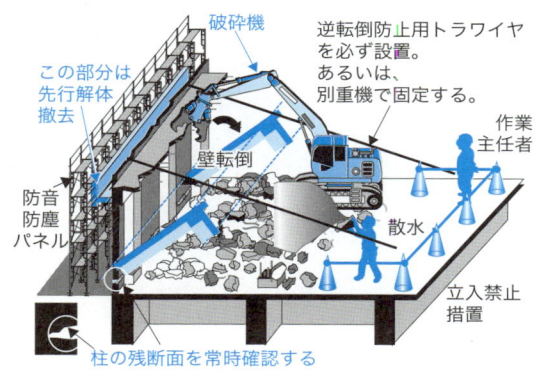

図11·13　転倒工法

その後外壁をワイヤーロープなどで内側に転倒させる工法であり、外壁は転倒させたのちに破砕する（図11·13）。この工法は、建物の外壁を騒音、粉塵、飛散物などの防護壁として利用でき、外壁についても転倒後に破砕した方が安全といった利点がある。経済性に優れ工期短縮にもつながるが、正確に転倒させるには高度な経験と熟練を要し、方法を間違って重大事故となった事例も多い。

11·3　廃棄物の処理

1　廃棄物処理法

解体工事のみならず、建設工事全般においては、様々な物品が排出される（図11·14）。

建設事業において発生する物品は、総称して建設副産物と呼ばれる。建設副産物と称するのは、これらの物品の中には、資源として再利用されるため非廃棄物扱いとなる建設発生土や有価物が含まれることによる。これらを除いたものが建設廃棄物である。

この建設廃棄物の中でも、現場事務所などから出る廃棄物の扱いは、一般家庭から出る廃棄物と同じく一般廃棄物であり、これは各地方自治体が処理責任を持つものである。よって、建設廃棄物のうちこれらの一般廃棄物を除いた残りが産業廃棄物であり、これは各建設事業者が処理責任を持つことを意味する。

産業廃棄物の中には、健康や生活環境に係わる被害を生じるおそれがあるものとして、特別管理産業廃棄物がある。これには後述する石綿やPCBが相当する。これ以外の通常の産業廃棄物は、安定型産業廃棄物とそれ以外の管理型産業廃棄物に分けられる。安定型産業廃棄物は、性質が安定していて生活環境上影響を及ぼすおそれが少ない廃棄物であり、安定型最終処分場に埋め立てることができる。一方、管理型産業廃棄物は、地下水などの汚染を防ぐといった対策を行った管理型または遮断型最終処分場での処分が必要になるものである。

建設事業者がこれらの産業廃棄物を処理する際には処理業者に委託することになる。この際に必要な

のが産業廃棄物管理票（マニフェスト）である。廃棄物を排出した事業者はこれに基づいて、廃棄物の移動、処理状況を管理することが義務づけられてい

る。廃棄物とマニフェストの流れを図11·15に示す。

マニフェストはA、B1、B2、C1、C2、D、E票の7枚複写式の用紙であり、廃棄物を引き渡す際に渡され、運搬、中間処理、最終処分の各終了後に排出業者に戻される。排出業者はこれをもとに処理状況を確認する必要がある。

特別管理産業廃棄物のうち、解体工事で特に問題となるのは廃石綿と廃PCBである。

石綿はアスベストとも呼ばれ、過去にはその不燃性、耐久性から吹付け材（図11·16）に使用されていた。しかし、発がん性があることが判明し、現在では使用を禁止されている。ただし、過去の建物には使用されているものも残っているため、建物の解体の際には事前調査を行い、その結果を公表する必要がある。また、石綿を含む建材には飛散性のものと非飛散性のものがあり、飛散したアスベストを吸った場合に人体への害が大きいため、飛散性のアスベストの解体時には完全隔離を行うなど専門的な配慮が必要になるとともに、その処分も専門業者に委託する必要がある。

PCB（ポリ塩化ビニフェル）は、不燃性や電気絶縁性が高いといった特徴から、過去には電気機器に

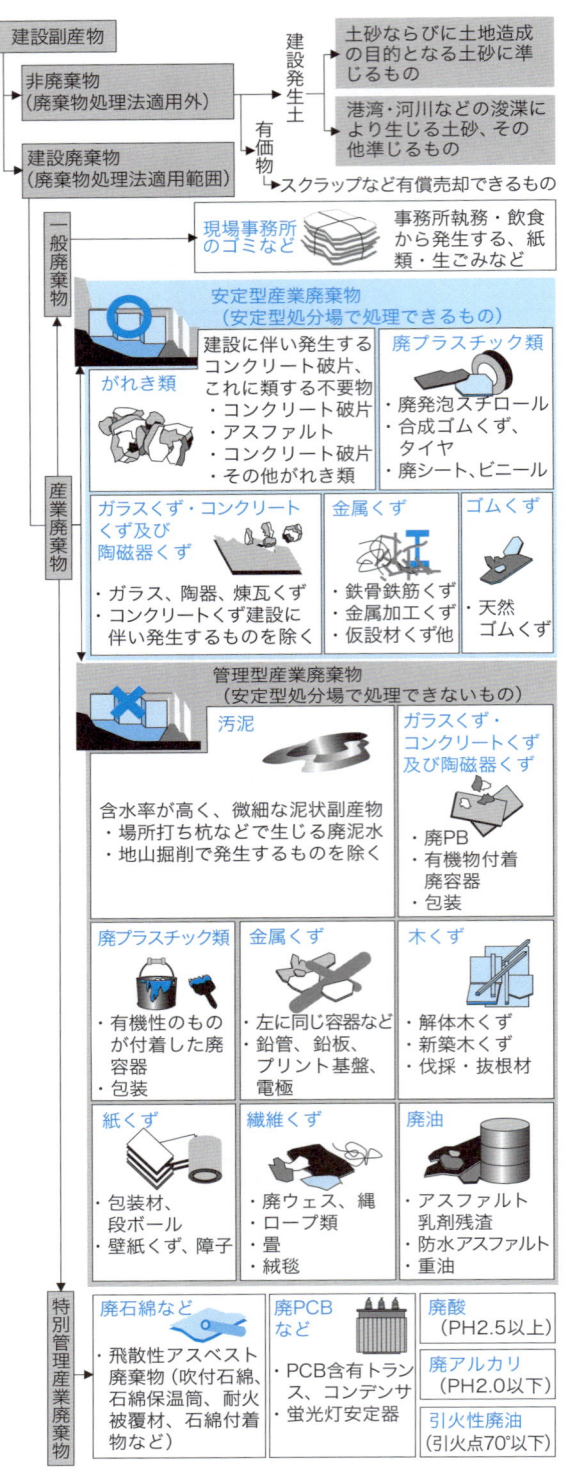

図11·14　建設副産物の種類

図11·16　アスベスト吹付け
（出典：国土交通省『目で見るアスベスト建材』2006）

図11·17　PCB使用高圧トランス
（出典：環境省『ポリ塩化ビフェニル（PCB）仕様製品及びPCB廃棄物の期限内処理に向けて』2017）

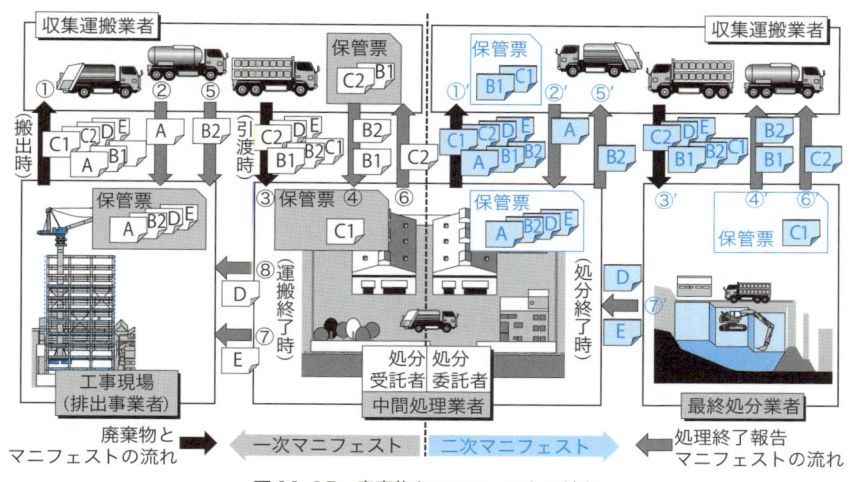

図11·15　廃棄物とマニフェストの流れ

表11·3　建設リサイクル法の対象となる工事の規模

区　分	対象工事	
解体工事	解体建築物の延床面積	80m³ 以上
新築工事	新築着工床面積	500m³ 以上
改修工事	改修工事請負金額	1 億円以上
工事請負額	工事請負金額	500 万円以上

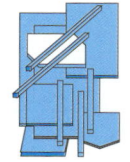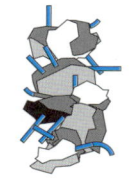

木材
（建設発生木材）　アスファルト
コンクリート　コンクリート　コンクリートと
鉄からなる
建設資材

図11·18　特定建設資材

使用されていた。しかし、体内に蓄積しやすく害があるため、使用は禁止されている。過去の代表的な使用例としては、高圧トランス（図11·17）や高圧コンデンサなどがあり、PCB が使用されたこれらの機器があった場合は、専用の処理施設で処分する必要がある。

2　建設リサイクル法

　正式名称は「建設工事に係る資材の再資源化等に関する法律」である。この法律では、表11·3 に示す規模の建設工事において、図11·18 に示す 4 つの**特定建設資材**について、現場での分別解体、その後の再資源化を義務付け、リサイクルを推進することが定められている。その結果、再資源化率は大きく向上している。

11 章　演習問題

問1　以下の記述について、適当であれば○を、不適当であれば×を記せ。

1. アスベスト含有建材の処理工事において、除去したアスベスト含有吹付け材は、所定の厚さのプラスチック袋の中に入れ、十分に乾燥していることを確認した上で、空気を抜いて密封した。

2. 建築物に使用されている吹付アスベストの除去工事において、作業場を負圧に保ち、所定の HEPA フィルタを付けた集塵・排気装置を使用した。

問2　解体工事において必要な事前調査事項を挙げよ。

問3　解体工事の施工法について重機の配置による 2 つの方法の特徴を説明せよ。

問4　鉄筋コンクリート造構造物の解体方法を説明せよ。

問5　産業廃棄物管理票（マニフェスト）について説明せよ。

問6　解体工事で特に注意すべき廃棄物を挙げ、説明せよ。

問7　建設リサイクル法に定められている特定建設資材 4 種を挙げよ。

演習問題　解答

1章

問1　〈正解4〉

1. 労働安全衛生法施行令6条十五の五
2. 労働安全衛生法16条1
3. 労働安全衛生法施行規則519条
4. 労働安全衛生法施行規則16条より「山留め支保工作業主任者」を選任する。

問2　〈正解2〉

2. JASS1.4.2.a より、設計図書に選ぶべき専門工事業者の候補が記載されている場合は、その中から選定する。

問3　〈正解3〉

3. 公共建築協会「建築工事監理指針（平成22年版）」1.2.2(b)より、品質管理計画は総合施工計画書の一部をなすものであり、請負者が当該工事の施工に先立ち作成し、監督職員に提出する。

問4　〈正解1〉

1. 道路法47条の2第1項より、「特殊車両通行許可申請書」は、道路管理者に提出する。

2章

問1　〈正解4〉

1. 公共建築協会「建築工事監理指針」3.2.2.(b)
2. 日本建築学会「建築基礎設計のための地盤調査計画指針」2.3.12
3. 労働安全衛生法施行規則563条2項
4. 労働安全衛生法施行規則562条2項より、吊り足場にあっては、吊りワイヤーロープおよび吊り鋼線の安全係数が10以上、吊り鎖および吊りフックの安全係数が5以上となるように定める。

問2　〈正解1〉

1. JASS2.8.2.b.(7) より、垂直支持材は水平方向4m以内ごとに設ける

問3　〈正解4〉

1. JASS2.2.1.c
2. 公共建築協会「建築工事監理指針」2.2.2
3. 公共建築協会「建築工事監理指針」2.2.4.(e)
4. JASS6.10.5.a.(2) および同4.2.（1）（2）より、遣方の検査に使用する鋼製巻尺は、工業作製用基準鋼製巻尺と照合し、その誤差を確認する。

問4　〈正解3〉

1. JASS2.5.1.(5) 解説
2. クレーン等安全規則74条の3
3. 労働安全衛生規則563条より、単管パイプからの墜落防止措置として、高さ85cm以上の手すり、高さ10cm以上の幅木および35〜50cmの位置に中桟を設ける。
4. 公共建築協会「建築工事監理指針」2.2.3.(d)

問5　〈正解1〉

1. 労働安全衛生規則563条1項三号より、枠組足場（妻面に係る部分を除く）からの墜落防止措置としては、「交差筋交い」に加え「高さ15cm以上40ｃm以下の位置に下さん」か「高さ15cm以上の幅木の設置」あるいは「手すり枠」を設置する。

3章

問1　〈正解1〉

1. アースオーガーの支持地盤への掘削深さは1.5m以上とし、杭の支持地盤への根入れ深さは1m以上とする。
2. 既製杭の施工精度は、水平方向は杭径の1/4かつ100mm以内、鉛直方向は傾斜1/100以内とする。
3. 主筋間隔が10cm以下と狭い場合は鉄筋かごの外側にコンクリートが回りにくく、適切な被り厚さを確保できなくなるおそれがあるため、鉄筋径を太くするか鉄筋を束ねて配置する。
4. 場所打ちコンクリート杭のコンクリートの単位セメント量は330kg/m^{3}以上とする。

問2　〈正解4〉

1. 支持層確認は、オーガーによる掘削時の発電機の負荷電流や負荷電流を任意の深度間隔で積分した積分電流値の変化を把握するとともに、オーガー付着土から杭先端地盤の土質を直接確認し、地盤調査結果と比較する。
2. 場所打ちコンクリート杭工事では、既製コンクリート杭工事のように工場生産した杭を用いないため、孔壁形状が設計杭径を満足することが必要となる。支持層への到達が確認されたのち、所定の杭径が得られていることを超音波を用いた孔壁測定によって確認する。
3. 液状化は地下水位以深の緩い砂質土地盤で発生する。液状化対策としては砂質土地盤の密度を高めるサンドコンパクションパイル工法、地下水位低下工法、グラベルドレーン工法などがある。
4. トレミー管先端はコンクリート中に2m以上入れた状態を保ち、コンクリート打設中のケーシングの引き抜きはケーシング下端をコンクリート内に2m以上入れた状態を保ちながら行う。

問3　〈正解3〉

1. 粘性土地盤の床付け面を乱してしまった場合は、礫質土や砂質土などの良質土で置換して転圧・締固めるか、セメント、石灰などによる地盤改良を行う。
2. 地下水位が根切り底以浅に位置する場合などは構台杭を引き抜くことが難しい。一般的に耐圧版内で切断する場合には切梁支柱にシール材を貼り付け、切梁支柱周りを下げてコンクリートを打設し、切断後に耐圧版と同じ高さまで防水処理を行う（『山留め設計指針』）。
3. 地下水処理を行う現場では、地下水処理設備からの揚水量や観測井戸における地下水位を計測して計画通りの運転が行われていることを確認する。ディープウェルのケーシング内の水位は、ディープウェル周辺で発生する井戸損失により周辺地盤の地下水位よりも大きく低下している場合が多いため、ディープウェルの井戸管内の水位を周辺地盤の地下水位と混同してはならない。
4. 切梁支柱の平面配置は上下段切梁の交差部や設計上の座屈長さを考慮した位置で、切梁の片側に直線的に配置することを基本とし、平面および鉛直精度の管理を十分に行う。施工精度が悪くやむを得ず切梁支柱を切り欠く場合は補強を行う。

問4　〈正解3〉

1. 切梁工法では対面する山留め壁同士の側圧がバランスすることで山留め架構が安定するため、山留め壁に高低差があり偏土圧を受ける場合に有効である。また、根切り平面が大きい場合には切梁長が長くなり、鋼製切梁では蛇行が生じやすく山留め架構の剛性が小さくなりやすいためアンカー工法の採用が有効となる。アンカー工法では根切り内部に切梁などの支保工が不要となるため、作業性も向上する。敷地にアンカー全長が収まるだけの余裕があることが原則であり、やむを得

ず隣地へのアンカー打設が生じる場合は隣地所有者などの了解が必要である。

2. 切梁の継手は発生モーメントが小さい、切梁の交差部や切梁支柱付近に設ける。

3. 釜場工法は、湧水に対して安定性の低い地盤へ適用するとボイリングを発生させ、地盤を緩めることにつながるので好ましくない。この場合、ディープウェルなどの他の排水工法を検討するのが良い。

4. 比較的大平面で浅い根切りに有効で支保工が不要となるため作業性が向上する。根切り土量や埋戻し土量が多く、法面の安定や養生の検討が必要である。

問5 〈正解4〉

1. 評価すべき地盤の代表的な位置を選定することとし、構造物が支持される場所や応力が大きくなると予想される場所で実施する。

2. 揚水試験では揚水井から地下水を汲み上げて、観測井の水位変化で帯水層全体の地下水処理計画に関わるパラメータを求めることができる。

3. 孔内水平載荷試験はボーリング孔内に設置したプローブを膨らませ、その時の圧力と孔壁の変形の関係から地盤の水平方向の変形特性を求める試験である。杭の水平抵抗評価では地盤の変形係数が必要であり、この試験結果を用いることができる。

4. 標準貫入試験の結果から得られた N 値からは、砂地盤の場合に内部摩擦角や相対密度が推定される。

4 章

1. ✕ 型枠の構造計算に用いる水平荷重は鋼管枠を支柱とした場合、鉛直荷重の 2.5%、その他の支柱の場合は 5% とする。 ▶表 4・1

2. ○ 型枠設計用コンクリートの側圧は打込み速さと打込み高さによって決まってくる。打込み速さが速い場合は、フレッシュコンクリートの密度に高さを乗じた値、すなわち液圧が作用するものとして設計する。 ▶表 4・2

3. ○ 5℃以上 15℃未満の最少存置期間は 5 日である。 ▶表 4・3 普通ポルトランドセメントを用いた場合の 15℃以上：3 日、5℃～ 15℃：5 日、0℃～ 5℃：8 日を記憶しておき、早強セメントの場合これより短く、混合セメント B 種は 2 日長く、中庸熱・低熱の場合はさらに長いと覚えておくとよい。

4. ○ 型枠支柱の存置期間はコンクリートの材齢又は圧縮強度により定められている。スラブ下では気温とセメント種類により定まる日数が経過するか、または圧縮強度が設計基準強度の 85%以上または 12N/mm² 以上であり、かつ、施工中の荷重および外力について、構造計算により安全であることが確認されるまでのどちらかとされている。 ▶表 4・4 なお、梁下の支柱は材齢 28 日もしくは圧縮強度が設計基準強度以上とされており、スラブ下とは異なるので注意が必要である。

5. ✕ 柱では主筋の外側に帯筋がくるので、最少かぶり厚さは主筋ではなく、帯筋で確保できるようにしなければならない。

6. ○ 重ね継手の長さ 40d などの d は径の異なる鉄筋を継ぐ場合、細い方の径を用いて計算する。これは細い方の鉄筋が負担する力を超える力を伝達する必要はないためである。

7. ✕ 圧接部のふくらみの直径は鉄筋径の 1.4 倍以上、ふくらみの長さは 1.1 倍以上とされている。 ▶表 4・12 なお、圧接面のずれは鉄筋径の 1/4 以下、圧接面における鉄筋中心軸の偏心量は鉄筋径の 1/5 以下などの規定もある。

8. ✕ 細骨材率はコンクリート中の全骨材量に対する細骨材量の絶対容積比を百分率で表した値であり、質量比ではない。細骨材の絶対容積が Sv(m³/m³)、粗骨材の絶対容積が Gv(m³/m³) のとき、Sv/(Sv+Gv)×100（%）で求められる。 ▶表 4・17

9. ✕ コンクリートを練り混ぜてから打込みを終了するまでの時間の限度は、通常 120 分、外気温が 25℃を超える夏期は 90 分である。

10. ✕ レディーミクストコンクリートの発注において、設計基準強度に構造体強度補正値を加えたものを調合管理強度とし、呼び強度はこの調合管理強度以上のものとする必要がある。一般に構造体強度補正値は春と秋は 3N/mm²、夏と冬は 6N/mm² であるので、設計基準強度の数値を呼び強度としては強度不足となる。なお、耐久設計基準強度が設定され、設計基準強度より大きい値である場合は、これに構造体強度補正値を加えたものを調合管理強度とする。 ▶4・4 の 3 (2)

11. ○ 計画供用期間の級が標準で普通ポルトランドセメントを用いた場合、必要な湿潤養生期間は 5 日以上である。 ▶表 4・20

12. ○ 受入れ検査におけるスランプの許容差は目標スランプが 18cm の場合は ±2.5cm である。空気量は特に指定しない場合は目標値が 4.5%であり、その許容差は ±1.5%である。 ▶表 4・21

13. ○ 構造体コンクリートの強度の検査を標準養生した供試体で行う場合、設計基準強度（または耐久設計基準強度）に構造体強度補正値を加えた調合管理強度以上を合格とする。

14. ✕ 標準養生は 20℃での養生であり、気温の影響を受ける実際の構造体のコンクリート強度とは異なる。この場合の供試体の養生方法は現場水中養生とし、外気温の影響を含んだものを使用する。なお構造体強度補正値が定まっている材齢 28 日以降では、標準養生供試体強度から構造体コンクリート強度を推定することができる。

15. ○ プレキャスト部材の製造で蒸気養生を用いる場合、前養生時間（3 時間程度）、温度の上昇速度（20℃/h 以下）、最高温度（70℃以下）とその継続時間を適切に設定しなければならない。

5 章

問1 〈正解3〉

完全溶込み溶接部の内部欠陥の検査方法は、超音波探傷検査または X 線検査による（JASS 6.5.）。

問2 〈正解2〉

鋼材の加熱曲げ加工は、赤熱状態（850℃～ 900℃）で行い、青熱ぜい性域（200℃～ 400℃）で行ってはならない（JASS6.4.12）。

問3 〈正解3〉

溶接において午前と午後の作業開始前に、適切な溶接条件を設定するために試験溶接を行うことが建築工事監理指針に規定され、試験溶接は 30 度の曲げ試験を行って溶接条件適否を確認する。

規格数値を覚えることが大切です。

打撃加圧
30°

問4 〈正解3〉

柱の溶接継手のエレクションピースに使用する仮ボルトは、全数高力ボルトを使用して締め付ける（JASS 6.10.4.）。

問5 〈正解1〉

高力ボルトはボルト群ごとに継手の
中央部より板端部に向かって締めつける
（JASS6.6.4.）。

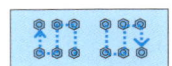

6章

1. × 集成材とはひき板を繊維の向きを揃えて積層接着した軸材料のことである。記述は CLT(Cross Laminated Timber、直交集成板)の説明である。

2. ○ ラーメン構法とは柱と梁を剛接し、部材の曲げ抵抗によって荷重・外力に抵抗する構造方法のことをいう。木造は鋼構造やRC構造のように接合部を一体化することが難しいが、近年、金物や接着剤を利用したラーメン構法が開発されている。

3. ○ 従来は継手や仕口の加工は大工が下小屋で行っていたが、これらを向上で機械加工するプレカットが1975年前後から広まり、木造軸組構法の工期が短縮された。

4. ○ 含水率が繊維飽和点（22〜35%）以下の木材では、水分がすべて木材成分と結合しているため腐朽しにくい。

5. × 背割りを設けた面に金物を取り付けると、ねじやくぎなどの接合具が背割り部分に干渉したり、端空き寸法が不十分になるため、所定の性能を確保できないおそれがある。

6. ○ 心持ち材においては乾燥による干割れが放射状に生じる。あらかじめ背割りを入れておくことで乾燥収縮によるひずみを背割り部に集中させ、意図しない干割れを低減することができる。

7. ○ アンカーボルトは土台を基礎に緊結し、せん断力や引き抜き力に抵抗する役割をもつため、信頼できる品質かつ十分な径のものを使用し、十分な埋め込み長さを確保する。

8. × ねじの端部にはねじ山が正規の寸法に足りない不完全ねじ部があるため、所定の耐力を確保するためには十分な余長を確保しなければならない。

9. ○ 床下は湿気が停滞しやすく、高湿状態は木材の生物劣化を引き起こす要因となるため、十分な換気をして乾燥した空気を取り込むことが望ましい。床下換気口を設置しない場合は、土台と基礎との間に基礎パッキンを設置して換気用の開口部を確保する。なお、基礎パッキンは土台の曲げ応力の発生を極力避けるよう、柱の下やアンカーボルト位置などに配置する。

10. × 木材は不用意に欠き込みを設けると、力が作用した時にそこを起点に脆性的な破壊が生じるおそれがある。筋かいは構造耐力上主要な部分（建築基準法施行令第1条1項3号）であり、欠き込みをしてはならない。ただし、筋かいをたすき掛けにするためにやむを得ない場合において、必要な補強を行なったときは、この限りでない（建築基準法施行令第45条4項）。

11. × 合板耐力壁は柱、間柱、梁、桁、土台そのほかの横架材に定められた種類のくぎを定められた間隔で打ち付けることで所定の性能を発揮することができる。施工上の理由でくぎ打ちを省略してはならない。

12. ○ 接合用金物を取り付けるためにやむを得ず構造用合板の隅角部を切り欠いた場合、その周辺にはくぎを十分増打ちする（木造住宅工事仕様書）。

13. ○ 地震や台風などによる水平力が建物に作用すると、耐力壁の抵抗作用によって耐力壁が取り付く柱には引き抜き力が生じることがある。この時に柱が引き抜けないように、生じる引き抜き力以上の耐力を有する金物で緊結する。

14. × ねじとくぎとでは性能が大きく異なる。金物は特定のねじやくぎなどの接合具と組み合わせることで所定の性能を発揮できるので、それ以外の接合具を用いてはならない。

15. ○ くぎは十分な打ち込み長さを確保しなければ所定の性能を発揮することができない。

16. × 構造躯体や造作材には品質が確保された JIS A 5508 に規定されるくぎを使用する。FN くぎは梱包用であり、JIS に規定がなく N くぎより細めで性能も低いので、構造躯体や造作材に使用してはならない。

17. × 主に引き抜き力が作用する部位では釘接合は用いてはならない。釘接合は主にせん断力が作用する部位で用いる。

18. × 木材は乾燥すると木表側が凹になるように変形するため、木裏に溝じゃくりを設けると建具の開閉が重くなるおそれがある。

19. ○ 構造耐力上主要な部分である柱、筋かい及び土台のうち、地面から1m以内の部分には、有効な防腐措置を講ずるとともに、必要に応じて、しろありその他の虫による害を防ぐための措置を講じなければならない（建築基準法施行令第49条2項）。

20. ○ 炭化した木材は多孔質であるため、これが断熱層となり、燃焼が急激には進まなくなる。これを燃えしろとして構造上必要な断面の周囲に確保する設計を燃えしろ設計という。

21. × コンクリート打設後にアンカーボルトを設置（田植え）すると、アンカーボルト周囲のコンクリートの充填不足が生じ、引き抜き耐力不足となるおそれがある。

22. × 予め防腐処理がなされた木材でも、内部全体に薬剤が含浸されているとは限らないため、現場で穿孔や切断、切削を行った部位には必ず現場で防腐処理を行う。

7章

問1 〈正解3〉

1. 1回の練り混ぜ量は、60分以内に使いきれる量とする。

2. 下塗りは接着力を確保するためセメント量が多く、中塗りと上塗りはひび割れの少ないようにセメント1：砂3モルタルとする。

3. モルタル下地の上にモルタルによるタイル張り仕上げを行う場合は、金ごて仕上げでは平滑すぎるので木ごて仕上げとする。

4. セルフレベリング材であってもコンクリート下地の平坦さが重要であり、3mにつき10mm以下の平坦さを標準としている。

問2 〈正解2〉

1. 正しい。

2. ステイン塗りは木部塗装に対してのみ適用される。▶表7·3

3. 正しい。▶表7·6

4. 正しい。▶表7·3 なお、外部の場合であれば、建築用下地調整塗材 C-1 を使用する。

問3 〈正解3〉

1. 外壁タイルの引張接着強度試を確認する試験体の数は $100m^2$ 以下ごとに1個以上とし、かつ、全面積で3個以上とする。

2. 記述のとおりである。

3. 三丁掛け以上のタイルを改良積み上げ張りで張る場合、一日の張付け可能高さを1.0m以下とする。

4. マスクの厚さが5mmの場合、張付けたタイルがずれやすい。マスクの厚さが3mmの場合、タイル裏面へのモルタル充填が不足する。

問4 〈正解 4〉

4. 樹脂製建具枠では間隔 400mm 以内とする。

問5 〈正解 4〉

4. サッシ枠が地震による面内変形を受けた場合にガラスが割れないようにするためにはエッジクリアランスを検討する。

問6 〈正解 2〉

2. 表面への仕上げ材に通気性がる場合で、直張り用接着材の乾燥期間は 7 日間以上必要である。

8 章

問1 〈正解 3〉

2. 塗継ぎの重ね幅と補強布の重ね幅の数値が反対なので誤り。

3. パラペットの立上り部と平場が接する入隅は、通常の現場打ち鉄筋コンクリートであってもひび割れが生じやすく、防水層が損傷しやすい箇所である。立上りをプレキャスト化する場合や、そのほかの下地材とする場合は、平場と一体化し、入隅に挙動が生じない構造とする。

問2 〈正解 3〉

1. 防水下地の乾燥状態を確認する方法は何種類かあるが、高周波水分計はその 1 つである。

2. シーリング材の種類と適用可能な部位の組合表が多くの専門書に示されているが、初学者がこの表の内容を暗記しておくことは難しい。▶表 8・4

3. ドレン回りには、幅 300mm 以上の増張り（ドレンのつばに 100mm 程度、残りをスラブ面に張り掛ける）を施すことになっているが、縦引きルーフドレンがパラペットの立上り部に接する位置にあると、増張りシートを平場（スラブ面）に張り掛けられないので誤り。

4. 屋根工事の範疇のため、本章の防水工事では扱っていない。タイトフレームは隅肉溶接で接合する。

問3 〈正解 3〉

1. 鉄筋コンクリートのひび割れ誘発目地は、動きの小さいノンワーキングジョイントに区分されており、その場合は 3 面接着で良い。ワーキングジョイントの場合は必ず 2 面接着とする。

2. 絶縁工法の場合でも、立上り部については、垂れ下がりや入隅部のはがれが生じないように密着張りとする。設問としては「正」ではあるが、「省略しても良い」という意味ではなく、立上りは、上記の理由により「密着張り」とする。

3. 出隅は面取りで良いが、入隅も直角ではなく、面取りとする。▶表 8・2

問4 〈正解 2〉

1. 高周波水分計による下地水分の測定のほか、下地をビニルシートやルーフィングなどで覆い、一昼夜後の結露の状態を確認する方法、コンクリート打込み後の経過日数で判断する方法、目視による乾燥状態の確認する方法があり、これらを組み合わせてもよい。

2. パラペットなどの立上り部の仕上り面から 600mm 程度は正しいが、中間部は縦横の間隔を 3m 程度なので間違い。

3. 外部に面する金属、コンクリート、建具などに用いるやシーリング材は、施工に先立ち接着性試験を行うことになっている。ただし、特記がなければ、簡易接着性試験とすることができる。

4. サンプリング試料を整理して監督職員に提出することになっ

ている。硬化の過程や硬化状態を確認することまでは求められていないが、施工品質の自主管理として行うことは、むしろ望ましい。

問5 〈正解 2〉

1. 正しい。▶表 8・2。

2. アスファルトプライマーは、塗付け後、乾燥させるとあるので、30 〜 60 分程度では乾燥しない可能性もあるので間違い。

3. ウレタンゴム系塗膜防水では、耐久性向上のために仕上塗装を施すことは必須であるが、人の往来がある部位の場合は、より丈夫な軽歩行用仕上塗料を用いる。

4. 植物の根は生長してルーフィングの継目に侵入したり、防水層を貫通することもあるため、防水層の上部に耐根層を設ける。保護コンクリートを設置する場合は、その上に耐根層を設ける。

9 章

問1 〈正解 3〉

空気調和・衛生工学学会 SHASE-S 206-2009 では、排水横管の勾配は右表の通り。呼び径 125 では勾配は 1/150 となっており、1/200 では勾配不足となるので誤りである。

排水横管の勾配

管径 (mm)	勾配
φ 65 以下	1/50
φ 75、100	1/100
φ 125	1/150
φ 150	1/200
φ 200	1/200

問2

1. 1/12

SHASE−S206 では、排水槽の底は、吸込みピットに向かって 1/15 以上、1/10 以下の下がり勾配をとる。

2. 1,000

電気設備工事監理指針では、コンクリートに埋設する合成樹脂可とう電線管（CD 管）をダブル配筋の壁・スラブに配管する場合、ボックス近辺を除き、ダブル配筋の間に入れる。また、パイント線、専用支持具などを用いて、1,000mm 以下の間隔で鉄筋に結束し、コンクリート打込み時に移動しないようにする。

3. 600

給排水設備工事の地中埋設配管の深さは、歩道では 300mm、一般車両通行部分では 600mm、重量車両通行部分では 1,200mm である。

4. 50

建築基準法では、排煙壁の高さは 50mm 以上必要であると定められている。

問3 〈正解 2〉

1. 公共建築工事標準仕様書（電気設備工事編）では、ケーブルラックの支持間隔は、鋼製では 2m 以下、その他については 1.5m 以下とする。また、直線部と直線部以外との接続部では、接続部に近い箇所およびケーブルラック端部に近い箇所で支持する。

2. 雷保護設備では、接地極および埋設接地線は、ガス管から 150mm 以上離隔せねばならない。

3. 日本電設工業協会「非常用の照明装置に関する指針」に示されている通り。

4. 公共建築工事標準仕様書電気設備工事編）では、軽量鉄骨間仕切壁内に合成樹脂製可とう電線管 (PF 管) の配管をする場合は、バインド線、合成樹脂製バンド、専用支持具などを用いて支持し、その取付間隔は 1.5m 以下とする。

問4 1. 3、 2. 60、 3. 1.6、 4. 2、 5. 2

問5 〈正解 1〉

1. ガス配管の施工では、他の埋設配管との標準離隔距離は、口径 75mm の場合は 300mm 以下とする。 ▶表9・5
2. 建築基準法施行令では、非常用エレベーターの乗降ロビーには、屋内消火栓、連結送水管の放水口、非常コンセント設備などの消火設備を設置できることになっている。
3. 消防法施行規則によると、下記の防火対象物は、「誘導灯」「誘導標識」「階段通路誘導灯」を非常用の照明装置で代替する場合の予備電源の容量は、60 分以上作動できるものとしなければならない。
   ①延べ面積 50,000㎡以上
   ②地階を除く階数が 15 階以上、かつ、延べ面積 30,000m² 以上
   ③延べ面積 1,000㎡以上の地下街
   ④地下駅舎 (乗降場、階段、通路など)
4. 平成 12 年建設省告示第 1376 号によると、ダンパーと防火区画との間の風道は、厚さ 1.5mm 以上の鉄板でつくり、または、鉄網モルタル塗その他の不燃材料で被覆せねばならない。

10 章

問 1

1. × 打継ぎ面においては目荒しを数 mm 行う程度であり、鉄筋を露出するまでは行わない。
2. ○ コンクリートの圧入工法は、下部からコンクリートを圧入し、上部まで達するようにするが、この際、型枠上部のオーバーフロー管の高さを既存梁の下端から 100mm 高い位置にして、打設したコンクリートが下端に接するようにする必要がある。
3. ○ あと施工アンカーの施工精度については、金属系で 5 度以内、接着系で 15 度以内とする。
4. × 同種類のアンカーを用い、混在させない。
5. × 鋼板巻き立て工法においては、後半の曲げ内法半径は板厚の 3 倍以上とする。
6. ○ 鋼板巻き立て工法における鋼板の板厚は通常 4.5 〜 9mm 程度。
7. ○ 炭素繊維シートによる補強時は、ラップ位置を同一にしない。
8. ○ 炭素繊維シートによる補強時は、重ね長さを 200mm 以上確保する。
9. ○ 炭素繊維シートによる補強は、下塗りの接着剤がにじみ出て全域に及んでいるのを確認したのち上塗りとする。
10. ○ 改修時のコンクリートの打ち込みは、打込み高さ 1m 程度ごとに十分な締固めを行う。

問 2

1. ○ ひび割れの補修方法は、幅およびひび割れの挙動によって対応が異なる。幅 1mm 程度以下であれば、エポキシ樹脂注入工法でも可能であるが、挙動する場合は変形に追随できず割れるため、採用できない。よって、U カットシール材充填工法が採用される。
2. × 小ねじの取り付け間隔は 400mm 以下とする。
3. ○ モルタル下地に水分が含まれていると接着力が低下するため、水分計によって測定する。
4. ○ 合成樹脂調合ペイントはアルカリ性に弱く、コンクリート・モルタル面には使用しない。
5. ○ ホルムアルデヒド放散量による区分では、「F☆☆☆☆」が最も放散量が少ない。

6. × コンクリートの中性化深さの調査は、フェノールフタレイン溶液によって行う。電磁波レーダ法は、コンクリート内部の鉄筋探査に用いる。
7. ○ フェノールフタレイン溶液をコンクリートの斫った部分に吹きかけると、中性化していないアルカリ性の部分は赤紫色となるが、中性化した部分は変色しないため、判断できる。

11 章

問 1

1. × アスベストは大気への飛散を防止するため、乾燥させるのではなく湿潤化またはセメントによる固形化を行い、密封処理をして搬出する。
2. ○ 作業場を負圧としてアスベストの外部への拡散を防止しつつ、除去工事を行う必要がある。なお、HEPA フィルタはクリーンルームなどに使用される高性能フィルタである。

問 2

対象建築物に関する調査、周辺状況に関する調査、作業場所に関する調査、搬出経路に関する調査、残存物品の有無の調査、特定建設資材への付着物の調査など

問 3

階上解体：重機を建物の階上に楊重して解体を行う方法。建物内で解体を行うため、建物外に作業スペースが不要という利点がある。一方で重機や解体した廃棄物の重さに建物が耐えられるか十分な検討が必要になる。

地上解体：地上から重機で解体を行う方法。建物の外部から解体を行うため、建物外に作業スペースが必要となる。また、解体する場所が遠くなるため、首の長い重機を用いる必要があり、転倒に注意する必要がある。

問 4

圧砕工法：重機の先に巨大なはさみのような圧砕機を取り付け、鉄筋コンクリートをはさみこんでコンクリートを圧砕するとともに鉄筋を切断する工法。騒音・振動は少なめ。

ブレーカ工法：機械の先に取り付けたのみを繰り返し打撃し、コンクリートを破壊する方法。騒音・振動は大きい。

転倒工法：建物の外壁を残して内部を先に解体し、最後に外壁を建物内側方向に倒す工法。建物の外壁を防護壁として利用しつつ、外壁については転倒後に破砕した方が安全であるといった利点がある。一方で、正確な方向に転倒させるには高度な技術が必要である。

問 5

産業廃棄物を排出する建設事業者が、産業廃棄物を処理業者に委託する際に発行する管理票。建設事業者は、これにもとづいて廃棄物が適正に処理されていることを確認する必要がある。

問 6

石綿：吹付材などの建材に使用されていたが、発がん性を持つことがわかり、解体工事時に石綿を含む建材が飛散する可能性があるため、飛散防止対策をした解体方法が必要になる。

PCB：電気機器に使用されていたが、体内に蓄積しやすく害となることがわかり、解体工事時にそのような機器があった場合、専用の処理施設で処分する必要がある。

問 7

木材、アスファルトコンクリート、コンクリート、コンクリートと鉄からなる建設資材。

索引

参考文献

1章
・江口清監修『現場技術者が教える「施工」の本（躯体編）』建築技術 2006
・黒田早苗『図解 Q&A 建築現場管理ノウハウ』井上書院、1989

3章
・日本建築学会『山留め設計指針』2017
・日本建築学会『建築基礎構造設計指針』2001
・日本建築学会『建築基礎のための地盤改良設計指針案』2006
・日本建築学会『建築工事標準仕様書・同解説 JASS 3 土工事および山留め工事　JASS4 杭・地業および基礎工事』2009
・日本建築学会関東支部『基礎構造の設計—学びやすい構造設計』2003
・日本基礎建設協会『場所打ちコンクリート杭の施工と管理』2009
・地盤工学会編『地盤調査の方法と解説』2013
・地盤工学会編『地盤材料試験の方法と解説』2009
・雨宮幸蔵ほか『誰でもわかる建築施工』彰国社、2013
・＜建築のテキスト＞編集委員会『初めての建築施工』学芸出版社、2014
・松本進、臼井博史『図説やさしい建築施工』学芸出版社、2017
・西島一夫、蔦谷博『図解 建築施工』学芸出版社、2009
・青山良穂、武田雄二『〈建築学テキスト〉建築施工』学芸出版社、2004

4章
・日本建築学会『建築工事標準仕様書・同解説 JASS 5 鉄筋コンクリート工事』2018
・公共建築協会『公共建築工事標準仕様書（建築工事編）』2016
・日本規格協会『JIS A 5308　レディーミクストコンクリート』2019

5章
・日本建築学会『建築工事標準仕様書・同解説 JASS 6 鉄骨工事』2018
・日本建築学会『鉄骨工事技術指針　工場製作編／工事現場施工編』2018
・全国鉄骨建設業協会『鉄骨製作工場認定制度について（日本鉄骨評価センターによるグレード認定）』2000
・（社）日本建設業連合会建築本部鉄骨専門部会『鉄骨工事 Q & A　A．工場製作編／B．工場場施工編』2016
・（財）日本建築情報センター『BIM とは何か？』
・AW 検定協議会『AW 検定とは』
・通商産業省『JIS Z 3145　頭付きスタッド溶接部の曲げ試験方法』1981
・稲垣秀雄『疑問に答える　建築鉄骨工事のノウハウ』近代図書、1997

6章
・日本建築学会『建築構造用教材』2014
・木質構造研究会編『新・木質構造建築読本　ティンバーエンジニアリングの実践と展開』井上書院、2012
・南一誠編著『図説 建築構法』学芸出版社、2018

7章
・松本進・臼井博史『図説やさしい建築施工』学芸出版社、2014
・日本建築仕上材工業会『建築用仕上塗材ハンドブック 2007 年版』日本建築仕上材工業会
・国土交通省大臣官房官庁営繕部『建築工事監理指針（下巻）平成 28 年版』公共建築協会、2016
・国土交通省大臣官房官庁営繕部『公共建築工事標準仕様書(建築工事編) 平成 28 年版』公共建築協会、2016
・全国タイル業協会編『タイル手帖』全国タイル業協会、2008
・日本建築学会『建築工事標準仕様書・同解説 JASS9 張り石工事』2009

・日本建築学会『建築工事標準仕様書・同解説 JASS16 建具工事』2008
・日本建築学会『建築工事標準仕様書・同解説 JASS17 ガラス工事』2003
・日本建築学会『建築工事標準仕様書・同解説 JASS18 塗装工事』2013
・日本建築学会『建築工事標準仕様書・同解説 JASS21 ALC パネル工事』2018
・日本建築学会『建築工事標準仕様書・同解説 JASS23 吹付け工事』2016
・日本建築学会『建築工事標準仕様書・同解説 JASS27 乾式外壁工事』2011

8章
・国土交通省大臣官房官庁営繕部『公共建築工事標準仕様書(建築工事編) 平成 28 年版』公共建築協会、2016
・国土交通省大臣官房官庁営繕部『建築工事監理指針（下巻）平成 28 年版』公共建築協会、2016
・日本建築学会『建築工事標準仕様書・同解説 JASS 8 防水工事』2014 年
・日本建築学会『外壁接合部の水密設計および施工に関する技術指針・同解説』2008 年

9章
・国土交通省住宅局建築指導課・建築技術者試験研究会『基本建築関係法令集 法令編』井上書院、2019
・芳村惠司・宇野朋子編著『図説建築設備』学芸出版社、2016
・松原斎樹・長野和雄編著『図説建築環境』学芸出版社、2017
・空気調和・衛生工学会『空気調和設備計画設計の実務の知識（改訂 4 版）』オーム社、2017
・空気調和・衛生工学会『給排水衛生設備計画設計の実務の知識（改訂 4 版）』オーム社、2017
・消防法規研究会『消防基本六法』東京法令出版、2016
・建築設備技術者協会『建築設備設計マニュアル　空気調和編』井上書院、2012
・日本建築学会『建物の LCA 指針　改訂版』丸善、2013
・空気調和衛生工学会『建築設備の耐震設計　施工法』2012
・空気調和・衛生工学会『空気調和・衛生工学便覧　計画・施工・維持管理編』丸善、2010
・消防建築法規研究会『消防設備基準の解説』日本消防設備安全センター、2008
・日本電設工業協会『防災設備に関する指針（電源と配線及び非常用の照明装置／誘導灯及び誘導標識）』オーム社、2004

10章
・日本建築学会『建築施工用教材』丸善、2009
・谷川恭雄ほか『建築施工を学ぶ、理工図書』2012
・松本進・臼井博史『図説やさしい建築施工』学芸出版社、2014
・ものづくり研究会編著『建築生産』彰国社、2012
・日本建設業連合会編『施工がわかるイラスト建築生産入門』2017
・日本建築学会『建築物の調査・診断指針（案）・同解説』丸善、2008
・日本建築構造技術者協会編『構造レトロフィット　特殊耐震・免震・制振改修の事例』建築技術、2001
・飯塚裕『建築維持保全』丸善、1990
・松村秀一ほか『建築再生学』市ヶ谷出版社、2016
・建築設備維持保全推進協会『建物のライフサイクルと維持保全—地球環境世紀のビル保全学入門』2005
・浜田素弘『マンション維持保全の実務、週間住宅新聞社』2009
・建築設備維持保全推進協会『わかりやすいマンション補修・改修の手引き』2002

11章
・解体工法研究会編『改訂 新・解体工法と積算』経済調査会、2017
・建築業協会関西支部編『建築技術者のための環境技術読本 II』建築業協会関西支部、2004
・「まるごと「解体工事」NOW」『建築技術』2011.7 月号

著者略歴

〈編著者〉

江口　清 （えぐち　きよし）

1947 年生まれ。1970 年早稲田大学理工学部建築学科卒業。神奈川大学非常勤講師、明治大学兼任講師、石川工業高等専門学校建築学科教授を経て 2017 年まで中部大学教授。博士（工学）。
主な著書に『フライアッシュを使用するコンクリートの調合設計・施行指針（案）同解説』『建築工事標準仕様書・同解説 JASS 5 鉄筋コンクリート工事』『コンクリート技士試験問題と解説』『現場技術者が教える施工の本〈躯体編〉』ほか。

執筆担当：まえがき、序章

〈著者〉

稲垣秀雄 （いながき　ひでお）

1948 年生まれ。1967 年東京工業大学理工学部付属工業高校建築科卒業。
戸田建設にて、作業所長・工事技術関係各部課、エンジニアリング部・環境事業推進室担当執行役員、常勤顧問を経て 2014 年退職。一級建築士・一級施工管理技士・コンクリート主任技士ほか。
主な著書に、『絵で見る建築工事管理のポイント』『ここに注意 鉄骨建て方計画』など。イラスト作成として『図解 山止め計画』など彰国社「図解シリーズ」。

執筆担当：5 章、イラスト

宗　永芳 （そう　ながよし）

前田建設工業株式会社、建築事業本部建築技術部長。
1964 年生まれ。1987 年日本大学理工学部建築学科卒業。現場の施工管理経験 10 年を経て、本店の施工支援部門に勤務の後、現職。技術士（総合技術監理部門、建設部門）、一級建築士、一級建築施工管理技士ほか。
主な著書に『型枠の設計施工指針』『図解型枠工事』『現場技術者が教える「施工」の本』など。

執筆担当：1・2 章

下村修一 （しもむら　しゅういち）

日本大学生産工学部建築工学科准教授。
1979 年生まれ。2003 年日本大学大学院理工学研究科修士課程修了。鹿島建設技術研究所勤務を経て、2012 年より日本大学生産工学部。博士（工学）、一級建築士。専門は建築基礎構造、地盤工学。

執筆担当：3 章

早川光敬 （はやかわ　みつたか）

1951 年生まれ。1974 年東京大学卒業。大成建設株式会社に入社し、主に技術研究所で 2004 年まで勤務。2004 年から 2017 年まで東京工芸大学教授。博士（工学）。
主な著書に『コンクリート技術、実務に役立つ Q & A』『建築工事標準仕様書・同解説 JASS 5 鉄筋コンクリート工事』など。

執筆担当：4 章

石山央樹 （いしやま　ひろき）

大阪市立大学工学部建築学科准教授。
1975 年生まれ。1998 年東京大学工学部建築学科卒業、同大学院修了。専門は木質構造、建築構法。
住友林業筑波研究所主任研究員、中部大学工学部建築学科准教授などを経て、2018 年より現職。博士（工学）、技術士（建設部門）、構造設計一級建築士、一級建築施工管理技士。
主な著書に『木質系耐力壁形式構造に関する Q & A』『本質を理解しながら学ぶ建築数理』『図説建築構法』など。

執筆担当：6 章

本橋健司 （もとはし　けんじ）

芝浦工業大学名誉教授、（一社）建築研究振興協会会長。
1952 年生まれ。東京大学大学院修了後、建設省建築研究所を経て芝浦工業大学建築学部教授を経て現職。博士（工学）、博士（農学）、技術士（建設部門）。

執筆担当：7 章

興石直幸 （こしいし　なおゆき）

早稲田大学理工学術院教授（建築学科／建築学専攻）。
1964 年生まれ。1993 年早稲田大学大学院博士後期課程・単位取得退学。1993 年助手、1996 年専任講師、1998 年助教授（准教授）を経て、2010 年から現職。博士（工学）。
主な著書に『建築材料用教材』『建築施工用教材』など。

執筆担当：8 章

芳村惠司 （よしむら　けいじ）

武庫川女子大学大学院建築学科非常勤講師。
1968 年名古屋工業大学大学院修士課程修了、博士（工学）。
1968 年〜㈱竹中工務店、2001 年〜㈱サンウェル・ジャパンを経て現職。関西 ESCO 協会理事・副会長、近畿経済産業局国内クレジット制度関連委員会委員長。一級建築士、設備設計一級建築士、建築設備士。
主な著書に『図説 建築設備』『図説 建築環境』『産業と電気』など。

執筆担当：9 章

宇野朋子（うの　ともこ）

武庫川女子大学建築学科准教授。

京都大学大学院工学研究科博士後期課程修了、博士（工学）。

東京文化財研究所、電力中央研究所、2012 年より武庫川女子大学に勤務。

主な著書に『図説 建築設備』『図説 建築環境』『設計のための建築環境学』など。

執筆担当：9 章

平岩　陸（ひらいわ　たかし）

名城大学理工学部建築学科准教授。

1973 年生まれ。1999 年名古屋大学大学院理工学研究科建築学専攻中退。1999 年豊田工業高等専門学校建築学科助教、2007 年名城大学理工学部建築学科助教を経て現職。博士（工学）、一級建築士。

主な著書に『建築材料を学ぶ』『建築施工を学ぶ』『やさしい構造材料実験』など。

執筆担当：10・11 章

図説 建築施工

2019 年 12 月 10 日　第 1 版第 1 刷発行
2025 年 4 月 30 日　第 1 版第 3 刷発行

編著者………江口　清
著　者………稲垣秀雄、宗　永芳、下村修一、
　　　　　　　早川光敬、石山央樹、本橋健司、
　　　　　　　輿石直幸、芳村惠司、宇野朋子、
　　　　　　　平岩　陸
発行者………井口夏実
発行所………株式会社 学芸出版社
　　　　　　　京都市下京区木津屋橋通西洞院東入
　　　　　　　〒600-8216　電話 075-343-0811
　　　　　　　http://www. gakugei-pub. jp/
　　　　　　　Email info@gakugei-pub. jp
編集担当……中木保代

装　丁………KOTO DESIGN Inc. 山本剛史
ＤＴＰ………フルハウス
印　刷………創栄図書印刷
製　本………新生製本

©江口清・稲垣秀雄ほか, 2019
ISBN 978-4-7615-2724-2　Printed in Japan